大学生创意·创新·创业教育与实践系列教材
2014年国家级教学成果一等奖作品

DAXUESHENG CHUANGYE JIAOYU YU SHIJIAN

大学生创业教育与实践（上册）

主编 付冬娟
副主编 高扬 邵雨 于洋
主审 杨芳

高等教育出版社·北京

内容简介

本书为荣获2014年国家级教学成果一等奖的"研究型大学拔尖创新人才培养体系的构建与实践"项目的研究成果。本书旨在帮助大学生进行自我探索和认识外部世界，培养大学生的创业精神及创业能力，引导大学生做出适合自己的决策。对于喜欢亦或准备走创业之路的大学生，本书通过意识启发、知识学习、创业实训与实践，分层次普及创业知识，拓展创业思维，培养创新精神和创业素质，提升创业技能。

《大学生创业教育与实践》分为上、下册，本书为上册。从结构来看，分为基础知识篇和实践手册篇；第一~七章为创业启蒙教育，第八~十五章为创业基础知识。其中，创业启蒙教育主要帮助大学生认识创新创业（第一章），发现自身特质（第二章），了解外界社会（第三章），选择决定未来（第四章），做好职场达人（第五章），体验创业人生（第六章），最后通过行动成就梦想（第七章）；创业基础知识旨在引导大学生认识企业和创业（第八章），组建创业团队（第九章），激发学生的创意与企业想法（第十章），学习创业评估（第十一章），挖掘创业资源（第十二章），了解企业法律形态（第十三章），制订利润计划（第十四章），最终形成创业计划书（第十五章）。

本书可作为高等学校大学生创业课程的教学用书和辅助参考，也可作为有志于创业或关心创业的各界人士的参考书。

图书在版编目（CIP）数据

大学生创业教育与实践．上册／付冬娟主编．--北京：高等教育出版社，2016.4
大学生创意·创新·创业教育与实践系列教材
ISBN 978-7-04-044835-1

Ⅰ．①大… Ⅱ．①付… Ⅲ．①大学生-创造教育-高等学校-教材 Ⅳ．①G640

中国版本图书馆 CIP 数据核字(2016)第 028551 号

策划编辑 孙 琳　　责任编辑 孙 琳　　特约编辑 王沈平　　封面设计 李小璐
版式设计 童 丹　　插图绘制 杜晓丹　　责任校对 刘娟娟　　责任印制 赵义民

出版发行 高等教育出版社
社　　址 北京市西城区德外大街4号
邮政编码 100120
印　　刷 北京市白帆印务有限公司
开　　本 787mm×1092mm 1/16
印　　张 22.25
字　　数 440千字
购书热线 010-58581118
咨询电话 400-810-0598
网　　址 http://www.hep.edu.cn
　　　　 http://www.hep.com.cn
网上订购 http://www.hepmall.com.cn
　　　　 http://www.hepmall.com
　　　　 http://www.hepmall.cn
版　　次 2016年4月第1版
印　　次 2016年4月第1次印刷
定　　价 34.50元

物 料 号 44835-00

与本书配套的数字课程资源使用说明

与本书配套的数字课程资源发布在高等教育出版社易课程网站，请登录网站后开始课程学习。

一、网站登录

1. 访问 http://abook.hep.com.cn/12487219/

2. 先注册（注意：不能用书后的明码暗码直接登录）。注册后的用户登录后，请先点击页面右上方“充值”，正确输入教材封底标签上的明码和密码完成课程选择。

3. 点击“进入课程”

4. 开始课程学习。账号自登录之日起一年内有效，过期作废。

使用本账号如有任何问题，请发邮件至：sunlin@hep.com.cn

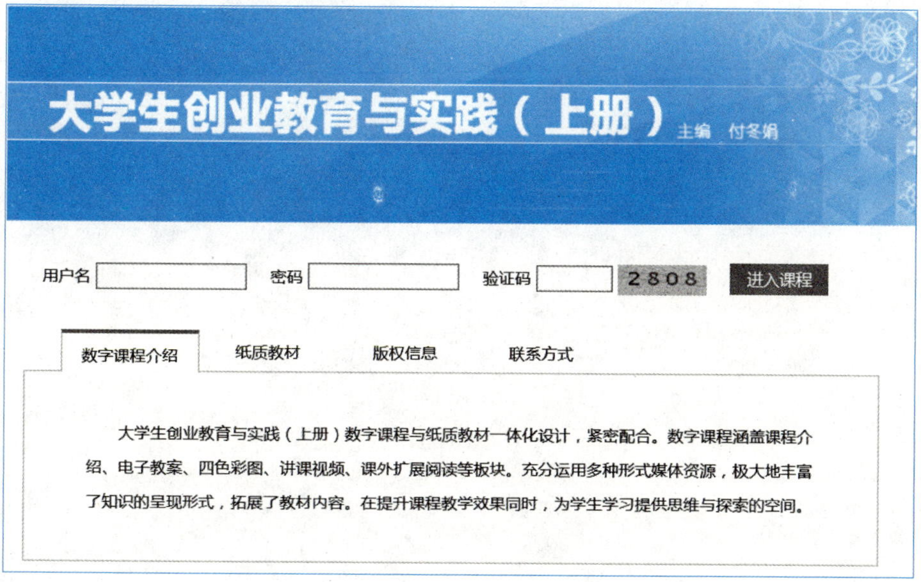

二、资源使用

与本书配套的易课程数字课程资源按照章、节知识树的形式构成，每节配有电子教案、对应彩色图片、教学视频、课外阅读等内容的资源，内容标题和特定图标为：

1. 讲课视频，二维码序号以 1-1 开头，扫描后可以看到。
2. 彩色插图，二维码序号以 2-1 开头，扫描后即可观看。
3. 课外阅读，二维码序号以 3-1 开头，扫描后即可阅读。
4. 电子教案：请在本书对应的课程网站下载相关教学 PPT。

前　言

本书为荣获2014年国家级教学成果一等奖的“研究型大学拔尖创新人才培养体系的构建与实践”项目的研究成果。

相比世界发达国家高等学校的创业教育，我国的创业教育起步较晚，加之社会对创业教育的功利性评价，导致我国创业教育从其内涵和性质上分析，仍主要处于创业活动层面，即更多地注重创办企业的教育，创办企业的培训，使创业教育失去其原有的意义。因此，较发达国家完备的创业教育理论体系，我国的创业教育尚处于初级阶段。2012年8月教育部办公厅印发了《普通本科学校创业教育教学基本要求（试行）》，将创业教育纳入高等院校本科生培养的必修课程，在各本科学校开展“创业基础”课程（32学时），并对创业教育的教学内容与教学方法提出新的要求。这对于各高等院校而言都是一项巨大的挑战。

创业教育在我国属于一门新兴的通识教育学科，由于发展基础薄弱，相关课程建设积淀不够，加之对授课教师的要求较高，许多高校的重视程度和投入程度差异悬殊等原因，造成了与课程相匹配的教材及专业化师资短缺的问题持续存在，很多高校课程实施效果不尽如人意，课程持续发展现状堪忧。在此背景下，学习和借鉴国外高校创业教育的成功经验，探索适合我国国情的高校创业教育模式，完善和优化创业课程建设，提升教师的课程设计与教学过程设计能力，成为提升创业教育教学效果的必然需求。为此作为一种探索，本教材遵照《普通本科学校创业教育教学基本要求（试行）》文件精神，以作者本校创新创业教育实践基地建设多年的成果为基础，结合本校多年开展的创新创业教育经验体会，通过分析国内创业教育课程与教学的成果及不足，借鉴国外的培养理念，拟构建一个适合本校特色的体验式创业教育立体化教材，同时梳理创业教育概念产生的新拓展，以适应当前形势对创业教育课程的内容、教学方法和手段等提出的要求和挑战。

由于不同层次的大学生对创业教育的需求也不尽相同。因此，我们结合大学生心理发展特征，构建层次化的课程设置，将阶段化知识与技能渗透。

本教材的主要特色如下：

1. 教材在体例设计和内容编排上进行了积极创新，大量增加了前沿性和实用性的教学内容，既注重学科理论知识的内在逻辑，又大量涉及创业教育教学的实务与经验。教材内容一方面适应了新形势的变化，立足本土化，使学生在有限的学时内对创业教育有一个全景式的认识；另一方面突出技能的培养，引导学生思考实际中的问题，激发学生的自我意识，促进学生自主开展各类创业训练和创业实践。从而达到丰富创业基础知识、拓展创业思维、培养创新精神和创业素质、提升创业技能的目的。

2. 从教师的备课和教学需求出发，注重教学内容的应用性和实践性，按知识的逻辑性，对相关教学备课资源进行系统编排，帮助授课教师快速找到课程所需的理论知识、方法实务和间接经验信息，为教师提供各课程模块教学设计所需的各种资源，如课堂案例、课堂测试、课堂讨论、课堂演练、课堂游戏、课堂视频、课后作业和课外实践等资料，以极大地提升了课程的授课效果。

3. 教材与课程建设紧密结合，形成了一套独具特色、集课内外于一体的立体化教学资源，主要包括多媒体课件、案例集、阅读材料、网络资源链接指引、实训指导以及学生实践成果平台等。将传统教材与辅助数字化资源集成于一体，在拓展教学内容，促进学生主动性学习和训练方面收到很好的效果。

《大学生创业教育与实践》分为上、下两册，本书为上册。从结构来看，本教材包含基础篇和实践篇，基础篇内容包括【本章要点】【学习目标】【问题导入】【理论阐释】【实践应用】等子栏目；实践篇内容包括【问题导入】【学习材料：要点归纳】【课内练习】【课外拓展】【相关资源】等子栏目。从内容来看，第一～七章为创业启蒙教育，第八～十五章为创业基础知识。其中，创业启蒙教育主要帮助大学生认识创新创业（第一章），发现自身特质（第二章），了解外界社会（第三章），选择决定未来（第四章），做好职场达人（第五章），体验创业人生（第六章），最后通过行动成就梦想（第七章）；创业基础知识旨在引导大学生认识企业和创业（第八章），组建创业团队（第九章），激发创意与企业想法（第十章），学习创业评估（第十一章），挖掘创业资源（第十二章），了解企业法律形态（第十三章），制订利润计划（第十四章），最终形成创业计划书（第十五章）。

本书的主审为中国高等教育学会创新创业教育分会秘书长、专家委员会副主任委员、中南大学创新与创业教育办公室主任杨芳教授，她在本书内容编排上提出了积极宝贵意见，在此表示感谢！本书在编写过程中，参考了大量国内外专家学者的专著、论文等相关文献资料，除参考文献中列出的参考资料外，还参考吸收了包括报纸、网刊等在内的一些文字内容作为案例材料。在此，一并致谢！由于时间关系和编者的水平有限，难免会有不当之处，欢迎各位读者批评指正。

本书配套数字资源内容丰富，针对书中难点专门配有教师讲课视频，二维码序号以1-1开头，读者只需要扫描即可观看；为了加深学生对内容理解，书中配有彩图，二维码序号以2-1开头，扫描即可观看；对于教学辅助内容、学生作业，配有pdf阅读文件，二维码以3-1开头，通过扫描二维码即可阅读。读者也可以访问本书课程网站 http://abook.hep.com.cn/12487219 进行在线学习。

大连理工大学　付冬娟

2015年8月

目　录

上篇——基础知识

上篇——基础知识

第一章　认识创新创业

我们正处在一场静悄悄的大变革中，它是全世界人类创造力和创业精神的胜利。我相信它对21世纪所产生的深远影响将相当于甚至超越工业革命对19世纪和20世纪所产生的影响。

——杰弗里 · A · 蒂蒙斯（Jeffry A. Timmons）

美国创业教育之父，美国百森商学院创业学教授

本章要点

21世纪是“创新时代”，也是“创业时代”，全球范围内的竞争都聚焦在创新与创业实力和水平的竞争上。创新、创业、创造已经成为推动社会经济前进的引擎与动力，世界各国都在积极出台政策、措施，鼓励和支持创新创业活动。

社会发展和进步的希望在于创新创业，创新创业的希望在于青年，让我们一起点燃创新创业的火炬，成就梦想。

问题导入

为何要开展创新创业教育？

怎样理解创新创业？

如何培养创新精神和创业能力？

理论阐释

一、为何要开展创新创业教育

（一）创业型经济风靡全球

创业型经济是指建立在创新与创业基础上的一种经济形态，它从制度结构、政策导向和发展战略上支持并保证着经济创新；不仅可以促进经济的持续稳定增长，而且具有引领产业发展方向、推动社会技术进步、创造新的就业机会、活跃经济生活等方面的作用。

▸ 扫一扫：1–1 创业型经济讲课视频

经济形态也称为企业组织形态，其构成及演变的示意图如图1–1所示。

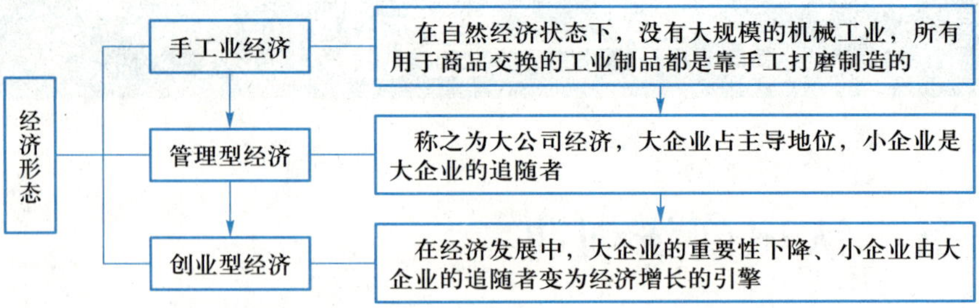

图 1-1　经济形态（企业组织形态）的构成及演变

创业型经济作为一种新的经济形态，是在 20 世纪 80 年代由现代管理之父——彼得·德鲁克作为“新经济”提出的，并被称为“近代经济和社会史上发生的最重要、最有希望的事件”。在德鲁克看来，实现经济体系从“管理型经济”向“创业型经济”的转型是美国经济持续发展的关键。美国是当今世界最大的创业型经济强国，硅谷模式正是其典型代表。

1. 创业型经济产生的背景

创业型经济产生的背景如下：

（1）经济滑坡、增长放缓，国际经济金融形势的动荡，必将孕育新的变革，需要产生新的经济增长点，催生新的产业。

（2）经济结构调整、产业升级需要新技术催生新的经济形态。

（3）集约化经营、产品升级换代产生新的待就业群体和高层次人才需求。

（4）随着社会经济的发展、产品的升级换代、技术更新和技术改造以及经济成分和组织形式的多样化，培育了创业型经济产生的土壤。

（5）创业型经济具有增强自主创新能力、转变经济增长方式和扩大社会就业的显著作用，因此催生了创业型经济的诞生。

2. 创业型经济的特点

创业型经济的特点如下：

（1）创业型经济可增强自主创新能力、转变经济增长方式和扩大社会就业。

（2）创新是创业型经济的基础。创新是对企业原有核心能力和技术轨道边界的一种超越性拓展，创新活动一般发生在产品生命周期的早期，并且是根本性的，而不是对现有技术领域的追随。

（3）创业型经济可使创业活动相当活跃，中小企业成为推动经济增长的主要力量。

（4）在创业型经济中，市场的多样性、变动性加大，中小企业由于其灵活性、应变性、开放性及创新性特点，因此有较大的发展空间。

经济学家普遍认为，全球性的创业型经济时代正在到来。这不仅仅是一个推断，世界各国经济的发展也证实了这个推断的正确性。

由于创业过程所具有的增强自主创新能力、转变经济增长方式和扩大社会就业的显著作用，引发了世界对“管理型经济”向“创业型经济”转变的普遍关注，鼓励创新创业已经成为21世纪包括中国在内的许多国家的政策取向。

（二）创业型经济需要创新创业型人才

从20世纪60年代开始，大学生创业就成为了美国经济的直接驱动力之一。比尔·盖茨创造了大学生创业神话，麻省理工学院的创业计划竞赛吸引了一大批风险投资，斯坦福大学的师生缔造了美国硅谷，等等。创业热潮推动了美国经济的发展，也催生了创业型经济的诞生。

1. 创业是经济发展的“发动机”

21世纪既是“创新时代”，也是“创业时代”。全球范围内的竞争都聚焦在创新与创业实力和水平的竞争上，创新、创业、创造已经成为推动社会经济前进的引擎与动力，因此世界各国都在积极出台政策、措施，鼓励和支持创新创业活动。正如创业大师拉里·法雷尔所说：“发展创业型经济是打赢21世纪这场全球经济战争的关键。”

2. 创业是技术创新的“孵化器”

发展创业型经济是提高我国自主创新能力、建设创新型国家的必然前提，是实现我国经济结构调整和产业优化升级的根本途径。

3. 创业是社会就业的“增容器”

建立创业型经济体系，其关键在于创新型人才的素质教育和精神培养。只有具备相当数量的高素质创新型人才，才能形成集聚优势变成巨大的创新力量。创新创业型人才是创业型经济得以实现的根本。

（三）知识经济时代为大学生创业提供了舞台

21世纪是知识经济的时代，知识的价值已经显得越来越重要，而快速更新的知识为创新提供了强有力的支撑。知识经济时代使新知识、新技术、新产业层出不穷，创新创业是这个时代的主旋律。创新是社会发展与进步的永恒主题，创业是国家实力与富强的推动力量。新观念、新知识、新技术层出的知识经济时代所催生的创新思维和创新理论必将通过创业活动得以实现，而创业实践活动又会催生新的创新思想和理论。

研究发现，拥有较多中小企业和创业活动的国家具有较高的经济增长率和较低的失业率，反之则具有较低的经济增长率和较高的失业率。

1. 我们面对的形势

面临全球经济滑坡的严峻形势，要保持经济持续增长、扩大社会就业，需要创业型经济保持经济的持续发展，促进就业。党的“十七大”明确提出了“提高自主创新能力，建设创新型国家”和“促进以创业带动就业”的发展战略，进一步要求大力开展创新创业活动，完善支持自主创新、自主创业政策，健全创新创业服务体系。实践证明，创业是创新型经济的最好实践。

2. 大学生创业的历史责任

大学生创业是适应经济社会发展，特别是适应国家产业结构调整和经济增长方式转变的必然要求，是推进创新型国家建设的重要方式，是创业型经济发展的主导力量。

3. 经济环境有利于大学生创业

我国经济发展的重点正在从“保增长”向“调结构”转变，把经济结构尤其是产业结构调整放在了更加突出的位置，必将涌现大批新就业岗位。结构调整的核心问题是，有竞争力的产业即以新能源、新材料、新医药等为代表的新兴产业能获得更好的发展。这样的发展趋势，将带来职业岗位的结构性调整，与之相关的新岗位将应运而生。这些新岗位的从业主体很大一部分是大学生，而且大学生无疑也是最具潜在优势的创业者。

大学生创业的本质不仅仅是为了缓解就业压力问题，更重要的是通过鼓励和支持大学生创业，进一步引导大学生树立创新创业意识，提高综合素质，培养适应社会发展的能力，激发积极创造与不断进取的志向，增强敢于面对挑战的信心和勇气。进而促使大学生在自我规划的基础上，变“被动学习”为“主动学习”，最终成为建设创新型国家的主导力量。

目前，创新、创业、创造已经成为世界经济发展的主流，尤其是在后金融危机时代，发展创业型经济是大势所趋。大学生由于具有更强的创新观念、创新冲动和创新精神，无疑是最具潜在优势的创业群体。

时代呼唤大学生创业，政策支持大学生创业，舞台吸引大学生创业。万箭齐发、百舸争流的大学生创业热潮必将为中国新经济时代的到来注入勃勃生机！

二、如何理解创新创业

▸ 扫一扫：1–2 创业的定义讲课视频

（一）创业的定义

哈佛商学院斯蒂文森教授认为：创业是一个人（不管是独立的还是在一个组织内部）追踪和捕捉商机的过程，这一过程与当时所控制的资源无关。

美国百森商学院杰弗里·蒂蒙斯教授认为：创业是一种思考、推理和行动的方法，它不仅要受机会的制约，还要求创业者有完整缜密的实施方法和讲求高度平衡技巧的领导艺术。创业不仅为企业主，也为所有的参与者和利益相关者创造、提高和实现价值，或使价值再生。

美国鲍尔州立大学商学院库洛特克教授、佛罗里达州国际大学霍志茨教授认为：创业是一个涉及远见、改变和创新的动态过程，它需要投入精力与热情来进行创新并实施新的构想和新的解决办法。创业的必要因素包括：能承担一定风险——时间、财产或职业的风险；有能力成立一个高效的风险团队；整合所需资源的创造性技能；制订一份稳固的商业计划的基础技能；最后，具备一种远见，在别人认为是混乱、矛盾和迷惑的地方发现机遇。

1. 广义的创业

个人、群体或组织，以创新和独特的方式追求机会、创造价值和谋求增长，而不顾及资源限制的精神和行为。

2. 狭义的创业

发现商机并以创建企业的方式把握商机获得盈利，而不顾及资源限制的过程。

创业是指承担风险的创业者，通过寻找和把握创业机会，整合相关资源，创建新企业或新组织，提供产品或服务，为个人和社会创造价值和财富的过程。

创业是指所有具有开拓性和创新性特征，能够增进经济价值或社会价值的活动。

3. 创业的内涵

第一，创业是一个复杂的创造过程（创业活动将会创造出某种有价值的新事物）；

第二，创业必须付出艰辛的努力（创业需要花费大量的时间、精力和艰辛）；

第三，创业必须承担一定的风险（创业是一项具有多种风险的事业）；

第四，创业给创业者带来必要回报（创业中创业者可独立自主地实现价值）。

4. 创业的基本要素

创业者、商业机会、组织、资源、价值和创业精神等构成了创业要素。尽管这些要素对不同类型的创业活动并不是完全必要的，在不同的创业方式中发挥的作用也是不同的，但它们构成了一般创业的基本要素。

（二）创业的作用

1. 创业在社会中的作用

只要稍稍回顾近二三十年间社会发生的巨大变革，我们就不难想象创业者是如何巨大地改变了世界的发展进程和人们的生活、工作和学习方式，诸如个人电脑、生物医疗、电脑软件、手机服务、电子商务、虚拟现实等都是创业者创造出的新技术，如图 1–2 所示。

（1）创业可以增加社会财富，促进经济的发展和社会的繁荣。创业过程是增加社会财富的过程，企业在生产经营的过程中，为社会创造了财富，增加了社会价值，并增加了国家的财政税收。企业的产品和服务拉动了国内市场需求，满足了人们生活需要，丰富了市场，促进了社会的繁荣。创业还改变了传统的产业格局，催生了许多崭新的行业，加速了经济结构的调整。在创业过程中，社会资源得到优化配置，市场体系不断得到完善，市场竞争活力得以保持。

（2）创业可以实现先进技术转化，促进生产力提高和科技创新。创新是创业的主要驱动力量，创业是新理论、新技术、新知识、新制度的孵化器，也是新理论、新技术、新知识、新制度形成现实生产力的转化器。

（3）创业可以提供就业岗位，缓解社会就业压力。中小型创业企业不仅解决了创业者本身的工作岗位，同时也为需要工作的人们提供了大量的工作岗位，扩大了就业范围，降低了失业率，大大缓解了社会的就业压力。

（4）创业可以激发整个社会的创新意识和创业精神，有利于观念的转变。近年来如火如荼的创业大潮让无数人进入了经济和社会的主流，对于形成创新、宽容、民主、公正、诚信等观念和文化具有积极的作用。

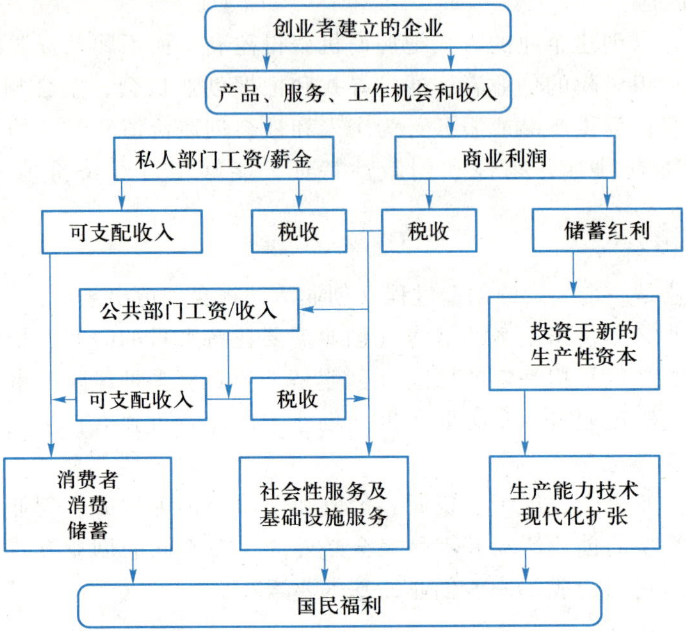

图 1–2　创业在社会中的作用

资料来源：《大学生 KAB 创业基础》，乔治・马努著 [1]
注：[1] 表示对应参考文献序号。

2. 创业对创业者自身的作用

（1）创业可以主宰自己，充分发挥自己的才干。创业可以摆脱上班族原有的种种羁绊，摆脱在行为上受制于人的局面，充分施展自己的才华，发挥最大的潜能，使自己的人生价值得到更好的体现。

（2）创业可以帮助个人积累财富，在一定程度上满足个人对物质的追求欲望。工薪阶层的收入有高有低，但都是有限的，发展空间不大。而开创一份完全属于自己的事业，它提供的利润是没有极限的，可任你想象。根据资料统计，在美国福布斯富人榜前四百名的富人中，有 75% 是第一代的创业者；而在中国的富豪榜上，以创业起家的也不在少数。

（3）创业能够使个人有机会和实力回馈社会，具有极高的成就感。创业者创造的企业一方面为社会提供了产品和服务，另一方面也为个人、社会创造了财富。企业融入社会再生产的循环之中，从多个环节为国家和社会做出了贡献。这种贡献使得创业者个人能够从中获得巨大的成就感。

（4）创业使个人能够从事喜欢的事业并从中获得乐趣。创业者选择创业项目，通常会从个人感兴趣的领域着手，将其与自己的知识技能、专业特长结合起来。而做自己喜欢做的事本身就是一种享受。

（5）创业使个人从挑战和风险中获得别样的享受。创业充满挑战和风险，同时也充满克服困难的无穷乐趣。在创业过程中，可以感受到无穷的变化、挑战和机遇，这是一个令人兴奋的过程。

总之，创业是实现人生理想和价值、获得自身全面发展的有效途径之一。

（三）创业过程

创业是一个动态而整体的过程，由机会识别、机会开发和创业结果组成。

在创业过程中，创业者和商业机会是创业的核心要素和关键要素，其受社会或环境因素的影响。

创业可以在新创建的企业或组织中发生，也可以在已创建的企业或组织中发生。

创业是一个复杂的、综合性很强的实践过程。

创业过程一般可以划分为：创业动机的产生（创业理解）、创业机会的发现与资源的整合（创业准备）、企业或组织的创建（创业实施）、成长和创业的收获（创业管理）等四个阶段，如图 1-3 所示。

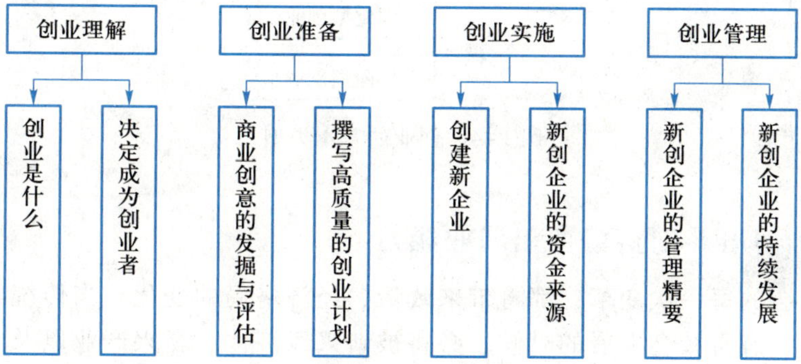

图 1-3 创业过程基本模型

资料来源：《创业学概论》[12]．贺尊著

1. 创业理解阶段

◆ 知识改变命运、创业改变人生的认知阶段。

◆ 创业感悟：与其羡慕做雇用型的就业者，不如做创业型的自我雇用者。

2. 创业准备阶段

◆ 临渊羡鱼不如退而结网的孕育、谋划阶段。

◆ 创业感悟：创意得来终觉浅，绝知商机要评估。

3. 创业实施阶段

◆ 心动不如行动，但要知道如何行动的创立阶段。

◆ 创业感悟：众里寻“它”千百度，蓦然回首，伊人却在灯火阑珊处。

4. 创业管理阶段

◆ 路漫漫其修远兮，吾将上下而求索的成长、持续发展阶段。

◆ 创业感悟：创业成功关键在于管理，创业犹如针挑土；败业犹如浪淘沙，管理细节决定着创业的成败。

（四）创业类型

创业类型可按创业动机、创业主体和创业绩效的不同进行分类，其基本类型如图 1-4 所示。

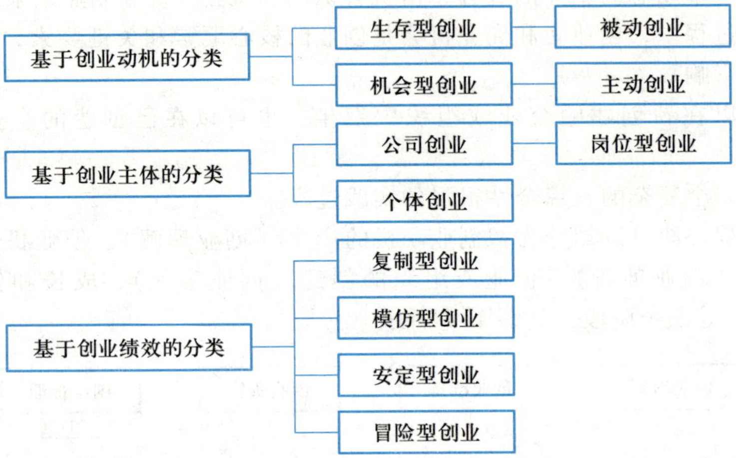

图 1-4　创业的基本类型

三、如何培养创新精神和创业能力

人类社会的每一次变革，都将带来政治、经济格局的变化。当传统经济模式制约经济增长、有碍社会发展的时候，必将被新兴经济体、新兴产业以及与社会发展相适应的创业型经济模式所取代，最有实力成为创业型经济的主导力量一定是受过高等教育的大学生群体。

（一）国外大学生创业的现状及特点

高等学校创业教育最早起源于 20 世纪 40 年代的美国。1947 年哈佛大学商学院首次在 MBA 教学中引入了创业课程，20 世纪 60 年代美国百森商学院开始尝试创业教育，1978 年美国百森商学院成立了美国第一个创业研究中心。从 20 世纪 80 年代开始至今，美国的创业教育已经基本普及，形成了一个相当完备的体系，涵盖了从小学、初中、高中、专科、本科直到研究生的正规教育。

随着创业教育在世界范围内的兴起，创业对经济发展的作用日益显现并被普遍接受。创业对经济发展的促进作用为全球，特别是以美国为首的发达国家和地区经济发展的巨大成功所证明。目前，创业教育已波及世界许多国家。

在英国，大部分大学都设立了创业中心或创新中心，为大学生提供创新创业场地支持和指导，至少有 45% 的大学开设一门或多门创业教育课程。

在德国，由政府和金融研究机构联合在中学、大学开设创业课程，让学生尝试自己开公司，接触和熟悉企业管理及经营知识。德国的“青年企业家”项目，就是鼓励学生在教师的指导下创建微型公司。1998 年，德国大学校长会议和全德雇主协会联合发起一项名为“独立精神”的倡议，呼吁在全国范围内创造一个有利于高等学校毕业生独立创业的环境，同时要使高等学校成为“创业者的熔炉”。

除此之外，法国、日本、韩国、澳大利亚、新加坡等国家也有目的地将创业教育渗透到普通教育中去。上述发达国家的大学生都非常热衷于创业，并且有较高的创业成功率，原因就在于这些国家的创业教育已经融入国家教育体系之中，同时又有比较完善的创业大环境。

总体来说，国外大学生创业有三个特点：

（1）主动型创业。大学生选择创业，并非受就业压力所迫，而是出自“专注于所长”的自我价值实现的精神。

（2）机会型创业。国外大学生的创业活动多属于机会型创业，又称为发展型创业。创业的目的不仅是为了谋生，而且希望创造一个具有创新潜质的企业，能够带动一批人就业，并逐步成为社会经济发展的推动力量。

（3）高新技术产业创业。在美国，创业主要以技术为核心。

正是因为以上三点，国外大学生创业成功率较高。

（二）我国大学生创业的机遇及挑战

创业型经济的大环境是大学生创业最好的历史机遇：

（1）法律环境进一步规范

- 私营经济得到法律保护；
- 创业准入门槛不断降低。

（2）经济和社会环境得到优化

- 资本市场日趋健全和活跃；
- 创业载体和创业服务机构发展加快；
- 传统观念正在逐步改变。

（3）创业的扶持政策不断完善

目前，我国对于创业的扶持政策不断完善，主要创业政策如表 1-1 所示。

表 1-1 创业政策一览表

政策类型	政策目的	内容和实施	
技术性利基创业政策	促进最具成长潜力的高科技企业的创建和成长	高科技人才	金融支持：创业投资，贷款支持，税收优惠 产业集群发展：增强信息的可获性，中介服务
		大学生	金融支持：小额贷款及贴息 税费减免：免收管理费，减免所得税 社会服务：免费保管档案，提供培训 舆论支持：创业计划大赛

续表

<table>
<tr><th>政策类型</th><th>政策目的</th><th colspan="2">内容和实施</th></tr>
<tr><td>弱势群体利基创业政策</td><td>帮助弱势群体克服创业中可能遇到的困难</td><td>下岗失业人员</td><td>资金支持：小额担保贷款和贴息
税费支持：税收减免，收费优惠
管理服务：提供场地，简化审批手续
舆论支持：帮助青年创业计划，表彰优秀创业人才</td></tr>
<tr><td>新创企业支持政策</td><td>促进新企业成立，减少创业成本</td><td colspan="2">注册登记：简化程序，降低注册资本限额，分期投资
创业优惠：提高技术投资所占比例，所得税减免
金融支持：鼓励创业投资发展，所得税减免</td></tr>
<tr><td>创业企业者支持政策</td><td>给予创业者精神支持和鼓励</td><td colspan="2">培养创业理念：推行创业培训，提供创业指导
营造创业氛围：开展创业行动，举办创业论坛，通过电台和网络等媒体宣传
塑造创业环境：建设创业示范基地</td></tr>
<tr><td>中小企业延伸政策</td><td>促进中小企业快速成长</td><td colspan="2">环境政策：加大对中小企业的扶持力度，扩大政府采购对中小企业产品的需求
金融服务政策：加大信贷支持和信用担保，建立中小企业发展专项资金
技术创新政策：建立政府专项资金，鼓励创业投资对企业的支持
税收优惠政策：税收减免</td></tr>
</table>

资料来源：《创业学概论》[12]．贺尊著

（4）创业的空间更加广阔

知识经济时代，资金让位于知识，知识成为最宝贵的资源和最重要的资本，为一切富有知识与智慧者提供了前所未有的机遇。

a）随着高科技的发展，大量的新兴行业为受过良好教育并具有一定专业知识的大学生提供了无穷的机会。

b）随着知识更新速度的加快，“继续教育”成为人们的终身行为，文化教育、信息传播也是大学生创业者大有前途的创业领域。

c）随着我国社会经济的发展，第三产业将成为一个极具魅力的投资领域。由于第三产业，尤其是服务业需要的投资少、见效快，十分适合大学毕业生创业，将为大学生创业者提供广阔的空间。

当代许多大学生创业明星就是在网络技术和服务领域创业成功的。

（5）创业教育纳入教育体系的挑战

① 创业的外部环境有待进一步完善。

② 大学生的自身创业素质有待提高。

目前，我国的大学生创业还仅仅处于起步阶段。虽然大学生自主创业的热情很高、意愿较强，但自主创业的实际人数不多，而且成功率较低。究其原因，是大学

生自身缺乏基本的创业素质和能力，具体表现在大学生创业者创业意识淡薄、创业动力不足、创业能力不强等方面。

创业意识淡薄。大学生常常把创业看作是找不到工作的一种无奈的选择，缺乏创业的主动性，缺乏创业策划和可行性分析。一旦面临来自内部和外界的大量未知风险所带来的各种突发问题时，往往承受不了巨大压力，无法经受失败的考验。

创业动力不足。目前，大多数大学生均缺乏强烈的自我实现欲望和创新精神。创业者的动力并非源于对金钱的贪婪，而是出于自我实现和成功的强烈欲望，以及强烈的创新意识。通常大学生缺乏足够的创业动力，没有良好的创业兴趣作为支撑，常常被传统的就业观念束缚，无法树立良好的创业动机。

创业能力不强。目前，大多数大学生均不具有敏锐的商业意识和科学的经济头脑。任何人创办一家企业，都需要按照市场经济的运行规律办事，遵循公平交易原则，遵纪守法，诚实可靠；同时，应具有科学的经济头脑，思路清晰，能够分析判断经济运行趋势，权衡经济利益，核算投入、产出，能够寻找、捕捉和创造商机。我国创业教育开展较晚，发展不均衡，加之许多偏远省份创业环境差，或者部分省份对创业教育没有足够的重视，造成创业教育开展缓慢，大学生创业能力低下。

③ 大学生创业条件欠缺。

一般而言，创业成功需要具备三个条件：即创业项目、创业资金和人脉环境。

对于刚刚步入社会的大学生，既缺乏对市场、对环境的认识，又缺乏对管理、对技术的了解；既缺乏可以开发和利用的人脉资源，又缺乏创业资金的支持，这些都是造成我国大学生创业成功率低的原因。

因此，创业成功的要素为：素质+机遇。故迫切需要将创业教育纳入教育体系。

（三）我国创新创业型人才的培养

1. 发展历程

我国的创新创业教育大致可分为以下两个阶段。

（1）创新创业教育萌芽初创期：20 世纪 90 年代至 2000 年。

1999 年，国务院批转《面向 21 世纪教育振兴行动计划》，提出“加强对教师和学生的创业教育，采取措施鼓励他们自主创办高新技术企业。”同年，《中共中央国务院关于深化教育改革全面推进素质教育的决定》公布，指出“高等教育要重视培养大学生的创新能力、实践能力和创业精神。”清华大学、复旦大学、华东师范大学和武汉大学等高校都做了有益的尝试。

（2）创新创业教育试点推广期：2000 年至今。

2002 年，教育部确定包括中国人民大学、清华大学和北京航空航天大学等 9 所高等院校为创业教育试点学校，标志着我国高等院校创新创业教育由自发探索进入教育行政部门引导下的多元探索阶段。

2004 年，由共青团中央、全国青联与国际劳工组织三方共同组织的 KAB 创业教育（中国）项目和由人力资源和社会保障部推出的 SIYB 培训项目等一些大学生创业培训课程开始在高等院校中推广，并取得了很好的效果。

2005 年，一些大学相继举办了“大学生创业培训班”，如上海理工大学举办的“大学生创业培训班”，就吸引了来自复旦大学、上海财经大学、上海理工大学等高校的 80 多名学生参加。

2008 年，教育部通过“质量工程”项目，在全国立项建设了 30 个创业教育类人才培养模式创新实验区，探索开展创新创业教育实践，取得了较好的效果，形成了三种创新创业教育模式。

2009 年，教育部、科技部共同组织推进“高校学生科技创业实习基地”建设工作。通过整合各方优势资源，开展创业教育和培训，接纳学生实习实训，促进学生创业就业，为提高人才培养质量，以创业带动就业提供支撑和服务。

2010 年 4 月，教育部在北京召开了推进高等学校创新创业教育和大学生自主创业工作视频会。

2010 年 5 月，教育部首次下发了《关于大力推进高等学校创新创业教育和大学生自主创业工作的意见》，以教育部高教司、科技司、学生司、就业指导中心四大司局的联动机制，形成创新创业教育、创业基地建设、创业政策支持、创业服务“四位一体、整体推进”的格局。该《意见》要求，高等学校创新创业教育要面向全体学生，融入人才培养全过程，要在专业教育基础上，以转变教育思想、更新教育观念为先导，以提升学生的社会责任感、创新精神、创业意识和创业能力为核心，以改革人才培养模式和课程体系为重点，大力推进高等学校创新创业教育工作，不断提高人才培养质量。标志着我国创新创业人才培养工作正式进入到了教育行政部门指导下的全面推进阶段。

2010 年 7 月，教育部颁布《国家中长期教育改革和发展规划纲要》（2010—2020 年），明确提出在高等学校中，要加强就业创业教育和就业指导服务。

2012 年 8 月，教育部办公厅印发《普通本科学校创业教育教学基本要求（试行）》的通知，将创业教育纳入高校本科生培养的必修课程，在全校范围内开展《创业基础》课程（32 个学时），并对创业教育的教学内容与教学方法提出新的要求。

2014 年 11 月，教育部印发《关于做好 2015 年全国普通高等学校毕业生就业创业工作的通知》，明确提出各地各高校要把创新创业教育作为推进高等教育综合改革的重要抓手，将创新创业教育贯穿人才培养全过程，面向全体大学生开发开设创新创业教育专门课程，纳入学分管理，改进教学方法，增强实际效果。

2015 年 5 月，国务院办公厅颁发了《关于深化高等学校创新创业教育改革的实施意见》，提出了总体目标：2015 年起全面深化高校创新创业教育改革；2017 年取得重要进展，形成科学先进、广泛认同、具有中国特色的创新创业教育理念，形成一批可复制可推广的制度成果，普及创新创业教育，实现新一轮大学生创业引领计划预期目标；2020 年建立健全课堂教学、自主学习、结合实践、指导帮扶、文化引领融为一体的高校创新创业教育体系，人才培养质量显著提升，学生的创新精神、创业意识和创新创业能力明显增强，投身创业实践的学生显著增加。

创新创业型人才培养的主要任务和措施包括以下 9 个方面：

◆ 完善人才培养质量标准；

◆ 创新人才培养机制；

◆ 健全创新创业教育课程体系；

◆ 改革教学方法和考核方式；

◆ 强化创新创业实践；

◆ 改革教学和学籍管理制度；

◆ 加强教师创新创业教育教学能力建设；

◆ 改进学生创业指导服务；

◆ 完善创新创业资金支持和政策保障体系。

2. 对创新创业教育的理解

（1）创新创业教育含义

创新创业教育是适应经济社会发展需要应运而生的一种教育理念，是面向全体学生，结合专业教育，将创新创业教育融入人才培养全过程的一种教育模式。

（2）开展创新创业教育的意义

创新创业教育是一项利在当代、功在千秋的系统工程。

◆ 有助于培养大学生树立创立事业、成就事业，服务于社会主义现代化建设的人生观和价值观；

◆ 有助于提高大学生的社会责任感、勇于探索的创新精神和善于解决问题的实践能力；

◆ 有助于激发大学生的学习兴趣和创业热情；

◆ 有助于促进大学生的个性化发展和综合素质的提升。

（3）营造氛围搭建创业平台

创新创业教育是一项实践性很强的教育活动，只有在高等学校教育培养模式上改革创新，营造氛围，搭建以创业实践引导创新，以创新思维、理论指导创业实践的平台，才能培养出创新创业型人才。

例如：创新实践中心。创新创业教育融合了创新、创意、合作和敢于承担风险的能力，对各门学科都有价值。

具备创业精神的大学毕业生，并非人人成为企业的创建者。受过创业精神“熏陶”的大学毕业生，更具有灵活性和竞争力，可推动“内创业”，在工作中表现非凡、出类拔萃，能更好地适应未来社会需要，更好地为促进经济社会发展和个人生活质量的提高发挥作用。

（4）对大学生岗位创新创业的新认识

依托专业创业是大学生自主创业的主渠道，可大大提高创业成功的可能性；而立足岗位创业、岗位创新是大学生拓宽职业发展空间的有效途径，对大多数大学生而言，岗位创新、岗位创业更有实际意义。

实践应用

【案例一】 英国“百万美元主页”

▸ 扫一扫：2-1 百万美元主页

亚历克斯现年21岁，就读于英国诺丁汉大学。2005年暑假，亚历克斯正在为大学学费发愁，但又不想向银行贷款，整天都在苦思如何赚钱。一天深夜，一个点子突然蹦入他的脑海。

亚历克斯在互联网上花10分钟建立了一个网站，起名为“百万美元主页”。他将主页划分为1万个小格，每个格子为10像素×10像素，售价100美元。买家可以在自己买下的格子中放上任何东西，包括自己网站的图标、名字或网址链接。

起初，亚历克斯并未对此抱太大希望，虽然网站号称“百万美元”，但他认为能卖出百分之一二的格子就不错了。不料，这个网站出炉后竟异常受欢迎，订单源源不断而来，平均每天有40个格子被人买走。

截至12月26日，这一成本仅50英镑的网站已为亚历克斯带来90多万美元。换句话说，1万个格子已售出9 000余个，离“百万美元”的终极目标不远了。有网友调侃说，如今非但亚历克斯自己不用再为学费发愁，连他下一代的学费都赚足了。

“百万美元主页”如今已声名远播，每天亚历克斯能收到几千封电子邮件，包括中国在内，已有26个国家的媒体采访过他。

靠卖“格子”变成百万富翁，听来像神话，但在这个网络经济时代，却被21岁的亚历克斯变成了现实。

点击进入“百万美元主页”，眼前就出现了一张“彩色地图”。从电影下载到人才招聘，从廉价CD到疾病治疗，从乐器吧到礼品铺，从租赁广告到个人博客，各种网站应有尽有，只有成人网站被拒之门外。

好创意往往能催生新点子，很快，有人就借“百万美元主页”的点击率想出了一个赚钱新招。

在“百万美元主页”中下方，一个格子里赫然出现美国已故影星玛丽莲·梦露的面容，原来这是一个“世界名人堂”网站的链接。在该网站首页有一个600像素×450像素大小的“相框”，一旁说明，任何想要“出名”的人都可以租用这个相框，上传“尊容”和网站链接，以供全世界“瞻仰”。费用为每分钟1美元，15分钟起租。

广告词这样写道：“人人都能扬名世界！我们已为您在世界著名网站‘百万美元主页’上占据一席之地，保证全世界的人都能看到您的脸。在您展露于历史中的这段时间里，数以千计的人会点击玛丽莲（的图片），然后就被链接到我们的网页，而您就在那里。”

——摘自：金羊网

【案例二】 美国 Akamai 公司

美国 Akamai 是国际上最大的互联网分发（CDN）服务商，它巨大的网络分发能力在峰值时可达到21Tb/s（2013 年）。Akamai 公司旨在消除 Internet 瓶颈和提高互联网用户访问体验，保护最终用户访问网站和企业内部应用的速度；并且提供全面的云安全服务，以及全球高清流媒体的加速。目前，该公司在全球部署了150 000 多台服务器，这些服务器部署在全球 90 多个国家，800 多个城市，1 000 多个运营商的 2 500 多个节点上。全世界 90% 的互联网用户经过 1 跳就可以找到一台 Akamai 服务器。

Akamai 网络目前承载着全球 15% ~30% 的互联网 Web 流量。

2013 年 Akamai 总共在全球分发了 3 500 亿亿字节，服务器接受了 593 万亿次点击（hits）。

2012 年的收入为 13.74 亿美元，占全球 CDN 市场一半以上的份额。

Akamai 全球客户超过 4 000 家，全球500 强企业中有近 300 家信赖 Akamai。

在你的生活中，当你使用因特网下载音乐或软件、阅读新闻、预订机票的时候，你可能就会在不经意间使用 Akamai 公司的服务。Akamai 从服务商那里获得内容，并最终传递给消费者。在这一过程中，Akamai 起着重要的作用。

Akamai 为互联网创造了一个数字操作环境。Akamai 的全球平台拥有数千台配置一流的服务器，能够经受互联网上每天数以亿计的海量、动态的内容，交易和应用请求的冲击。在回应这些请求时，Akamai 能够检测到互联网故障结点，避免互联网攻击，确保站点的优化运行，媒体文件、软件的流畅下载，以及应用软件的可靠运行。

全球数百家企业使用 Akamai 的平台进行销售、信息发布、娱乐、交易，以及广告和软件的发送，他们把生意搬到了互联网上。通过 Akamai 的 EdgeContro 管理中心，使用者能洞察全球互联网状况，并能管理他们的在线商务活动。拥有了 Akamai 的控制服务，就不需要再进行基础设施的建设和配备。

如今，Akamai 每天为像 Audi、NBC、Fujitsu、美国国防部和纳斯达克这样的公司和机构处理数以亿万的网络请求，成为互联网经济新模范。

1995 年，麻省理工大学教授，互联网发明者 Tim Berners-Lee 发起的挑战造就了 Akamai。这位互联网之父当初就预见到了现在因特网使用者已习以为常的网络拥挤的难题。于是他向同事提出挑战，要发明一种全新的，从根本上解决问题的方法来分发互联网内容。他可能没有想到，提出这样的一个学术难题最终会诞生一种革新性的互联网新服务。

在 Berners-Lee 博士隔壁办公室里工作的是 Tom Leighton，麻省理工大学的一名应用数学教授，他被 Berners-Lee 的挑战激起了兴趣。Tom Leighton 是一位著名的线性数学和建筑学教授，在 1996 年 MIT 计算机科学实验室运算学小组成立之初，他就是该小组的带头人。Leighton 博士认识到应用数学和运算学可以解决网络拥堵的问题，于是他请研究生 Danny Lewin 和其他几位顶级研究人员和他一起破解这个难题。另外几位计算机科学和数据网络方面的科学家也加入到了 Leighton 博士和 Lewin 的队伍中。

研究小组发现了一类散列函数（hash functions），它在负载均衡方面具有非常好的性能，他们将之命名为"一致散列函数"（consistent hashing）。他们开发了数学运算法则来处理内容的动态路由安排，并最终解决了困扰因特网使用者的难题。后来，史隆管理学院的 MBA 学生 Jonathan Seelig 加入到了 Leighton 的队伍中，从那以后他们开始实施自己的商业计划，最终成立了 Akamai。

这些世界级的科学家开发出了一套突破性的运算法则，用于在网络服务器所组成的大型网络中智能地安排路由和复制内容，而且不需要依赖如今站点拥有者所使用的中央服务器。

1998 年，研发团队参加了著名的年度 MIT $50K 创业方案大赛，成为一百个竞赛队伍中的前六名。Akamai 的成功表明因特网内容分发业务有着巨大的市场前景。Akamai 获得授权，可以使用 MIT 的智力资源，并从 1998 年 9 月开始运作。

1998 年末到 1999 年初，一支具有丰富互联网商业运作经验的专家团队加入到创始团队中来。最值得一提的是 Paul Sagan 和 George Conrades，Paul Sagan 是前 Time Inc. New Media 总裁，同时也是提供有线调制服务的 Road Runner 公司的创始人之一，他帮助创建了 NY 1 News。Paul Sagan 成为了 Akamai 的 COO，并最终担任了 Akamai Technologies 的总裁一职。George Conrades 是 BBN 前 CEO 和主席，IBM 美国运营中心副总裁，几个月之后，他成为 Akamai Technologies 的 CEO。

经过共同努力，这些顶尖电脑科学家和经验丰富的互联网职业经理人成立了 Akamai。Akamai 致力于通过智能化的互联网分发（CDN）结束"World Wide Wait"（世界一起等待）的尴尬局面。公司 1999 年开始提供商业服务，并宣布世界上网络流量最大的互联网公司雅虎成为自己的合同客户。美国公司 Akamai 如今已经是市值超过 40 亿美元的全球 500 强企业。

麻省理工学院的五万美元创业方案大赛，是一个激励学生自由组合团队，开发创业方案、探索风险投资的创造过程。整个大赛过程提供了一整套资源，以供学生们边学边干，教学相长，协同努力，建功立业。大赛依据高级专家们的评判意见，对所有参赛团队进行分级奖励，决赛中胜出的最后三个团队将获得一共五万美元的现金奖励，并得到若干实物性服务奖励。麻省理工学院的创业方案大赛诞生于 1990 年，当时由麻省理工学院创业家俱乐部和斯隆管理学院下属的新型风险投资协会两个单位联手合作，建立了名为一万美元的创业大赛，以充分激励理工类学生从事技术创新和管理类学生从事经营创新的积极性，并同时强化两类学生创新成果的整合和应用。首届大赛共有 54 支团队入围参赛，最终获胜者得到了五千美元奖金，而处在第二名和第三名者则分别获得了三千美元和两千美元。第一届大赛的赞助者有麻省理工学院斯隆管理学院和工程技术学院的各位正副院长，也有热电技术公司（Thermo Electron）和普沃好公司（Price Waterhouse）。自第一届大赛之后，麻省理工学院的创业方案大赛坚持每年举行一届，到 1996 年时发展成为奖金为五万美元的大赛，三万美元颁发给最终获胜者，而第二名和第三名也能各获一万美元。现在，麻省理工学院的五万美元创业方案大赛已经成为全球大学此类竞赛的首创者和领头羊，成为将学生的创新成果直接转化为创业活动的成功机制。

——摘自：百度百科

【案例三】 “临终秘密”里的创意生意

“航班惊魂”引发创业狂想

2012年11月，曾先生在广州出差时，不幸因车祸逝世。噩耗传至杭州家中，他的妻子欧阳女士悲痛欲绝。曾先生是做建材生意的，经常出差，许多生意上的事情只有他一人知情。含泪安葬完爱人，欧阳这位全职太太，对丈夫生意往来上的事情一筹莫展。

令欧阳吃惊的是，丈夫去世两天后，北京一家“网络遗嘱”网站竟联系到她，说两年前，曾先生在他们网站的“遗嘱保管箱”内存放了一些重要信息。得知曾先生不幸离世，该网站就在第一时间，把这些资料发送给了他生前指定的第一联系人——妻子欧阳。

这份加了密的电脑文件，名为“密码是你的生日”。欧阳用自己的生日编号解开文档后，映入眼帘的几行字，不由让她泪流满面：“亲爱的妻子，这是我备份在该网站的一份遗产清单，如果我不幸意外身亡，这些都是留给你的。”下面附有一些财务账目，以及曾先生几张银行卡的密码。

通过这份“网络遗嘱”，欧阳了解到了数笔她本不知情的债务，并成功索回，避免了上千万元的经济损失。与“网络遗嘱”网打过几次交道后，欧阳不禁被其独特而贴心的服务深深打动，当即给这家网站写了一封长长的感谢信。对于“网络遗嘱”网站创始人罗浩而言，创业两年多以来，他已经记不清帮助过多少人解决了身后事。

1985年出生的罗浩，大学毕业后离开郑州老家，独自到北京发展。2009年11月，有一次罗浩乘飞机出差，途中不知道飞机出现了什么故障，突然颠簸得异常厉害。不一会儿就如同断线的风筝，开始急速地垂直下落，机舱里惊叫声不断。这时，空姐就给每个人发了一张纸条，让乘客尽快把一些重要的信息写在纸上。颤抖着手接过小纸条，罗浩的脑子里一片空白，慌乱中他竟想不起该给家人写点什么。

万幸的是，后来警报终于解除了，乘客安然落地。但是这场“高空历险记”却在罗浩心中挥之不去。他想，如果那时真成了生命的最后一刻，我该写些什么给家里呢？我的一些重要信息如何才能让家人知道呢？有没有提供这种服务的机构呢？带着这些疑问，罗浩回京后开始在网上搜索，却发现这是一个尚无人涉足的市场空白。

在向身边的朋友和同事做“市场调查”时，罗浩万没料到，他的疑虑早已在大家心里萦绕了多年。一位在北京经商的河北籍哥们说：“万一我遭遇了不幸，最大的心愿是把银行账号、保险单号和股票留给家乡的父母。但我现在好好的，突然拿出这些会吓到他们的。如果把这些私密信息写在纸上，又很难保证不被别人偷窥；就算能藏在特别隐秘的地方，自己万一出事了却又很难被亲友找到。”

定制“人生黑匣子”生意火爆

朋友们提供的这些信息，令罗浩感到兴奋。他想：有需求就有市场，我何不建个网站，供人在网上留遗嘱，未雨绸缪地安排身后事呢！要知道天有不测风云，我国每年非正常死亡人数达320万……很多人毫无征兆地离世，使得其生前重要的个人财产信息和一些未了的心愿被带进了棺材，何其遗憾！

当发现国外已经出现了“遗物守护者”“最后的愿望”等类似网站时，罗浩更觉得自己的想法靠谱，不由信心倍增。他当即给大学校友李佳打电话，听了罗浩新鲜的创业构想，两人一拍即合，当即双双辞职。

2010年5月12日，两人投资5万多元打造的“网络遗嘱网——您的人生黑匣子”正式上线。网页清新明朗，左上角一行蓝字诠释了网站的独特定位：备份人生记录，传递无限关爱。

罗浩将他们推出的这项服务，形象地称为“定制人生黑匣子”。“人生黑匣子”保存了用户的重要信息，万一突遭意外，可以防止因当事人信息丢失而让家人无从获知，避免了其生前财产及生活状况成为无法解开的谜团。

网络遗嘱服务的推出，无疑为人生中可能发生的意外上了一道“信息保险”，填补了这样一个特别的需求空白。一番广告轰炸后，罗浩和李佳惊喜地发现，他们的网站在试运营阶段，每天的注册量就达到1 000多人。

在“网络遗嘱”网上注册成会员后，用户只需花费29元人民币，就可以得到一个容量为100MB、可终身使用的“网络遗嘱保管箱”。然后就可以将银行账号、保险单号、私密日志或照片、未实现的愿望、深藏心底的秘密等重要信息存放其中。从此，就像拥有了一个以备不虞的“人生黑匣子”。而且，你随时可以凭登录密码，在网上对遗嘱内容进行增加和删改，避开了传统托管的繁琐手续。

“可是，你们的网站安全吗?”网站运营之初，经常有网友对客服人员提出这样的疑问。“网站采用了多重加密技术，即使是该网站内部的工作人员，都无法接触到用户的信息内容。如果被黑客恶意获取，显示的也只是乱码。除了用户本人和其指定的联系人外，没有人能打开这个虚拟保管箱。”

用户可以事先设置登录频率，若逾期没有登录，网站会发邮件或短信提醒。若均无回应，网站将电话联系用户，委婉地确认用户本人的生命状态。如果依旧没有消息，他们才会联络用户指定的联系人。一旦证实用户已离世，在收到其死亡证明并确认其真实性后，网站工作人员会在公证机构的全程监督下，将该用户的“网络遗嘱保管箱”，提交给用户预设好的可靠联系人。

“网络遗嘱”网运营到第3个月，注册用户已经达到10多万人，其中1/3成为了消费者。再用这个数字乘以29元计算，第一批用户就为罗浩和李佳带来了80多万元的惊人收入。除去建站成本，以及写字间租金和员工工资等各项开支，他们在90天内净赚了60万元！望着公司网银账户上的数字每天都在不断变多，两个守候在电脑前日夜辛劳的年轻人，终于长松了一口气。

用温情关怀创富500万元

随着网站的不断完善和拓展，半年后，罗浩和李佳先后在网站上推出了遗嘱备份、财务信息备份、虚拟账号备份、私密存档、私密日记、遗愿代办、情感传递共7项业务。这些充满温情和人文关怀的服务项目，深受大学生、白领、商人等各阶层人士的青睐。用户中既有中老年人，也不乏年轻人。

35岁的张先生，从事户外探险工作。由于长年奔走在野外，鲜有时间照顾妻儿。渐渐地，他与妻子的心灵越拉越远，两人一见面就争吵，抱怨，冷战不断。一个暴雨肆虐的夜晚，他所在的探险队遭遇了可怕的山洪和泥石流。汹涌澎湃的水流裹挟着不可尽数的石块，呼啸地冲下来，撕碎探险队支起的帐篷后，把他和队友深埋在了山脚下……

当张先生苏醒过来后，发现自己置身于医院的急救病房内，映入眼帘的是洁白的床单，妻子坐在他身边早已泣不成声。此时，他那两名队友已经离开人世。

张先生也是遗嘱网的用户，曾把许多平时讲不出口的话，“锁”进了遗嘱保险箱。这次探险队发生意外后，由于他多日未如约登录网站，淋坏的手机也早已打不通，而且上级已经认定他和队友全部遇难，还发出了公告。于是遗嘱网工作人员，就开始为张先生提供“遗愿代办”——妻子很快就收到了他的电子遗嘱和内心表白。

经过这次劫难之后，他与妻子消除了芥蒂，两颗心靠得更近了。他在事后写给罗浩的信中说：“我由衷地感谢你们的遗愿代办服务，让我在经历生死之后，更加了解了活着的意义。”

截至2013年接受记者采访时，遗嘱网的注册用户已突破100万人。通过两年多的风雨拼搏，罗浩在经历过许多挫折后，终于完成了自己人生的华丽蜕变。如今，他已经是拥资500万元的年轻富豪。

——摘自：论文网 http://www. xzbu. com

第二章　发现自身特质

我和你没有什么差别。如果你一定要找一个差别，那可能就是我每天有机会做我最爱的工作。如果你要我给你忠告，这是我能给你的最好忠告了。

——华伦·巴菲特

本章要点

创业，是一个充满诱惑的词语，因为它意味着财富、地位、成功和名望；创业，也是一个让人惊恐的词语，因为它也意味着艰难、困苦、失败和落魄。而正是这让人既充满期待，又怀有敬畏的“创业”二字，吸引着人世间众多有识之士，义无反顾地在创业之路上前行，历经大浪淘沙中的酸甜苦辣，尽享披荆斩棘后的富足生活。

然而，创业到底是什么，为什么要创业，什么样的人适合创业，怎样创业，等等，是每一个有意创业之人在确定创业之前必须认真思考的问题。

问题导入

什么样的大学生适合创业？

创业者应该具备哪些特质与特征？

自己是否适合创业？如何培养？

理论阐释

一、什么样的大学生适合创业

创业，听上去很美好，让很多人动心。从小的方面说，摆地摊也有发家致富的，开个品牌专卖店，更是很多小资女人的梦想。往大的方面说，像马云、陈鸥、李想这样的人既推动了中国互联网电子商务的进步，又解决了中国就业难的问题。马云说，阿里巴巴要促进开放、透明、分享、责任的新商业文明，为全世界一千万家中小企业提供一个生存和发展的平台，为全世界解决一个亿的就业机会，为全球十亿人提供一个消费的平台。有多少人和马云一样，怀着这样的信念。那么到底什么样的人适合走在创业的路上，又是什么样的力量让他们勇往直前呢？

从整体上看，创业适合四种人：第一种，纯粹是为了改变国家或者社会现状，为了理想主义而奋斗，进而推动社会的进步。第二种，追求自由的人。很多人不喜欢，甚至排斥朝九晚五的上班生活。第三种，不安于现状，追求实现自我价值的人。他们觉得，自己能发挥更大的力量。第四种，就是为了赚钱，改变贫穷。而这其中还可以进一步细分为很多类。

实际上，有些人的创业初衷，也不是纯粹的讨厌朝九晚五的生活，也不是不安于现状。而是觉得，上班很好，可是遇到突发状况，当工作和生活冲突的时候，该如何抉择？是拼命地工作不管不顾家庭生活，还是为了家人放弃工作让公司遭受损失？两者任何其一，都不好受。所以，逃不过就避开。

当然，这也不是冠冕堂皇的理由。为什么？因为世人皆爱钱，谁不知道摆个摊、开个店比上班挣钱多，可是操的心，谁又会知道？在我们周围，有很多人，既不喜欢目前的工作，也不敢大胆地辞掉工作，这头望着那头，哪头也没有搞好。

一方面，敢作敢当，敢想敢做的人，最适合和志同道合的朋友创业。例如，河南财经学院的吴艳龙，大一开始做兼职、想创业的时候，身边很多同学也纷纷说出创业想法，想法很美好，各个不同。但是，吴艳龙和他们唯一的区别是，说出来的事情都一一照做了，而身边的同学到大四也没有行动，原地踏步，急着找工作。

有时候，人和人之间的差别不是很大。走在路上，你随便找个人问一下，是不是有好的创业想法，都会说出一二。但是永远不会行动，只停留在想想的层面上。正像创业名人马云所言，晚上想想千条路，白天还走原来路，没有任何实质性的行动。

另一方面，就是坚持。马云说，要不是坚持，他们早就不行了。在面对质疑和打压的时候，他们没有违背原则，含着泪坚持。在马云给阿里巴巴员工的一封信中，马云说道：“坚持还是放弃？放弃，从此以后我们就会成为一家平庸的公司，因为利益而活着，我们可能会在一段时间里会很轻松，会很赚钱……而坚持理想，我们也许会每天碰上今天的状况，我们要和各种势力作斗争，包括巨大的黑色产业链中的恶势力。但坚持也会让我们生存和工作得有意义，坚持也会让我们能在21世纪成为一家真正对人类社会有贡献的公司，让我们今天付出的一切努力有独特的回报。”“我想阿里人应该，必须也只有选择坚持原则、坚持理想、坚持使命的发展之路！”这就是马云坚持的信念，最初的执着，因此赢得了掌声。当朋友问马云相信什么时，他说，“我相信，‘相信’！”

“困难无其数，从来不动摇”，这是联想集团董事长柳传志的话。他说，“创业之路就像一列前进的火车，不断有人上车下车，都很正常，但总有人想要去更远的地方。也许你创业能做到一定程度，那退出肯定也比没做强。你要做得很大，就要做好更艰苦的准备，用我们自己常说的一句话就是‘困难无其数，从来不动摇’”。

如果你想走在创业的路上，一定要想清楚，创业不是坐等着钞票大把大把地归来。其中的艰辛，只有当事人知道，别人讲出来的远没有自己亲身经历来得真切。想创业的同学们，你准备好了吗？你适合创业吗？静心思考，给自己交一份满意的答卷。

二、创业者应该具备的特质与特征

（一）成功创业者的特质

创业者们第二个常问的问题是什么？（第一个常问的问题自然是“我能从哪里找到钱？”）答案是：“成功的创业者有哪些共同的特质？”他们想知道的并非好点子、优秀团队和充足的资金等显而易见的东西，而是更内在的，能让成功创业者脱颖而出的特质。心理学博士沙龙·刘易斯认为所有成功创业者必须拥有以下三大特质。

1. 成功创业者的特质1——条理性

“别把条理性和整洁混为一谈。几年前曾流行过指着某人的桌面问整洁还是杂乱，并假定这是性格优缺点的重要指标。但事实并非如此。”“桌面整洁并非就是成功的指标，也与你是否有条理性没有关系。我相信有许许多多成功的创业者的桌面混乱不堪，但同时我认定他们从不会错过一次重要的约会，或是弄错一份重要的合约。”“如果条理性对你不是一件自然而然的事情，请最起码创造一套系统，在里面你可以舒服地坚持下去（在线或纸质的便利贴就是可能的办法）。在有能力的时候，请一个秘书帮忙吧。”

2. 成功创业者的特质2——擅长与旁人沟通

“如果你因为旁人不理解你的言辞而迁怒于人的话，这谁都会。但最后还要归结于你的沟通能力几何。无论是你告诉员工或合同工如何做事，还是向顾客或投资人兜售你的产品，假如你无法清晰表达你的需求，你就不能获得想要的反应。但这是一个熟能生巧的领域。假如这是你的心头之虑，你可以尝试首先把你的想法抛向你信任的人，得到他们的反馈（关于你沟通的内容和形式），并不断修正。”

3. 成功创业者的特质3——从错误中汲取教训的能力

“对许多创业者来说，这都是一大难题。你身为老板并不意味着你就总是对的。你必须得意识到这一点。如果身边满是唯唯诺诺随声附和的人，没人可以取得事业上的成功。所以，你最好让人们可以自然地指出你犯的错误。不可避免地，你在创业路上会犯下许多错误。但就像你获得的任何新技能一样，你得从错误中汲取教训，并继续前进。”

上面这些特质都是切实可行的，而且好在它们并非依赖于本能；在创业期间完全可以一一习得并做到尽善尽美。但沙龙·刘易斯表示，成功的创业者还有一样特质：“尽管条理性、沟通能力和从错误中学习的能力都是创业过程中重要的品质，但勇气的重要性也不能被忽略。有时你得投身进去，在过程当中学习。”

（二）成功创业者的必备特征

什么样的创业者会非常成功？他们身上有什么特征？这是经纬创投创始合伙人张颖天天思考的一个问题。根据多年的观察和对比，他总结了以下7条必备特征。

第一是智商（IQ）不低，且情商（EQ）很高。相对于智商，我更要强调情商的重要性。一家成功的企业需要创业者平衡很多复杂棘手的难题，可以说是一道接一道，而且大部分都是和人打交道的问题。因此没有很高的情商，就不能艺术地处理好这些难题。

第二是能反省、调整、快速纠错。这一条大家肯定都会认同，但要做到，难度很大。人要否定自己是一件很困难的事。对于想要成功的创业者来说，就需要和常人不同，能够多反省、多否定自己，并能快速纠错。

第三是很强的学习能力和执行能力。目前社会正处在急剧的变革之中，企业一路上也会遇到各种各样的新问题，其中很多是创业初期根本就没想到的问题，这就需要创业者具备很强的学习能力。同时还要学以致用，把学习的东西落到实处，否则纸上谈兵，迟早会错过好时机。

第四是具有自己独特的魅力，能多次招聘到并留住企业在各个层面、各个时期需要的优秀人才。成功的创业者自己具有魅力，手下还能有一帮兄弟死心塌地地跟着他干，甚至这些兄弟有些比他自己还优秀。

第五是懂得分享。只有懂得分享的人才能最终留住人才。让一帮人跟着自己不离不弃，这也是独特魅力的一个方面。这一条也是知易行难，人都是自私的，分享在某些层面上是违背人性的，但这却是必需的。

第六是没有极其偏激的性格。这里说的偏激的性格和偏执不是一回事，这里所指的是很多时候性格不能过火，因为创业者作为公司的 CEO 要会艺术地协调很多复杂的关系，即懂平衡、看长远、识大体、能忍让。

最后一条是霸气。成功的创业者应该有一种舍我其谁、不达目标誓不罢休的霸气。外露的霸气是一种霸气，内向腼腆但做事坚定、内心强大是另外一种霸气。

（三）成功创业者的十大个性特征

尽管每位成功创业者走过的道路不同，他们所从事的行业及所做的项目不同，企业的规模也有差异，但众多学者对大量成功创业者进行了多方面的持续研究，发现成功的创业者在心理和行为上具有许多共同的特征，这些特征可以归纳为以下 10 条：

（1）敢于冒险，敢于尝试新鲜事物；

（2）能够在逆境中坚持不懈、奋斗不止，有极大的韧性，能承受较大的压力；

（3）善于学习，悟性极高，有方法、有思路、有创意；

（4）对项目有极高的敏感性，善于辨识并快速抓住机会；

（5）有优秀的领导力，能够吸引和留住人才与之一起艰苦奋斗；

（6）责任心极强，在打工时就具有老板心态，将老板的事当成自己的事；

（7）坚定、执着、专注，认准的事就会坚持到底，遇到困难绝不轻易回头；

（8）思想积极正面，懂得欣赏别人，广结人脉，社会资源丰富；

（9）有极强的团队合作精神，能够高瞻远瞩，凡事从大局出发；

（10）重视经验曲线的积累，不断修正错误，有优秀的管理能力。

三、自己是否适合创业？ 如何培养？

1. 了解自己

首先要充分了解自己，了解自己的兴趣爱好，喜欢干什么；掌握自己的性格特点，擅长做什么；清楚自己的技能，能够胜任哪些工作；把握自己的职业价值感，明确自己内心真正想要的是什么。

只有真正了解自己，才能清楚自身的长处，弥补自身的不足。在发现自身已经具备的能力的同时，也要考虑自己该如何去培养那些尚未具备的能力。

被誉为“世界第一 CEO”的杰克·韦尔奇在他 20 年的任期内把通用电气集团带入了辉煌，他关于成长与成功的自传被全球经理人奉为“CEO 的圣经”。他提示大家创业前问自己四个问题：

第一，你是否有一个竞争对手无法匹敌的可以增强产品或服务吸引力的超级创意？

第二，你是否能够在经受一次次拒绝之后仍然保持脸上的笑容？

第三，你讨厌前途未卜的情况吗？

第四，你的性格是否能吸引优秀的人才和你一起追逐梦想？

2. 做好准备

不管你学习什么专业，提供的以下建议对你来说均可以适用，而最终实现的目标是至少在你毕业的时候很容易找到一份自己还比较喜欢和基本胜任的职业，即使是自己创业，也会比想象得容易！请你记住，虽然你在大学校园，也时刻应为四年以后要投入的那个社会做准备。

（1）至少实习三次或者兼职三次：实习可让你了解真实的社会需要，也让你比较了解相对爱好的工作。你可以在大一到大三的三个暑期实习，也可以平时就寻找与获得兼职或者非坐班实习机会——有很多创意和设计类工作是不需要坐班的。建议你的实习与兼职不要集中在一类工作中，也不要仅限于与自己学习的专业对口的岗位。

（2）四年中至少认识 150 个可以联系的陌生人：建议大学生印制自己的名片，在今天这个规模社交的社会中，名片也许是不多的可以与人保持联系的途径。而你如果给出名片就有了道义理由要求人家给你名片。一般而言，你每给出 100 张名片可以收回 30 张左右名片，其中你大致可以与 10% 的人保持联系。大学四年，在听讲座、参加志愿活动、与朋友交往认识其他朋友时，你至少要发出 500 张名片，大致回收 150 张，你可以和其中 15 人成为比较熟悉的朋友，发展 4 ~ 5 人成为你的良师益友。

（3）组织与参与三个以上学生社团、学生社会实践活动或者学生社会公益发展项目：当你代表或者作为组织成员时，你的身份与你的个人是两个不一样的人格形象。不见得每个人都是团队活动能手，但是不要丧失与放弃发展自己组织人格的机会，而且很多社交机会与信息的获得与组织行为有着密切的关系。

（4）读 240 本课外书：作为普通人按照一个半月读一本书的普通速度，一辈子也就是读 500 本书左右；而如果学会用快读法在大学里读完 240 本书，平均每学年要读 60 本书，大致相当于每一周读一本书。有很多种快读的方法，其中最好的一种方法是一组朋友一起分工读书，然后用邮件分享读书要点。零点研究咨询集团最近就用这个方法让员工用四个月读完了 110 本书。

（5）考察至少三个从未去过的地方：这里说的是考察，就是了解一个地方的风土人情，而不只是旅游景点。认识风土人情也是一种增长见识的方式，可以扩大跨文化的能力。地方距离越远越好，也可以利用朋友关系，这样一来可以交换行住资源，降低旅行成本。

（6）尝试与掌握 10 条人情世故：现在依然流行的 36 条人情世故，在百度上很容易检索到，我们每一个同学只要尝试学习掌握 8 ~ 10 条就很好了。80 后与 90 后普遍不掌握人情世故，具备这方面的技能在与人交往时会让人们感到你能设身处地为他人着想，而较易得到大家的认同。

（7）每周尝试写一篇博客：可把博客当成自我总结与反思的工具，也可把博客当成观察社会生活与周围人群的工具。同时博客的写作可以使得我们拥有流利的笔头表达能力与思维分析能力。如果我们每周至少写一篇博文，我们四年就能写 240 篇博文。如果你能把这样的博文精选一些编成一本成长日记附在你的求职简历后面，相信你会显得非常独特。

（8）尝试一次创业：你可以尝试一次学生创业，这可以是在淘宝网上开个小店，可以在自己有兴趣或者专长的领域尝试创办公司，也可以尝试创办一个致力于社会服务的学生公益团体。如果再给个具体的目标，你要在大学四年至少挣到过自己的 5 000 块钱。

可以说，这 8 个指标只要实现了一个，你就已经有了一个不错的开端，而且在同学中显示出了特色；实现了 3 ~ 5 个指标就会表现得很突出；如果你能同时实现这 8 个指标，你就是无可辩驳的优秀人士，并且在步出校园的时候就已经非常接近于一位成功的职业人士。

3. 穷人与富人在思维模式上的差别

（1）自我认知：穷人认为一切命中注定；富人相信自己能改变一切。

（2）休闲：穷人看电视；富人在娱乐中谈生意。

（3）交际圈：穷人结交穷人排斥富人，与消极、不成功的人为伍；富人结交对赚钱有帮助的人，和积极、成功的人接近。

（4）学习：穷人学手艺；富人学管理。

（5）时间：穷人时间不值钱；富人时刻想着挣钱。

（6）归属感：穷人缺少安全感依赖团体；富人组建团队是领导者。

（7）对待财富：穷人省吃俭用不敢拿钱投资，怕输；富人想万本万利让钱生钱，想赢。

（8）激情：穷人没有激情或将其消耗在具体事物上；富人激情带来灵感，有强烈的感染力。

（9）自信：穷人靠外在的东西维持自信；富人从内心拥有高度自信。

（10）习惯：穷人省吃俭用计较小利；富人不断投资，让压力驱动自己持续寻找赚钱新方法。

（11）富人永远在学习，不断获得新资讯；而穷人则自以为是，觉得自己什么都知道。

（12）富人即使害怕也会行动；而穷人则因害怕而没有作为。

（13）富人选择依成果受薪；而穷人则选择按工时赚钱。

（14）富人愿意推销自己和价值观；而穷人对行销却很反感。

（15）富人从大格局思考，专注于机会；而穷人却自我设限，专注于障碍。

4. 提升个人创业能力的途径

（1）坚持每天看新闻；

（2）到成熟公司打工；

（3）雇用精明能干的员工；

（4）与商人交往；

（5）与政府人员交往；

（6）投资学习；

（7）尊重员工；

（8）听取他人意见；

（9）模仿成功者；

（10）持续寻找问题。

实践应用

【案例一】 跨国的葫芦

▸ 扫一扫：2-2 葫芦

2008年，18岁的王回青中专毕业后，成了省城一家高档童装店的销售员。在几个月的打工生涯中，她渐渐知道了进货渠道和营销技巧。

2008年年底，王回青到兰州一同学家开办的企业工作。一天，她和同学走进兰州一家礼品店，想买几件当地特产，等回河北邢台过年时带给家人。当她看到一排葫芦工艺品时，感到特别惊奇：鸡蛋大小的一个葫芦上，竟密密麻麻地布满针刺的《丝绸之路》《敦煌飞天》等图案，而且雕刻出的山水人物都显得特别真实，有韵味。一看价格，王回青吓了一跳，就这么一件小葫芦居然卖到1 200元。

“葫芦在我们家乡随处可见，别说1 200元，1.2元一个有人要我都种葫芦卖去！”王回青小声对同学嘀咕道。同学解释说：“微雕葫芦可是兰州特色产品，卖的是文化内涵和画师的技艺，不能按瓜果市场的价格算。”俩女孩的对话被礼品店老板听到了，他认真地对王回青说：“姑娘，你们家乡要是真有葫芦种植基地，可以挑一些形态好的裸葫芦卖给我，别说 1.2 元一个，12 元一个我也大量收购！”

王回青从网上了解到，在我国，因葫芦谐音“福禄”，加之形态优美，自古就被赋予了驱灾辟邪、吉祥纳福的美好意愿。葫芦的制作工艺多达一二十种！王回青暗想：既然葫芦艺术品的市场如此巨大，自己家乡又有土地，我何不回河北种葫芦卖？在她的印象中，葫芦极易成活，种植起来十分简单。

回家之后，母亲最终屈服于她的坚持，说：“我给你一亩地，看你能折腾出个什么样。”

刚播下葫芦种，王回青就在想：万一收获后裸葫芦不好卖怎么办？为了做两手准备，她就把葫芦地交给爸爸照料，自己前往北京，慕名找到一位烙画大师开设的培训班，学习在葫芦上烙画的技术。

一天，正在北京学习的王回青突然接到父亲的电话：“丫头，快回来看看吧，你种的葫芦出事了，长得千奇百怪什么样都有！”后来，王回青从一位农艺师那里了解到：种葫芦也是有讲究的，想要果实的品种纯正，方圆一公里之内都不可以再种植其他葫芦科的植物。

直到第三年——2011 年 8 月，这位 90 后女孩终于收获了一地品种纯正的葫芦。

把收获的葫芦脱模、晾晒之后，她按照“小头、细腰、大肚”和“线条流畅、色泽饱满”的业内审美标准，千挑万选地选出了一批形态出众的葫芦，女孩开始自己制作创意葫芦。

由于王回青种植的葫芦品种丰富，结出的果实各式各样：有的小如珠，有的大如拳，最大的中国白皮葫芦，“肚子”足有西瓜大。根据个头大小，王回青会让它们各尽其用——最小的“拇指葫芦”仅有算盘珠那么大，她就添置设备，把它们设计成清新素雅的葫芦门帘、窗帘，以及旅游纪念品销售；稍大些的“鸡蛋葫芦”，被她烙上“出入平安”，或名家名画，做成车内小挂饰卖，或者请工匠雕刻成精致的葫芦烟斗，以不菲的价格出售；外形漂亮的大葫芦，则被她烙上了梅兰竹菊、风景山水、古今美女、诗词书法等，以艺术品的价格销往国内外。

2012 年 10 月 20 日，王回青带着一批样品来到山东烟台，参加当地举办的中国民间工艺品博览会。第一天，王回青的烙画葫芦作品——《梁祝》套系故事，被纽约客商皮特以 5 000 美元的天价购走，并与她签下了订货合同。博览会上，王回青不仅销售出 10 万元左右的产品，还拿到了 50 多万元的订单！

下一步，她将带动乡亲们大面积种植葫芦，然后由她高价收购，制作成精美的葫芦工艺品销往海内外。

——摘自：中国论文网 http://www.xzbu.com

【案例二】 只要认真干5年

5年前他18岁，高中毕业时考上了一所不错的大学。可家里没钱，他只得进城谋生，当了一名送水工。对于这份工作，他很珍惜。每天骑着自行车，走街串巷把每一条街道都跑遍。有的楼房没有电梯，他就得用肩扛上去。一天下来，累得骨头都快散架了，一起当送水工的没干几天，就因受不了跑了。他对每一位客户都很有礼貌，敲门都是轻轻的，进门脱鞋，光着脚进屋。每替一位客户送完水，他都会记下客户名字，在心里默念上几遍。送水工按件计酬收入不高，月收入只有500元钱，他虽然勤快月收入也不过600元。他一干就是5年。时间久了很多客户都与他熟悉，对他说："年轻人，你有文化又年轻力壮，怎么不去找更来钱的事做？"他说："我觉得送水挺好的，我喜欢干这活。"别人听了都摇头叹息，背地里说他有点儿傻。

5年后他辞职了，用积蓄开了一家送水公司，很快拥有了许多订水客户。这些客户都是他这些年认识的老客户，以及客户们的亲朋好友。他的送水业务很快占据了全城的一半份额。别的送水公司只有几名送水工，他的公司，一下子发展到十几名。他不再需要亲自去给别人送水，而只需要坐在办公室里接洽业务就行了。

那么，他是怎么创造这个奇迹的呢？

他说："在这座城市，能干上5年送水工作的人有几个？只有我一个呀。他们大多只干一年半载，而我一干就是5年。在这5年里，我拼命结交客户，给他们留下好印象。我问他们，要是我开了公司，订不订我的水，他们都表示愿意订。谁都是一样的，不同的是人。他们根本不记得我以前所在的送水公司，只记得我这个人。因此我的公司一开张，就赢得了许多客户。"

一个人只要认认真真地干一件事，干上5年，就一定能够干出一番成绩来。

——摘自：新浪网 http://blog. sina. com. cn/s/blog_4a5106c50100b734. html

【案例三】 牵着牦牛走出哈佛

▸ 扫一扫：
2-4 乔琬珊

28岁的乔琬珊是一位台湾女孩，2006年从美国哈佛大学取得硕士学位后，竟然跑到缺水断电的中国青海省北部的草原去创业。

乔琬珊之所以做出这个惊人决定，源于她的一次中国大陆之行。2005年，在哈佛大学就读国际发展和社会管理的她，带着"用更好的方式解决贫困"的课题，第一次来到中国西北地区，希望运用自己的商业知识，为社会扶贫发展出力。在青海的一些贫困乡镇，乔琬珊看到不少浑身纯黑或雪白、四肢短而粗健的牦牛，颇感好奇。

乔琬珊从同行的一位堪称"青藏通"的香港朋友那里了解到，牦牛被称作"高原之舟"，是中国特有的动物，主要分布在青海、西藏、四川和云南高原地区。它耐饥耐寒，善走陡坡险路、雪山沼泽。牦牛浑身是宝，其粗毛可以做帐篷和绳子，细毛可以做衣服和毯子，牛奶可以做酥油和奶酪……兴趣盎然的乔琬珊认真对牦牛这种当地人赖以生存的动物进行了重点考察。

虽然牦牛被说成“一身都是宝”，但很少有人认识到牦牛绒的价值。手感粗糙、颜色单一，这是一些人对牦牛绒服装的印象。在国外，人们对牦牛绒几乎一无所知。

“世界上有1.4亿头牦牛，大部分在中国。”随后，她看到了联合国出版的一本书中有这样一句话：“牦牛身上的毛很软，可以与羊毛媲美。”如果是这样，为什么市场上看不到牦牛绒呢？调查中她发现，国内纺织厂家并不善于产品的拓展，基本是国外市场需要什么，厂家就做什么。但国外的设计师不知道中国有牦牛绒这种材料，当然也不会有相应的订单。

通过查阅资料，乔琬珊得知牦牛每年采毛一次，粗毛和绒毛各占一半；而牦牛绒既柔软又保暖，是继羊绒之后的又一种高档纺织原料。令她感到遗憾的是，当地藏民并不了解牦牛绒的价值，平时都是粗毛细毛一把抓，然后以低廉的价格卖出去。

乔琬珊当即做出了一个大胆决定：毕业之后办一个“社会企业”，专门做牦牛绒产品。回到美国后她很快就写出了一份关于牦牛的创业计划，并赢得了2006年哈佛大学的商业计划奖金1.5万美元。

2006年9月从哈佛毕业后，乔琬珊拿到创业资金，在中国成立了Shokay（取自藏语“牦牛绒”的发音）公司，开始了自己的牦牛事业。

她逐步确定的方向是：用牦牛绒做服装、做饰品，创建自己的品牌。“除了理念和品牌，我一无所有。如果卖原料，我们没有优势，我们不是贩卖者；我们也没有自己的工厂，必须跟加工厂合作。”

在藏民中间，她会被感动。“即使他们一无所有，他们也要热情地给客人倒酥油茶。”当然，怀疑也是有的。第一次收购牦牛绒的经历，就类似于商鞅变法的“南门立柱”。

面对几个号称收购牦牛绒的陌生年轻人，当地藏民不知道他们的居心。第一天，没有人出售。第二天，依然没有。几天后，才有一个人试探性地拿了一袋子牦牛绒过来。看过后，她说：“你这些毛太粗糙了，请分梳好了再拿回来。”之后，这位藏民又拿着分梳好了的细牛绒过来，双方成交。

在收购的第一袋牦牛绒上，乔琬珊郑重写上了“Shokay”这个词。在这个过程中，很多藏民始终在看着，然后收购的生意慢慢做起来了。信任，也一点点在积累。那一次，乔琬珊一共收购了1吨多牦牛绒。乔琬珊和创业伙伴们从哈佛拿到的1.5万美元的商业计划奖金，大部分都花在了这上面。当把一袋袋的牦牛绒扔上卡车的时候，乔琬珊心里不断地翻腾：全部家当都在这里了，我们到底能做成什么？

乔琬珊以不同的价格，按级别收购牧民们分拣好的牦牛绒，最大差价能达到4倍。一头牛身上抓下的牛毛也就是一两斤，而其中的高品质牛绒只有几百克。尽管如此，由于乔琬珊的收购价格高，已经能让当地牧民的收入提高70%。

解决了原材料问题，设计和开发适用产品摆上了正题。由于请不起大牌设计师，起初为了节省设计费用，乔琬珊请来一位艺术系毕业的美国同学，俩女孩经常翻阅时尚杂志，从中挑选出款式再加以改进。

这是一种冒险。直到现在，冒险也一直存在，比如与纺织厂家合作。“到纺织厂订货时，如果做出来的效果不够好，跟设想的不一样，那我们就得自己把产品消化掉。”她曾经有数次失败，将牛绒跟丝、羊毛混纺，结果都不理想。

第一批牦牛绒产品加工出来后，乔琬珊开始频频拿着样品参展。为了省钱，她往往是一个人扛着纸箱去。那段时间，乔琬珊忙于参加世界各地的展会，以展会为突破口，她拿到了越来越多的订单。

乔琬珊的尝试让朋友和父母感到担心。她的同学毕业后大部分去了银行等领域。“我父母送我去哈佛读书的时候，没想到女儿是牵着一头牦牛走出哈佛大门的。”

2009 年 5 月，乔琬珊开始着力打造 Shokay 的另一大特色——手工编织品。她在上海崇明岛找到了 50 多名处于低收入状态的妇女，建立了一个编制合作社，将牦牛绒制成各种成品。乔琬珊最苦恼的是，一种没被世界认知的东西，如何被别人认同？很多时候，她耐心地将“牦牛绒”的来历介绍给客户。但对方听完之后，摸着手中温滑的服装，惊奇地问：“这个是从羊身上剪下来的吗？”

Shokay 几乎从未投入资金用来进行广告宣传，逐渐扩张的知名度，都是乔琬珊积极投身于各种社会活动慢慢积累起来的。比如，她经常参加不同机构和学院的商业计划比赛，在诸如哈佛商业学院主办的此类比赛中摘得头筹，获得“卡地亚灵思涌动女性创业家奖”亚洲区前三名等。通过比赛，Shokay 声名大噪。

让她感到欣慰的是，她终于跟当地牧民打成了一片。2011 年，随着产品销量的剧增，与乔琬珊合作的青海牧民也从最初的 2 600 户，变成 11 000 户，他们卖牦牛绒的价格比以前提高了几倍。Shokay 每收一公斤牦牛绒，就拿出 5 元拨入牧民的社区发展基金，用来改善牧民的生活水平。比如，Shokay 公司推行了向贫困户借贷牦牛的政策，协助暂时没有牦牛的底层牧民一同致富。

发展到 2012 年 11 月，Shokay 已经在全球拥有 120 家直营和代销店铺，以及 5 名海内外专业产品设计师，成了一家小有名气的时尚公司。面对记者的采访，乔琬珊一直自信地微笑。“当初做这个事情，也没做很好的风险评估。”她笑着说。“不过，如果想太多的风险，也许就不会开始创业。”她的创业梦想是：以后人们想到牦牛绒，就想到 Shokay。在更远的未来，人们一想到来自中国的奢侈品牌，就会想到 Shokay。

纯手工个性制造、原料来自遥远藏地，每头牦牛一年只能提供几百克绒毛的有限性……所有这些元素，已经给 Shokay 注入了奢侈品的血液。相信这位富有爱心的哈佛女孩，会把中国牦牛绒生意做得更大。

——摘自：论文网 http://www.xzbu.com

第三章　了解外界社会

我们这个时代的麻烦就是将来不会是过去那个熟悉的模样。

——保尔·瓦雷里

幸福的关键是发现自己适合做什么并确保有机会去做。

——约翰·杜威

本章要点

在学校读了十几年的书，突然要面对社会、面对工作，无论是找工作，还是创业，这份陌生感对大学生而言，是正常的。大学生对外面世界的不了解，通常容易表现出两种极端状态：一无所知和想当然。这两种状态常常令大学生在进行职业规划和求职时产生困惑，在生涯规划中难以决策，陷入被动。就像大学生常说的那样：稀里糊涂地就把自己卖了。

因此，学习对外面世界的探索和了解可以帮助大学生更为主动地把握个人的未来发展。

问题导入

不清楚目前的劳动力市场，不知道自己所学的专业到底需要什么样的人才？

热门的工作就是“好工作”吗？薪水高的工作就是好工作吗？

不清楚自己适合和喜欢的行业、职位，不知道该朝哪个方向努力？

理论阐释

一、目前劳动力市场的现状和发展趋势

关于劳动力市场，有多种不同的解释。例如：

- 是一个进行劳动力买卖的市场，即劳动者竞争职位，雇主竞争劳动者的市场；
- 是在劳动力管理和就业领域中，按照市场规律，自觉运用市场机制调节劳动力供求关系，对劳动力的流动进行合理引导，从而实现对劳动力的合理配置机构；
- 是配置劳动力并且协调就业决策的市场。

1. 劳动力需求结构不断变化

（1）技术及职业变动快速，失业将是一个长期存在的问题，我国劳动力供大于

求的状况要持续 30 余年。

（2）国家户籍政策的放宽，使工作迁移成为越来越普遍的情况。例如在 15～64 岁的迁移人群中，因务工经商迁移的约占 45.7%，因培训学习迁移的约占 19.1%。

（3）劳动力需求结构以高、低两层人才为主，形成两极化倾向。

（4）在“十二五”期间，我国城镇每年需要安排大约 2 500 万的劳动力。在 2 500万左右劳动力中，青年学生大约占了 1 400 万，其中一部分是高校毕业生，每年大约有近 700 万人需要安排就业，如图 3-1 所示；另一部分是中专、技校、初中、高中毕业之后不再继续升学的学生大约也有 700 万人左右。剩下的 1 000 万余人，是包括军队转业人员、下岗失业需要再就业的人员和登记失业的人员。每年实际上城镇能够安排的劳动力大约在 1 200 万左右，大约还有上千万人的就业缺口。此外，每年还要安排农村的富余劳动力 800 万人。

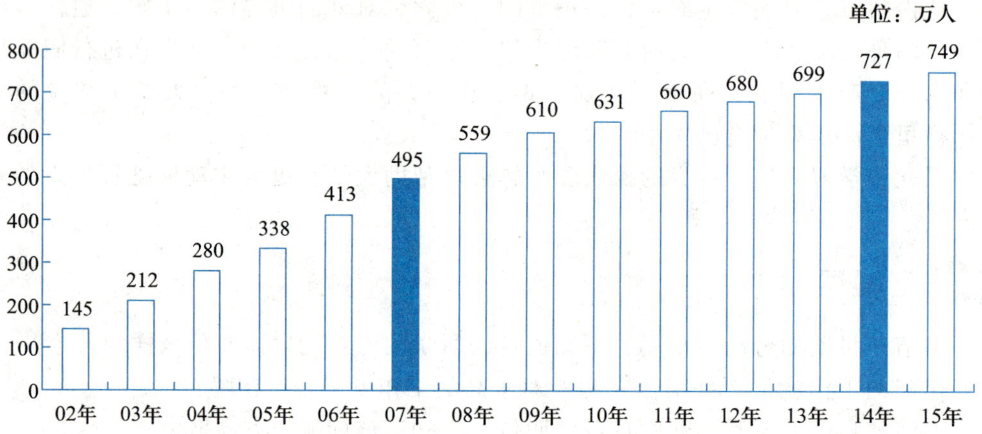

图 3-1　2002—2015 年每年毕业的大学生人数

2. 结构性失业问题突出

（1）毕业生“宁要北京一张床，不要西部一套房”。

（2）考研热，如表 3-1 所示。

（3）考公务员热，如表 3-2 所示。

（4）基层就业冷，自主创业少。

表 3-1　2005—2015 年考研人数和录取人数统计

年份	报名人数/万	增长率/%	录取人数/万	报录比
2015	164.9	-4.13	63	2.6 : 1
2014	172	-2.27	57	3.0 : 1
2013	176	6.3	53.9	3.3 : 1

续表

年份	报名人数/万	增长率/%	录取人数/万	报录比
2012	165.6	9.6	51.7	3.2∶1
2011	151.1	7.9	49.5	3∶1
2010	140	13	47.2	2.9∶1
2009	124.6	3.8	41.5	3.0∶1
2008	120	—	39	3∶1
2007	128.2	0.8	36.4	3.5∶1
2006	127.1	8.4	40.3	3.2∶1
2005	117.2	24.0	32.5	3.6∶1

表 3-2　2003—2015 年国家公务员考试招录及报名人数统计

年份	招考职位	招考人数	审核通过	参考人数	比例*
2015	13 474	22 248			
2014	11 729	19 538	152 万	99 万	51∶1
2013	12 901	20 839	138.3 万	111.7 万	53∶1
2012	10 486	17 941	130 万	96 万	53∶1
2011	9 763	15 290	141.5 万	90.2 万	59∶1
2010	9 275	15 526	144.3 万	92.7 万	59∶1
2009	7 556	13 566	105.2 万	77.5 万	58∶1
2008	6 691	13 787	80 万	64 万	46∶1
2007	6 361	12 724	74 万	53.5 万	42∶1
2006	6 053	10 282	54 万	50.7 万	49∶1
2005	5 456	8 271	31 万	29 万	35∶1
2004	4 036	7 572	18.2 万	12 万	15∶1
2003	5 400	5 475	12.5 万	8.8 万	16∶1

*注：参考人数与招考人数之比

3. 转换工作成为一种惯例

（1）产业结构调整：工业或制造业的就业人数减少，服务业和信息产业的工作机会增多。

诸如零售业、批发业、制造业、广告业、新闻业、通信业、物流业、酒店与旅游业、餐饮业、金融业、保险业、医疗业、教育行业、电视节目行业、电影行业、出版业和垄断行业等传统行业逐步被高新技术产业、互联网行业、信息服务业、新能源、文化创意产业和生命科学行业等新兴行业所取代。

（2）企业破产与建立成为普遍的事情。当摩托罗拉还沉醉在V8088的时候，诺基亚已迎头赶上。当诺基亚还注重低端机市场时，乔布斯的苹果已经潜入。当中国移动沾沾自喜为中国最大的通信商时，浑然不觉微信客户已突破4亿。当中国银行业赚得盆满钵满高歌猛进时，阿里巴巴已经推出网络虚拟信用卡。当很多人还在想租个门面房做个小生意时，光棍节一天中国互联网上就创造了天价成交额。

（3）多种工作形式、机会可供选择。例如：全职工作、兼职工作、多重工作、工作分享、工作分工/团队模式；人才库、代理/经纪人、合同工作、咨询工作、自雇工作、企业家。

4. 全球化的经济环境

一个美国人，上穿英国斜纹软呢服、韩国衬衣，下着中国香港长裤，脚蹬意大利皮鞋，看看腕上的瑞士表，瞟一眼新装了4个法国轮胎的德国车，用加拿大杯子倒上一杯滚热的哥伦比亚咖啡，放到爱尔兰亚麻桌布上的中国丝绣杯垫上，那是一张用印度亚麻籽油漆装饰过的丹麦桌子，一边听着日本产的电视机里面播报的新闻，一边从摩洛哥公文包中拿出一支中国台湾制造的圆珠笔，写信给议会代表，了解为何美国的贸易不平衡。

彼得·德鲁克说过，到2010年或2020年，世界将变成后资本主义的世界，它的主要资源将会是知识（也就是“有用的信息”）；国家政府将被大洲政府代替；世界将是一个组织的世界，每个组织都致力于一个具体的任务。这个新世界领导团队之一就是“知识型工作者”，他们知道如何去定位知识和信息以便使其产生作用。

以苹果手机的生产全球化为例，其各部件的主要生产地点及获取的利润如图3-2所示。苹果手机主要生产地点的分布为，中国330家，日本148家，东南亚99家，美国75家，欧洲41家，韩国35家，拉美6家，中东3家。

5. 未来社会人才所需要的6种关键能力

（1）不只有功能，还重设计。产品不只好用，还要创作设计出好看、独特和充满感染力的东西。

（2）不只有论点，还说故事。不只据理力争，还能渲染不同的故事，调动对方的感性认知。

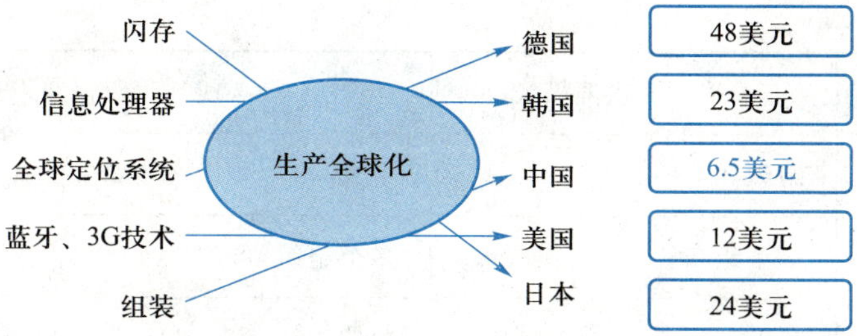

图 3-2 苹果手机各部件主要生产地点及获取利润

（3）不只谈专业，还须整合。工业时代和信息时代需要专业和专才，但随着白领工作或被外包出去，或被软件取代，与专业相反的才能开始受到重视：即化零为整的整合能力；

（4）不只讲逻辑，还给关怀。想在未来继续生存，必须了解他人的喜好需求，并与之建立关系，同时展现同理心。

（5）不只能正经，还会玩乐。在感性时代，教育加娱乐是未来最好的产业。

（6）不只顾赚钱，还重意义。懂得追求更深层的渴望，才能成为真正的领导者。

6. 没有技术意味着没有工作

（1）科技化与自动化，导致了工作内涵的变化，需要从业人员具备技术基础与广博知识。

（2）同研究与发展相关联的工作将日趋重要。

7. 培训和再教育成为常事

（1）知识与信息的保质期越来越短。

（2）知识、信息的暴涨，使得即时更新成为生存的必要技能。

（3）“在信息社会中，唯一不变的就是‘变’。我们不能期望单一的教育形态来帮我们度过一生，没有任何一种教育和技能，可以在未来的社会中一成不变，这是 21 世纪的人必须具有的信念。”

8. 新型契约关系

新的契约关系将淡化雇佣关系，强化共同利益，代表的是一种齐心协力创造价值的管理理念。在这种新型契约关系下，职业生涯模式将发生一系列的变化，如表 3-3 所示。

表 3-3 传统职业生涯模式与现代职业生涯模式对比

问题	传统职业生涯模式	现代职业生涯模式
环境特征	稳定性	动态性
职业选择	在职业早期选择一次	在不同发展阶段多次选择

续表

问题	传统职业生涯模式	现代职业生涯模式
主要职业责任	组织	个人
工作地点	一个组织	多个组织
工作时间	长期	短期
雇主期望	忠诚和义务	责任感、灵活性和适应性
雇主给予	工作安全保证	工作技能的获得
流程标准	任期长短决定升迁	根据结果和知识获得晋升
成功标志	在等级阶梯中获得升迁	内心的成就感
培训	正式程序，培养通才	根据工作性质和公司的特殊需要而定
价值观	忠诚、稳定、家长式作风	个体差异、多重功能性

9. 工作价值观整体趋向

（1）传统价值观：做一颗螺丝钉，工作到退休。

（2）现代价值观：实现经济目标，成就理性动机。

（3）后现代价值观：实现个体幸福最大化，追求个体标准差异，不强调权威与大众标准。

10. 中国的新兴市场

（1）“粉丝团”团长月入2 000元，“职业粉丝”已经悄然诞生；

（2）“婚姻家庭指导师”为爱排雷；

（3）“金融理财师”行业悄然崛起；

（4）“空哥”正逐渐走俏中国民航业；

（5）“留校生”寒假当“PA”（personal assistant，私人助理）；

（6）“奶妈”服务现身长春，月薪2 600元起供不应求；

（7）“陪聊”创业：失败经历也有价值；

（8）“晒工资”时尚里的外贸“薪”情；

（9）“玩网”催生网络“保安”等新兴职业；

（10）“网络”造就新兴职业，创意和自由吸引职场人；

（11）“休闲时代”催生新职业；

（12）“职业伴娘”悄然现身合肥。

二、有关职业的相关概念与基本事实

1. 职位（professional position）

职位是指一个组织中个人所从事的一组任务；是由一系列重复出现或持续进行的任务相伴随的一个工作单元；是和分配给个人的一系列具体任务直接相关的。因此，职位和参与工作的个人相对应，有多少参与工作的人，就有多少职位。例如，一个足球队需要 11 个队员，意味着这个足球队中有 11 个职位，而无论这些职位是前锋还是后卫。

2. 工作（job）

工作是指在一个特定的组织里，由一个或多个具有一些相似特征的人所从事的带薪职位；是由一系列相似的职位所组成的一个特定的专业领域。例如，一个足球队中有左前锋和右前锋，而它们都是一个工作，即前锋。

3. 职业（occupation）

职业是指不同行业和组织中存在的一组相类似的职位；是在不同的专业领域中一系列相似的服务。例如，运动员是一种职业。

通过图 3-3，我们可以直观地理解上述概念，而对这些概念的理解可以帮助我们更好地按照职业、工作、职位、职责等顺序去探索和了解工作世界，也才能更详细地了解你探索的目标职业所能提供的岗位和所需具备的能力。

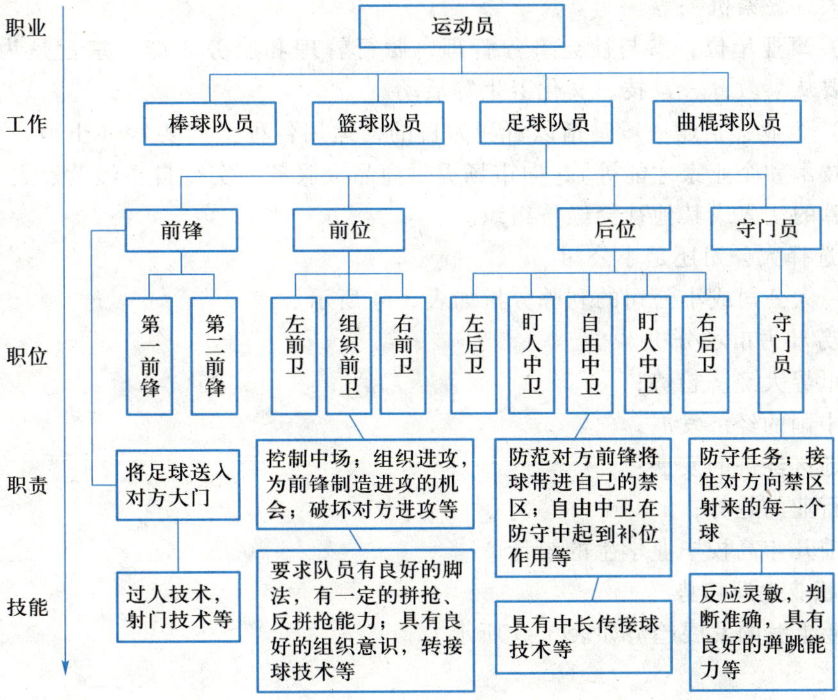

图 3-3　工作相关概念

资料来源：夏伯平，朱克勇，闫冰．大学生职业发展与就业指导——体验式教学手册［2］

目前，社会上存有超过20 000种职业，对于大多数人来说，都有数种职业适合于他们。

调查表明，在各个经济收入阶层和各种行业领域中，大多数人都比较热爱自己的工作。但是，的确没有哪一种工作能够完全满足你所有的需要，即所有工作都有其局限性和令人失望之处。因此你需要通过其他活动来平衡你的生活，才有可能感到完满。

工作市场和经济形势都时常发生变化，甚至会发生急剧的变化。有的行业在目前可能充满了机会，但却会在数年内饱和。

变化是生活的一部分。我们的决定很可能不会持续一生，而需要不断地进行调整以适应变化才能保持满意感。因此需要学会如何应对工作的变动，而不是如何去避免这种变动。

4. 职业环境探索

（1）社会环境：主要包括政治、经济、文化、法律，属于宏观层面。

（2）行业环境：属于中观层面的职业环境探索。

（3）企业环境：属于微观层面，涉及组织文化和待遇福利等。

（4）岗位环境：了解该岗位的基本职责以及能力要求。

5. 职业的三大分类

（1）政府组织：政府是国家公共行政权力的象征、承载体和实际行为体，如法院、海关、警察机关等。

（2）事业单位：参与社会事务管理，履行管理和服务职能，宗旨是为社会服务，主要从事教育、科技、文化卫生等活动。

（3）企业：企业一般是指以营利为目的，运用各种生产要素（土地、劳动力、资本、技术和企业家才能等），向市场提供商品或服务，实行自主经营、自负盈亏、独立核算的法人或其他社会经济组织。

6. 选择大公司还是小公司

选择大公司或小公司的利弊分析如表3-4所示。

7. 劳动力市场分析

- 世界大经济趋势；
- 中国的经济发展；
- 地区经济的发展；
- 行业的趋势；
- 前几年高校毕业学生的统计。

8. 职业生涯趋势

职业生涯的发展趋势如表3-5所示。

表 3-4　选择大公司或小公司的利弊分析

公司类型	大　公　司	小　公　司
利	① 大公司在行业内具有一定的地位，经营上比较稳定，倒闭的可能性小，因此在大公司工作比较稳定 ② 大公司的工作体系规范，管理制度完善，在大公司工作能学得很“规矩”，可养成良好的工作习惯 ③ 在大公司工作，一旦能进入公司的中层管理层（部门总经理），就有很好的福利待遇和收入 ④ 大公司的福利待遇好。很多大公司除了给员工上“五险一金”外，还给员工上补充养老保险（企业年金），员工可获得更多的福利和保障 ⑤ 履历好看。如果今后跳槽，在大公司工作的经历会得到新单位的认可，可给你的履历加分 ⑥ 可以积累更多的人脉关系。在大公司工作会有机会接触更多的社会高层人物，认识更多“有用”的人，可给自己积累更多的人脉关系	① 管理层级少，员工晋升较容易。小公司人员少，管理层次也少，从普通职员升到部门经理甚至高层相对容易 ② 决策效率较高。小公司由于管理层级少，管理效率相对较高，经常是老板一句话就决定了 ③ 能接触更多方面的工作。在小公司工作，可能一个人要干几个岗位的工作，促使自己成为多面手 ④ 人际关系相对简单
弊	① 大公司等级森严。大公司员工的等级很多，有的公司从普通员工到公司总裁要经历近 20 个层级，普通员工很难接触到公司的高层，员工的晋升除了靠工作业绩，更需要“熬”年头 ② 大公司的决策效率较低。由于管理层级多，一个申请需要层层报批，因此决策效率较低 ③ 大公司人际关系复杂。大公司由于人员多，人员背景复杂，层级多，因此人际关系更为复杂	① 管理的随意性强。小公司管理很个性化（老板的个性），随意性强，在小公司上班学到的东西往往比较“野”，不规范 ② 工作不稳定。小公司倒闭的可能性远远大于大公司，因此在小公司工作职业不稳定 ③ 在小公司工作的员工跳槽的比例高，员工流动性高 ④ 福利待遇较差。小公司给员工上“五险”，一般都选择最低档；小公司一般不给员工提供住房公积金，更没有补充养老保险 ⑤ 履历不值钱。在小公司即使做到高管，当你跳槽时，在新的用人单位也可能得不到认可 ⑥ 在小公司工作，由于业务关系的限制，你很难接触到社会高层人物，这将限制你人脉关系的发展

表 3-5 职业生涯发展趋势

维度	传统职业生涯	现代职业生涯
目标	晋升加薪	心理成就感
心理契约	工作安全感	灵活的受聘能力
运动	垂直运动	水平运动
管理责任	公司承担	雇员承担
方式	直线型，专家型	短暂型，螺旋型
专业知识	知道怎么做	学习怎么做
发展	很大程度上依赖于正式培训	更依赖于在职体验

三、掌握探索工作世界的策略与方法

中国学校请名人、官员、科学家给学生做报告；美国学校请护士、警察、消防队员给学生做报告。美国学校让学生了解社会，而中国学校是给学生树立标杆。步入社会后，中国学生的失落感要比美国学生大得多。

1. 了解职业信息的意义

（1）对工作世界的认识，是进行正确而合理的职业选择的基础。

（2）从心理认知层面上，职业信息的获得与应用可以引发大学生探寻职业生涯的动机。

（3）在对职业信息进行分析、判断时可增进大学生对自我及职业世界的了解，甚至形成认知或态度上的改变。

（4）找工作不再是一个简单的匹配过程，还有满意度、价值体现和自我满足等问题。

（5）变化时刻发生，长远满意度和风险都要放在考虑范围内。

（6）新工作层出不穷，充分了解信息和筛选信息成为非常重要的技能。

（7）由于外在满意度的难以控制，使得内在满意度越来越成为一个人把握自己幸福的关键。因此了解自我的程度，以及自我平衡、调整的程度将极大地决定现代职业人的工作满意度。

（8）自我素质的提升，不断成长，增强应变能力和适应性，以及更早地为自己承担责任，成为现代年轻人面对的重要课题。

2. 根据自我探索形成自己预期的职业库

（1）头脑风暴出所有可能的职业：

◆ 脑海中出现的；

◆ 喜欢的，期待的；
◆ 曾经的梦想；
◆ 来自家人，朋友，兄弟姐妹，老同学。

（2）来自兴趣的领域锚定。

（3）来自性格的环境期望。

（4）来自能力的行业锁定。

（5）来自价值观的工作方式定位。

3. 关注一些新职业

◆ 恋爱秘书；
◆ 房地产策划师；
◆ 彩铃编写；
◆ 网络游戏代练；
◆ 保险精算师；
◆ 注册金融分析师（CFA）；
◆ 特许注册会计师；
◆ 注册理财规划师（CFP）；
◆ 网络编辑；
◆ 电脑急救师；
◆ 客户关系管理师；
◆ Web 教师；
◆ 商务策划师；
◆ 会展策划师；
◆ 数字视频（DV）策划师；
◆ 景观设计师；
◆ 模具设计师；
◆ 建筑模型设计制作员；
◆ 家具设计师；
◆ 动画绘制员；
◆ 客户服务管理师；
◆ 宠物健康护理员；
◆ 信用管理师。

4. 根据职业分类形成自己预期的职业库

罗伯特·洛克说过，工作世界里的成员种类繁多，你不可能了解所有的职业信息，唯一的方式就是按照一定的规则把这样一个庞大的主题划分成若干可以处理的小块——即对职业进行分类。佛罗里达州立大学对学生进行的调查发现：知道自己兴趣领域的学生找工作更有针对性，他们在相关领域中寻找，目标更明确，效率更高。

5. 获得职业信息的方法

（1）静态的资料接触：

◆ 出版品；
◆ 视听资料；
◆ 行业展览会和人才交流会；
◆ 网络；
◆ 机构：学校、政府、公司。

（2）生涯人物访谈。生涯人物访谈是指通过与一定数量的职场人士交谈而获取关于一个职业“内部”信息的一种探索活动。

通过不同途径获得真实职业信息的精确度与难度的对比分析如表 3-6 所示。

表 3-6　获得真实职业信息的精确度与难度对比

精确度	内　　容	难　　度
低	非正式评估（听说的职业）	易
↑	兴趣测验的领域定位	↑
	印刷品及视听材料	
	计算机辅助信息	
	与家人或朋友讨论	
	与从业人员交流	
	实地参观	
	父母角色示范	
	定期进行相关的见习	
	开展并获得合作式的工作经验	
↓	暑假打工	↓
高	专业实习	难

（3）拓展自己的职业库：参加聚会、讲座、活动，更多地了解职业或了解更多的职业。

综合以上各种方法，可生成适合自己的预期职业库。

实践应用

【案例一】　毕业生小王的求职故事

小王是国际贸易专业的一名本科毕业生，和其他毕业生一样，是浩浩荡荡的求职大军中的普通一员。白天，他游走于各个大小招聘会，穿梭于摩肩接踵的人群之中；晚上，他利用招聘网站，对自己认为有点沾边的职位发简历应聘，有时候一晚上就发出 100 多封求职信。简历投递不少，却都犹如石沉大海，杳无音讯。

小王想到现在最为火热的当属 IT 行业，于是便报了个“网络动画制作”速成班，希望以后在这个行业崭露头角，并开始幻想自己的美好未来。然而梦想与现实的差距让小王终于认识到自己对 IT 毫无兴趣，不但白白扔进了价格不菲的学费，还一无所获，更耽误了宝贵的时间。眼看距离离校时间越来越近了，他不禁越发着急了。

幸运的是，小王收到了一家公司的面试通知。兴奋之余，小王好好地打扮了一番：头发整齐有型，西装笔挺，皮鞋也没忘了擦得一尘不染，材料证件也准备得有条不紊。面试时，招聘人员问他对该公司是否了解，他如实回答：“了解不多，但我自信胜任该岗位，相信很快就能融入公司。”他因此而面试失败。

小王经历了焦躁的等待，眼看时光飞逝，他觉得自己该到搏一搏的时候了。一天下午四点多，小王在街头报摊买了一份报纸，习惯性地翻到招聘版面，按着上面提供的信息，随意地拨打了一家公司的电话。由于身边的车多人多，噪声很大，小王接通后大声地喊道："喂，我找一下你们经理。"对方礼貌地答道："先生抱歉，经理正在开会，请问您贵姓，方便留下联系方式吗?"小王听到这句，想也没想，就赶紧挂断了电话，又开始了对下一家公司的探询……

不了解人才市场行情，也不了解职业环境和行业需求，仅仅依靠"碰运气"找工作，只能事倍功半。

——摘自：腾讯网．http://edu. qq. com

【案例二】　企业环境分析实例

小闫是一名大学生，毕业后进入某央企下属集团公司从事人力资源工作。他是这样分析企业环境的：

一、企业的名称、位置、注册时间、注册资金、经营内容、所有制形式

该企业是一个老国企，工厂位于北京中关村科技园区之内。

二、业务范围、业务类型、业务区域、业绩

该企业是一家专业化的油罐制造与汽车改装工厂。营业额：人民币1亿元/年以上。主要产品有：立式油罐、卧式油罐，压力容器，运油车、加油车，高空带电作业车及汽车改装。

三、员工人数、领导人背景、部门设置、人员素质结构、人员流动状况

该企业现有职工一千余人，公司员工的整体年龄结构偏高，知识结构偏低，专业技术管理人员紧缺。

四、发展状况、财务状况、固定设施、无形资产

该企业曾被誉为中国最大的专业化油罐制造企业。高中级技术人员占10%以上；拥有各类生产设备600余台，其中大型设备近百台，具有较强的加工能力与制造能力。

五、企业文化

该企业以"注重信誉，用户至上"为经营宗旨，奉行"创业，竞争，发展"的创业精神，努力开拓，不断进取。

六、企业发展远景

该企业为京津地区最大的特种车研发基地，全国最大的高空带电作业车生产基地，全国最大的油罐车生产基地，华北地区最大的军队专用车辆、专用设备生产基地。

——摘自：《大学生职业发展与就业指导体验式课程教学手册》[2]

【案例三】　大学生十大另类职业排行榜

随着大学毕业季的来临，一批高校毕业生游走在一场场招聘会和双选会之间。

“僧多粥少”，伴随着高校扩招而越来越庞大的大学毕业生群体、趋于饱和的工作岗位、全球范围内金融危机的持续影响，大学生在就业选择上只能“八仙过海各显其能”。

2011 年 7 月 11 日，半月谈网对近年来大学生“另类就业”情况进行了盘点，根据另类指数列出了一个“大学生另类职业排行榜”。

第一名：票贩子

另类指数：五颗星

可借鉴指数：零颗星

据《北京晨报》报道，北京铁路运输检察院批捕科科长秦建明介绍，2011 年春运期间北京批捕的票贩子人数比往年成倍增长，而且倒票案还出现了一些新特点：倒票案的嫌疑人文化程度普遍提高；倒票的方式更加多样；交易地点趋于隐蔽。被批捕的票贩子 50% ~60% 具有大学本科以上学历。

入选理由：

大学生的择业目光竟然聚焦到了票贩子身上，真是让人大跌眼镜。倒票手段不断升级，票贩子的文化程度也不断提高。网上发帖、秘密交易，与警方斗智斗勇，这样的能力也是不容小觑的；况且“黄牛”人人喊打，这是对道德心和公德心的拷问，倘若一不小心背了个骂名，真是赔了夫人又折兵。

第二名：保姆

另类指数：四颗星

可借鉴指数：三颗星

据《北京晚报》报道，一场特殊的招聘会在北京举办。10 名“川妹子”大学生保姆被作为特殊人才，拍卖她们一年的工作权。这也是中国首场大学生保姆拍卖会。此次拍卖会的承办单位北京佳士凯拍卖公司表示：“我们的竞拍对象主要针对富裕阶层，拍卖起步价不低于 4 万元年薪，很可能在这次拍卖中产生年薪高达 10 万元的天价保姆，大学生保姆有望成为家政行业的奢侈品。”四川美女大学生李佳成为自荐“大学生保姆拍卖”第一人，她是来自四川某高校家政专业的应届毕业生，目前在川妹子公司总部从事家政培训教育工作。据悉，大学生保姆的服务内容以家庭教育、私人助理、家庭秘书、幼儿早教、孩子陪护、老人陪护等高端家政服务为主，部分可从事做饭、洗衣和卫生等家务工作。

入选理由：

听说过拍卖古董、珠宝的，还没听说过拍卖“保姆”的，况且还是一个个美女大学生。吸引眼球之余，内心却五味杂陈。数年理论知识的学习最终去从事体力活，令人唏嘘。然而当事人却非常乐观地表示：“我自愿走上拍卖台，一方面是想接受市场的检验；另一个重要原因是，我想要告诉大学生们，不要好高骛远，要脚踏实地。观念一改天地宽，保姆工作虽然很渺小，但却是一个很高尚的职业，一点都不卑贱，要想做好还很不容易。高学历未必能做好，做好了一样会获得高回报，一样会赢得社会尊重，一样会有很好的发展前景”。这一次高端家政的试水是否能给大学生就业带来新的曙光，有待实践考量。

第三名：掏粪工

另类指数：四颗星

可借鉴指数：三颗星

据《重庆晨报》报道，山东济南市城肥清运管理二处招聘的5名大学生掏粪工，经过半年的试用期后正式签订了聘用合同并上岗。这5名大学生掏粪工是从391名应聘大学生中经过严格考核脱颖而出的。

入选理由：

有观点认为大学生当掏粪工完全是教育资源的浪费。朱军对此表示反对。他说，大学生从事掏粪工作的意义恰恰体现在“可能会改变中国的掏粪现状”。因为，无论是在思维，还是掏粪工具的使用上，大学生都具备优势，从而将“使中国摆脱传统意义上的掏粪”。

第四名：卖红薯

另类指数：四颗星

可借鉴指数：三颗星

“卖红薯没有什么不好的。”2010年的最后一天，中南林业科技大学校门商铺内，戴着眼镜的李铿锵直言不讳地说出了自己的大学生身份，这天是25岁的他在大学卖红薯的第235天。“早晨8点开门，晚上9点关门，工作不累，生活挺开心的。人多的时候，要排队半个小时才能买得到我的红薯。”不到一年时间，李铿锵用自己的品牌创立了10家连锁店，“我希望1年内招100名大学毕业生做‘红薯郎’，月收入不会低于1万元。”来自邵阳农村的李铿锵，5年前来到中南林业科技大学就读国贸专业。由于家里困难，大学期间摆过地摊、收过废品、开过寿司店。

入选理由：

烤红薯CEO？这个头衔听起来还蛮不错。李铿锵的品牌叫“博士地瓜”，卖出了特色，卖出了职业未来。如果“博士地瓜”能走向全国、冲向世界，将来弄个烤红薯CEO当当，也不错啊。这可就得选准商机了，不是啥都能卖的，得看准了。

第五名：大学生“船娘”

另类指数：四颗星

可借鉴指数：三颗星

2009年2月，5名女大学生成为瘦西湖景区首批“大学生船娘”，吸引了全国媒体的聚焦。大学生船娘全都经过考核上岗，从简单的摇橹到景点的讲解介绍、地方文化的宣传展示，她们的表现令人眼前一亮。2010年，瘦西湖又和市环境资源学院联合开设了一年的船娘培训班，船娘不仅要学习扬州评话、扬剧、民歌、历史和文化，还需要学习与旅游相关的多方面知识。

入选理由：

年轻、漂亮、个性内敛而不失文化内涵的女大学生划桨摇橹，让游客耳目一新。而人们也质疑“年轻女孩放弃所学专业‘摇橹撑船’是不是太浪费？”船娘毕竟是青春饭，不能干到四五十岁，这又让女大学生们陷入抉择，是去还是留？

第六名：殡葬师

另类指数：四颗星

可借鉴指数：三颗星

在中国，殡葬从业者一直很受社会忌讳。但随着社会观念的改变和大学生就业竞争压力的增大，殡葬行业逐渐吸引了越来越多的大学毕业生。中国发布的首部殡葬绿皮书《中国殡葬发展报告（2010）》的调查数据显示，中国殡葬行业职工总数达7万多人，随着人口老龄化加速，这一队伍还在不断扩大。一些毕业生在大型殡仪馆当上主管，月薪过万元，一般工作人员月收入也在1 500元以上。据报道，上海市2009年殡葬行业首次公开招聘108名大学生。不少民政类高校和中等专业学校率先开设了“现代殡仪技术与管理”专业，招生和就业十分火爆。位于华中地区的长沙民政职业技术学院1995年在全国首开殡仪专业。北京、长沙、重庆、武汉等地的院校也开设了殡仪相关专业。

入选理由：

这些大学生殡葬师，除了学习殡仪服务、殡葬文化、人体解剖等专业课之外，还要学习社会心理学、防腐整容、书法、会计学等课程，同时需要熟记不同地域、不同民族、不同宗教的殡葬习俗。另外，还需掌握洽谈技巧、陌生人接触技巧、相关礼仪，以及辨别殡丧用品质量的方法。由于他们要接触逝者的遗体，没有足够的胆识和技能是不能够顺利适应岗位的。

第七名：参加选秀

另类指数：三颗星

可借鉴指数：两颗星

据报道，重庆师范大学的在校大学生陈凌云，因3年中参与选秀40多次而被称为“选秀专业户”，从而把这个21岁的女孩推至舆论的风口浪尖。在各大高校频频参与选秀的大学生中，陈凌云只是其中之一。在她背后，还有一个越来越庞大的高校选秀群体。选秀年年进行，各类选秀层出不穷，选美类、音乐类、才艺类、知识类、交友类等选秀活动吸引了众多大学生的眼球。通过选秀，包装好的男男女女在短时间内就会家喻户晓。有些大学生更是成了选秀专业户，奔跑于各大秀场。

入选理由：

“选秀”节目展示的是“一夜成名”。随着这类节目的泛滥和媒体的推波助澜，令不少大学生期待在选秀节目中取胜，成为大众追捧的对象。除了姣好的容貌，优美的嗓音，丰富的才艺能在竞争中寻求优势，还需要应对粉丝团之间的“口水战”，评委的“炮轰”和舆论的炒作，可谓是需要足够的心理素质和八面玲珑的交际能力。

第八名：擦鞋匠

另类指数：三颗星

可借鉴指数：三颗星

大学生擦鞋已经不是什么新鲜事了。据报道，2004年1月1日，四川第一家大学生创办的星级擦鞋连锁店正式开张！郑州女大学生擦鞋曾在网上掀起一阵旋风，引发公众激烈讨论，她们还隆重成立了“大学生新起点擦鞋公社”。重庆某学院在校内设立了爱心擦鞋摊，引来了53名贫困生的竞争，等等。

入选理由：

站在路边擦鞋，面对世人不理解的眼光，面对冷漠、嘲讽和挖苦，这些选择以擦鞋为业的大学生需要足够的勇气和坚持。选择在很多人眼里看来相当卑微的擦鞋匠，必定会遭到家长的反对和社会的白眼，可这些大学生们却用专业的头脑和吃苦的精神在这个行业里发光发热。

第九名：卖猪肉

另类指数：三颗星

可借鉴指数：三颗星

据报道，一位西南政法大学毕业生在超市精肉部找到工作，老师傅要收其做关门弟子，传授“一刀准”绝活。提刀、斩肉，8分钟内，一块约120多斤重的半边猪就被周龙分解成了18大块。2005年6月，周龙从西南政法大学毕业后便开始四处找工作，但却一直没找到，最后还是在一位同学的介绍下进入了超市工作。2005年7月26日，周龙到中百仓储红锦店精肉部上班。大学生卖猪肉已不是什么稀罕事了。当年，北京大学毕业生陆步轩卖猪肉一举成名，引起不少争议；如今，华中科技大学武昌分校8名经管系男生集体卖猪肉，还创办了公司，准备大干一场。

入选理由：

这是一个辛苦的行当，通常是早上六点天没亮就开工，运回来的猪肉以及新鲜猪肚、猪心等副产品沾满了猪油、猪血，结满了冰渣，还得不顾形象地叫卖。毕竟是大学生，叫卖猪肉，给人感觉很掉价。实际上，任何能够给社会和自己创造价值的工作就是体面的工作。大学生卖猪肉也得到了公众的理解。

第十名：网店老板

另类指数：两颗星

可借鉴指数：五颗星

网上开店普遍为大学生所接受和追捧。当前高校毕业生就业形势非常严峻，很多在校大学生都渴望自主创业；而互联网高速增长所蕴涵的巨大商业机会，更是激发了其网络创业的冲动。据报道，浙江女生宋雅丹不到一年的时间就成为了一名拥有300多万元流动资金的女大学生。如今她已是一个团队的核心，团队中有助理，还有工人、客服人员以及临时雇用的摄影师，而她则肩负着50多个人的生计问题。

但是就在一年前，她还是一个时常为生活费焦虑的普通学生。

入选理由：

网络创业的优势是非常明显的，因为网络创业的进入门槛低、机会均等；而且工作时间可以自由支配，基本不影响你的日常课业学习。另外，网络信息海量，基于网络平台创业，可以省去很多中间过程，这就实现了投资少、成本低、见效快的目的。作为新生的获取财富之路，开网店满足了勇于“尝鲜”的年轻人的需求。

——摘自：半月谈网 www.banyuetan.org

第四章　选择决定未来

我们的决定决定了我们。

——萨特

计划就是先将未来摆放在面前，然后现在就为它做些事情。

——亚伦·勒凯斯

本章要点

决策是一件不容易的事情，同时它又是一件无法回避的事情。从我们早晨醒来到夜晚入睡，都在不断地作决定：如何安排这一天的时间；穿什么衣服；吃什么食品；读什么书；与什么人交往；等等。当你清晨听到闹钟响起，考虑是继续睡下去还是立即起床的时候，你已经在作选择。你的生活充满了对日常琐事的决定。通常，一个决定对你越重要，决策也就越困难。挑选一双鞋要比挑选一个职业容易。可见，决策是不可避免、不断发生而又有点难度的人类活动。

问题导入

进入大学高年级以后，周围的同学似乎都已经有了目标和方向，但自己却不知道应该考研，还是先工作？

决定毕业后先工作，但到底是去公司，还是考公务员呢？

决定毕业后去创业，可是迟迟下不了最后的决心，自己真的适合创业吗？

理论阐释

一、决策的类型与模式

1. 决策类型

（1）确定无疑的决策：所有的选择及其结果都清楚明白的决策。

（2）有一定风险的决策：每种选择的后果不完全确定，但我们在一定程度上了解可能会有什么样的后果。

（3）不确定的决策：对于各种选择会产生什么样的后果几乎完全不清楚。

生活中的决策大多属于第二种，即大多数决策是有风险的，并且一旦选择就意味着排除了其他可能。当我们面临第三种决策时，最好先尽可能地去搜集一些信息，以便把它变成第二种决策。大多数决策都有预测的成分，都具有不确定性和风险。例如：

- 笑，有被人视为傻瓜的风险。
- 哭，有被人视为伤感的风险。
- 求助他人，有与人纠缠不清的风险。
- 感情外露，有暴露本性的风险。
- 当众袒露思想和梦想，有为人所不理解的风险。
- 爱，有不被对方所爱的风险。
- 活着，有死去的风险。
- 希望，有绝望的风险。
- 尝试，有失败的风险。
- 不冒风险的人可以逃避挫折和悔恨，但同时也丧失了学习、感受、成长、生活和爱的机会。

其实，生活中最危险的就是不去冒险，因为一旦被“稳定”和“安全”锁住，这个人就变成了奴隶。而只有敢于冒风险的人才是自由的。

认知复杂性（cognitivecomplexity）是指一个人在做判断时不同考虑层面的相对数目。

“如果你只有锤子这一种工具，自然你就会把一切外物都当成钉子来对待”。

2. 决策模式

（1）痛苦挣扎型（agonizing）：花很多的时间和精力来确认有哪些选择、收集信息、反复比较，却难以做出决定。（“我就是拿不定主意。”）

（2）冲动型（impulsive）：抓住遇到的第一个选择，不再考虑其他选择或收集信息。（“先决定，以后再考虑。”）

（3）拖延型（delaying）：将对问题的思考和行动一再往后推迟。（“我还没有准备好工作，所以打算先考研。”）

（4）直觉型（intuitive）：将自己的直觉感受作为决定的基础。（“爱你没商量。”）

（5）宿命型（fatalistic）：将决策留给境遇或命运。（“我这个人永远也不会走运。”）

（6）从众/随大流型（compliant）：顺从别人的计划而不是独立地做出决策。（“他们都觉得好，我就觉得好。”）

（7）瘫痪型（paralytic）：接受了自己做决策的责任，却无法开始决策过程。（“我知道我应该开始了，但想到这件事我就害怕。”）

二、决策方法

▸ 扫一扫：
1-3 决策方法
讲课视频

CASVE 决策模型是一种良好的决策方式，如图 4-1 所示。

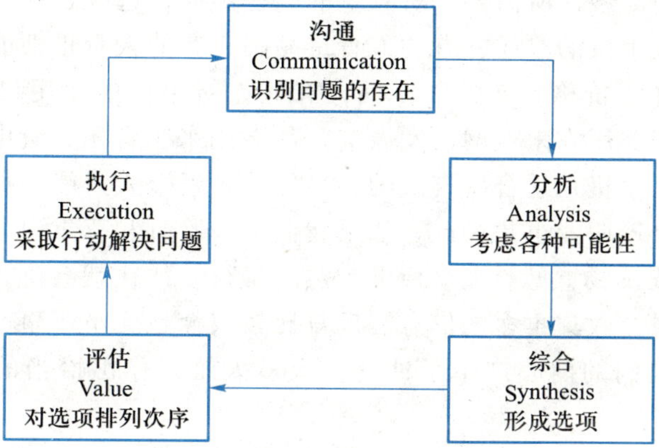

图 4-1　CASVE 决策模型

资料来源：夏伯平，朱克勇，闫咏．大学生职业发展与就业指导——体验式教学手册［2］

1. 决策平衡单

在决策过程中对可能的选择进行评估排序时，需要详尽地考虑该决策所涉及的各方面因素。一个有效的方法是使用“决策平衡单”，它可将重大决策的思考方向集中到 4 个主题上：个人物质方面的得失；他人物质方面的得失；个人精神方面的得失；他人精神方面的得失。在使用“决策平衡单”时，可以按上述 4 个类别列出个人所有的重要价值观，并按其重要程度赋予权重；然后将它们作为评判的标准，逐项对所有的选择进行加权计分，最后按总分排序。

在使用“决策平衡单”的时候，要注意其目的不仅在于得出最后的排序结果，填写的过程也很重要。因为列举各项考虑因素、给各项价值观分配权重以及给各项选择打分的过程本身，就是在帮助个人清理自己的思维。这样一个仔细思索和反复推敲的过程，可能比单纯得出一个结果更为重要，更能够帮助个人作出适合自己的决策。使用“决策平衡单”，这样的决策方式需要比较多的时间和精力上的投入。因为和许多事情一样，决策虽然有各种方法和技巧，但却没有捷径可走，这是一个需要仔细思索和反复推敲的过程。也正因为这种决定产生的结果具有十分重大的意义，所以我们才需要这么多的时间和精力的投入。

2. 理智与情感

人不仅需要理性，也需要情感。在以往传统教育中，情感由于缺乏理性的可控性而经常遭到人们的排斥与轻视。殊不知，它也是人类天性的一部分，是有其重要功能和作用的。情感往往携带着相当大的能量，否认和压抑并不会让它自动消失，反而有可能在暗地里给人造成种种阻碍。我们常见的压抑愤怒，然后在一件小事上爆发就是这样的例子。

俗话说：“萝卜青菜，各有所爱。”在很多选择上，没有绝对的“好”和绝对的“坏”。在第二章“发现自身特质”，我们在价值观部分就曾讲过，每个人都有其独特的价值取向，各人所需要、所看重的品种不同，选择也就不同，很难判断孰是孰非。比如，买手机的时候，有的人看重品牌，有的人看重性能，有的人注重外观设计，有的人在意价格。在性能方面，有些人对手机的使用仅限于通话和发短信，另外一些人却要用它来上网、发微信，甚至用来听音乐、看电影、玩游戏。可以说，没有哪一款手机是适合所有人的、最好的。每个人只能根据自己的需要去选择。选手机如此，选职业也是如此。如果我们不去聆听和尊重内心深处的爱恨和直觉，而是一味听从权威意见、大众标准和热门排行，往往就会落入陷阱而无法作出正确的选择。这时，收集再多的信息、反复比较权衡也无济于事，因为我们的认知和情感不一致，我们的内心产生了冲突。很多人难以作出恰当的决策，原因就在于此。

只有当情感和认知一致时，我们才会感到内在的和谐，我们才会感觉自己是一个统合的、高度一致的人，我们也会更容易信任自己的选择，从而更有力量去承担决策的责任。要做到这一点，始于对自己情绪、需求和独特性的尊重。

3. 非理性概念与刻板印象

▸ 扫一扫：
1-4 非理性概念讲课视频

非理性概念与刻板印象是指人们常常以偏概全，在一两次深刻经历的基础上得出一些刻板的印象和先入为主的偏见。在生涯决策中常常存在的不合理信念，如“一旦下了决定就不能再改变”“每个人终身只能有一个适合的职业”“不能做出决定，说明自己不够成熟”“我会按照家人或者老师的期待去作出决策”“只要有兴趣，我就一定能成功”“我的决策必须是十全十美的”“世界变化太快，‘计划未来’没有意义” “工作是实现自我的唯一途径”和“身为男人/女人，我应该做……”等等。这些“非理性观念”的不合理之处，在于其绝对化。“应该”“必须”这样的表述方式都体现了思想观念上的束缚，将个人的选择限制在狭小的范围内，缺乏弹性，最终阻碍了个人长久、健康的发展。

对于非理性概念，如果你能对其作适当的调整，改为“我希望如此（而非“应该”或“必须”如此），但如果不能实现，我也能接受”，则你的认识可以更加切合实际，更有利于你的健康发展。

三、目标设立与行动计划

只有当个人在头脑中对自己的职业发展方向有清晰的概念，他的生命才会有意义和方向，而这也许是人生中最珍贵的财富之一。

1. 目标和行动计划

▸ 扫一扫：
1-5 蚯蚓的目标修正讲课视频

职业目标又可以分为长期目标、中期目标和短期目标。当我们把自己的中长期目标分解为一个个小的短期目标时，就有了具体的行动计划和步骤。这样做有助于个人对自己的职业生涯发展进行管理，如图 4-2 所示。

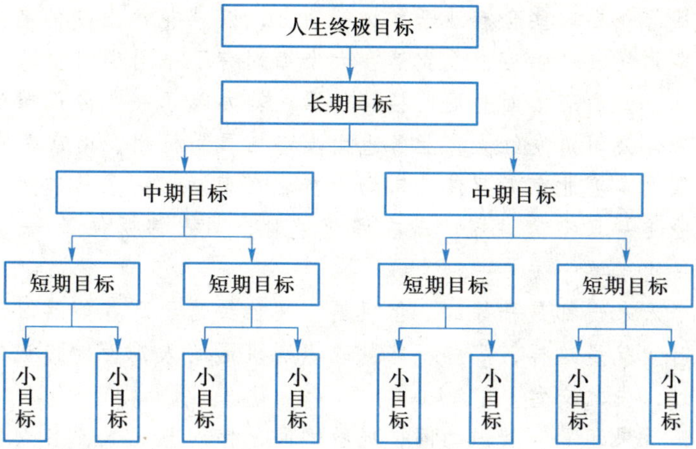

图 4-2　目标的分解

资料来源：夏伯平，朱克勇，闫咏．大学生职业发展与就业指导——体验式教学手册［2］

2. 设立目标的指导原则

SMART 的目标制订流程如图 4-3 所示，其步骤如下：

- ◆ 明确的（Specific）；
- ◆ 可测定（Measurable）；
- ◆ 可达到（Achievable）；
- ◆ 价值性（Rewarding）；
- ◆ 时间表（Time-bound）

通过这一流程，我们可以建立自己的动力系统，设立个人职业规划目标及行动计划。

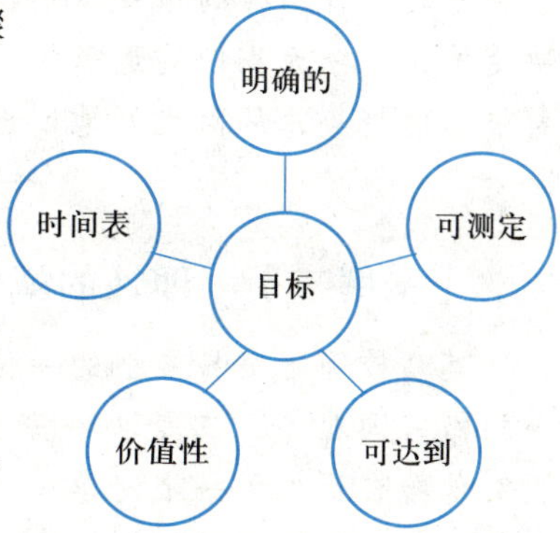

图 4-3　SMART 目标制订流程

实践应用

【案例一】　选择决定结果

两个准备外出打工的人相遇在某车站。这两人一个准备去上海，一个准备去北京。临上车时他们听到有人议论：上海人精明，外地人问路都要收费；北京人质朴，见吃不上饭的人不仅给馒头，还给旧衣服。

准备去上海的人想，还是北京好，挣不到钱也饿不死；去北京的人想，还是上海好，给人带路都能赚钱，还有什么不能赚钱的呢？

结果，两个人临时交换了车票——原打算去北京的人去了上海，原打算去上海的人去了北京。去北京的人发现，北京果然好，不仅银行大厅里的太空水可以白喝，而且商场里欢迎品尝的点心也可以白吃。

去上海的人发现，上海果然好，带路可以赚钱，开厕所可以赚钱，弄盆凉水给人洗脸也可以赚钱……只要想点办法，干什么都可以赚钱。凭着乡下人对泥土的感

▸ 扫一扫：1-6 选择决定结果讲课视频

情和认识，他从郊外弄来些含有沙子和树叶的土，以“花盆土”的名义出售，一天就净赚了五十多元钱。一年后，他竟然在大上海拥有了一间小门面。

后来，他见一些商店楼面亮丽而招牌较黑，就办起了一个专门擦洗招牌的小型清洗公司。后来，公司愈发红火，业务也由上海拓展到杭州、南京等城市。

这天，他坐火车去北京考察清洗市场。在北京车站，一个捡破烂的人把头伸进软卧车厢，向他要一只空啤酒瓶。就在递瓶子时，两人都愣住了——因为五年前，他们曾交换过一次车票……

机遇对每个人来说都是平等的。但机遇，又独钟情于那些能及时识别它并抓住它的人。很多时候就是这样，那些不能慧眼识别机遇的人，面对挣钱的机遇，也只能与之擦肩而过，失之交臂。

一念之差，后果迥异。智愚之间，成败之间，伟人与凡人，名人与俗人，往往是由认识的“差之毫厘”，导致结果的“谬以千里”。也许正是缘于这种认识上的一念之差，才使世界上有了富翁与乞丐的悬殊。

总之，什么样的选择决定什么样的生活。两个人今天的生活是由五年前的选择决定的，而今天我们的选择将决定我们五年后的生活。我们要选择最新的信息，了解最新的趋势，从而更好地创造属于自己的未来。

——摘自：360doc 个人图书馆 http://www.360doc.com

【案例二】 理性的就业选择

某高校国际贸易专业的一位毕业生，在毕业的时候有三种选择：一是去一家大公司做跨国业务；二是去一家企业做销售；三是留校当辅导员。怎样给自己定位呢？他给自己列了一个清单：

专业：国际贸易。

经验：曾经在一家小公司打工，做过业务员。

技能：善于沟通，但英语口语表达能力较弱。

个性：喜欢和人打交道，喜欢看到实效；乐于冒险，追求新意和挑战，有时耐性不足。

希望从事的工作：受人尊重，有自由度；能够和不同的人打交道；刚开始工资可以不高，但有发展空间，多劳多得；父母希望自己有份稳定的工作；同学认为自己有能力接受挑战。

通过这样的比较，他认为自己应该定位在第二个选择。但是他又遇到另外一个问题：选择哪个行业，做哪种业务的销售呢？

于是他又列了一个清单：

大企业：管理规范，比较容易做，可以学到很多知识，但是自由度不大。

小企业：管理不规范，工作富有挑战，拓展空间较大，提升快，但比较辛苦。

IT 业：工作富有新意，有风险，待遇较高，未来可以在这个领域发展；但工作辛苦，未来不太好预测，稳定性不足。

医药业：工作刚开始很难，但未来发展的道路比较清晰；可是自己不是医药类专业，未来发展可能受限……

通过这个清单，这位毕业生认为：在IT业的中小企业做销售是自己比较优先的选择。因为对他来讲，发展空间小比工作辛苦和工作不稳定更难接受。这位同学就是这样认识自己后，作出职业定位的。

——摘自：《大学生职业发展与就业指导体验式课程教学手册》[2]

【案例三】　最痛苦的是选择

小林是某大学的2011届毕业生，他回忆了自己进入大四后的艰难选择。他先是想出国留学，但又觉得保研省时省力，因此放弃了出国的打算。大四参加了学校的创业计划大赛，同学的激情感染了他，“参加这次活动就像打开了一扇窗，我面前呈现出了一种以前不曾留意过的生活方式。”于是，就决定自主创业。然而，与父母商量后，“加上几乎所认识的长辈都希望我继续读书”，因而又回到了读研之路。最后，又觉得参加工作可以“很快得到收入，在公司中积累经验，为未来晋升打下良好基础”，便再次犹豫。这样，一波三折地几次长时间徘徊，使自己无法专一地学习和从事基础准备活动。最后经过反复考虑，依据对自己“能力、爱好、优势、劣势”的分析，才最终选定读研之路。类似的情况，在毕业生中时常出现，难怪许多毕业生说“最痛苦的是选择”。

——摘自：《大学生职业发展与就业指导体验式课程教学手册》[2]

【案例四】　“低就”未必低人一等

20世纪70年代初，美国麦当劳总公司看好中国台湾市场。在打算正式进军中国台湾之前，他们需要在当地先培训一批高级干部，于是进行公开的招考甄选。由于要求的标准颇高，许多初出茅庐的青年企业家都未能通过。

经过一再筛选，一位名叫韩定国的某公司经理脱颖而出。最后一轮面试前，麦当劳的总裁和韩定国夫妇谈了三次，并且问了他一个出人意料的问题：“如果我们要你先去洗厕所，你会愿意吗？”韩定国还未及开口，一旁的韩太太便随意答道：“我们家的厕所一向都是由他洗的。”总裁大喜，免去了最后的面试，当场拍板录用了韩定国。

后来韩定国才知道，麦当劳训练员工的第一堂课就是从洗厕所开始的，因为服务业的基本理论是“非以役人，乃役于人”，只有先从卑微的工作开始做起，才有可能了解“以家为尊”的道理。韩定国后来所以能成为知名的企业家，就是因为一开始就能从卑微之事做起，干别人不愿干的事情。

提示：“低就”未必低人一等。对于许多选择就业岗位的人来说，首要的不是先瞄准多么令人羡慕的岗位，而是一开始就树立正常的就业观念。如果干什么都挑三拣四，或者以为选准一个岗位便可以一劳永逸，那么你就可能永远真正地低人一等。正如中国台湾的女作家杏林子所说："现在社会，昂首阔步，趾高气扬的人比比皆是，然而有资格骄傲的却不骄傲示人才是真正的高贵。"

——摘自：新浪网．http://blog. sina. com. cn

【案例五】 选兴趣还是选生存

刘某，喜欢写作，擅长写作，毕业时先自谋了一份编辑的工作。但是他听说编辑的工作非常辛苦，经常需要加班，而且收入一般。同时，由于他会日语，有一个专业相关的日企看中了他，日企承诺工作强度低，待遇好，他可以作为储备干部进入企业。是选择兴趣所在但是收入不高的工作，还是选择专业相关、稳定安逸且收入较高的工作成了他的困惑。

首先，谋生为生存之本。如果你的工作不是你的兴趣所在，那么就先找到一份不很讨厌但可以维系你生活的工作，然后用工作之余的时间继续写作，收入作为你写作的投资，或许这是一种更加务实的选择。

其次，等待兴趣的变化和积累。一个人的兴趣并非是一成不变的，它随着环境的变化会有所改变。或许工作几年后的兴趣正是几年前的非兴趣工作。即使依然执着于写作，也可以在平时注重与写作相关的经验的积累，等时机成熟，再去选择自己喜欢的职业。

最后，把工作变成兴趣。一句俗语：干一行爱一行。大学生要培养"工作是幸福的"这样一种意识，当对自己、对工作有了百分之百的信心时，就会发现此时自己已悄悄爱上了这份工作，同时这份工作也离不开自己了。

——摘自：《大学生职业发展与就业指导体验式课程教学手册》[2]

第五章 做好职场达人

成就不一定都是惊天动地的大事，它可能只是一次“悄无声息的胜利”。只有勇于冒险的人，才是真正自由的。

本章要点

法律专业的罗同学一共参加了 20 家公司的 32 次面试，尽管大多数时候被拒绝，但也还有 5 家公司给了他 offer。最后，罗同学选择了自己认为最适合的一家。

只要有面试机会，他就去参加。之所以这样做，并不是因为求职心切，而是为了积累面试经验，让自己在面试中迅速成长。

他说：“找工作就像找对象，没有选择你，不是因为你不漂亮不温柔，而是你我的性格不合；同样，企业没有选择你，不是说你能力有问题，可能是你不适合这份工作；企业挑选员工，不是要最好的，而是要最适合的。”

问题导入

怎样才能找到一份工作呢？

怎样组织个人的简历呢？

对于面试，个人到底要做哪些准备？如何才能轻松地应对面试呢？

理论阐释

一、求职与简历

（一）求职

1. 寻找工作的理念

◆ 寻找就业机会是最具挑战性的工作之一。

◆ 最重要的是找到“你的”工作，而不是“一个”工作。

2. 求职准备——软硬件

◆ 足够的时间。对于找工作的准备永远没有太早的说法。

◆ 足够的支持。经济支持：简历、路费、必要的服装等；精神支持：总是面对“不”时，谁始终是你的认同者和支持者？

◆ 足够的心理准备。求职就是面对“不”“不”……“不”，“好”的过程。

3. 求职准备——理念修正

◆ 求职者应该对自己要做什么保持一定的模糊性，这样一来，他们就可以考虑所有的空缺职位。

- 求职者应该把他们的时间仅仅花费在那些已经明确标有空缺职位的公司。
- 雇主只看那些写得漂亮的简历。

4. 寻找职位的方法

（1）传统求职方法：

- 机构提供的服务，如学校就业指导中心；
- 人才招聘会；
- 报纸和杂志上的招聘广告；
- 网络上的招聘广告。

据统计，求职者当中有90%左右的人使用以上的传统求职方法，求职成功者有20%使用这些方法。

通常，典型的求职者喜欢的求职方法顺序与通常雇主倾向采用的招聘方法顺序刚好相反，如图5-1所示。

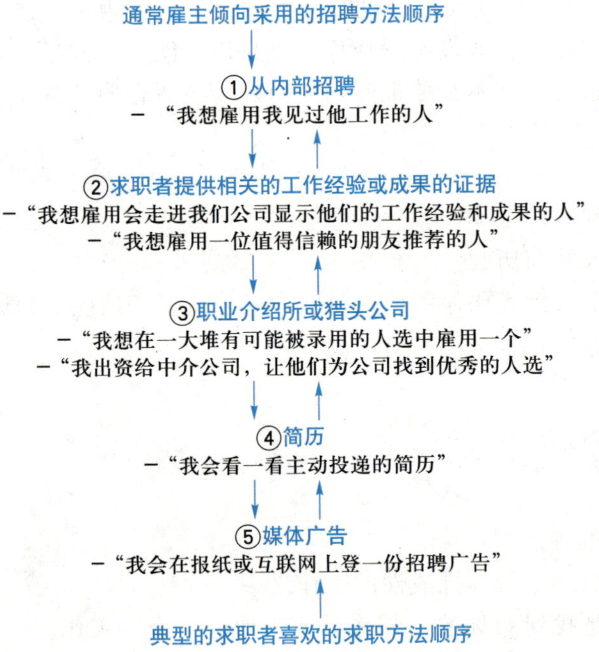

图5-1　典型的求职者喜欢的求职方法顺序和通常雇主倾向采用的招聘方法顺序

（2）使用新方法寻找潜在的工作机会：

- 亲自向人事经理申请；
- 通过电话求职；
- 通过人际关系网求职；
- 创造自己的工作。

据估计，65% ~90% 的工作是通过人际关系网找到的。然而，除非你明确了你想要的工作类型，否则不能使用这种找工作的方式。

求职方式及相应的成功系数如表 5-1 所示。

表 5-1 求职方式及相应成功系数对比

求职方式	成功系数/%
专业职业介绍机构	1
校友或朋友	75
报纸的招聘广告	25
具有相似工作的人的介绍	50
利用在职培训或参加相关讲座	60
在校期间的公司实习	50
盲目地投简历到公司	5
参加大型招聘会	20
参加学校为某公司特别组织的招聘会	25

（3）哪些人可以在网络上：

- 朋友、亲戚、邻居、同学；
- 熟人、校友、老师；
- 同事、以前的雇主；
- 商业人士、专业人士，如在会议、展销会等结识的人，以及商业领域里的职员等。

5. 了解职位时可能关注的信息

- 雇主和公司的发展历史和发展潜力；
- 产品和服务；
- 地点；
- 与行业趋势相比，过去几年的年销售额；
- 主要竞争者；
- 组织的所有权、家族所有权对潜在进步的影响；
- 管理风格、组织文化；
- 员工数量；
- 组织结构、工作氛围、工作量；
- 下属参与决策活动的机会；
- 培训和发展计划；
- 典型的职业轨道；
- 升职政策；
- 技术使用，仪器的数量和类型；

◆ 如果是一个非营利性组织，它的目的、资金来源、客户和功能是什么。

6. 克服不愿保持联络的特性

(1) 掌握一些建立自信的方法：

◆ 做志愿者。目的在于发展与别人的关系和让别人了解你和你的才能。

◆ 明确写出你不喜欢关系的什么方面，发展一份适合你的关系行动计划。

◆ 从事人际联系活动时，要让你的精力处于最旺盛的时候。

(2) 纠正有关关系网络的谬误：

◆ 谬误1：当一个职位已刊登广告时不需要关系网络，发一份简历就够了。

◆ 谬误2：把关系网络严格地当作找工作的工具。

◆ 谬误3：加入很多团体，在会面时尽可能地多分发简历。

7. 总结

(1) 把求职看成一份工作，和其他你将来从事的工作一样——九点上班，五点下班。不要满脑子装着你找不到工作的想法，现在你有一份工作，就是“求职”。

◆ 研究表明：三分之二的求职者每周只花5个小时甚至更少的时间。

◆ 如果你想加快求职，必须每周花35小时，每个工作日从九点到五点，中午休息一个小时，这样你将大大缩短找到工作的周期。

(2) 寻求支持团体，如家人、亲戚、兄弟姐妹、朋友和老同学。

(3) 列出所有的人，告诉你认识的所有的人你要找工作。

(4) 拓展你的联系人，如在聚会、讲座等活动中建立关系。

(5) 到你感兴趣的公司试试。

(6) 寻找那些雇员在100人以下甚至30人以下的公司。学生很容易聚焦大企业，而报纸上则不断报道大公司裁员成千上万的消息。

事实上，美国自1970年开始，甚至在最不景气的年代，小公司都创造了2/3的新职位。20世纪80年代美国500强公司裁员370万人，小公司却创造了1 900万个新工作岗位。

现在，不仅要寄简历，还要登门拜访。如果能每周见10个雇主，求职进程将大大缩短。

(7) 如果所有的方法都不行，就打电话。可以在早上8点以前或者晚上6点以后打，这样不会被接线员而是勤奋的经理人接到电话。但是，应注意将电话时间控制在15分钟以内。

(8) 多试几种不同类型的工作。

(9) 如果所有加速求职的方法都不行，也不要放弃。很多人尝试了30个电话、15次面试后就开始放弃。然而，很多时候耐心比别的更重要。

(二) 简历

简历是自我推销的工具，是一种个人广告，用来展示你的工作技能以及它们对于未来雇主的价值。简历的主要目的是帮助你获得面试机会。

1. 一些关于简历的数字

- ◆ 雇主们在每份简历上所花的平均时间为 15 秒；
- ◆ 每 245 份简历中有 1 份获得面试机会；
- ◆ 有的大公司每年会收到超过 100 000 份简历；
- ◆ 雇主们在报纸上登出一个招聘职位，通常会收到 200 份左右的简历；
- ◆ 在所有简历中，有 85% ~95% 的简历其最终的结局都是被扔进了垃圾桶。

2. 简历结构

(1) 个人资料：

- ◆ 姓名、性别
- ◆ 住址
- ◆ 年龄
- ◆ 专业
- ◆ 学历
- ◆ 籍贯
- ◆ 电话号码
- ◆ 电子邮箱地址
- ◆ 个人网页（如果适当的话）

(2) 目前的工作目标。

(3) 与目标有关的特定技能和品质：

- ◆ 涉及你对职位所需技能的分析
- ◆ 语言
- ◆ 计算机技能等
- ◆ 所获奖励

(4) 教育背景：

- ◆ 与你目标有关的专业
- ◆ 与目标有关的在班级中做过的最成功的工作例子（如团队或个人项目）
- ◆ 其他重要的事实（如荣誉、奖励、证书、成就等）

(5) 工作经验：

- ◆ 雇主
- ◆ 工作时间
- ◆ 职位
- ◆ 成就
- ◆ 如果相关，成功工作的例子

(6) 志愿者工作、参与的社会工作、协会成员：

- ◆ 组织
- ◆ 参加时间
- ◆ 角色
- ◆ 成就
- ◆ 相关成功工作的例子

(7) 发表的文章、演讲和报告。

(8) 活动和兴趣：

- ◆ 课余活动
- ◆ 你承担的责任
- ◆ 运动方面的成绩
- ◆ 大体的兴趣范围

3. 企业对简历的真实看法

企业不希望看到那种详细罗列的工作记录“表”，也不愿意看到申请者与多少人有过工作关系。企业想确定的就是申请者能为企业的工作提供什么样的技能。申请者的业绩与贡献应该是主要的参照依据。申请者应该说明他们取得什么样的成绩，而不是简单地说“曾经做过”什么，应该说明他们是如何运用所掌握的技能——这些内容才是公司要求的“精华”。

求职者应该提高他们递送给公司的简历的水平。他们应该能换个角度来思考问题，想想企业需要的是何种类型的人，因为企业既不是投资银行家，也不是咨询顾问。求职者所能提供的帮助与服务能力应该使企业在两分钟内一目了然，这是企业花在每份简历上的时间！

二、时间管理

1. 计划管理

关于计划，时间管理的重点是待办单、日计划、周计划和月计划。

（1）待办单：将你每日要做的一些工作事先列出一份清单，排出优先次序，确认完成时间，以突出工作重点。避免遗忘重要工作或者不能按时完成。

（2）待办单主要包括的内容：非日常工作、特殊事项、行动计划中的工作、昨日未完成的事项等。

（3）使用待办单时应注意：每天在固定时间制定待办单（一起床就做）、只制定一张待办单、完成一项工作划掉一项、待办单要为应付紧急情况留出时间。最关键的是每天坚持。

（4）每学期末作出下学期的学习工作规划；每季季末作出下季末的学习工作规划；每月月末作出下月的学习工作计划；每周周末作出下周的学习工作计划等。

2. 时间“四象限”法

著名管理学家科维提出了一个时间管理的理论，把工作按照重要和紧急两个不同的维度进行了划分，基本上可以分为四个“象限”，如图 5-2 所示。

（1）Ⅰ象限：既紧急又重要（如学习任务、四六级考试等）；

（2）Ⅱ象限：重要但不紧急（如建立人际关系、新的机会等）；

（3）Ⅲ象限：紧急但不重要（如电话铃声、不速之客进入等）；

（4）Ⅳ象限：既不紧急也不重要（如客套的闲谈、无聊的信件、个人的爱好等）。

如图 5-2 所示，Ⅰ象限是救火象限，长期处在这一象限会让人筋疲力尽；Ⅱ象限是质量象限，决定了人们工作与生活的质量，要长期坚持做；Ⅲ象限是蒙蔽象限，会蒙住人们的眼睛，感觉自己非常充实，其实是在做不重要的事情；Ⅳ象限是浪费象限，在工作中偶尔表现时会有你的主管提醒你，而在生活中则可能时常发生。

时间管理理论的一个重要观念是，应有重点地把主要的精力和时间集中地放在处理那些重要但不紧急的学习与工作上，这样可以做到未雨绸缪，防患于未然。

3. 有效的时间管理

美国管理学者 P. F. Drucker 认为：

- 有效的时间管理主要是记录自己的时间，以认清时间耗在什么地方；

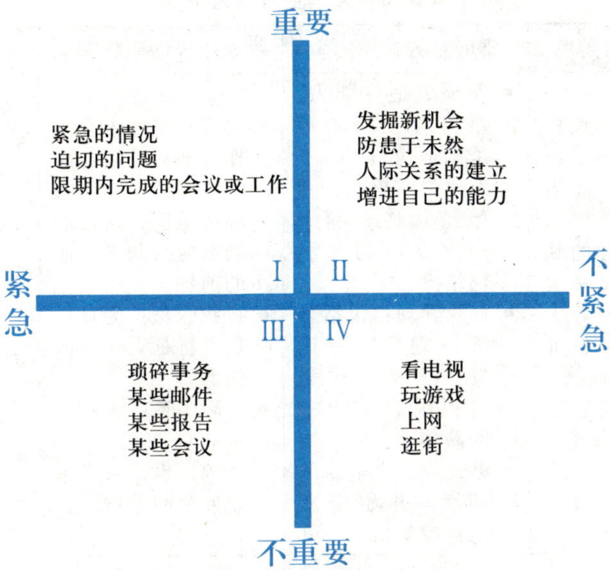

图 5-2　时间管理四象限

◆ 管理自己的时间，设法减少非生产性工作的时间；

◆ 集中自己的时间，由零星而集中，成为连续性的时间段。

试行三天，全面记录并分析“漏洞”所在。

4. 时间 ABC 分类法

将工作按轻重缓急分为 A（紧急，重要）、B（次要）、C（一般）三类。

◆ 安排各项学习和工作优先顺序，粗略估计各项学习和工作时间及其百分比；

◆ 在学习和工作中记载实际耗用时间；

◆ 每日将计划时间安排与耗用时间进行对比，分析时间的运用效率；

◆ 重新调整自己的时间安排，更有效地工作。

5. 考虑不确定性

在时间管理的过程中，还需应付意外的不确定性事件，因为计划没有变化快，所以应为意外事件留出适当的时间。

有三个预防此类事件发生的方法。

（1）为每件计划都留有多余的预备时间。

（2）努力使自己在不留余地又饱受干扰的情况下完成预计的工作。这并非不可能，事实上，工作快的人通常比慢吞吞的人做事更精确。

（3）另准备一套应变计划。为了迫使自己在规定时间内完成工作，应仔细分析将做的事，然后把它们分解成若干单元，这是正确、迅速地完成工作的必要步骤。

三、大学生涯规划建议

大学生涯规划建议如表 5-2 所示。

表 5-2 大学生涯规划建议

时间	学生的特点与角色	要培养的素质能力	对就业或创业的影响	如何培养和锤炼
大学一年级	① 特点： ● 理想主义（积极理想主义和消极理想主义。前者认为在大学要讨回曾经失去的快乐，而且未来美好；后者认为大学四年只是失业的缓冲期） ● 强烈的自我认知需求 ② 角色： ● 适应者 ● 筹划者	● 新环境适应能力：培养对全新的环境的适应力 ● 人际关系建立：开始经营将有利于一生发展的人脉网络 ● 自我管理：包括合理计划、目标设置，以及在这个过程中磨炼出来的诚信 ● 勇气：一个全新的环境，开始全新的自我塑造	● 勇气：这是未来工作时面对挑战与压力的解药 ● 环境适应：这是职场适应与获得资源的前提 ● 自我管理：为自己负责将是人一生的使命 ● 人际关系：人脉是求职信息的重要来源，也是未来事业发展的关键	● 勇气：每天逼自己做些与以前不一样的事情——当然不是做坏事 ● 环境适应：分析所学专业，制订一个四年规划 ● 自我管理：学习时间管理、目标设置策略 ● 人际关系：主动分享、真诚、热情
大学二年级	① 特点： ● 对新事情的好奇与探索 ● 对大学理性认知 ② 角色： ● 重新自我定位者 ● 建立能力体系者	● 积极主动：大学需要自己主动寻求资源与机会 ● 团队归属：要能够有底气地说出自己所属的团体，绝对避免孤家寡人 ● 目标意识：再次明确离开校门那一刻将带着什么品质离开 ● 有效实践：基于目标，争取尽可能多的资源与机会去实践	● 目标意识：有目标的人生，将使生涯更有成效 ● 积极主动：机会绝对不会主动找上门，人生就是由机会制造并走向成功的 ● 团队归属：如果你不是牛顿，那么就要在团队中成就你的才华 ● 实践：知识不是力量，有实践力的知识才是力量	● 目标意识：每一天都应思考这个问题，想象自己离开大学 5 年后，将会有什么样的一个头衔 ● 积极主动：每天回想自己曾经失去的机会，并主动做些改变 ● 团队归属：尊重别人、支持别人、分享成功 ● 实践：目光放在付出而不是回报上
大学三年级	① 特点： ● 积极历史轨迹延续 ● 未来清晰定位 ② 角色： ● 准求职者 ● 准社会人	● 知识系统化：无论如何大学都应以知识系统学习为第一要务 ● 较清晰的职业定位：思考自己毕业那一刻生产力将在哪个领域能得到最大发挥 ● 人际能力拓展：开始为自己铺设走出校门的路	● 知识系统化：你应该带着学校的优势出山，这是你人生最宝贵的东西 ● 职业定位：应该清楚自己最可能发挥能力的空间在哪里，并且那里都有哪些公司、单位。人生将因此而辉煌 ● 人际拓展：一个人的成功，更多的时候在于别人允许你成功	● 知识系统化：分析一下每门专业课相关的书你读了多少，并问问资深的老师，本领域有多少本，找出差距后弥补 ● 职业定位：开始与职场人密切接触，从而了解你未来希望的、可能的样子 ● 人际拓展：先拓展自己的师兄师姐们，然后让他们推荐一些人再去结识

续表

时间	学生的特点与角色	要培养的素质能力	对就业或创业的影响	如何培养和锤炼
大学四年级	① 特点： ● 在获得人生定位与“一份工作”之间徘徊 ● 大量的友谊、感情需要总结 ● 为新的生存规则做准备 ② 角色： ● 求职者 ● 决断者 ● 筹划者	● 信息渠道：人脉此时需要转化为信息渠道与机会通道。一定注意，招聘网站并不是最好的信息来源，你的关系网和学校的资源才是 ● 自我营销：富于技巧的自我整合、包装、宣传。这个时代“人才”太多了，你需要让人知道你是人才 ● 互动技巧：在自我营销的过程中，需要你会沟通、会说服、会影响——这些能力在某种意义上称为领导力	● 信息渠道：一个人的伟大在于他有效地站在了伟大的舞台上，而信息渠道将有助于你站上去。当然，站上去之后需要有表演的能力 ● 自我营销：这个社会对大学生而言基本上没有星探，因此需要你的自我包装与宣传 ● 互动技巧：你的品质一方面由你的外表进行展示；另一方面，也是更重要的，是由你与人互动的品质进行展示的	● 信息渠道：拓展认识的人绝对不应基于功利目的，而应以互利为基石 ● 自我营销：学习一些简历撰写、求职、面试的技巧，并在自己的圈子里模拟演练 ● 互动技巧：主动学习一些演讲、主题发言、倾听的方法，并主动培养自己这方面的能力，同时抓住可能的机会去实战

实践应用

【案例一】　电影《当幸福来敲门》

《当幸福来敲门》改编自美国著名黑人投资专家克里斯·加德纳出版的同名自传。这是一个典型的美国式励志故事。作为一名单身父亲，加德纳一度面临连自己的温饱也无法解决的困境。在最困难的时期，加德纳只能将自己仅有的财产背在背上，一手提着尿布，一手推着婴儿车，与儿子一起前往无家可归者收容所。实在无处容身时，父子俩只能到公园、地铁卫生间这样的地方过夜。

▸ 扫一扫：2-5 当幸福来敲门

为了养活儿子，穷困潦倒、无家可归的他从最底层的推销员做起，最后成为全美知名的金融投资家。回忆起自己的这段过去，克里斯·加德纳表示：“在我二十几岁的时候，我经历了人们可以想象到的各种艰难、黑暗、恐惧的时刻，不过我从来没有放弃过。这本自传还有一层深意，那就是即使在最最艰难的时刻，父亲与儿子是不可分离的。”

二十来岁的加德纳读书不多，任职医疗物资推销员，还要照顾女友和年幼的儿子。1981 年，他在旧金山一个停车场，看到一名驾着红色法拉利的男人在找车位。他回忆道："我对他说：'你可用我的车位，但我要你回答两个问题：你做什么工作和怎样做？'"对方自称是股票经纪人，月薪达 80 000 美元，比加德纳的年薪还多一倍。

加德纳于是辞职转行，成功获得证券公司聘请；但还未上班，请他的人被解雇，新工作泡汤了。应征新工作前，他和女友吵架，惊动警员上门调停；加德纳被警方追讨 1 200 美元的违例停车罚款，因为无力还钱，他被判入狱 10 天。

但噩梦还未完，出狱后他发现女友同儿子都消失了，他变得一无所有。几个月后，女友再次现身，但不是想重修旧好，而是她不想带着儿子了。加德纳需要抚养孩子，不能再住单身宿舍，被迫流浪街头……廉价旅馆、公园、火车站厕所、办公楼前，都成了父子俩的栖身之所，一年后他才储够钱拥有了自己的小窝。

加德纳努力赚钱，当上股票经纪人后，事业一帆风顺。1987 年，他在芝加哥开设了一家经纪公司，当上了老板，成为了百万富翁；近年致力在南非扶贫。他出版了自传，就是《当幸福来敲门》(*The Pursuit of Happiness*)。

"我生活的这一部分叫作搭公车"——故事开始。

"我生活的这一部分叫作冒傻气"——发现在自己面试时帮自己照看扫描仪的嘻哈女孩带着仪器跑开而将其追回。

"我生活的这一部分叫作疲于奔命"。

"幸福自己会来敲门，生活也能得到解脱"。

"我就是这样一种人——你向我提问，如果我答不上来我就会告诉你'我不知道'，但我保证我清楚该怎样找到答案，我会找到答案的。"面试官说"假设有个人不穿着正装就跑过来面试，然后我却录用了他。你会怎么评价？""那他的裤子一定很酷。"——面试时的机智回答。

"别让别人告诉你你成不了才，即使是我也不行。"——父子在篮球场。

"你有梦想的话你就得去捍卫它"。

"那些自己没有成才的人会说你也不能成才"。

"我生命中的这个很短的阶段叫作幸福"——成为了经纪人。

——摘自：豆丁网 http://www.docin.com

【案例二】 潇潇求职记

2005 年 6 月，我的大二即将结束，我决定要找到一个和自己的专业相关的暑期工作，这样就可以将我的暑期学习和实践计划有效地结合起来。我的专业是外贸和阿拉伯语，所以阿拉伯外贸公司成了我的首选。

我调查了一些阿拉伯外贸公司，它们大多集中在雅宝路（附近有清真寺，方便他们礼拜）和国贸附近，都是属于小型的皮包公司。也许并没有什么很好的管理经验，可是因为公司小也许能最直接地接触到外贸知识。咨询过穆斯林的旁听生，知道雅宝路的京华豪园里面阿拉伯公司较多，找了一个周五的上午我就出发了。

在楼下碰到了刚搬过来的阿拉伯商人。我乘机跟他们一起走进电梯，然后用阿语跟他们打招呼。他们感到很惊奇；然后我就对他们介绍了我自己，告诉他们我可以用阿语和英语操作外贸流程，想找一份工作。他们很热情地邀请我去他们9楼的办公室，我心里很开心：没有想到这么顺利。可是到了9楼，他们雇用的一位中国男士把我拦在门口，然后斥责地对我说不需要人，又用土语对那群阿拉伯人说了些什么，就关上门不再理会我的敲门声。那一刻我感到特别无助，更加感觉到自己知识的贫乏——如果我掌握土语的话也许还有争取的机会。但是既然来了就不可以放弃！我乘电梯到了12楼，准备厚着脸皮一层层往下找。

12楼有一家黎巴嫩的外贸公司。我敲门进去之后，看到客厅里坐着好几个老外，就大声对他们说："你们好！我是来找工作的。"然后就跟着其中一位走进了经理办公室。

刚开始的介绍很顺利，因为我已经提前准备过阿语和英语的自我介绍和相关的词汇；可是，当他听到我只能待两个月的时候就很认真地拒绝我了。他对我说，两个月之后我可以做得很好了，但是却不能继续工作了，对于他们来说是很大的损失。这时候找到一份工作的渴望充斥着我全部的内心。我反复地说我可以做些什么，只要你们找到合适的人我立刻把我学到的教给他就走；我不需要任何工资，我只希望获得经验……反正我就是赖着不肯走……就算不录用我，我也当找人练习口语好了。

经过了半个多小时的"口语练习"，最后他很无奈地对我说：那随时欢迎你来吧！不过是你自己说不要工资的。

虽然有点觉得委屈，但是我第二个星期就来上班了。

刚开始的时候工作是很枯燥的，这段时间我都在不断地查询国内哪些公司生产哪些产品，然后收发传真，然后给客人冲咖啡、泡红茶……这样重复的机械性的劳动几乎快让自己开始怀疑自己的选择了；唯一幸运的是，办公室里从老板到客户基本上都是阿拉伯人，对语言的学习还是很有裨益的。

当然，当暑假结束的时候，我拿到了应得的工资——我自己要求的800元。那天我很兴奋，请男友大吃了一顿。

开学之后，老板给我打电话了，问我愿不愿意上学的时候兼职，于是我开始了半工半读的生活。每个周二、四下午和周六全天，往往是早上上课到11：30，然后就买袋饼干、开始倒车去上班。这时候工资是每月600元，但是相比工作时间而言，还是上涨了很多。很开心自己终于可以渐渐不再成为家人的负担了。

这样的生活一直持续到2006年的3月，也就是我陆陆续续在那里待了9个月。最枯燥的日子过去之后，他们开始带着我一起看货，我可以独立地联系国内的厂商让他们发样品，然后再和他们签协议，也可以帮着做一些集装箱相关的单据；最有趣的时候就是招聘的那段时间：我自己负责招人、面试、考核。中午老板常常请我们和客户一起出去吃饭，我偷偷印了个人的英阿文名片，然后给一些我熟悉的客户，没有想到这个小小的举动却带给了我新的机会，虽然我内心并不知道这样的行为是不是有违职业道德的。

后来我也曾推荐我的师妹去那里工作，但是她们工作了两个星期不到就借口离开了，让我觉得对以前的老板很是愧疚。她们离开的原因我也明白，因为刚开始的时候那些工作的确很枯燥和重复。但是作为一个新人而言，想要一开始就学到很多东西是不可能的，大家需要时间建立彼此之间的信任。

现在我和老板仍然是很好的朋友，他还主动给我介绍了一些欧洲的代理商朋友，这样在我工作不忙的时候可以继续做一些兼职。

——摘自：新浪网 http://blog. sina. com. cn

【案例三】 曾子墨的投行面试经历

▸ 扫一扫：2–3 曾子墨

曾子墨，生于北京，高三时以北京市模拟考试前三名的成绩保送到中国人民大学金融系；一年后出国留学，以托福660的高分被“常青藤盟校”达特茅斯学院录取，并于1996年获学士学位。毕业后在美国华尔街的摩根斯坦利从事投资银行，因担任分析员两年中的出色表现使曾子墨成为了该公司的最耀眼的明星员工，并参与完成了历史上最大规模的并购交易。1998年曾子墨回到中国香港，加入摩根斯坦利亚洲分公司，一年后升任经理。2000年她加盟凤凰卫视担任节目主持人，先后主持过《股市直播室》《财经点对点》《财经今日谈》《世纪大讲堂》和《凤凰正点播报》；2001年采访于香港举行的“财富全球论坛”，3天内总共采访了8位大企业和财团的领袖，并参与制作专题节目《复关入世十五年》。2002年她采访了“亚洲开发银行35届理事会年会”和“两会”。由她参与拍摄的纪录片《我们在朝鲜的日子》获得了观众的一致好评。曾子墨现任凤凰卫视《社会能见度》《我的中国心》和《经济制高点》的主持人。

下面是曾子墨谈自己在美国的应聘面试经历。

“借”身套装去面试

我即将面对的是生平第一个面试，期待、兴奋，可想而知。我前所未有地严阵以待，将大家的经验之谈悉数记在心中：千万不能紧张，要落落大方，侃侃而谈。

为什么选择达特茅斯，为什么愿意来到美林证券，答案一定要事先准备。面试前几天的《华尔街日报》必须仔细阅读，道琼斯、纳斯达克、恒生指数和主要的外汇汇率也都要熟记在心。

握手的力度要适中，太轻了显得不自信，太重了会招致反感。手中最好拿一个可以放笔记本的皮夹，这样显得比较职业。眼睛是心灵的窗户，所以目光不能飘忽游移，只有进行眼神的交流，才会显得充满信心。假如不敢直视对方的眼睛，那就盯着他的鼻梁，这样既不会感到对方目光的咄咄逼人，而在对方看来，你仍然在与他保持目光接触。

套装应该是深色的，最好是黑色和深蓝色，丝袜要随身准备一双，以防面试前突然脱丝……后来，我知道了投资银行的确有些以貌取人，得体的服饰着装可以在面试中加分不少。

做学生时，我从来都是T恤牛仔，外加一个大大的双肩背书包。为了让自己脱胎换骨，向职业女性看齐，到了纽约，一下飞机，我便直奔百货商店布鲁明戴尔(Bloomingdale's)。

Bloomingdale's位于曼哈顿中城，里面的套装琳琅满目，每一款都漂亮得让我爱不释手。售货小姐也热情周到，伶牙俐齿地劝说我一件一件地试穿，并在我每一次走出试衣间时瞪大双眼，对我赞不绝口。

试衣镜里的自己果然焕然一新，看上去职业而干练。

“您是只选一套呢，还是多选几套?”售货小姐甜美的声音让我从云端突然回到了地面。我这才意识到，我居然忘记了看价格。

Bloomingdale's的定位其实只属于中档，但是价格标牌上那一连串的数字还是让我望而生畏。毕竟，我只是一个依靠奖学金生活的学生。我试穿的那几套衣服加上消费税，最贵的有1 000多美元。

“买，还是不卖?”我激烈地进行着思想斗争。

“它们真的适合你!”售货小姐好像也看出了我的困窘，努力做着最后的鼓励。

这时，旁边的收银台突然来了一位要退商品的顾客，看到她，我灵机一动，立刻拿出了信用卡，态度之爽快，仿佛刷卡金额不是500美元，而是只有5美元。

售货小姐笑容可掬地为我结账、包装。她大概并不清楚，24小时后，等眼前这个对职业化装扮得自己甚为满意的女孩参加完面试，就会原封不动地把这套Eleen Tracy的西装退还给她，一分不少地收回那笔“巨额款项”。

第二天，穿着那套似乎专门为我定制却又并不属于我的深蓝色套装，我镇定自若、胸有成竹地走进了美林的会议室。面对来自香港的两位银行家，半个小时里，我学着美国人的方式，滔滔不绝地自我推销，把自己说得像爱因斯坦一样聪明，像老黄牛一样勤奋，又像老鼠爱大米那样深深地热爱投资银行。

握手告别时，在他们的脸上，我找到了自己要的答案：这个女孩，天生就属于投资银行。

把羞怯、谦逊全抛开

在美林度过的那个夏天，我并没有学会太多的金融知识或操作技能，但是，它却为我打开一扇窗户，让我欣赏到投资银行的美丽风景，并且从此立下志愿：我要真正成为华尔街的一分子。

于是，四年级一开学，我就开始卷入了一轮又一轮看不到尽头的面试漩涡。尽管11月的达特茅斯早已是冰天雪地，我却在零下20度的天气里穿着西装短裙和薄薄的丝袜，披着黑色长大衣。汉诺威旅馆是投资银行来学校进行前两轮面试的地点。那阵子，那里天天爆满，每一层的走廊里都挤满了西装革履的学生，或站或坐，不安地等待着房间里面的人叫到自己的名字。

投资银行的面试看上去层层关卡、危机四伏，但涉及的问题却多半是“老三样”。

“讲述一下你自己的经历。”

“朋友们会用哪几词来形容你?”

“为什么我们应该录用你?”

无论提问方式如何变化，我总是喜欢亮出我的“自我表扬一二三四”，以不变应万变：

我聪明好学，能够很快适应新的环境；

我擅长数字和数学，诸多相关科目的“A+”成绩就是最好的证明；

我勤奋刻苦，是个很好的团队工作者。

面试的时间再长，也长不过40分钟。人人都怕刁钻古怪的问题，我也一样。于是，一旦遇到“正中下怀”的提问，我就伺机大讲特讲，口若悬河，再不易被察觉地“延伸”到我悉心贮备的其他答案，直至面试接近尾声，以使对方不再有时间也不再有机会来为难我。

军训经历，征服投行副总裁

还有一次面试令我印象深刻，面试我的那位副总裁看上去只有30岁出头。那天，他大概已经从早上8点面试到了下午4点。

端坐在酒店房间里那个并不太舒服的沙发上，马不停蹄地见过了十几名学生，轮到我走进去时，他早已满脸疲惫，连握手时的笑容都像挤牙膏一样勉强。

“OK，tell me about yourself.”不出所料，他提出的第一个问题中规中矩。

我微微一笑，神采奕奕地讲述了自己的经历，又有条不紊地将我的“一二三四”暗藏其中。

副总裁斜靠在沙发上，边听边点头。第一个问题，我顺利过关了。

“你怎么证明你善于团队合作?”

我故意摆出一幅沉思的样子，其实，我的内心是在暗自得意。谁让我又碰到了一个押中的题目呢？不过，我不想让他看出我是有备而来的。

略微停顿了几秒，我按照设计好的思路，开始绘声绘色地讲述我的“军旅生涯”。

在北京念书时，我曾经先后两次到38军军训。这在国内不算是出众的经历，但到了美国，却是傲人的资本。

40多天的军旅生活，除了难耐的饥饿和沉积着黄沙的浑水，还留下了什么呢?面对副总裁，我活灵活现地回忆起在军队的大集体了：在团队成员的相互帮助下，我们如何在泥沙混杂的战壕里匍匐前进；如何在烈日当空时俯卧打靶；如何在黑得令人恐怖的深夜里轮流站岗值班；又如何在睡得昏天黑地时被哨声惊醒，迷迷糊糊地打背包，连滚带爬地紧急集合，再像残兵败将一般，翻山越岭……

听着听着，副总裁的身体坐得越来越直，原本无精打采的眼睛也变得炯炯有神。那时候，我就已经知道了，当我走出那个房间后，即便他记不住我的名字，也一定会记住有个中国女孩，她曾经在中国军队里摸爬滚打。我还确信，只要被他记住了，百里挑一的第二轮面试我就一定榜上有名。

果然，他一连说了三个“great”，才又接着问：“听上去你各方面都很出色，你有什么缺点吗?”

“英语毕竟不是我的母语，所以和美国同学相比，我想，这是我最大的弱点。”我淡然应对，并没有遮遮掩掩；因为如果能化缺点为优点，化不利为有利，远比一味陈述自己的优秀更有说服力。

“但是，我一直在努力提高自己的英语水平。刚来美国时，我每天除了上课和打工，还至少花一两个小时守在电视机前看新闻，为的就是练习英语。另外，虽然我在英文写作课上的成绩是A和A-，但我并没有就此停滞不前……”

据说副总裁回到公司后，在办公室里逢人便说，他在达特茅斯发现了一个中国女孩；所以，当我到纽约去参加他们公司的最后一轮面试时，好几个陌生人竟然对我一见如故：“原来你就是那个中国女孩啊!”

后来，我因为选择了摩根斯坦利而婉言谢绝了第一波士顿的聘任，那位副总裁还打来电话，言语中充满遗憾。他说我是他见过的最优秀的应征者，如果在摩根斯坦利做得不开心，随时和他联系，他的大门将会永远向我敞开。

——摘自：新浪网 http://blog. sina. com. cn

第六章　体验创业人生

创业的过程，实际上就是恒心和毅力坚持不懈的发展过程，其中并没有什么秘密，但要真正做到中国古老的格言所说的勤和俭也不太容易。而且，从创业之初开始，还要不断学习，把握时机。

——李嘉诚

本章要点

温州经济的起飞是温州人自己培养的，是闯市场闯出来的，也是一个充满艰辛和挑战的过程。温州几乎家家办工厂，户户搞经营，每个家庭都直接面向市场，承受了巨大的竞争压力。20 世纪 80 年代，温州有 100 万人在全国和世界各地当“游商”（业务员）拉订单。他们站火车，睡地板。创业时期，温州人从小事做起，从做纽扣、皮鞋、打火机、门锁、拉链等小商品入手，历尽千辛万苦，说尽千言万语，走遍千山万水，想尽千方百计，终获成功。温州经济之所以能够发展到今天，就是因为他们有“四千”精神，从来不怨天不怨地。失败了，爬起来从零开始再干！在温州人的思维中，就没有“等、靠、要”这一说。温州人的成功实践告诉我们：“与其坐等，不如从不屑一顾的小事做起”。当年，温州人做的各种各样的小生意中，最典型、最常见的就是修鞋。

问题导入

大学生创业离自己很遥远吗？

大学里创业太难了，能创业成功吗？

大学里创业都是小打小闹，根本没有什么意义，纯粹是浪费时间吗？

理论阐释

一、创业与就业的区别

对青年人来讲，创业也是一种就业。创业不仅能解决个人的就业与发展问题，还能带动更多的人就业。因此，创业是一种更高层次的就业。

选择就业与创业两条道路，主要有以下几个方面的差别。

1. 担当的角色差异

二者在企业中的地位、所肩负的责任和使命均有较大差异。创业者通常处于新创企业的高层，在企业实体的创建过程中，创业者始终是负责人，始终参与其中；

而就业者通常处于中低层，到达高层需要一个过程，也不需要对企业的成长负责，只需要做好本职工作即可。

2. 要求的技能差异

创业者通常身兼多职，既要有战略眼光，也要有具体的经营技能，从而要求其具备相当全面的知识和技能；就业者通常具备一项专业技能即可开展自己的工作。

3. 收益与风险差异

就业者的主要投入是数年的教育成本；而创业者除了教育成本外，还包括创业前期投入的人力、物力和资金成本。一旦失败，就业者并不会丧失教育成本，但创业者可能会损失在创业前期投入的一切成本；而一旦成功，就业者只能获得约定的工资、奖金及少量的利润，创业者则会获得大多数经营利润，其数额从理论上讲没有上限。

4. 成功的关键因素差异

就业者很大程度上可以依靠企业实体；而创业者更多地还要考虑自身的经验学识与财力，以及各种需求和资源占有情况等条件。

二、创业成败与学历无关

很多人认为，对于创业而言，高学历就是优势。但实际上，创业成败与学历没有直接关系，高学历只是对创业成功有帮助而已。现在的大学生之所以高不成低不就，就是因为大家都认为拿了高学历就可以得到财富，所以就变得无所适从了。

能得到高学历只能证明这个人对书本的理解比别人好一些，读书好的人不一定能在商场上做得很好。谁也不能保证大学生就强过初中生，谁也不能保证一个博士就一定能赚很多。学历如果能带来生意的利润，那大学教授就全都是百万富翁了。

创业当老板需要的基本个人素质是：勇气、智慧、耐力（也有人说是眼光、胸怀、实力）。需要以智慧控制的关键环节是：天时（时机）、地利（环境）、人和（人脉）。

从社会的适应性来讲，低学历者的社会经历比较多，这一点占有优势，务实是他们的特质。人脉是有价值差异的。一个事实是，低学历的人建立起来的人脉的价值总体来说要比高学历者低。高学历者虽然步入社会晚，但更容易建立高价值的人脉关系。因此人脉这个因素，对于做创业老板来讲，低学历者并没有优势。

创业需要有勇气承担风险，同时也需要不断尝试新的方式方法。中国的教育偏于保守，虽然一直在倡导创新、开拓、挑战，但一直没有实质性改变。在这方面，低学历的创业者由于没有接受高等教育，思维空间则可能更为开阔。

勇气、耐力不是学校里教出来的，低学历者与高学历者没有本质差异，只是创业动机上的差异。智慧和学校的教育有关，高学历者具有智慧优势是肯定的。不然许多发财的低学历老板也不用花钱听教授讲课了。

资历的价值就是告诉你，什么是真实，真实地看、真实地去做。只有懂了才叫有资历。最后一个观点，不要把少数当成多数，就像比尔·盖茨就一个、李嘉诚就一个、杨致远也就一个一样。低学历者创业成功的还是少数，大多数的低学历者仍从事着打工甚至苦力的工作。

三、学历越高创业比例越低

据新华社杭州 2011 年 5 月 18 日报道（记者 张乐）：2011 年中国高校毕业生达 660 万人，但创业比例却不到 1%，高水平的创新创业型人才严重匮乏。在 17 日举行的一场旨在提升大学生创业能力的公益活动上，相关部门透露的这一数据引发了社会各界对中国国内高学历创新创业人才缺乏的忧思。

创业工场创始人麦刚援引人社部就业促进司此前的统计数据称，当前，中国大学生毕业创业比例不到 1%，远低于发达国家 20% 左右的比例。而蘑菇街 CMO 李研珠等人力资源企业负责人在与众多大学生接触后表示，虽然大学生普遍认为中国目前的创业机会有所增加，但因为对实践缺乏感知，不少人担心创业可能失败，而这种恐惧感极大地妨碍了他们创业的激情和决心。

“国内创新创业型人才匮乏已经制约了中国的快速崛起。”中国最专业的人力资源及相关流程外包服务供应商——易才集团董事会主席兼 CEO 李浩说。来自清华大学中国创业研究中心发布的《全球创业观察（GEM2010）中国报告》显示，中国大专及以上学历的创业者创业活跃程度在全球包括欧美、日韩、俄罗斯、巴西、南非等在内的 60 个国家和地区中排名第 22 位，低于总体创业活动中国在全球的排名。

为鼓励和帮助更多的大学生实现梦想，成就自我，一项名为“易创计划”的大型公益活动 17 日在杭州启动。该活动由教育部、工信部、人社部参与指导，希望通过 5 年时间，在全国培养出万名“大学生创业人”。据介绍，这一大型公益活动将陆续邀请来自学术界、投资界、商业界的知名人士担任创业志愿导师，并通过举办创业培训、创业大赛、“创业企业体验行、创业沙龙、创业企业 HR 服务、创业融资服务”等助创服务，帮助大学生提升创业能力、树立创业信心、打造创业人脉。同时，该项活动还将为全国各个高校的大学生在超过 100 家的创业企业中提供上万个实习与学习机会。

为实现这一目标，发起者将设立专门的孵化基地，随时为有创业想法的大学生提供培训、辅导及融资渠道。从创业能力培训开始，教会大学生如何进行创业分析、如何发现并把握商业机会、如何进行创业前的准备、如何建立并带领团队、如何进行创业企业财务管理与融资等，帮助创业大学生一步步完善创业技能，健康成长，并依靠“易创计划”提供的持续动力，最终完成孵化。

“通过培养计划，我们相信能够让更多的大学生参与到创业创新队伍中来，同时也希望这一公益举动能影响越来越多的企业，并给予大学生创业人更多、更有效的帮助。”李浩说。

据《羊城晚报》报道：我国大学生创业人数一直过少，创业人数还不到毕业生人数的1%，创业成功率不足3%。但让人忧虑的方面还不仅仅于此——穗港澳台四地青年创业意愿调研报告显示，当下有相当一部分内地青年的创业意愿是以“考不上公务员”“找不到合适的工作”或是“小企业待遇低”为前提而去创业实践。而广州青年教育水平越高，创业意愿越低。

父母的教育层次越高，参与创业的概率越低。

这份名为《穗港澳台青年创业的意愿、动机及机制的比较研究》的调研报告从青年人的创业意愿、创业动机、创业途径等，对穗港澳台四地18～35岁青年创业问题进行了多维度调研。

仅从广州青年样本来看，调研发现，青年教育水平越高，创业意愿越低；而受教育程度较低的青年，其创业意愿更强。那些在就业市场上难找工作、找不到好工作以及难以通过稳定职业来营生的青年，会更愿意通过自主创业的方式来维持生存和发展。

此外，受访者家庭社会经济地位以及父母的教育层次越高，个体参与创业的概率越低；工作流动较大的青年，其创业意愿会较高，但有稳定工作并且收入水平比较高的青年，如公务员，其创业打算比例相对较低。

青年人的创业意愿普遍偏高，有66%的广州青年表示对创业“非常感兴趣”或者“有兴趣”；有46%的受访者表示关注创业信息，曾为创业做准备；有超五成的受访青年甚至表示未来会有创业计划及创业的打算。但受访者之所以想去创业，大多只是因为希望“追求个人财富积累”“不满意现在的工作环境”“养家糊口”等。而且创业模式相对只集中于进入门槛较低的行业，像专业性较强、门槛较高的金融业、IT高新科技行业等，则较少人选择。

广州青年普遍对创业抱谨慎态度。

调研发现，广州青年普遍对创业抱谨慎态度。受访青年集中反映，之所以不打算创业或尚未创业实践，归根结底是受制于“启动资金短缺”“自身的创业能力不足”“担心创业失败”“创业没有社会保障”等因素。

然而，调研人员通过进一步分析发现，青年人创业受限其实有其他因素。从广州样本看来，青年人的“冒险精神”“创新意识”“市场触觉”相对不足；更重要的是，青年人对于当前的创业政策及所处的创业环境了解不足。目前，国家和地方都出台了相应的创业政策帮助青年创业，比如，可提供创业资金、创业指导，给予税收优惠、放宽审批程序等；高校毕业生创业还可参与小额担保贷款项目，免交个体工商户注册费，等等。但是，多数受访青年表示“不清楚”类似支持政策。

港澳台青年对创业支持偏高。

港澳台地区的青年创业状况与广州存在较大差异。台湾实践大学企业管理学系助理教授张文龙说，在台湾，高学历创业反而是创业市场的主流，高达65.3%的台湾青年创业家拥有硕士以上学历。在创业动机方面，台湾青年大多是想借创业“把握自己的命运、决定自己生活”，“做自己喜欢的事情”以及“取得一定的成就，证明自己的能力”，等等。同时，也许受台湾4.2%的高失业率以及政府部门对青年创业普遍有25万~30万元新台币的支持，台湾的大学生非常热衷创业实践。

香港中华基督教青年会负责人萧婉玲告诉记者，不论学历层次，香港青年普遍对创业支持偏高。萧婉玲介绍，香港有不少青年人从中学阶段开始，就尝试参加跳蚤市场、青年人创意集市等平台，或投标年宵摊位，卖点小玩意，“试水”小本生意的“微创业”。到了大学毕业，有相当一部分“试水”过创业实践的青年，一心一意去创业。

实践应用

【案例一】 盘点退学创业的人们

▸ 扫一扫：
3-1 全球跨国公司创始人图

1. 苹果创始人：史蒂夫·乔布斯和史蒂夫·沃兹尼亚克

乔布斯是从波特兰的里德学院退学的，而沃兹尼亚克则是著名的美国伯克大学的肄业生。

二人在1976年共同创建了著名的苹果公司。实际上乔布斯和沃兹尼亚克在创建苹果之前就已经是朋友了，当时乔布斯在惠普工作，而沃兹尼亚克正在研制一台大型计算机。

三十多年之后，他们创建的苹果公司总价值已经达到了6 000亿美元。

2. 戴尔创始人：麦克·戴尔

1984年，19岁的戴尔还只是美国得克萨斯大学奥斯汀分校的一名医学预科生，但是他却毅然决定退学，用1 000美金创建了“个人电脑有限公司”。让人意想不到的是，第一年戴尔通过卖改装电脑和相关配件，营业额竟然达到了5万美金到8万美金之间。之后这家公司就改成为大家熟悉的戴尔公司。

根据2015年的《福布斯》全球亿万富豪排行榜显示，戴尔的身价已经达到了192亿美元。

3. Facebook创始人：马克·扎克伯格

扎克伯格的创业故事已经在2010年被搬上了荧屏，这部影片名为《社交网络》(*The Social Network*)。

为了能够全身心地创建Facebook，扎克伯格从世界顶级学府——哈佛大学退学，和Facebook的联合创始人达斯汀·莫斯科维茨（Dustin Moskovitz）、爱德华多·萨维林（Eduardo Saverin）以及克里斯·休斯（Chris Hughes）一起创业。

在经历了八年的发展之后，Facebook已经成为了世界上最大的社交网站，全球的注册用户数量超过了9亿。在Facebook首次公开招股上市之前，扎克伯格的身价曾一度高达280亿美元。毋庸置疑，他是一个非常富有的科技天才。

4. 微软创始人：保罗·艾伦和比尔·盖茨

艾伦是美国华盛顿州立大学的肄业生，而盖茨则是从哈佛大学退学的。二人在1975年创建了微软，微软所接的第一个业务是推销一个编程语言翻译器。时至今日，二人的身价总和已经超过了700亿美元。

5. 甲骨文创始人：拉里·埃里森

埃里森是在大学二年级离开伊利诺大学香槟分校的，之后又在芝加哥大学上了一个学期，最后埃里森决定退学去加州北部创业。

在安培公司（Ampex Corporation）工作期间埃里森为美国中央情报局创建了一个数据中心，名为“甲骨文”（Oracle）。1977年，埃里森创建了软件开发实验室，这正是甲骨文公司前身。据2015年《福布斯》发布的数据显示，埃里森现在的身价高达543亿美元。

6. RIM创始人：迈克·拉扎里迪斯（Mike Lazaridis）

在拉扎里迪斯还有2个月就能从加拿大滑铁卢大学毕业拿到电子工程的学位的时候，通用公司的一个合同让他最终决定放弃了学业。通用希望拉扎里迪斯能够开发一个通过网络计算机控制的显示系统，薪酬是60万美元。

正是通用才让拉扎里迪斯有了创建RIM的想法。据报道，“黑莓之父”拉扎里迪斯现在的资产价值在8亿美元左右。

7. Spotify创始人：丹尼尔·埃克（Daniel Ek）

据报道，这位来自瑞典的企业家埃克在14岁就创建了自己的第一家公司，但是埃克最成功的业绩就是在2008年创建了音乐流媒体服务提供平台Spotify。在创建Spotify之前，埃克已经是瑞典皇家理工学院（Royal Institute of Technology）的学生了，但是还没有完成学业的他就决定退学了。

除了Spotify之外，埃克还创建了广告公司Advertigo，后来被TradeDoubler收购。此外，埃克还是Jajja Communications和Stardoll两家公司的首席技术官。现在30岁的埃克身价为3.06亿美元。

8. Tumblr创始人：大卫·卡普（David Karp）

14岁时，卡普就在动画制片人弗雷德·塞伯特（Fred Seibert）旗下的动画制作公司实习。15岁卡普从高中退学，之后去了日本东京，为在线网站UrbanBaby做软件顾问。

后来卡普创建了兼微博和社交网站为一体的Tumblr，截止到2012年，Tumblr的博文发表数量已经超过了4 600万。现在年仅25岁的卡普净资产在4亿美元左右。

9. Twitter联合创始人：杰克·多西（Jack Dorsey）

从密苏里州科技大学转到纽约大学（New York University）之后不久，多西就退学了，然后前往加州找工作。可是多西在加州的职场生涯一开始并不顺利，他曾多次跳槽。2008年多西和比兹斯通（Biz Stone）、埃文·威廉姆斯（Evan Williams）

共同创建了 Twitter。

现在多西依然对 Twitter 有着非常重要的影响力，同时他还是移动支付公司 Square 的创始人兼首席执行官。据 2015 年《福布斯》全球亿万富豪排行榜中，多西现在的净资产为 27 亿美元。

——摘自：搜狐网 http://pic. learning. sohu. com

【案例二】 在工作中提升创业能力

▸ 扫一扫：图 1－6 周鸿祎

3721 公司创始人周鸿祎创业前一直在方正公司工作，后来他这样回忆这段经历："时机不成熟，就不创业，先给别人打工。把公司让我做的事情做好，提高自己的能力，逐步就知道创业的方向了。虽然是打工，实际上是公司在给你'缴'学费，你通过在不同的平台积累经验，这是任何老板剥夺不走的，只有积累这种经验，你的创业能力才更高，才更有把握。"

——摘自：三亿文库 http://3y. uu456. com

【案例三】 创业是一个试错的过程

陈艺同学，某学院艺术设计专业的学生，开设一家画室，从事美术类高考考生的考前培训。

陈艺同学在创业之前有着非常丰富的勤工俭学的经历，曾先后代理过手机卡的销售、轮滑鞋的销售，代理某电子公司的市场拓展业务，自制圣诞礼物出售，还在超市等地方打过工。陈艺的第一次创业：她投资了 10 000 多元和别人合伙开了一家奶茶店。当时的创业初衷是想为家里谋一些福利，可由于对合伙人的了解不足，在经营中产生了矛盾，不久奶茶店的经营以失败告终，不但没有盈利，还个人亏损了 4 000 多元。第一次创业的失败对陈艺的打击很大，身心交瘁，病了一个月。

陈艺不甘失败，和同学一起投资又办起了工作室，主要进行广告板和封面的设计，开始了第二次创业。工作室经营一段时间之后，收回了成本，并且能解决自己的生活费，但因为工作室的业务与自己的学习课程产生冲突而取消经营。有了两次创业的经验教训，陈艺投资办起了一家画室。陈艺本人对美术很有激情，而且具有通过美术考试升学的亲身体会和成功经验，画室的经营很顺利，并有一定的盈利。

——摘自：《大学生职业发展与就业指导体验式课程教学手册》[2]

第七章　行动成就梦想

人生重要的在于，确立一个伟大的目标，并有决心使其实现。

——歌德

没有目标的人，都是在为有目标的人实现目标。

——翟鸿燊

本章要点

俞敏洪说过，在我们的生活中最让人感动的日子总是那些一心一意为了一个目标而努力奋斗的日子，哪怕是为了一个卑微的目标而奋斗也是值得我们骄傲的，因为无数卑微的目标累积起来可能就是一个伟大的成就。金字塔也是由每一块石头垒积而成的，每一块石头都是很简单的，而金字塔却是宏伟而永恒的。

问题导入

从小学、中学，到大学，都有努力的方向和动力；可是到了大学，反而没有方向和动力了，整天无所事事，为什么呢？

大学里要培养的能力和素质太多了，如何下手呢？

大学里能人、神人太多了，跟他们比，我差远了吗？

理论阐释

一、青春不惧走弯路

在成长的过程中，父母、老师等长辈经常会提醒我们，有些事情是错的，不要做；有些路行不通，不要走。但正如张爱玲在《非走不可的弯路》中所言："有一条路每个人非走不可，那是年轻时候的弯路。"是的，我们在这条路上虽然"碰壁""摔跟头，碰得头破血流"，但因为年轻，因为有激情，因为初生牛犊不怕虎，所以我们勇往直前。

非走不可的弯路

张爱玲

在青春的路口，曾经有那么一条路若隐若现，招呼着我。

母亲拦着我："那条路走不得。"

我不信。

"我是从那条路走过来的，你有什么不信呢？"

“既然你能从那条路走过来，我为什么不能？”

“我不想让你走弯路。”

“但是我喜欢，我也不怕。”

母亲心疼地看了我好久，然后叹口气：“好吧！你这个倔强的孩子，那条路很难走，一路小心！”

上路后，我发现母亲没有骗我，那条路确实是条弯路，我碰壁，摔跟头，有时碰得头破血流。但我不停地走，终于走过来了。

坐下来喘息的时候，我看到了一个朋友，自然很年轻，正站在我当年的路口，我忍不住喊：“那条路走不得！”

她不信。

“我母亲就是从那条路走过来的，我也是。”

“既然你们都可以走过来，我为什么不能？”

“我不想让你走同样的弯路。”

“但是我喜欢！”

我看了看她，看了看自己，然后笑了：“一路小心。”

我很感激她，她让我发现了自己不再年轻，已经开始扮演“过来人”的角色；同时患有“过来人”常患的“拦路癖”。

在人生的路上，有一条路每个人都非走不可。那就是年轻时候的弯路，不摔跟头，不碰壁，不碰个头破血流，怎能炼出钢筋铁骨，怎么才能长大呢？

二、创业十缺

(1) 表面上缺的是金钱；

(2) 本质上缺的是野心；

(3) 脑袋中最缺的是观念；

(4) 机会中最缺的是了解；

(5) 命运里最缺的是选择；

(6) 骨子里最缺的是勇气；

(7) 改变上最缺的是行动；

(8) 肚子里最缺的是知识；

(9) 事业上最缺的是毅力；

(10) 内心里最缺的是胆量。

因此，要成功，必须有：

(1) 狼的欲望：因为欲望，而不甘心，而行动，而打破牢笼；

(2) 狼的眼界：眼界多宽心胸多广，世界就有多大；

(3) 狼的判断：啃透政策，咬对形势；

(4) 狼的敏感：耳听眼看，心思考。

三、摆脱恐惧，自卑比狂妄更糟糕

以下摘自《俞敏洪的一分钟演讲》。

亲爱的同学们，亲爱的朋友们，大家晚上好！

当有人站在这么一个舞台上，我们很多同学都会羡慕。也会想，也许我去讲，会比他讲得更好。但是不管站在台上的同学是面对失败还是最后的成功，他已经站在这个舞台上了。而你，还只是一个旁观者，这里面的核心元素，不是你能不能演讲，不是你有没有演讲才能，而是你敢不敢站到这个舞台上来。我们一生有多少事情是因为我们不敢所以没有去做的。

▸ 扫一扫：
1-7 俞敏洪演讲视频

曾经有这么一个男孩，在大学整整四年没有谈过一次恋爱，没有参加过一次学生会班级的干部竞选活动。这个男孩是谁呢？他就是我。

在大学的时候，难道我不想谈恋爱吗？那为什么没有呢？因为我首先就把自己看扁了。我在想，如果我要去追一个女生，这个女生可能会说，你这头猪，居然敢追我，真是癞蛤蟆想吃天鹅肉。要真出现这种情况，我除了上吊和挖个地洞跳进去，我还能干什么呢？所以这种害怕阻挡了我所有本来应该在大学发生的各种感情上的美好。

其实现在想来，这是一件多么可笑的事情，你怎么知道就没有喜欢猪的女生呢？就算你被女生拒绝了，那又怎么样呢？这个世界会因为这件事情就改变了吗？那种把自己看得太高的人我们说他狂妄，但是一个自卑的人，一定比一个狂妄的人还要更加糟糕。因为狂妄的人也许还能抓到他生活中本来不是他的机会，但是自卑的人永远会失去本来就属于他的机会。因为自卑，所以你就会害怕，你害怕失败，你害怕别人的眼光，你会觉得周围的人全是抱着讽刺、打击、侮辱你的眼神在看你，因此你不敢去做。所以你用一个本来不应该贬低自己的元素贬低自己，使你失去了勇气，这个世界上的所有的门，都被关上了。

当我从北大辞职出来以后，作为一个北大的快要成为教授的一个老师，马上换成穿着破军大衣，拎着浆糊桶，专门到北大里面去贴小广告的人。我刚开始内心充满了恐惧，我想这可都是我的学生啊，果不其然学生就过来了。哎俞老师，你在这贴广告啊。我说，是，我从北大出去自己办个培训班，自己贴广告。学生说，俞老师别着急，我来帮你贴。我突然发现，原来学生并没有用一种贬低的眼神在看我，学生只是说，俞老师我来帮你贴，而且说，我不光帮你贴，我还在这看着，不让别人给它盖上。逐渐我就意识到了，这个世界上，只有你克服了恐惧，不在乎别人的眼光，你才能成长。也正是有了这样慢慢不断增加的勇气，我有了自己的事业，有了自己的生活，有了自己的未来。

回过头来再想一想，最近这几天正在全世界非常火爆的我的朋友之一马云，他就比我伟大很多。马云跟我有很多相似之处，当然不是长相上相似，大家都知道，这个长相上还是有差距的，他长得比较有特色。

我们俩都高考考了三年，我考进了北大的本科，他考进了杭州师范学院的专科。大家马上发现，从这个意义上来说，无论如何，我应该显得比他更加优秀。但是一个人的优秀并不是因为你考上了北大就优秀了，并不是因为你上了哈佛就优秀了，也并不会因为你长相更好看而优秀。一个人真正优秀的特质来自于内心想要变得更加优秀的那种强烈的渴望，和对生命的追求那种火热的激情。马云身上这两条全部存在。

如果说在我们那个时候，马云能成功，李彦宏能成功，马化腾能成功，俞敏洪能成功，我们这些人都是来自普通家庭；今天的你拥有的资源和信息比我们那个时候要丰富一百倍，你没有理由不成功。

当我们有勇气跨出第一步的时候，我们首先要克服内心的恐惧，因为这个世界上，只有你往前走的脚步你自己能够听见。

所以我希望同学们能够认真地想一下：我内心现在拥有什么样的恐惧，我内心现在拥有什么样的害怕，我是不是太在意别人的眼光；因为这些东西，我的生命质量是不是受到影响，因为这些东西，我不敢迈出我生命的第一步，以至于我生命之路再也走不远。如果是这样的话，请同学们勇敢地对你们的恐惧和勇敢地对别人的眼神，说一声 No！Because I am myself.

四、找寻自己的人生导师

郭瑞祥，出生于台北，曾在台湾大学取得土木系学士学位，随后进入麻省理工学院攻读土木工程硕士、机械工程博士，毕业后进入美国国家半导体公司，担任研究发展中心资深制程工程师，并在职进修取得加州州立大学圣荷西分校企业管理硕士。1995 年到台大任教迄今，现任台大工商管理学系、商研所特聘教授。

▸ 扫一扫：
2-7 郭瑞祥

“老师，您可以帮我写推荐信吗？这是我过去七个学期的成绩单。”最近一位大四女学生来看我，希望我能为她撰写申请研究所的推荐信。

看了她的成绩，我吓了一跳，从大一到大四的过去七个学期，她每学期都是书卷奖得主！在卧虎藏龙、会念书的学生比比皆是的台大校园，这并不容易，可见她多么用功！

但我一开口，却是泼了她一头冷水，“同学，你能不能不要继续拿第一名？”“为什么？追求好成绩有什么不对吗？要申请国外的好学校念硕士、博士，难道不应该有好成绩吗？”面对她不解的神情，我请她在研究室坐下来，“让我花一点时间，说个故事给你听好吗？”

说实话，在台大教学十八年，我最担心的学生，不是成绩吊车尾的同学，反而恰恰相反，竟是每一科都拿第一名的传统好学生，最让我放心不下……

这个故事，就从多年前一个很认真、也常拿书卷奖的台大学生说起。

曾经，有一个高中念建中、大学读台大，在别人眼中考起试来一帆风顺的台湾年轻人，在长期努力不懈下，终于如愿以偿来到美国麻省理工学院，攻读硕士与博士。当时，在他心中，“成功”的人生像是一条有轨迹可寻的直线，从麻省理工学院以漂亮成绩毕业，等于拿到“成功”的第一个入门砖。

他告诉自己：“我来美国可是来读书不是来玩的，好好拼功课吧！”这个台湾学子，从小念理工科，爱运动，爱念书，但对于美国的流行文化、同学间多彩多姿的社交生活，格格不入，甚至手足无措。于是他一心向学，果然，念硕士的两年与博士第一年，每一个科目都拿下漂亮的A！

在麻省理工学院，A就是最高的分数了，科科都拿A，真是不容易的好成绩。他内心不免小小骄傲，颇以自己为荣；也一直以为，自己的指导教授，一定也为他高兴，毕竟置身于一群天才学生中，他的好成绩堪称“第一名”呢。

全A成绩，终于碰到大铁板了。有一门陌生却又必修的重要课程，他上了几个月后，内心有数，成绩大概不会太理想，虽然及格绝对没问题，但A恐怕拿不到了。这个“好学生”干脆壮士断腕，期末考前，毅然退选这门课，避免成绩单出现B的“恐怖”危机。

很多美国同学不理解，老师更觉得奇怪，学分费交了，也认真上了几个月，为什么他要退选？只为了避免成绩单不好看？这个理由对美国人来说，太不可思议了！来年，他再度挑战这门必修课，一路稳扎稳打，加倍用心，但期末成绩出炉后，他，竟拿到了第一个不是A的成绩！之前的退选，无异于一场时间与金钱的徒劳无功。

沮丧的他，有点难为情地去见了美国指导教授，甚至，带着歉意去的。然而，指导教授却十分开心地恭喜他！恭喜他没拿到A！教授语重心长地说：“我真是太替你开心了！你从今日起，再也不必为拿A、拿高分而念书，你总算可以放胆，去做更重要、更有价值的事情了！”

那，什么才是更重要更有价值的事？教授笑着回答：“去犯错与创新吧！借着课本教你的基础，然后去有计划地犯错和尝试创新。这才是有价值的！”

台湾小子，如当头棒喝般醒悟：什么才是追求知识的本质？站在前人的肩膀上，不断寻求突破，继续为下一代累积新知，以创新动能造福人类社会，才是知识的本质。好吃的蛋糕是本质；而好成绩，只是装饰的美丽奶油花朵罢了。

“怕输”心态造成保守的选择

我，就是那上面故事里的主角，曾经认错方向的台湾小子。

当我被指导教授点出求学观念上的根本错误后，其实是非常受用的。在此之前，我把所有的精神力气，大概有九成，都放在完成作业、求取高分，而只拿一分的余力，用以做研究。

但后来，我大幅度更改比例，变成了两成力气做功课，八成心思做新研究。以前，一拿到作业，就认真埋头苦写，确保尽善尽美以得好成绩，后来却变成了要交作业的前一天，才开始熬夜赶报告。

这并不是说我偷懒，而是我发觉，做新的研究才是更大的挑战，收获更多，所以我选择先做研究。

研究的过程，其实是一个无底洞，回报会比较慢，不像考试成绩马上就出来，但这才是真正的学习过程；而且虽然回报慢，但收获却是扎扎实实、属于自己的，不是考完试就一半还给老师的表面好成绩。可以说：那个当时锥心刺骨的B，释放了我长久以来读书是为了追求漂亮成绩的功利迷思，转向真正的学习本质。

观念一改变，学习反而突飞猛进。大多数人要念六年方能结束的博士班，我四年就毕业了；因为我把时间与精神，花在对的地方并做出了新的研究成果，最终得到了教授的肯定，毕业论文顺利通过。

“怕输”文化造成保守的心态

回到台湾教书后，这些年来，我对当时的心情又有了一层新的体悟。当年我对科科A的追求，除了从小相信认真念书就是为了追求好成绩的迷思，背后，更深的原因是“怕输”。怕输、怕没面子的心理框架，一直到现在，仍然在很多个体，甚至很多企业发展上看到，形成一种保守的文化，妨碍创新的尝试。

台大管理学院每年都送很多学生到国外著名大学做交换学生。最近一个同学从北欧的大学交换半年回来，与我分享心得。

她的班上有一半是当地学生，另一半是来自意大利、法国、德国、韩国、印度等全球各地的交换学生，有很多分组讨论和报告要做。她发现，台湾去的学生，理论学得很扎实，程度一点也不输外国学生，但自信心明显比较不足；即使有自己独特的看法与观点，也不那么能够系统化组织与勇于提出思辨讨论。相较之下，“欧洲的年轻学生可能理论基础比不上我们，但他们不害怕，很敢说出口，讨论激烈，发现真的有兴趣的地方，再去深入钻研，很有创意和想象力。”

她的心得我完全了解。因为怕输怕被别人笑的心理，出现在许多层面上。例如：阻碍学习新语言（不敢开口怕被笑）；讨论课上沉默者占多数，发言的永远那几个，但下了课大家却七嘴八舌意见多多。

我曾经反省，为何必须到美国求学、从别人的文化反射出来后，才看清自己的迷思？为什么在台湾时，从来没有发现过，从来没有反省过？

答案很简单。在台湾现有的升学制度下，包含高中基测、大学学测，我们的游戏规则就是，谁会考试，谁就是赢家！30年前，我念书时如此，现在亦然。

或许，上大学前的游戏规则真是如此；但是，我们的人生，从考完大学起，就再也不是科科得A者保证胜利了。

唯有能认清环境变化，敢于跨出舒适区，追求本质的创新，才能永保成长动能。从此刻起，挣脱只求第一的魔咒，摆脱怕输的包袱，大步往前走吧！

最珍贵的一堂课，找寻自己的人生导师

我的前半生，在别人眼中，该也是标准的“金榜题名”、算得上是超级好学生。先后考取建中、台大，而之后的硕士、博士学位，则都在美国麻省理工学院完成。毕业后，在硅谷找到年薪数百万的工程师职位，然后娶回了美娇娘，回台大担任教

授，也有了两位小朋友。

我必须承认，有一段时间，我真的觉得自己很幸运，也深信只要自己够努力，我都能美梦成真。

然而，从人生进入下半场开始，我陆续遭逢变故，终于明白了什么叫作深深的无力感。

先是我自己在壮年之时，就得了癌症。跟死神第一次拔河，我虽侥幸得胜，却也大伤元气。而没几年后，我又遭逢中年丧妻！失去了最爱的人，心里什么也不剩，只有空空荡荡，整个人浑浑噩噩……但却没有太多时间可以自怨自艾，因为我还得拉扯两个正要经历青春期的小男孩长大。

原来发生在我们意料之外的，才是真实的人生……

最难的一课，我们却没教给学生

看看自己走过的人生路，再想一想每一天我在校园内触目所见，年轻快乐、对未来满怀想象与盼望的学生们。不禁感叹：在我人生的求学过程中，大多时刻，学校只教如何考第一名、如何过关斩将在大小的考试中胜出；几乎没有人告诉我，考不上“好”学校、“好”科系之后该怎么办，如何勇敢站起来面对挑战。

联考制度强调的是，不管喜不喜欢，先抢第一志愿就对了！从来没有人认认真真地鼓励我们：寻找自己独特的天赋能力，倾听自己内在的声音，再找出独属自己而非主流价值的一生钟爱的“第一志愿”。

我们从小经常听到的童话故事是，王子好不容易排除万难与公主结婚，然后就没了下文。从没人告诉我们，王子公主可能吵架啊！人生的本质就是无常地变动。如果有一天，公主离开了，王子该如何？

没有人教过我们，我们也从来不会教学生，关于人生，种种的真实与艰难，种种的难堪与不堪。这些，反而是我在历经人生后，最想要献给学生的礼物。

人生总有悲欢离合，但我希望我的学生，都比我更有能力，去面对课堂以外的人生挑战。

如何做？其实很简单，提前把这些人生问题，丢给学生去想，让他们从年轻时就开始思索、有心理准备；提前为他们灌注一些力量，而不是哪一天他们突然面对了，竟只有手足无措的份。人生不会永远顺遂，悲欢离合总无情，毕业之后的人生更不会有标准答案。我想教会学生的，是他们如何为自己找寻答案；甚至是，能不能在犯错后，鼓起勇气选择补考，而不是沮丧放弃，勇敢地做唯一的自己。

人生说穿了，就是由无数的大小考验组合而成的。懂得为自己找到“人生导师”，绝对可以为自己的人生加分不少。

而什么是人生导师？“他”，可能是一份信仰、一场演讲、一部电影、一本好书，重点是里头的精神，能不能让你在历经悲欢离合时，多一点力量与勇气，继续朝能发挥自己最大价值的方向走下去。

我不是完美无缺的老师，但真心祝福每一位学生，打开心胸、主动出击，每天都能遇见自己的人生导师，每天都能茁壮成长。

实践应用

【案例一】 喜欢，便是最好的理由

他学习成绩很稳定，从上学第一天开始，总在倒数几名徘徊。

整个小学生涯，没有特别擅长的科目，以致记者今日采访他当年的同学，大多数人对他都没有什么印象——太普通了，成绩也不好。好在有个同学还记得他——每次考试成绩出来，他的脸上都是阴天。

读小学时，他被生物学深深吸引，甚至在学校养过上千只毛毛虫，看着它们变成飞蛾。这是他给人最特别的记忆，只因当时引起老师和同学的强烈反感。

15 岁，他就读于伊顿公学，如愿读上生物课。这是他最喜欢的课程，但成绩在 250 个学生里排名倒数第一，其他理科成绩也牢牢垫底，被同学讥笑为“科学蠢材”。

他的老师加德姆写了一份报告：“我相信他有成为科学家的志向，但以他现在的表现来看，这真是万分荒谬可笑的。”这位老师还觉得他“无法明白最简单的生物学事实”，继续教他“简直是浪费彼此的时间”。

尽管成绩很差，老师也认为坚持下去毫无希望，但他没有放弃——哪怕不能成为科学家，也要满足自己的爱好。

中学毕业申请牛津大学时，由于成绩不佳，他被古典文学研究系录取。招生主任找到他，跟他说，牛津可以录取你，不过有两个条件：第一，必须马上来上学；第二，你不要学习入学考试的科目。

也就是说，牛津大学录取他的条件，是不允许他研究生物专业。或许在老师看来，以他的成绩，真的不适合做科学家，不如去学习他所有成绩中看起来相对不错的古典文学。

然而，在牛津大学学习一年古典文学后，他申请转入生物系。

这一次，不仅老师，连一直支持他的母亲也反对。在母亲看来，英国古典文学是世界出名的专业，放着这么好的课程不学习，选择一个冷门的动物学，还是他成绩很差的专业，简直太疯狂了。

他很倔强，一如既往地坚持自己的意愿，拗不过的家人，只得放任他的选择。如愿以偿，他终于开始自己喜欢的科研生涯。此后，他把所有精力交给生物研究，可是，他还是“太笨了”。同一届的同学，有的生意兴隆，有的出版了小说，有的甚至在生物研究专业做出了成绩；只有他，还是默默无闻，不知道在折腾些什么。

是兴趣，而不是成绩的指引，让他能顶住所有的压力，最终在生物学领域“化茧成蝶”。

1985 年，在完成博士学位时，他从蝌蚪细胞中提取出完整细胞核，成功地克隆

了一只青蛙，一举成名，被称为“克隆教父”。在牛津读完博士后，他又在加州理工学院完成博士后研究。从 1971 年至今，他一直在剑桥大学工作。

2012 年，79 岁的他以在细胞核移植与克隆方面的先驱性研究荣获“诺贝尔生理学或医学奖”。

约翰·伯特兰·格登，曾经最差的学生，64 年后，成为公认的同时代最聪明的人之一。在他工作的剑桥大学办公室，还挂着当初老师给予的那份最差报告，他用此告诉自己：面对爱好，即使失败也不要放弃。

喜欢，就坚持下去，哪怕你是最差的那一个，无关成功，因为喜欢，便是最好的理由。

——摘自：第一范文网 http://www.diyifanwen.com

【案例二】　两兄弟爬楼梯

一对兄弟，家住在一幢公寓楼 80 层里。一天，兄弟俩外出旅行回家时，发现一件事：大厦停电了！虽然两兄弟都背着大包的行李，但看来，也别无选择。于是，哥哥对弟弟说：“我们爬楼梯上去吧。”弟弟同意了，于是两人背着两大包行李开始爬楼梯。

到了二十楼的时候，他们觉得累了。于是弟弟提议说：“哥哥，行李太重了，不如这样吧，我们把它放在二十楼，我们先上去，等大厦恢复电力，我们再坐电梯下来拿吧。”哥哥一听，觉得这主意不错：“好啊。弟弟，你真聪明呀。”于是，他们就把行李放在二十楼，继续往上爬。

卸下了沉重的包袱之后，两个人觉得轻松多了。他们一路有说有笑地往上爬。但好景不长，到了四十楼，两人又觉得累了。想到只爬了一半，往上一看，竟然还有四十楼要爬。两人就开始互相埋怨，指责对方不注意停电公告，才会落到如此下场。他们边吵边爬，就这样一路爬到了六十楼。

到了六十楼，两人筋疲力尽，累得连吵架的力气也没有了。哥哥对弟弟说：“算了，只剩下最后二十楼，我们就不要再吵了。”于是，他们一路无言，安静地继续往上爬。终于，八十楼到了。兄弟俩兴奋地来到家门口，才发现，钥匙还留在二十楼的行李包里……

故事里的情节，正如许多人一生的写照。

二十岁之前，我们活在家人、老师的期望之下，背负着很多压力，不停地做功课、考试、升学，就好像是背着一个很重的行李包；加上自己也不够成熟有能力，所以走得很辛苦，步履难免不稳。二十岁以后，从学校毕业出来，踏上工作岗位，开始自己的职业生涯，少了来自长辈们的压力，自己喜欢做什么就做什么，想怎么做就怎么做。就好像是卸下沉重的包袱，全力以赴地追求梦想。所以说，从二十岁到四十岁，是一生中最愉快的二十年。

到了四十岁，人到中年，发现青春已逝，而事业未成，又有很多遗憾，于是开始抱怨，骂老板不识货，怪家人不体恤，埋怨政府，埋怨国家，埋怨社会……就这样在抱怨、遗憾中又过了二十年。

到了六十岁，发现人生所剩不多，于是告诉自己，不要再埋怨了，就珍惜剩下的日子吧。于是，默默走完自己的最后岁月。到了生命的尽头，突然想起：好像有什么事情没有完成。是什么呢？是你的钥匙，人生的关键。你把你的理想、抱负、关键都留在二十岁的青春岁月里，还没有来得及完成！

想一想，是不是也要等到四十年之后，六十年之后才来追悔？让我们想一想，我们最在意的是什么？想一想，希望将来的自己和现在的自己有些什么不同？是不是可以做些什么来不让这个遗憾发生呢？

——摘自：豆丁网 http://www.docin.com

【案例三】 洛克菲勒给儿子的三十八封信之第四封：现在就去做

▸ 扫一扫：2-8 洛克菲勒

亲爱的约翰：

聪明人说的话总能让我记得很牢。有位聪明人说得好，“教育涵盖了许多方面，但是它本身不教你任何一面。”这位聪明人向我们展示了一条真理：如果你不采取行动，世界上最实用、最美丽、最可行的哲学也无法行得通。

我一直相信，机会是靠机会得来的。再好的构想都有缺陷，即使是很普通的计划，但如果确实执行并且继续发展，都会比半途而废的好计划要好得多；因为前者会贯彻始终，后者却前功尽弃。所以我说，成功没有秘诀，要在人生中取得正面结果，有过人的聪明智慧、特别的才艺当然好，没有也无可厚非，只要肯积极行动，你就会越来越接近成功。

遗憾的是，很多人并没有吸取这个最大的教训，结果将自己沦为了平庸之辈。看看那些庸庸碌碌的普通人，你就会发现，他们都被动地活着，他们说的远比做的多，甚至只说不做。但他们几乎个个都是找借口的行家，他们会找各种借口来拖延，直到最后他们证明这件事不应该、没有能力去做或已经来不及了为止。

与这类人相比，我似乎聪明、狡猾了许多。盖茨先生吹捧我是个主动做事、自动自发的行动者。我很乐意这样的吹捧，因为我没有辜负它。积极行动是我身上的另一个标识，我从不喜欢纸上谈兵或流于空谈。因为我知道，没有行动就没有结果，世界上没有哪一件东西不是由一个个想法付诸实施所得来的。人只要活着，就必须考虑行动。

很多人都承认，没有智慧的基础的知识是没用的；但更令人沮丧的是即使空有知识和智慧，如果没有行动，一切仍属空谈。行动与充分准备其实可视为物体的两面。人生必须适可而止。做太多的准备却迟迟不去行动，最后只会徒然浪费时间。换句话说，事事必须有节制，我们不能落入不断演练、计划的圈套；而必须承认现实：不论计划有多周详，我们仍然不可能准确预测最后的解决方案。

我当然不否认计划非常重要，计划是获得有利结果的第一步；但计划并非行动，也无法代替行动。就如同打高尔夫球一样，如果没有打过第一洞，便无法到达第二洞。行动解决一切。没有行动，什么都不会发生。我们无论如何也买不到万无一失的保险，但我们可以做到的是下定决心去实行我们的计划。

缺乏行动的人，都有一个坏习惯：喜欢维持现状，拒绝改变。我认为这是一种深具欺骗和自我毁灭效果的坏习惯，因为一切都在变化之中，正如人会生死一样，没有不变的事物。但因内心的恐惧——对未知的恐惧，很多人抗拒改变，哪怕现状多么不令他满意，他都不敢向前跨出一步。看看那些本该事业有成，却一事无成的人，你就知道不同情他们是件很难的事。是的，每个人在决定一件大事时，心里都会或多或少有些担心、恐惧，都会面对到底要不要做的困扰。但“行动派”会用决心燃起心灵的火花，想出各种办法来完成他们的心愿，更有勇气克服种种困难。

很多缺乏行动的人大都很天真，喜欢坐等事情自然发生。他们天真地以为，别人会关心他们的事。事实上，除了自己以外，别人对他们不大感兴趣，人们只对自己的事情感兴趣。例如一桩生意，我们获利比重越高，就要越主动采取行动，因为成败与别人的关系不大，他们不会在乎的。这时候，我们最好把它推一把，如果我们怠惰、退缩，坐等别人采取主动来推动事情的话，结果必定会令人失望。

一个人只有自己依靠自己，他才不会让自己失望，并能增加自己控制命运的机会。聪明人只会去促使事情发生。

人生中最令人感到挫折的，莫过于想做的事太多，结果不但没有足够的时间去做，反而想到每件事的步骤繁多，而被做不到的情绪所震慑，以致一事无成。我们必须承认，时间有限，任何人都无法做完所有的事情。聪明人知道，并非所有的行动都会产生好的结果，只有明智的行动才能带来有意义的结果；所以聪明人只会汲取做了以后获得正面效果的工作，做与完成最大目标有关的工作，而且专心致志，所以聪明人总能做出最有价值的贡献，并捞到很多好处。

要吃掉大象需要一口一口地吃，做事也是一样，想完成所有的事情，只会让机会溜掉。我的座右铭是：洛克菲勒对紧急事件采取不公平待遇。

很多人都是自己使自己变成一个被动者的，他们想等到所有的条件都十全十美，也就是时机对了以后才行动。人生随时都是机会，但是几乎没有十全十美的。那些被动的人平庸一辈子，恰恰是因为他们一定要等到每一件事情都百分之百的有利，万无一失以后才去做。这是傻瓜的做法。我们必须向生命妥协，相信手上的正是目前需要的机会，才会将自己挡在陷入行动前永远痴痴等待的泥沼之外。

我们追求完美，但是人类的事情没有一件绝对完美，只有接近完美。等到所有条件都完美以后才去做，只能永远等下去，并将机会拱手让给他人。那些要等到所有事情都已经准备妥当才出发的人，将永远也离不开家。要想变成“我现在就去做”的那种人，就是停止一切白日梦，时时想到现在，从现在就开始做。诸如“明天”“下礼拜”“将来”之类的句子，跟“永远不可能做到”意义相同。

每个人都有失去自信，怀疑自己能力的时候，尤其是在逆境中的时候。但真正懂得行动艺术的人，却可以用坚强的毅力克服它，会告诉自己每个人都有失败的时候，有失败得很惨的时候；会告诉自己不论事前做了多少准备、思考多久，真正着手做的时候，都难免会犯错误。然而，被动的人，并不把失败视为学习和成长的机会，却总在告诫自己：或许我真的不行了，以致失去了积极参与未来的行动。

很多人都相信心想事成，但我却将其视为谎言。好主意一毛钱能买一打，最初的想法只是一连串行动的起步，接下来需要第二阶段的准备、计划和第三阶段的行动。在我们这个世界上从来不缺少有想法有主意的人，但懂得成功地将一个好主意付诸实践比在家空想出一千个好主意要有价值得多的人却很少。

人们用来判断你的能力的真正基础，不是你脑子里装了多少东西，而是你的行动。人们都信任脚踏实地的人，他们都会想：这个人敢说敢做，一定知道怎么做最好。我还没听过有人因为没有打扰别人、没有采取行动或要等别人下令才做事而受到赞扬的。那些在工商界、政府、军队中的领袖，都是很能干又肯干的人、百分之百主动的人。那些站在场外袖手旁观的人永远当不成领导人物。

不论是自动自发者还是被动的人，都是习惯使然。习惯犹如绳索，我们每天纺织一根绳索，最后它粗大得无法折断。习惯的绳索不是带领我们到高峰就是引领我们到低谷，这主要得看好习惯或坏习惯了。坏习惯能摆布我们、左右成败，它很容易养成，但却很难伺候。好习惯很难养成，但很容易维持下去。

要有现在就做的习惯，最重要的是要有积极主动的精神，戒除精神散漫的习惯；要决心做个主动的人，要勇于做事，不要等到万事俱备以后才去做，永远没有绝对完美的事。培养行动的习惯，不需要特殊的聪明智慧或专门的技巧，只需要努力耕耘，让好习惯在生活中开花结果即可。

儿子，人生就是一场伟大的战役，为了胜利，你需要行动，再行动，永远行动！这样，你的安全就能得到保障。

祝圣诞节快乐！我想没有比在此时送给你这封信更好的圣诞礼物了。

爱你的父亲

——摘自：新浪网 http://blog.sina.com.cn

第八章　企业和创业

你是真的活了一辈子，还是活了一天，却重复了一辈子？

——需要问自己的话

学习目标

认识企业，了解企业的常见类型；了解创业的常见形式；建立大学生创业的基本概念。

问题导入

创办企业将会面临什么样的风险？

如何从创业者角度评价自己？

如何增强你的创业能力？

理论阐释

一、认识企业

企业，是创业活动的基本场所。整个创业的过程、创业价值的产生都要在这个场所进行。大学生首先需要掌握创业的基本概念，做好创业的思想准备，接下来才能考虑创办一个什么样的企业。

（一）企业的含义

汉语中现在所称的“企业”，是从日语中翻译过来的。日语中该词源于英语语系中的“enterprise”。在英语中，“enterprise”的原意为企图冒险从事某项事业，有冒险、胆识、进取心和计划等含义，后来用以指经营组织或经营团体。

1. 企业的定义

（1）广义定义：被转化为计划并被执行的想法。

（2）狭义定义：能带来利润的商业冒险或事业。

本课程侧重于企业的狭义概念，相关术语如表 8-1 所示。

表 8-1　“enterprise”的相关术语

英文字母	相关术语
E	energy（精神，精力，活力，能量）；experience（经验，经历，阅历，体验）

续表

英文字母	相关术语
N	need to achieve（需要完成）；new ideas（新想法，新思想）；novelty（新鲜，新颖）
T	task oriented（任务导向）；time management（时间管理）；talents（才能，才干）
E	empathy（换位思考，设身处地）；efficiency（效率）；effectiveness（效力）；employees' management（员工管理）
R	resourcefulness（足智多谋）；research（研究）；rapid growth（快速成长）
P	planning（计划）；production（产品，生产）；promotion（促进）；profits（利润）；patience（忍耐）；persistence（坚持）；perseverance（坚定不移）
R	risk-taking（承担风险）；results（结果，成效）；rewards（报酬，回报）；relationships（关系）
I	innovation（革新，创意）；information（信息，资料）；insight（见识，洞察力）；intuition（直觉）；initiative（主动）；ideas（想法，思想）
S	skills（技能，技巧）；sales（销售）；success（成功，成就）；self-confidence（自信）；systematic（系统的）；self-reliance（依靠自己）
E	endurance（忍耐力，持久性）；environmental responses（环境反应）；emotional attachment to tasks（情感投入）

2. 不同角度的企业定义

中外学者从不同角度对企业下过的定义如下：

（1）“企业是一种冒险活动或组织，尤指投入财产的冒险事业”——美国《布莱克法律词典》

（2）日本学者认为：“企业通常是指从事一定财物生产和提供劳务的经济组织”。

（3）“企业是在社会分工的条件下从事生产、贸易、运输等经济活动的独立单位”——许涤新．政治经济学辞典．人民出版社，1980：562

（4）“企业是指依法成立并具备一定组织形式，以营利为目的，独立从事商品生产经营活动和商业服务的经济组织”——刘文华．新编经济法学．高等教育出版社，1993

（5）“企业是经营性的从事生产、流通或服务的组织”——李占祥．积极创新社会主义企业管理学．经济理论与经济管理，1984

综上所述，企业是从事生产、流通或服务性活动的独立核算经济单位。它是依法设立的经济组织，是在商品经济范畴中，按照一定的组织法律，有机构成的经济实体；一般以营利为目的，以实现投资人、客户、员工、社会大众的利益最大化为使命，通过提供产品或服务满足社会需求，以换取收入和盈利。

企业是社会发展的产物，因社会分工的发展而成长壮大。

企业对整个社会经济的发展起着不可代替的作用，从一定意义上讲，企业素质的高低，企业是否适应市场经济的发展要求，直接关系着国民经济状况和社会的长治久安。

3. 商品流与现金流

企业是以营利为目的而进行商品生产和交换活动的经济组织，可以是一个人，也可以是多个人组成的群体。因此，一个企业既要从市场上采购商品（产品/服务），又要在市场上向顾客出售其生产加工的商品（产品/服务）。商品和现金会不断地在企业和供应商、企业和顾客之间流动，从而形成了两股流，如图 8-1 所示。

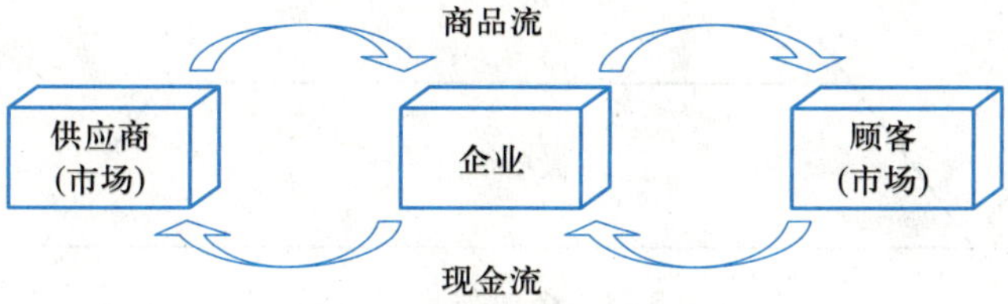

图 8-1　商品流和现金流

（二）企业的类型

企业有许多类型，主要可以分为贸易企业、制造企业、服务企业、农林牧渔业企业。这四大企业类型的比较如表 8-2 所示。

表 8-2　四大企业类型的比较

企业类型	企业特点	创业者素质	创业者技能
贸易企业	好的地理位置，商品流量大，资金周转快	善于与人沟通，有灵活的销售技巧	有效采购、合理库存和记账等管理技能
制造企业	企业投资较大，收益周期长	行业经验要求高，有一定的组织生产管理的经验和技术，而且具有一定的创新、研发新产品的能力	有资金，懂得生产管理、成本核算，并且注重树立产品质量意识
服务企业	方便、快捷、热诚、安全是成功要素	性格开朗、有耐心、讲诚信、能与各种人打交道、善于处理各种纠纷矛盾等	建立和维护客户档案，有能力带领员工团队
农、林、牧、渔业企业	有无土地、水源、山林是创办企业的“门槛儿”，环保和科技是成功的保障，风险大、周期长是行业的特点	拥有相应的资源和资金	懂得相关技术，而且能积极与当地政府、群众、科研机构打交道

1. 根据企业规模划分

根据企业规模大小不同，企业通常可分为大型企业、中型企业、小企业和微型企业。大、中、小、微型企业的划分标准主要是经营规模、资金投入、生产经营管理人员的数量等，其数量三角形如图 8-2 所示。

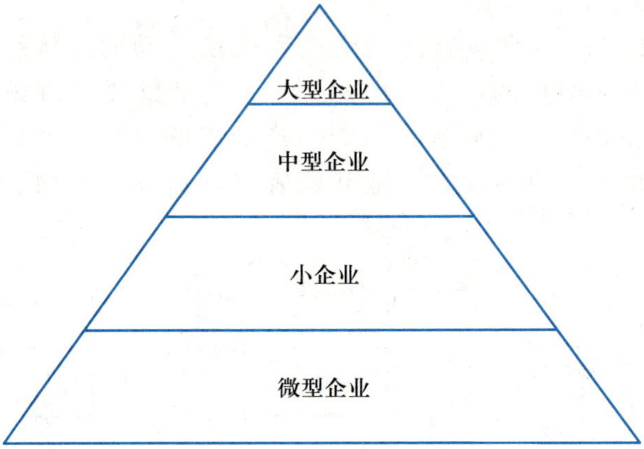

图 8-2　企业数量三角形

（1）认识小企业。一般来说，员工不超过 50 人的企业都属于小企业。小企业拥有独立的管理，所有者一般提供资本，以当地经营为主，在行业内规模相对较小。大学生创业绝大多数会以小企业为起点，下面是有关小企业的统计数据。

- 在许多国家，高达 99% 的企业都是小企业。
- 在许多国家，超过 40% 的员工就职于小企业。
- 在许多国家，小企业创造的价值约占全部企业创造价值的 40% 。
- 小企业创造了约 75% 的新岗位。
- 50% 的小企业在成立的头两年内倒闭。
- 60% 的小企业的启动资金来自个人，如个人存款、亲友借款等。
- 通过小企业创造就业机会所需的成本比大企业低得多。
- 小企业吸纳了批发零售和服务行业的大部分就业人数。
- 在某些制造行业，小企业的销售额和雇用人数占了较大部分。
- 小企业失败的主要原因是管理不善。
- 新企业存活期超过 5 年的机会只有 25% 。
- 几乎在所有国家，小企业都是创业者的乐园。
- 美国在第二次世界大战后，50% 的创新，以及 95% 的根本性创新是由小企业完成的。

（2）关注小企业的原因：

- 小企业经营者是一支不可忽视的社会政治力量。
- 很多人都与小企业有着各种各样的联系。

◆ 置身小企业的人员（雇员，有时也包括雇主）往往属社会下层。
◆ 小企业提供了大量的就业机会，特别是为妇女。
◆ 小企业能够减少贫困和促进经济发展。

（3）小企业的优势：

◆ 市场细分到位，可个别接触客户。
◆ 有较强的动力，创业精神引导性强。
◆ 运营机制具有较强的灵活性。
◆ 企业团队具有较少的官僚性。
◆ 不太招摇，容易被竞争对手忽略。
◆ 服务于当地、局部市场。

（4）小企业的劣势：

◆ 资金规模小，现金流具有局限性。
◆ 员工少且存在结构性问题。
◆ 市场占有率小，销售量有限，导致成本较高。
◆ 所有的鸡蛋都在一个篮子里，运营风险较大。
◆ 存在社会公信度较差的问题。
◆ 研发和质量控制方面存在局限性。

（5）小企业的生存战略：

◆ 瞄准某一细分市场。
◆ 局部策略。
◆ 个别接触（员工、顾客）。
◆ 不与大企业正面交锋。

小企业的本地特性如图 8-3 所示。

（6）适合小企业进入的领域：

◆ 满足某个地区的需要；
◆ 生产周期较短或特殊需求产品的生产；
◆ 提供技术维修服务；
◆ 提供个别服务；
◆ 市场快速变化的领域。

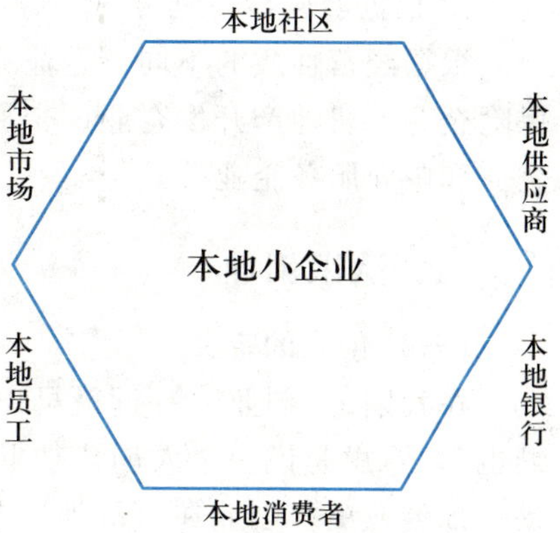

图 8-3　小企业的本地特性

2. 根据企业组织形式划分

根据企业组织形式的不同，企业通常可分为个体企业、合伙制企业和股份制企业。

（1）个体企业是指由业主个人出资兴办，由业主自己直接经营管理的企业。

（2）合伙制企业是指由两人以上按照协议投资，共同经营、共负盈亏的企业。

（3）股份制企业是指由两人以上的利益主体，以集股经营的方式自愿结合的一种企业组织形式。股份制企业由股东大会作为企业的经营机构，按照股东承担的责任不同，又分为无限责任公司、有限责任公司和股份有限公司。

3. 根据经济成分划分

根据经济成分的不同，企业通常可分为国有企业、集体企业和私营企业。

（1）国有企业也称国有独资企业，是指完全由国家投资兴办的企业。

（2）集体企业是指由集体出资兴办的企业。我国经济体制改革之后，很多集体企业改为股份制企业，发展为企业集团。

（3）私营企业是指由个人出资兴办的企业。近几十年来，我国的私营企业飞速发展，得到了国家政策的大力支持，在国民经济中发挥着不可或缺的作用。

4. 根据资源密集程度划分

根据资源密集程度的不同，企业通常可分为劳动密集型企业、资金密集型企业和技术密集型企业。

（1）劳动密集型企业又称劳动集约型企业，是指生产需要大量的劳动力的企业，也就是说产品成本中劳动量消耗所占比重较大的企业，如纺织企业、服务企业、食品企业、日用百货等轻工企业以及服务性企业等。

（2）资金密集型企业又称资本密集型企业，是指产品成本中物化劳动消耗所占比例较大或资金有机构成较高的企业。例如，钢铁、机械制造、汽车、石油化工、电力等企业，均属于资金密集型企业。

（3）技术密集型企业是指技术装备程度比较高，所需劳动力或手工操作的人数比较少的企业。技术密集型企业是一种综合运用先进、现代的科学技术成就的工业企业。

5. 根据经营性质划分

根据经营性质的不同，企业通常可分为工业企业、商业企业、农业企业、金融保险企业、房地产开发企业、交通运输企业、旅游服务企业、餐饮娱乐企业、邮电企业和中介服务企业等。

二、认识创业

（一）创业的定义

在我国，“创业”一词最早出现在《孟子·梁惠王下》，“君子创业垂统，为可继也”。意思是说一个人创建功业，可以流传给后代子孙。其实，人类的发展史就是一部创业史。创业在《辞海》里解释为“开创基业”，在《新华字典》里解释为“开创事业”。

美国哈佛商学院企业管理学教授霍华德·H. 斯蒂文森（Howard H. Stevenson）认为，创业（是一种管理方式），即对机会的追逐，与当时控制的资源无关。创业可由以下六个方面的企业经营管理活动来理解：发现机会、战略导向、致力于机会、资源配置过程、资源控制、管理和回报。因此创业的狭义定义就是“空手套白狼”。

美国“富兰克林·欧林创业学杰出教授”与百森学院“普莱兹-百森项目”主任，“创业教育之父”杰弗里·蒂蒙斯认为，创业是一种思考、推理和行为方式，这种方式是机会驱动、注重方法和与领导相平衡。创业导致价值的产生、增加、实现和更新，不只是为所有者，也为所有的参与者和利益相关者。创业的广义定义就是“依靠个人、团队或一个现有企业，来建立一个新企业，例如自我就业、一个新的业务组织或一个现有企业的扩张。”

我国学者郁义鸿等人认为，创业是一个发现和捕捉机会并由此创造出新颖的产品或服务，实现其潜在价值的过程。汪丁丁认为敬业、创新及合作的合聚构成创业。张竹筠认为，创立企业，创立一个以创新为手段，以营利和持续发展为目标的企业。甘华鸣认为，创业就是创立一家前所未有的新企业。*Global Entrepreneurship Monitor China 2002* 中指出，创业活动是参与企业的创立（并不要求是发起人，可以只是参与者）或是新企业的所有者与管理者的经营管理活动（新企业指创立不超过 42 个月的企业）。

综上所述，创业是产生创业思维的创业者及团队发现和捕捉机会，并由此创造出新颖的产品或服务，实现其潜在市场价值的商业运作过程。即是人们创业意识产生之前到企业成长的全过程。

（二）创业的动机

俗话说，上帝从不垂青无准备之人。对于具有创新意识、对事业充满激情的人来说，市场经济为其提供了营利的机会。自由企业制度的本质是竞争。竞争使人们更加努力地工作，而不是停滞不前。

这种竞争使消费者的选择多元化，提升了他们的生活水平。当消费者做出购买决策时，货币被作为选票投给消费者中意的商品或者服务。那些不受消费者喜爱的企业最终将倒闭。因此，追求成功的商人倾向于提供一些独特的商品或服务，以增强他们的竞争力。

商人的工作就是能够成功地提供更优质的产品、额外的服务或者通过其他的方法提高其竞争力。每年总是有很多企业倒闭，又有很多企业获得成功。那些获得成功的企业总是能够提供满足社会需求的产品和服务。

每年都有数百万的婴儿出生，这些婴儿在未来成长为孩子、学生、工人、管理者和顾客，直至死亡。在这个过程中，蕴含着无数的商机。如果现有的企业不愿意或不能够满足不断增长的需求，那么就会有新的企业诞生，并且迅速发展。一个成功的商人不一定必须是最优秀的经理或拥有最大的商场。成功是相对的，如果你能够先于他人发现市场机会，并且能够把握和利用机会，那么你就能够在竞争中处于领先地位。

任何人，只要具有想象力和勇气，勇于进取，敢于承担风险，充分发挥个人才能，通常都会成功。任何商机都蕴含着风险，为了降低创业失败的概率，创业者必须具备基本的技能、知识和特质。

机遇也是创业成功的要素，有些创业者十分幸运，但只有运气是远远不够的。

(1) 创业活动的特征：

◆ 开放的市场经济；

◆ 私人企业；

◆ 发掘变化；

◆ 增加价值；

◆ 产品/服务的需求；

◆ 新的领域；

◆ 个人的进取心；

◆ 竞争；

◆ 不确定性；

◆ 寻求机会；

◆ 创造出更多的财富。

(2) 创业收益：

◆ 自我实现或者自我满足；

◆ 具有自由感或者独立感；

◆ 使自己获利；

◆ 使他人获利。

(3) 创业成本：

◆ 时间；

◆ 精力；

◆ 社会生活受限（比如运动和闲暇的时间更少）；

◆ 与家人在一起的时间会更少；

◆ 资本投资。

(4) 一个创业者：

◆ 是通过发掘市场机会成为企业的发起者和创始人；

◆ 是资源的调配者；

◆ 要组织和管理企业；

◆ 承担所有的不确定性和风险；

◆ 通过努力获得收益。

（三）创业在社会中的作用

(1) 一方面能够：

◆ 创造工作岗位；

- 促进有序竞争；
- 创造财富；
- 促进繁荣；
- 带来创新和改革；
- 促进百姓生活提高；
- 社会进步；
- 经济增长。

（2）另一方面能够：

- 发掘市场机会；
- 寻找资金和其他资源；
- 经营和管理企业；
- 承担风险和不确定性。

（3）具有创业精神的社会：

- 不断地提供和生产满足社会需求的商品和服务；
- 源源不断地产生促进经济增长的新想法；
- 不断地发现新的社会需求；
- 不断地解决社会问题；
- 为人们提供改革和创新的机会，避免社会停滞不前。

（4）创业活动为社会提供了这样的小企业：

- 能够成长为大型企业或者跨国企业——这是具有创业精神的社会的骄傲；
- 为社会提供新产品、新服务，培养创新人才——符合社会的利益；
- 作为大企业的代理商、转包商、消费者——社会中的一个大市场；
- 促进小公司和大公司之间的竞争，推动产品、服务和生产效率的改进——符合社会的利益。

（5）社会经济目标：

- 充分就业；
- 稳定增长；
- 选择自由；
- 男女机会平等；
- 经济安全；
- 国际收支平衡。

（6）企业家需要的行动：

- 生产资料数量上的增长；
- 生产资料质量的改进；
- 技术的先进性；
- 更高的生产效率。

（四）创业面临的风险

（1）自主创业和工薪就业的理由：

◆ 经济方面的；

◆ 心理方面的；

◆ 社会方面的；

◆ 重大事故；

◆ 实际理性的原因；

◆ 个人感性的原因。

自主创业与工薪就业的利弊比较如表 8-3 所示。

表 8-3　自主创业与工薪就业的利弊比较

就业形式	好　处	挑　战
自主创业	1. 处于领导地位而不是跟随	1. 工作时间较长且不定时
	2. 能够实现自己的想法	2. 责任更重大
	3. 能发挥自己的创造力	3. 必须承担风险
	4. 具有获得无限收益的潜力	4. 收益不稳定，甚至没有保障
	5. 独立	5. 没有额外福利
	6. 能够掌握主动	6. 总是面临财务问题
	7. 能够控制工作环境	7. 时间约束
	8. 能够下达命令	8. 不确定的未来
		9. 需要时刻学习以解决新问题
		10. 难以找到信任的下属
		11. 经营结果依赖于雇员的行为
工薪就业	1. 明确的（固定的）责任	1. 执行上级命令
	2. 稳定的收入	2. 能力难以得到认可
	3. 额外福利	3. 收入有限
	4. 固定工作时间	4. 责任、权力有限
	5. 非常确定的未来	5. 难以实现个人的想法
	6. 设置可控范围	6. 依赖于雇主
	7. 承担的风险较小	

（2）创业对创业者自身的挑战：

◆ 筹集创业资金；

◆ 没有自由；

◆ 学习企业管理；

◆ 掌握专业技能；

◆ 社会经验匮乏；
◆ 承受对自信心的打击。

（3）创业者将面临的外部压力和风险：

◆ 企业倒闭；
◆ 团队合作不够；
◆ 无法应对市场变化；
◆ 竞争对手挑战；
◆ 意外灾害。

以上所有这些挑战都可以通过有效的学习和经验的积累加以解决。

案例1：管理者诚信低带来的风险

很多假冒伪劣产品，如黑心棉花、工业油盐、发霉米面、漂白蔬菜、纸壳“皮鞋”、夺命药物，似乎都或多或少地跟民营企业有一些瓜葛。为了追求利润，有的创业企业不顾后果，铤而走险，最终在政府、法律严打中受到“致命打击”，企业陷入万劫不复之地。

当年的中华鳖精借助马家军体坛神话，销售火爆。后来《焦点访谈》记者暗访发现，偌大一个鳖精厂就只有一只鳖，而且还是养在后院水池中。成箱运到市场上的中华鳖精只不过是红糖加水。

——摘自：中国创业投资网 http://www. wineast. com/join/readth. asp? ID = 2049

案例2：权力分配和家族式管理带来的风险

据了解“百信鞋业”内幕的经理人介绍，“严重的家族管理”是导致百信倒闭的重要原因。“创始人李忠文几乎把所有核心和重要部门的权力都交给了他的亲戚朋友，但相互又无制衡。”例如，百信配货中心由几位“亲戚”负责，大吃回扣。李忠文失败了，但他的许多亲戚朋友却成了百万富翁。

——摘自：科印网 http://www. keyin. cn/magazine/bzcz/201206/15-933376. shtml

（五）从创业者角度进行自我评价

能否成为一位企业老板？如何成功创办一家企业？这些都是创业者经常问的问题。有人从许多企业老板成功或失败的创业经历中总结出关于成功创办一家小企业的关键因素，即创业动机、经验和能力及创业资源，如图8-4所示。可以说，这三点是成功创业的基本条件。

1. 创业动机

创业动机是能否成功创办企业的前提和基础，动机越强烈，目标越明确，创业的成功率就越高。所以在创办企业之前要正确评价自己的动机。

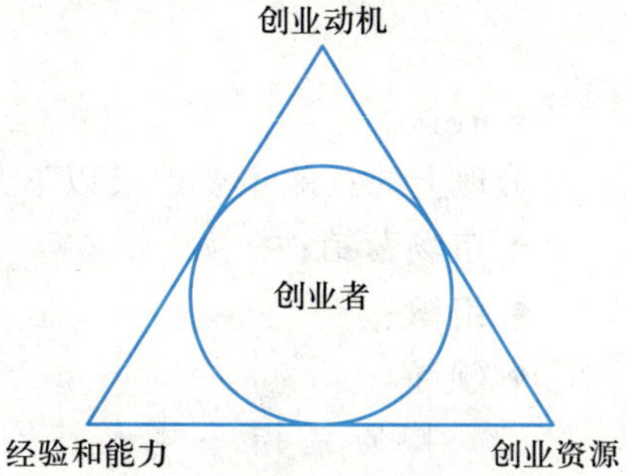

图8-4　成功创业的基本条件

2. 经验和能力

成功创办企业的另一个重要的问题，就是你或者合伙人是否具备相关的经验、特殊能力和素质，其中包括创业的知识，企业管理者的决策、执行、沟通能力，相关的专业技能和行业经验，以及应对企业风险的心理素质等，如图8-5所示。

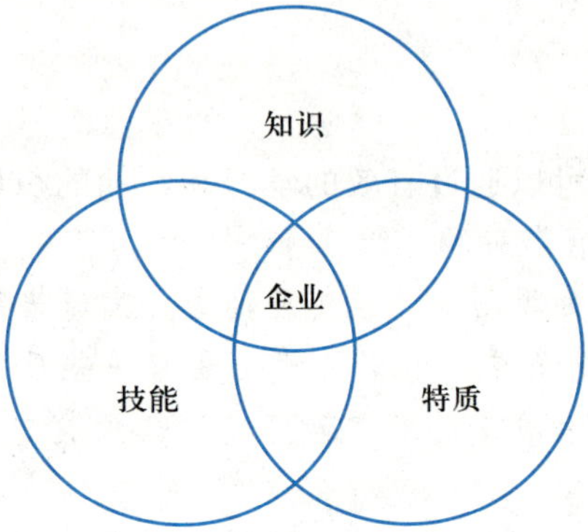

图 8-5　成功创业者所必须具有的主要能力

能力可以定义为：一系列知识、一套技能和一类特质。

(1) 知识是由一系列能够在适当的时候回忆起来的信息储备所组成的。

知识运用到商业上，就是明白和熟悉以下这些方面：

- 一个商业机会；
- 市场；
- 消费者；
- 竞争者；
- 产品的加工；
- 技术方面的问题；
- 企业的管理；
- 生产的资料。

同样，成功创办和管理一家小企业，仅仅明白和熟悉商业知识是不够的。

(2) 技能是能够应用知识的能力，它可以通过练习获得或者发展。运用到商业上，可以是下列技术和管理方面的技能。

技术上的技能主要涉及以下几个方面：

- 工程；
- 计算；
- 木工；
- 机械；
- 餐饮。

管理上的技能主要涉及以下几个方面：

- 市场营销；
- 财务管理；
- 组织；
- 计划；
- 领导。

(3) 特质是指一些人特有的品质和特征组成的集合。美国国际开发署（USAID）研究总结出以下 14 种成功创业者的特征。

◆ 积极主动；
◆ 关心质量；
◆ 有独创的解决问题的方法；
◆ 有说服力；
◆ 亲自寻找信息；
◆ 系统计划；
◆ 有决断力；
◆ 执着；
◆ 注重效率；
◆ 预测风险；
◆ 发现和利用机会；
◆ 履行合同；
◆ 有自信心；
◆ 使用有影响的策略。

对于一家企业，如果没有人具备以上所列的三种能力，那么在成功控制风险方面将会遇到困难。

如果只有知识和技能，企业就不太可能生存太长时间。因为如果没有特质，当面对主要障碍时，企业可能只会在短时间内坚持；或者不能发现和利用机会；或者首先可能不会愿意去预测商业中的风险。

如果只有知识和特质，将会发现没有技能，知识和特质就没有应用价值了。过分依赖这样的人，企业就会出现很多问题。解决的办法就是找一个具有必备技能的合作者或员工。

如果只有技能和特质，在创办企业时，身处竞争的环境中，缺乏或不熟悉知识，如关于消费者或市场方面的知识，将最终导致失败。企业成功的基础就是知识。

总之，知识和技能相对容易获得和提高；与之相比，特质则不容易改变和获得并且需要时间去发展。

(4) 领导与激励。企业家能够成功激励员工。有些创业者通过自己努力工作来激励他人，但这并不是最好的领导风格。高度以人为本的创业者更可能成为最成功的激励者，其重要的领导力特质如表 8-4 所示。以下是成功创业者用来激励员工的方法：

◆ 表扬员工良好的工作表现，并让他们感受到自己的良好表现总能被赏识，从而树立员工的信心和自尊。
◆ 告知员工他们所需完成的事情。良好的沟通是成功的基础。
◆ 面对下属时，自己代表的是权威和责任。
◆ 以领导者身份与所有员工保持个人接触。
◆ 奖励值得鼓励的行为，这样员工就会重复同样的行为。人们不会重复没有回馈的行为，因此不要奖励那些你不期望的行为。
◆ 做一个积极的倾听者，要给讲话者以反馈。
◆ 设定具体、明确、可衡量的目标，并对之不断确认。
◆ 进行修正与调整。要在私下里讨论员工工作表现中的消极方面，不要在公开场合批评员工。

表 8-4　重要的领导力特质

在对待他人时，要把他人当作“人”而不是数字	人际关系要处理得当并能保持下去	公正而诚实地对待他人
为他人树立一个良好的榜样	易于合作	可靠
善于倾听，并尊重他人的观点	积极、乐观	愿意协助他人更好工作
善于接受新观点	与人相处时情绪稳定	工作努力
对员工诚信	承担责任	能够承认错误
能够获得良好的工作结果	养成良好的工作习惯	提升员工福利和归属感

3. 创业资源

创业需要足够的资源，包括资金、房屋、原材料、设备和人员等，这样才能顺利创办企业。另外，基础设施好的外部支持服务也是非常重要的。

足够的资金是创业必不可少的资源。如果没有任何存款，也没有可抵押的物品，就不可能从银行或金融机构获得贷款。这时你很可能要向家人或亲朋好友借钱。

成功创办小企业关键因素——以网吧为例

资源：

- 经营场所；
- 能够上网的台式电脑；
- 拨号上网、宽带或者无线连接；
- 互联网服务商（ISP）提供的账户；
- 管理网吧账目和系统的软件；
- 电脑桌和椅子；
- 空调或风扇；
- 管理和运营的人。

能力：

- 信息技术知识和技能；
- 安装软件和日常保养以及维修；
- 记账和基本管理；
- 能够教授顾客基本的计算机使用和网络浏览方法；
- 熟悉网络搜索引擎和电子邮件。

动机和决心：

- 能够一周工作 6 ~ 7 天；
- 创新；
- 使用有影响力的策略；
- 能够解决问题；

◆ 积极主动；
◆ 注重效率。

想法和市场：

◆ 在网吧经营区域（3 公里为半径的区域）里，竞争对手越少越好。
◆ 在网吧经营区域里速度和价格与竞争对手相比需要有竞争力。
◆ 在网吧经营区域里，生活、学习和工作的人越多越好。
◆ 经营对象最好是中低收入人群——不要太富有，因为那样的话，他们会有自己可以上网的电脑；也不要太穷，因为他们不能负担费用。
◆ 很好的组合——有饮料和小食品出售，并且在一个通风的空间里有背景音乐。
◆ 提供辅助的服务设施，如传真机、打印机、复印机等。

——摘自：百度文库

成功创办小企业关键因素的 MAIR 模式如图 8-6 所示。

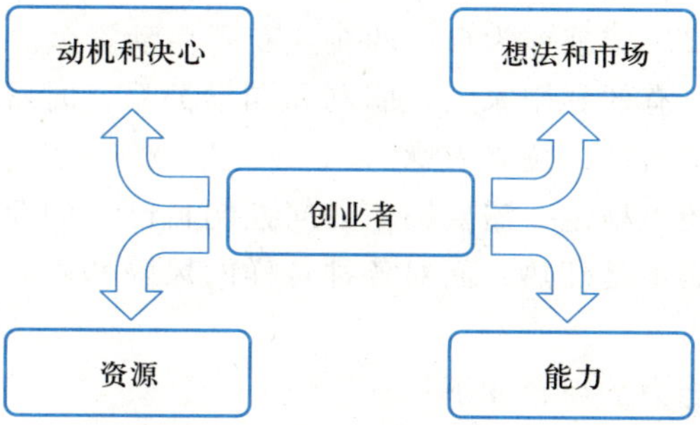

图 8-6　成功创办小企业关键因素——MAIR* 模式

* MAIR 是动力（motivation）、能力（abilities）、想法（idea）和资源（resource）四个英文单词首字母的缩写。

（六）增强创业能力

1. 创业者特质

创业者应具有的特质如图 8-7 所示。

图 8-7　创业者特质

2. 找出“短板”

美国管理学家彼得提出的“短板理论”（又称“水桶定律”，如图 8-8 所示）认为，一个由多块木板构成的水桶，其价值在于盛水量的多少；但决定水桶盛水量多少的关键因素不是其最长的板块，而是其最短的板块。若要使此水桶盛水量增加，唯一的办法是换掉短板。

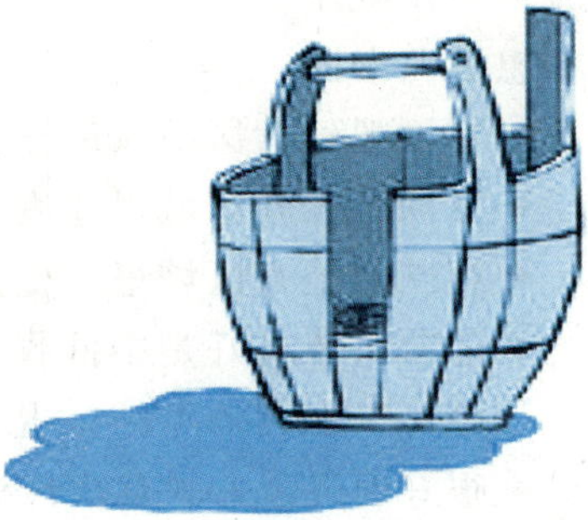

图 8-8　水桶定律示意图

3. 提升综合素质

找到自己的弱项，可以通过阅读书籍来学习更多的知识，并设法参与更多的实践；也可以找一位有经验的合作伙伴，或者找一位能提供咨询服务的人作为顾问；还可以接受培训，增强自己的技能，或者雇用一位技术人员，或者寻找一位有适当技术的合作伙伴。

如果缺乏资金，要决定怎样为自己的企业获得启动资金。

如果缺乏人脉，要有效利用家人、朋友和同学关系，时常联络邻居、朋友、认识的人，积极参加社交活动，拓展人脉。

如果个性、心态还不稳定，需要锻炼如何控制自己。创业需要的是激情而不是冲动，需要的是理智而不是狂热，面对各种各样的风险和困难，要具备坚韧不拔的毅力。

提高自身的创业能力的途径如下：

- 参加社会实践活动；
- 与成功人士交谈，向高人取经；
- 做成功人士的助手，实际锻炼；
- 参加培训班，接受培训；
- 与家人、朋友讨论，获得支持；
- 制订未来企业计划，做好处理危机的准备；
- 与他人合作。

（七）大学生创业的优势领域

大学生尽管资金、能力、经验有限，但是在知识结构、IT 技能、创意策划等方面具有优势，因而在创业的方向上，可以根据自己的特点找好切入点。

以下几个方向可以作为大学生创业的优势领域。

1. 科技创业

大学是高科技研究的前沿阵地，大学生在高科技方面具有天然的优势。一般而言，技术功底深厚、学科成绩优秀的大学生在科技创业方面具有更大的成功把握。有意在这一领域创业的大学生，可积极参加创业大赛，获得脱颖而出的机会，同时吸引风险投资。

案例：科技创业

一个网络游戏能够火到什么程度？“开心农场”大概可以算是一个典型的例子了。为了及时“偷菜”，半夜设闹铃爬起来“加班”的人比比皆是；就连“开心农场”创始人之一郜韶飞的老婆，也在自己的电脑上贴满了所有朋友的“菜园”收获时间。

尽管这种对游戏的沉迷并非“开心农场”创始人的初衷，也不符合开发团队“五分钟”的游戏研发精神，但一个不可否认的事实是——郜韶飞和他的创业伙伴们的事业攀上了一个阶段性高峰。

一毕业就投入15万元创业基金起家

从小郜韶飞就喜欢自己“拿主意”。对于他的决定，父母从不问成败结果，总是百分之百地予以支持。

大学里就习惯了搞互联网商业运作，郜韶飞的大脑始终运行在一个不断寻找新创意的轨道中，就连在大四时去“快钱”公司实习，他也是抱着一种创业的心态去工作的。但当郜韶飞告诉师傅他想自己创业的打算时，师傅并不赞同，直接给他泼了盆冷水：“先在我成熟的公司干几年，然后再出去创业，成功的可能性更大一些。现在就想自己干，有点好高骛远！”

互联网的发展就像这城市里悄然蔓延的地铁网，转瞬间已遍布城市的每个角落。时机不等人，主意已定的郜韶飞不想再浪费一分钟时间。正巧，2006年毕业那一年，上海成立了“大学生科技创业基金会”，郜韶飞三人凭借最完整的创业计划书顺利拿到了15万元大学生创业基金。

创业初期，郜韶飞他们所做的第一个主打项目就是当时十分流行的社会化网络书签。2006年年底产品上线，尽管这在国内推出的时间算比较早的了，抢占了先机，但在不久后的2007年3月、4月，百度、QQ等公司也相继推出了这一服务，“互联网的老大们都来了，这个项目我们也赚不上钱了，所以我们决定把这个项目关掉，准备转做其他项目。”

项目关掉了不等于不创业，三人思索着新的发展路径，“虽然一时间还不清楚我们下一个项目该做什么，但我觉得我们的技术还是可以的，可以做一些产品，于是我们就开始做外包。”

沉迷于设计时空错乱，热门游戏诞生于厕所

停了外包，三人开始全力以赴研发游戏。在“开心农场”之前，研发团队先后出炉了三款游戏，这三款游戏每一款都比前一款更加成功，每一款都获得了比前一款至少10倍的成长。

有趣的游戏会让玩家越玩越上瘾，殊不知，策划游戏的人也需全身心地沉浸于其中。什么类型的游戏会更符合大众的口味？设置什么内容能够吸引更多的玩家？找案例，选题材，研究游戏的趣味性，讨论各种方案，这些过程让包括郜韶飞在内的研发团队完全陷入了“时空错乱”。

地点：男厕所。思绪：生活在钢筋水泥丛林中的城里人很难享受到田园乐趣，

何不开个虚拟的农场，让大家自己动手“种菜”！

地点：早点摊。思绪：菜园种满后，得再添点什么才能延续玩家的玩兴？

地点：睡梦中。思绪：怎么样才能让玩家在玩得高兴的同时，又能很乐意地掏钱？

在对游戏的不断改良过程中，他们逐步摸索出几条原则：社交游戏要走大众化路线；社交游戏要顺应市场新变化，提供给玩家和自己的好友、熟人一起玩；社交游戏投入的时间必须要短，5 分钟即可，能在生活中的零碎时间里随时玩。

创意就这样随时随地地、有意无意地、冷不丁地冒了出来。第三条原则后来成为了其社交游戏开发团队的品牌，即“五分钟网络科技有限公司”。

——摘自：大学生创业网 http://www.studentboss.com

2. 创意服务

大学生整体智力水平较高，思维活跃，想象力丰富，这可以成为大学生创业的独特资本。在创意和服务领域，大学生可以凸显自己的优势，比如可以考虑开设一家“卖点子”的咨询公司等。

案例：创意服务

台湾商神“塑胶大王”王永庆，出身贫寒，起家于米铺。当时嘉义米铺经营艰难，王永庆 200 台币起家的米铺，不仅开得晚，无名无声，规模也是全嘉义最小的。因为资金困难，店面不得不选择在一个偏僻的深巷子里。但他的米铺生意却越来越红火。

卖米看似平常无他，然而初当掌柜的王永庆却有其独特的卖法。当时市面米质差，王永庆便雇人把夹杂在米中的糠砂统统挑拣干净，同样的价格，王永庆卖的米的质量总是高人一筹。为了扩大店铺的客户覆盖范围，王永庆率先推出送米上门服务，他帮助买家把米倒入米缸中，同时记下米缸的容量，在问清楚买家的日消耗量后，便可以在买家快用完时自动送货上门。每次送米，王永庆还要帮助买家先淘出旧米，清洗米缸后，再把新米放在下层，旧米放在上层。仅是送米，王永庆就玩出了许多不同新花样。

在收米款的事情上王永庆也与人不同。碰到顾客手头紧时，王永庆并不马上收钱，以免尴尬。而是记着顾客的发薪日，在那一日向顾客收米款。这样，王永庆发展的每一位顾客，都成了他永远的客户。与其他米铺不一样的质量，不一样的服务，不一样的信用，一传十，十传百，王永庆的米铺生意自然越来越旺。

同样是卖米，每一个平常普通的环节，聪明的王永庆都赋予它不同的内容和新的内涵。一方面，他不断地满足客户需求，推出优质的产品和周到的服务；另一方面，他还能深化需求，推出让顾客感受到他体贴入微的创意服务。服务奠定了王永庆生存的基础，创意服务提升了米铺的生命力。

——摘自：直线影视网 http：//www.slinetv.cn/html/6817433836.html

3. 连锁加盟

对于创业资源十分有限的大学生，借助连锁加盟的品牌、技术、营销、设备优势，可以在较少的投资、较低的门槛下实现自主创业。但连锁加盟并非“零风险”，在市场鱼龙混杂的现状下，大学生涉世不深，在选择加盟项目时更应该注意规避风险。

一般而言，大学生创业资金实力较弱，适合选择启动资金不多、人手配备要求不高的加盟项目，从小本经营开始为宜；此外，最好选择运营时间在 5 年以上、拥有 10 家以上加盟店的成熟品牌。

一些看上去热门、很好做的创业项目，在实际操作时往往并不像想象的那么顺利，可能会遭遇各种各样的问题。因此大学生在做出创业决策、选择创业项目时，必须进行理性的分析，综合考虑各种因素。

案例：连锁加盟

新疆 80 后女大学生创业卖凉皮年赚 50 万元

新疆库车县老城的米克拉依·西热甫是一位 80 后女大学生，像其他大学生一样经历过彷徨、迷茫之后，凭借着自己不懈的努力，在亲朋好友的鼓励下，于 2008 年 3 月开起了凉皮店，并向国家工商总局注册了“乌孜古”凉皮商标。随着名气和影响力的扩大，目前仅新疆加盟连锁店就达到了 200 余家，米克拉依·西热甫每年可盈利 50 余万元。下一步，她想把自己的“乌孜古”凉皮推向全国，让更多的人品尝到这一美味，增加更多的就业岗位。

一个偶然的机会，米克拉依·西热甫从一个国外妇女开鸡蛋连锁店的故事中得到启发，经过对市场的反复考察，她选择了价格低、受欢迎的新疆特色食品——凉皮。

目标确定后，米克拉依·西热甫通过网络、报纸、广播，查阅了大量有关凉皮的资料，全方位了解如何配料、如何调色、如何加工等环节，然后自己在厨房实际操作。一次，她听一位朋友说阿克苏有家凉皮店做的凉皮非常好吃，她立即赶到阿克苏，找到了这家凉皮店，拜师学艺。

2008 年 3 月 1 日，米克拉依·西热甫的第一家凉皮店开业了。充分的经验积累和前期准备，使凉皮店的经营非常顺利。开业第一个月，就盈利 7 000 多元。

赚钱了，米克拉依·西热甫做的第一件事就是补交学费，领回“迟到”4 年的大学毕业证书。

——摘自：中国新闻网 http://www.chinanews.com

实践应用

【案例一】　美国杰里米冰淇淋公司

萨缪尔·科恩，21 岁；杰里米·克劳斯，23 岁；托马斯·希尔顿，22 岁。他们 3 位是美国杰里米冰淇淋公司的创始人，生产口味独特的超级冰淇淋。公司于 1997 年 6 月创立，1998 年销售额为 100 万美元，1999 年销售额达 500 万美元。克劳斯谈到自己的成功时说：“我们年轻人应该是一个行业中的创新者，而不是一成不变的制造者。因为年轻的本质特征就是新异和充满朝气。”

克劳斯是天生的做生意者，他说：我从小就讨厌从事一个普通的职业，因此一直没有工作。而我说过，其实我能做任何工作——甚至做冰淇淋。于是，这位宾夕法尼亚大学的学生入学后在宿舍里做起了冰淇淋。不久，同校的两个伙伴科恩和希尔顿也加入了进来。于是，克劳斯卖掉了大部分债券，并拿出他高中时挨家挨户上门推销净水器时挣的6万美元，和他们合伙开了这家公司。经过市场调查，克劳斯发现，冰淇淋的口味已经20年没有变化了。他敏锐地察觉到了这一点，这为他们创业提供了一个很好的空间。他采纳了啤酒商塞缪尔·亚当的建议，使用啤酒酿造技术制作口味奇特的冰淇淋；他与当地的乳酪厂联系，由他们提供特制的乳酪。由于口味的创新，使这家小型的冰淇淋公司很快就吸引到了风险投资。结果新产品一上市就供不应求，它的风味很快就成为一种饮食时尚，风行欧美及世界各地。

——摘自：江山市公共就业服务网 http://www.jssjyj.com

【案例二】 弼马温爱情银行

自从“弼马温爱情银行”项目获奖后，霍伟龙不仅成了学校里的“名人”，网络上也有很多人在“找他”。

霍伟龙是山西忻州师范学院法律系的一名大三学生，他和同学五人组成的创业团队凭借“弼马温爱情银行”项目获得了中国青少年基金会与中国平安保险（集团）股份有限公司组织的励志创业大赛优秀奖。爱情银行在网络上的热度逐渐提升，并受到年轻人的追捧。

“前段时间刚刚撕毁了一批信件，是前男朋友写的。如今有了新的男朋友，这些信如果被男友看到难免会产生矛盾。”虽然心里非常不舍，但王晨还是把这些信撕了。得知有人正在筹办爱情银行后，王晨说，如果当时知道有这么一个银行，应该会选择将信件寄存在里面的。

“我们主要就是想建立一个网站和实体店相结合的平台，可以将自己的爱情信物或爱情秘密存在银行里，也可以在银行里购买一些爱情小礼物。”霍伟龙说，银行还将提供爱情咨询服务，为正在经历爱情困惑的人提供指导。

与别的爱情银行不同，霍伟龙说，“弼马温爱情银行”主要定位于大学生群体。

“现在大学生谈恋爱非常普遍。”霍伟龙说，由于大学生谈恋爱的随意性和盲目性过大，他们的分手率很高。“将客户群定位于大学生，不仅可以为他们解决昔日爱情信物无处寄存的困扰，同时，也可以存储一份值得回味的情感。”

西安一家文化旅游公司的市场部负责人李维红也联系到了霍伟龙。据了解，这家公司也正在建设类似的爱情银行网站，已经进入了测试期。“对于他们来说，资金是一个很大的问题，如果我们能够提供资金和平台，这样能更好地帮助他们实现创业的理想。”

——摘自：新华网 http://news.xinhuanet.com

第九章 创业团队

> 什么是团队呢？团队就是不要让另外一个人失败，不要让团队任何一个人失败。
>
> ——马云

学习目标

了解微小企业的主要成员和组织结构；
学习制定岗位职责的方法；
熟悉招聘员工的流程。

问题导入

怎样管理团队成员？
如何发挥团队精神？

理论阐释

一、创业团队成员

（一）创业团队

1. 团队是创业的基石

新东方教育科技集团执行总裁陈向东曾与大家分享创业经验：“成功来自团队，没有完美的个人，但有完美的团队”。一个团队中的不同成员能提供不同的背景知识，这些知识能解决各个方面的问题。强有力的知识技能作为基础，创业的成功自然指日可待。

在一个团队中工作，成员之间可以互相激励，互相扶持。刚刚踏出大学校园甚至还没有离开校园这个“象牙塔”的大学生，心理通常都比较脆弱，这时候同伴的帮助和扶持会坚定他们的创业决心，让他们在创业的道路上走得更远。团队中的彼此激励也能让大家都更好地提升和发挥自身作用，共同加速成长。

2. 创立真正的团队

大学生创业团队不仅仅只是建立一个有一定人数的团队那么简单。真正的团队不是从数量上来定义而是从质量上定义的。什么才是真正的团队呢？首先，这个团队应该彼此优势互补。在建立的过程中，团队成员的性格因素、学历技能、角色分工都应该认真考虑。最好的不一定就是最合适的，团队在招募成员时第一考虑的应该是当前最需要的是什么类型的人才。其次，团队成员彼此间的关系也应该协调好，成员间融洽的关系有利于公司的发展。当然，这些也决定于管理者对团队的管理。如果管理者对团队中的成员管理得当会产生一股巨大的合力，发挥出无限的力量；如果管理不当，团队成员间的意见不一致反而会成为成功的阻力。

大学生创业需要的条件有许多，但首先在开始时就应该选择团队创业。这不能保证创业的成功，但可以在最大限度里给创业带来优势，提高创业的成功率。

案例："V"形雁群

大雁南飞过冬时，为什么雁群总是排成"V"形呢？

科学家们经过多年的研究，既弄清楚了这其中的原因，还总结出了关于大雁的其他习性。

当领头大雁扇动它的翅膀时，它为紧跟其后的大雁创造了一股向上的动力。按照"V"字队形飞行，整个雁群会比每只鸟单独飞行至少增加71%的飞行距离。

当一只大雁掉队时，它会马上感到单独飞行的阻力，因此它会很快飞回队形以利用队伍所提供的动力。

当领队的大雁感到疲惫时，"V"字队形中的另一只大雁就会充当领队，而后面的大雁会发出鸣叫声，鼓励前面的大雁保持速度。

如果一只大雁病了，或受了枪伤掉下来时，会有另外两只大雁离开队形，跟着它下来，以帮助和保护它。它们会守着这只大雁，直到它能重新飞行或死去，然后它们靠自己的力量再次出发或跟随另一队大雁去追赶自己的队伍。

——摘自：MBA智库资讯 http://news.mbalib.com

大雁的飞行模式告诉我们：

(1) 具有共同方向和群体意识的人们会更容易成功。

(2) 留在团队中，自己会更快成长。

(3) 团队领导可以轮流制，而不应终身制。

(4) 团队精神体现为对理想不放弃，对伙伴不抛弃。

（二）创业团队的成员组成

微小企业规模不大，一般创业团队由下列人员组成：业主或经理；股东或合伙人；员工；企业顾问等。

1. 业主或经理的职责

◆ 开发创意，制订目标和行动计划；

◆ 组织和调动团队成员实施行动计划；

◆ 确保计划的执行，使企业达到预期的目标。

在计划开办新企业或制订企业计划时，要考虑自己的经营能力，要明确哪些工作可以由自己去做，哪些工作是既没有能力同时也没有时间去做的。如果需要一个经理分担部分工作，就要考虑他应具备的能力和精力。

可以向其他有经验的业主或经理请教，看看他们是如何管理企业和员工的；也可以向老师请教，看看他在管理企业或员工方面有哪些知识和方法可以借鉴。

2. 股东或合伙人

如果是和创业团队成员共同出资创办企业，也就是说企业不止一个业主；那么，这些业主将以合伙人或股东的身份共享收益、共担风险。他们将决定彼此如何分工合作。也许一个人负责销售，另一个负责采购，还有一个负责管理。

要管理好一家合伙制企业，合伙人之间的交流一定要透明和诚恳。合伙人之间意见不一致往往将导致企业失败。因此，有必要准备一份书面合作协议，明文规定各自的责任和义务。

3. 员工

如果创业团队所有成员全部投入企业工作，那么，创业者首先是企业的员工。如果创业者没有时间或能力承担全部工作，就需要雇人。小企业可能只需要雇 1 ~ 2 名临时工就可以了，而有的企业则需要雇用更多的正式员工。

4. 企业顾问

各种咨询意见对创业团队都有意义。因为创业者不可能是所有企业事务方面的专家。要认准那些对创业者有过帮助而且将来还可能扶持创业者的行业专家，包括专业协会会员、会计师、银行信贷员、律师和政府部门官员等，邀请或聘请他们成为咨询顾问；也可以考虑从一些企业、贸易和教育机构那里获得帮助、信息、咨询意见和培训。从谨慎的角度讲，在企业聘请顾问之前，一定要注意验证他们的资质，以免上当受骗。

案例：梦幻组合——上海携程

曾经有人问史玉柱：决定创业是否成功的条件有哪几个?

史玉柱回答：三个，即一个好的团队、一个好的产品和一个好的策划。史大师认为好团队是创业的首要条件；比尔·盖茨也有同感：没有完美的个人，只有完美的团队。说明英雄所见略同。

中国民营企业大约有 964 万家，有很多是合伙开办的。在这么多的创业团队中，有一支队伍特别引人注目，好像茫茫宇宙中北斗七星那样的耀眼，那样的鲜明，那样的突出……

这个团队就是“上海携程”。

我们不能说这个创业团队不牛，因为四个创业伙伴全部都是名牌大学硕士毕业，三个上海交大，一个美国耶鲁。

我们不能说这个创业团队不牛，因为创业时的启动资金仅仅是一百万元，后来竟能忽悠来风投的三次追加投资，资金高达 1 300 万美元。

我们不能说这个创业团队不牛，因为这个团队 7 年能将 2 家公司做上市，并且数钱数到手抽筋。

……

其实中国从不缺少创业团队，缺少的是像“上海携程四人组”这样攻无不摧、战无不胜的铁骑劲旅。不像有些创业团队，还没步入正轨，已经作鸟兽散了。

创业团队刚进入动荡期就散伙了，这跟中国人的合作意识有关。有一句话说得好：一个中国人是一条龙，三个中国人是一条虫。另外还有一种说法是，一个国家人民喜欢的娱乐方式正好表达了这个国家人民的合作方式。比如：日本人喜欢下围棋，说明日本人为了整体利益和最终胜利可以牺牲局部利益；美国人喜欢打桥牌，说明美国人可以与对方紧密合作，与另外两家竞争对手抗争到底；中国人喜欢打麻将，说明中国人喜欢孤军奋战，看住上家，提防下家，盯紧对家，自己胡不了，也不让别人胡。

怎样的团队才是能干大事的团队呢？英国团队专家贝尔宾博士的结论是：团队的目标和成员的自我角色定位很重要。也就是说，只有目标清晰了，定位准确了，团队冲突才能妥善处理，团队决策才能顺利执行。

（三）设计团队的组织结构

多数大学生刚创业时团队成员不多，组织结构很简单。一般而言，设计组织结构时应注意以下两个问题：

- 企业内部部门和岗位的设置；
- 部门和岗位之间的关系。

1. 常见微小企业的组织结构

微小企业一般由于人员较少和工作关系较简单，所以组织结构也相应简单；过于复杂的组织结构不但不实用，反而会给企业的运营增加成本，带来麻烦。

微小企业最常见的组织结构是直线职能式组织结构，也就是把企业的人员按照工作责任分成若干部门，并为每个部门设立一个领导职务，然后明确各部门之间的关系。这种组织结构使企业内部从上到下实行垂直领导，下属部门只接受一个上级的领导，部门领导对所属部门的一切问题负责，如图 9–1 所示。

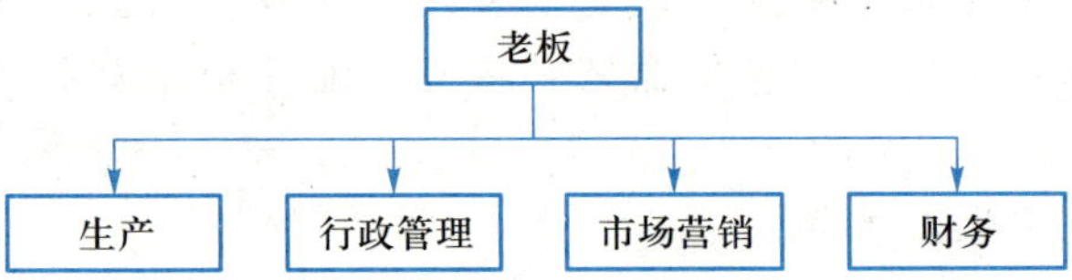

图 9–1 常见微小企业的组织机构

2. 设计企业组织结构

设计企业组织结构可按照以下步骤进行：

步骤一：弄清企业内部都有哪些工作职能，内部应该划分成哪些部门，设置哪些岗位。

步骤二：明确各工作部门和岗位之间的关系，是从属关系还是并列关系，同时应考虑并列关系的部门和岗位之间的协调和配合。

步骤三：明确各部门和岗位的工作职责和内容。

步骤四：考虑各部门和岗位应该设置哪些人员，设置多少。

良好的组织结构可以帮助企业在人员有限的情况下使团队有更高的执行力和战斗力。

二、新员工的招聘与定岗

没有员工，任何一家企业都无法经营下去，在大多数情况下，企业需要数名员工才能成功运转。企业能否成功取决于创业者如何引导、激励团队成员，以便齐心协力，完成工作。

当企业需要招聘员工时，需要考虑以下几点：

- 哪些岗位需要招聘员工；
- 这些需要招聘的员工应具备什么样的技能和要求；
- 需要招聘的具体人数；
- 需要向这些招聘的员工支付多少工资。

要根据岗位职责来聘用企业员工。能聘用到有适当技能、有工作积极性的员工对创业者来说是很重要的。招聘员工时，不仅要看技能，还要看态度，可以向应聘人员提出下列问题：

- 原来在哪里工作，具体做什么工作？
- 为什么想来本企业工作？
- 希望得到什么职位？
- 个人认为有哪些长处和弱点？
- 怎么支配业余时间？有什么兴趣爱好？
- 喜欢和别人在一起工作吗？当有人对你态度不好时，会怎么反应？

具体招聘程序如图 9-2 所示。

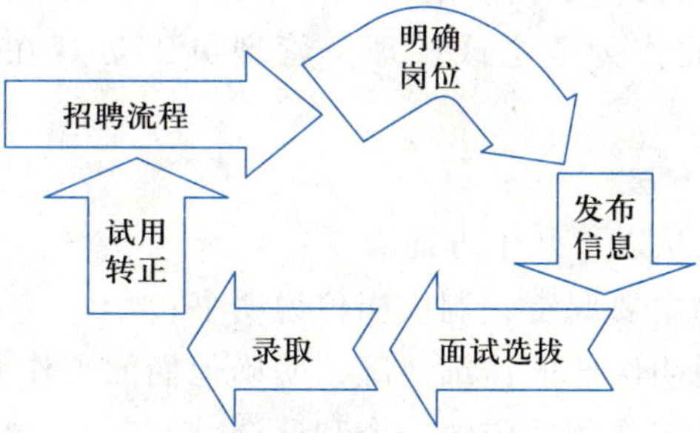

图 9-2　招聘程序

（一）员工招聘

（1）员工的来源：

- 企业内部提拔；
- 在职员工推荐；
- 内部员工推荐；
- 教育机构；
- 就业中介；
- 招聘广告。

（2）选择的程序：

- 接收申请材料；
- 面试；
- 核实应聘者的相关信息；
- 应聘者的技能测试。

（二）定岗程序

（1）员工定岗的四个基本原则：

- 定人：确定需要定岗的员工；
- 定事：明确必须完成的工作任务；
- 试用：让员工在监督下进行尝试；
- 转正：让合格者继续工作下去。

（2）员工定岗的六个要素：

- 落实工作：让新员工了解他们所要从事的工作；
- 进行监督：让在职员工对新员工进行辅导和监督；
- 设计障碍：设计简单的工作障碍；
- 确定时间：制订新员工培训时间表；
- 划定范围：划定工作范围；
- 绩效评估：每天对新员工工作绩效进行评估。

（三）员工的考虑

作为应聘员工，主要应考虑以下因素：

- 薪酬计划；
- 额外福利；
- 人际关系；
- 工作条件。

三、管理员工

员工对于企业是至关重要的，管理好员工可使企业创造更高的效益，具有更大的成功机会；因此作为业主或经理，管理员工是其在企业中最重要的工作之一。

（一）管理员工的方法

管理好员工，可以从以下几个方面着手：

- 明确每个岗位的主要职责，制成岗位说明书；
- 向每一名员工说明岗位的详细情况，明确他们的工作任务；
- 给员工提供与其工作相适应的工资和奖金；
- 尽可能让员工工作稳定，并给他们提供良好的工作条件；
- 让员工融入团队之中，让他们对团队有归属感；

◆ 对员工进行必要的绩效考评，并根据考评结果实施奖惩；
◆ 尽可能为员工提供培训和学习的机会，为他们在企业中的升职和发展提供机会。

（二）管理员工的原则

原则之一：知人善任

根据岗位匹配原理，用人之长，容人之短。德鲁克在《有效的管理者》一书中指出："才干越高的人，其缺点也往往越明显。有高峰必有深谷，谁也不可能十全十美。一位经营者如果仅能见人之短，而不能见人之长，仅能挑其短而非展其才，则这样的经营者本身就是一位弱者。"

原则之二：有效授权

通过有效授权，不但可以培养员工的决断力，使每个员工能够负起责任，培养自信；而且可以培养员工的执行力，使员工关注目标，正视问题，效果优先，兼顾效率。

（三）管理员工需具备的个人特质

管理员工必须具备的个人特质如表 9-1 所示。

表 9-1　管理员工必须具备的个人特质

个人特质	个人特质	个人特质
随机应变	灵活机动	足智多谋
警觉机敏	和睦相处	察言观色
信心十足	成熟稳重	坚韧不拔
双向沟通	通情达理	诲人不倦
勇于创新	乐观豁达	宽厚待人
指挥调度	不急不躁	热情洋溢
充满激情	循循善诱	从善如流
赏罚得当	沉着冷静	履险如夷

四、提高管理技能

创业者管理员工时，要清楚什么事情该做，什么事情不该做。

（1）创业者应该坚持不懈的是：

◆ 要做到始终如一；
◆ 要做到公正、诚实；
◆ 要激发员工的热情；
◆ 要鼓励员工提出问题；
◆ 要鼓励员工独立思考；
◆ 要让员工树立信心；
◆ 要和员工进行充分的交流和沟通；
◆ 要主动倾听员工的心声；

◆ 要认识到个人能力的差异性；

◆ 树立个人榜样；

◆ 对员工的个人感受给予更多的关注。

（2）创业者应该尽量避免发生的是：

◆ 好辩成性；

◆ 独断专行；

◆ 对员工提出过高的要求；

◆ 不理性、易冲动；

◆ 对员工隐瞒真相；

◆ 打击员工的主动性；

◆ 挫伤员工的好想法；

◆ 轻视员工；

◆ 指示不明确；

◆ 对待员工缺乏公正性；

◆ 当着其他员工的面对某个员工大声斥责；

◆ 拘泥小节。

五、员工激励

用什么来激励员工呢？根据员工激励因子排序表（见表9-2），在员工眼里，“成就感”是最重要的激励因子，排序最高。然而，监管者却低估了“成就感”这个因子，他们对“认同感”的评价却相当高。

表9-2　员工激励因子排序表

员工排序	激励因子	监管者排序
8	获得较高薪酬的可能性	13
13	不想让自己所在的班组落后	10
12	获得同伴的认同	2
6	被提升的可能性	4
1	从完成具有挑战性的工作中获成就感	6
20	被老板教训的可能性	17
17	成为团队的一部分	11
2	总是有努力把工作干好的内在要求	7
14	强烈的工作安全感	18
10	获得老板的赞赏和承认	3
3	做感觉重要的工作	1
7	帮助团体实现目标的愿望	20
11	在工作中增加自由的可能性	12
19	被任命为工作小组的负责人	19
9	看好下次表现的潜力	9
16	获奖的可能性	14

续表

员工排序	激励因子	监管者排序
4	个人工作条件	5
15	良好的工作条件	15
18	对老板的忠诚和友情	16
5	做自己感兴趣的工作	8

同时，还要正确面对问题员工。在某一时期，员工出现问题并影响工作是管理中常见的现象，这时应切忌简单、草率。发现问题并共同解决问题能帮助他们成为合适的员工，降低企业用人成本。另外，平时采取一些预防措施，注意调动员工的积极性，如培训、定期体检、举办员工活动等都有积极的意义。

总之，员工是企业的基础，是企业的灵魂，知人善任是员工管理的关键。

实践应用

【案例一】 南京师范大学 DOMI 创业团队

在南京师范大学召开的“大学生创业教育示范校建设学生代表座谈会”上，一名侃侃而谈的 DOMI 创业团队的男生使全场惊叹，他叫李刚。李刚自己研发的珍藏版校园文化扑克受到了同学们的广泛青睐，成为了赠送亲朋好友的绝佳礼物，也成为了毕业生们怀念母校的首选。这一创业项目现已赢利。

创业优势靠积累

李刚在创业的道路上并不是一帆风顺的。在高三阶段，他就开始摸索着在淘宝网上代售 QQ 币、网络游戏等虚拟产品的点卡、电话充值卡等，这让他赚到了人生的第一桶金。进入南师大的第一学期，他在淘宝网上三个月卖了五部手机，但很快就因为轻信他人，而白白损失了一笔钱，这让他加深了对网络交易的警觉。大一下学期，他又开始自己联系兼职，结果被中介代理骗走了 300 多元。愤恨之余，靠自己的能力获得在美邦消费担保有限公司的兼职工作，做了近一年半的经理助理。他说，这段时间通过发传单、拉客户、做企划等让自己的心理素质和沟通能力得到了很大的提升，人变得机灵了，处事也周密了，经验也掌握了不少。大二下学期当上学生会生活部部长的他，充分展示了自己各方面的综合能力，得到了院系老师的认可，也赢得了不少同学的信任，这为他初建 DOMI 创业团队带来了巨大的优势。李刚总是满怀着属于创业者的激情面对每一位团队的成员。据李刚介绍，制作南师大校园文化扑克历时 3 个多月，前期的市场调研、策划、照片素材准备、联系印刷厂等都耗费了团队核心成员巨大的心血。

创业是人生的重要选择

“大一玩多了，大二盲目兼职，大三对前途迷茫，大四开始担心工作难找！我想这一定不光是我个人的感受。大学就像一个小社会，这四年的实践不好好把握就很容易虚度。我是经历过了，才会慎重地选择创业这条道路。我想在年轻的时候靠自己闯闯。”他说，“创业是人生的一个重要的选择，需要精神和耐力来支撑自己。制作南师大校园文化扑克牌历时3个多月，耗费了团队成员巨大的心血。为了能驾驭团队，我几乎天天在图书馆里自学设计软件、金融、营销等方面的知识。加入团队的成员们也在推广过程中遭遇了不同的挫折，锻炼了自己的销售实战能力。”

——摘自：中国创业教育网 http://chuangye. cyol. com/content

【案例二】 小米豪华创业团队拼图

▸ 扫一扫：
2-9 小米成员

小米2010年4月成立，是一家专注于高端智能手机自主研发的移动互联网公司，已获得来自 Morningside、启明、IDG 和小米团队4 100万美元投资，其中小米团队56人投资1 100万美元，公司估值2.5亿美元。

2011年8月16日，小米公司成立仅仅一年零四个月，小米开始手机硬件设计制作仅仅一年的时候，他们发布了第一款小米手机。按照小米董事长、CEO 雷军的说法，这款小米手机是一款性价比极高的高端智能手机。

能够成就如此小米速度的，是小米公司那七个堪称超豪华的联合创始人团队。雷军是金山软件的董事长和闻名的天使投资人；林斌是谷歌中国工程研究院的副院长；洪锋是谷歌的高级工程师；黄江吉是微软工程院首席工程师；黎万强是金山软件人机交互设计总监，金山词霸总经理；周光平是摩托罗拉北京研发中央总工程师；刘德是一位来自世界顶级设计院校 Art Center College of Design 的产业设计师。

雷军是如何组织起这样一支创始人团队，怎么找到这些合作伙伴，又是如何说服这些合作伙伴来和他一起创业的呢？

雷军　雷军从2006年就开始了对移动互联网公司的投资，第一家是乐讯(lexun. com)，2007年雷军又投资了 UCWEB 和一系列的公司。当2007年1月苹果公司发布了 iPhone 一代，2007年6月产品正式上市时，雷军第一时间就买了回来使用。按照雷军的话说：“我很受刺激，觉得手机居然还可以这样做？”雷军怕自己的体验不具代表性，他干脆买了20部 iPhone 回来，送给了20位朋友。三个月后雷军发现，只剩下他和另外一个朋友在用。雷军这时候觉得，iPhone 做的太超前了，很多细节没做好，不好用；但是苹果的 iPhone 打开了雷军心里的思路，雷军发现未来的移动互联网，将会是一种软硬件一体化的体验，软件将帮助硬件施展更大的作用。而单独做软件，将会受到很大的局限。雷军从那个时候开始就在想：谁能做出一台更好用的手机呢？

在2007年、2008年的时候，中国的移动互联网还不像今天这样红火。但是雷军已经看到了移动互联网就是未来。尽管当时很多人只是以为，雷军不外是为了他投资的 UCWEB 等项目做宣传罢了，但是实际上当时雷军就已经认定，手机在未来很长一段时间之后，将会替代 PC 成为大家最常用的工具。移动互联网在中国的真正开始，是在2009年、2010年，雷军先行几年，已经开始思索，如何去做一台属于自己的手机的项目了。雷军觉得，他的手机之梦，终于时机成熟了。他要开始为了这个梦想构建团队。

林斌　谷歌中国工程研究院副院长，工程总监、谷歌全球技术总监，全权负责谷歌中国移动搜索与Android本地化应用的团队组建及工程研发工作。再早一些时候，林斌是微软亚洲工程院的工程总监，可以说是当今软件产品和互联网产品技术领域数一数二的人物。

雷军熟悉林斌，是在2008年。雷军惊奇地发现，林斌有发自内心的对产品的热爱。林斌对在谷歌所做的工作和产品都非常投入，“下功夫”。那个时候，雷军开始常常去找林斌聊天，两个大男人常常在一起挑灯夜战，聊到凌晨一两点钟。聊着聊着，两个人从合作伙伴聊成了好朋友。

有一次，雷军和林斌聊天时，林斌透露说：“我想出来自己创业了，做一个互联网音乐的项目，你看怎么样？”雷军听后大喜，对林斌说：“别做音乐了，音乐我们投点钱，别人干就可以了，没意思。咱们一起做点更大的事情吧！”就这样，人们都亲切叫他Bin的林斌，第一个登上了雷军的小米战船。

阿黎　就是黎万强。这个广东人喜欢人们叫他阿黎。

阿黎2000年大学一毕业就加盟了金山软件，历任金山软件的人机交互设计总监，设计中央总监和金山词霸事业部总经理。在金山十年，从一个设计师成长为一个百余人规模的事业部的领导者，这其中既有阿黎自身的能力，也有雷军对阿黎的扶携抬举。

和雷军十余年的同事关系让他们的交情非常好。当时恰是2009年年底，阿黎决定辞职离开金山，他找到已经是亦师亦友的老领导雷军，告诉雷军说他要去做贸易摄影，自己创业了。

阿黎说：“你觉得我这个创业方向怎么样？”

雷军说：“我这里也有个方向，要不你来跟我一起干？”

阿黎说道：“没问题。”

雷军反问阿黎一句：“你知道我要干嘛吗，你就这么应允了？”

阿黎说：“你要做手机。”

雷军笑了。

黄江吉　人们都叫他KK。KK还不到30岁就成为了微软工程院的首席工程师。但是已经在微软工作13年的KK，面对一个选择，是创业还是留在微软继续干？留在微软是留在中国还是去美国？

当时在北京知春路上翠宫饭店的豹王咖啡馆，雷军和林斌两个人一起拉着KK聊天。雷军丝毫没提创业的事儿，就是和KK一起聊各种电子产品，从手机到电脑，从iPod到电子书。那天，他们一共聊了四个半小时。KK已经能够判定，对面坐着的两个人是要做点什么事情的了。虽然KK还不知道他们详细要做什么，但是在临走之时，KK说道："我先走了，反正你们要做的事情，算上我一份！"

洪锋　用雷军的原话就是："你接触他你会压力很大，他没有表情，他随便你说，你不知道他怎么想的。但他是一个绝顶智慧的人。"

洪锋在他上小学的时候就开始学习计算机，编写程序来解决实际题目。洪锋最令人惊讶的经历就是他在谷歌用20%的业余时间，和几个人一起做了谷歌3D街景的原型。洪锋在美国谷歌的时候，是高级工程师。后来洪锋回到中国，在中国谷歌，他又是第一产品经理。他所主持开发的谷歌音乐，成为了中国谷歌为数不多的饱受赞誉的产品。

这样的一个人，他很强势。林斌说洪锋很强，雷军想要见见洪锋，算是口试吧。但是没想到，实际上成了洪锋来口试雷军。

雷军告诉洪锋：雷军是谁，他打算怎么做手机，还有小米能给洪锋什么。

洪锋说："这件事情够好玩，梦想足够大。这很有挑战性，我决定来挑战一下。"

刘德　本来并不在雷军的人才规划体系里面。雷军不熟悉刘德这样的人，而且，雷军甚至以为他根本请不起刘德这样的人才。

对于刘德来说，假如来和雷军共同创业做小米，意味着刘德要抛却他在美国开办的公司，在美国的恬静生活，现在的一切正常生活轨迹都要抛却；而小米这个事情，也只是有可能成功而已。

不久刘德回到美国，开始去仔细思索这个机会。"这么多年来我都是自己干的，非常累，就是因为没有一个好团队。"刘德说，"我非常愿意加入这个团队，因为找到一个好Team太难了！"

为了加入小米，刘德下了巨大的决心，抛却在美国的工作。后来，刘德除完成了小米手机的设计之外，居然还肩负起了小米手机供给链的工作，那简直是雷军的意外之喜："我很庆幸洪锋能先容刘德给我熟悉。刘德现在幸福不幸福我不知道，反正有了刘德，我是幸福的。他做得非常精彩！"

到目前为止，雷军找到了能够做手机系统的人，做手机软件的人，做手机设计的人，就是还没有找到能够把手机做出来的人。作为软件行业和互联网行业的大佬，雷军和林斌，在硬件制造领域都没有什么特别深的人脉。2010年7月1日，小米公司预备启动硬件项目的时候，这个项目还没有一个专业的人才加入。

雷军说："很多人跟我讲创业公司招人难，所以业务搞不起来。我以为这就是借口。实际是你作为老板还不够努力。"在2010年的夏天，三个月时间里，雷军见了超过100位做硬件的人选。雷军、林斌、KK等人动用了他们所有的关系来找做硬件工程的人才。最夸张的一次，和一个理想人选7天时间面谈了5次，每次10小时，但是很遗憾最后却因各种原因没有达成共识。没有办法，雷军和林斌就继续找人……

这期间，有朋友介绍了周光平博士。但是雷军判定，这个55岁的博士，从

1995 年开始就在摩托罗拉工作的资深工程师，肯定是不会出来创业的。周一，周博士到雷军的办公室去聊天，按照计划，他们预备聊两个小时。谁料两个人见面以后居然都感觉相见恨晚，一发不可收拾。雷军和周光平，就在银谷中央小米的办公室里，从中午 12 点一直聊到晚上 12 点，从互联网聊到硬件设计，从用户体验聊到手机发展趋势；两个人连出去吃饭的时间都舍不得花，从中午到深夜，叫了两次盒饭来解决温饱问题……

随后，雷军很高兴地告诉林斌："周博士有戏！"

过了几天，雷军正在外地出差，林斌打电话来："周博士同意了！"

雷军的小米创始人拼图，终于完成了。

——摘自：腾讯网 http://finance.qq.com/a/20110817/003418.htm

第十章　创意与企业想法

其实创业本身一点都不神秘，而是充满了判断，充满了抉择；需要机遇，需要勇气，需要果断。

——李彦宏

学习目标

了解什么是创意；了解企业想法的四大要素；掌握产生企业想法的六种常用方法；运用工具分析并筛选出最好的企业想法。

问题导入

如何产生和利用好的创意？

如何找到一个好的企业想法？

如何抓住创业机会？

理论阐释

一、创意

（一）创意基本概念

创意是传统的叛逆；是打破常规的哲学；是大智大勇的同义；是导引递进升华的圣圈；是一种智能拓展；是一种文化底蕴；是一种闪光的震撼；是破旧立新的创造与毁灭的循环；是宏观微照的定势，是点题造势的把握；是跳出庐山之外的思路，超越自我，超越常规的导引；是智能产业神奇组合的经济魔方；是思想库、智囊团的能量释放；是深度情感与理性的思考与实践；是思维碰撞、智慧对接；是创造性的系统工程；是投资未来、创造未来的过程。简而言之，创意就是具有新颖性和创造性的想法。

（二）创意的特点

创意作为名词是指具有创业指向，同时具有创新性甚至原创性的想法；作为动词是指将问题或者需求转化成逻辑性架构，让概念物象化或程序化的形成过程。

具有价值潜力的创意具有以下基本特征。

新颖性。新颖性可以是新的技术和新的解决方法，可以是差异化的解决办法，也可以是更好的措施。新颖性还意味着一定程度的领先性。

真实性。有价值的创意不是空想，而要具有实用价值。创意首先要可实现，简单的判断标准是能够开发出可以把握机会的产品或服务，而且市场上存在对这种产品或服务的真实需求，或可以找到让潜在消费者接受该产品或服务的方法。

价值性。价值特征是创意的根本，好的创意要能给消费者带来真正的价值，要经由市场检验。

案例：大学生创意创业成功案例

一群才华横溢的"90后"大学生在青岛大学校内创办了一间"创意工作室"，试营业仅半年，就已经接单30余项，赢利11万元。青岛人熟知的天幕城"活体雕塑"就来自他们的创意。

试水——创办首个校内"工作室"

1990年5月出生的青大美术学院的大二女生史晓宇是"青岛大学创意工作室"市场部经理，也是创建这个工作室的4名核心成员之一。她告诉记者，团队一共60人，都是来自美术学院懂创意、会设计的人才。大部分和自己一样是不折不扣的"90后"。这支年轻的团队以提供各类设计工作、商业绘画、墙体彩绘、摄影摄像后期、雕塑工程和街头艺术等商业项目的设计制作服务为运营模式。

首单——"活体雕塑"来自他们的创意

还没毕业的大学生做设计创意，效果怎样？针对这一问题，该工作室的总经理大三学生方砂砂自豪地告诉记者，"我们实力不差的！"

"市北区天幕城内的活体雕塑的创意就来自我们。"方砂砂告诉记者，2009年年末天幕城新开了不少店，需要营造气氛，征集设计方案，最终他们的"活体雕塑"方案获得认可。两个月来，由他们工作室人员组成的活体雕塑在天幕城换着花样宣传，效果非常好。"我们还把活体雕塑的创意推广到五四广场和海边，后来岛城成立了不少专业公司，专门运作活体雕塑的展示，不过这创意最早是我们实行的。"方砂砂说，天幕城"活体雕塑"是工作室试运行期间接到的第一单，2个月下来共获得"报酬"8万元左右。

卖"创意"半年赚了11万元

和部分同行急功近利的心态不同，这些还在学校的90后大学生的很多创意都围绕着"环保"和"节能"展开。"儿童节期间，为了送给孩子们一份不一样的玩偶，我们用废旧的枕头、被子、被罩以及小朋友们提供给我们的毛巾等物件做出了很多环保又可爱的玩具。"方砂砂告诉记者，这些玩具给了他们很多的启发，想在以后的设计中将这种低碳环保的理念贯穿进去。

"青岛大学创意工作室"试运营半年来，成功完成了天幕城活体雕塑、德国风情街现场写生、啤酒街和啤酒坊街头艺术展演、四维空间动漫场景设计、崂山驻军及青岛市社会福利院墙体彩绘等系列商业项目近三十项，不到半年财务账上就赚了11万元。

——摘自：应届毕业生（创业网）http://chuangye.yjbys.com/gushi/534172.html

（三）创意思维的训练方法

1. 创意思维的基本理念

创意思维是探究客观元素有效组合方式的思考过程，以万花筒为例，将其转动后，筒里的玻璃片可以呈现出很多图案，当筒内玻璃片数越多其所呈现的图案就越多，而且不同的元素和方式将会带来不同的图案效果。所以我们可以借助万花筒的原理来理解创意思维的本源。

创意思维的“创”的内涵，其核心理念在于创意。创意是所有“创新活动”的起点、动力、源泉和目的。创意就是独一无二、是思维的闪光点。我们不要被现行的条条框框所限制，而要将各项规则、技法当作创意的参考，真正在做创意联想时一定要做到的是“舍得”。

▸ 扫一扫：
1-8 九点连线

2. 阻碍创意思维的想法

恒常性——思维的恒常性是指人们思维方式的一种惯性，它致使人们不敢想、不敢改、不愿改，墨守成规，从而阻碍了新事物的产生和发展。

惯性——思维的惯性是指人们习惯性地因循以前的思路思考问题，仿佛物体运动的惯性。惯性思维常会造成思考事情时的盲点，且缺少创新或改变的可能性。

3. 要善于突破思维的恒常性

思维的突破性：要想打破思维的恒常性就要敢于用科学的怀疑精神，对待自己和他人的原有知识，包括权威的论断，要敢于独立地发现问题、分析问题和解决问题。

思维的方向性：创造性思维的方向性较开阔，能善于从全方位进行思考。当思路遇到难题受阻，能不拘泥于一种模式，灵活变换某种因素，从新角度去思考；善于调整思路，从一个思路到另一个思路，从一个意境到另一个意境；善于巧妙地转变思维方向，随机应变，产生适合时宜的办法。常见的思维方向有以下几种：多向性思维、放射性思维、换元思维、转向思维、对立思维、逆向思维。

案例：手工 DIY 饰品店的创意创业

电视剧《奋斗》中夏琳的干练、独立让很多 80 后女孩找到了自己的身影，她颈间的那条英文字母项链也赚足了众多时尚男女的眼球。在西安小寨的一家银饰 DIY 小店里，不时有顾客进来询问可否做一条和夏琳一样的项链。店主是程轶，一年前，他和妹妹专程去苏杭学习了银饰 DIY 的手工艺，从原料采购到饰品的制作、加工，对于原本学习艺术的他们并不是难事。在家人的支持下，程轶和妹妹的小店终于开张了。

商机：填补西安银饰 DIY 市场空白

现在经营各类饰品的小店非常多，同质化也很严重，这些商品大多是从工厂批量加工而来，走在街上看到别人戴着同样的饰品一点也不稀奇。程轶认为饰品本来就是彰显个性的小物件，要是能让自己的吊坠、情侣对戒与众不同，这个市场一定大有可为。无意中，他听说日本非常流行手工银饰，我国也只有上海、北京、苏杭等地才有，他便打算在西安开一家这样的小店。

创业毕竟不是一条平坦路，小店选择开在学生群密集的小寨，好东西也很难卖到好价钱。程轶说，在西安经营手工银饰，利润要比在上海、苏杭差很多，因为是999的纯银饰品，都是按克计算价格，可是对于学生这样的消费阶层来说，愿意花一两百元购买小饰品的人数还很有限，有购买力的白领又没有时间亲手DIY。刚开始，他们经营得很辛苦。程轶的妹妹说，如果他们放弃，西安银饰DIY市场就空白了，他们相信坚持做下去，一定能够得到大家的认可。

卖点：个性创意吸引年轻时尚一族

开这个小店，程轶和妹妹也是非常快乐的。每天在办公室重复性的工作并不适合他们；相反，为追求时尚个性的顾客们设计、制作创意小件，这才是他们追求的生活。前几天，有两名某大学的研究生拿着他们导师的照片来到小店，要求将老师的头像改成漫画，并用纯银烧制、镶框；成品出来后，顾客非常满意，程轶也因此有了更多的回头客。

程轶每次都建议顾客亲自设计、亲手制作，将顾客自己的心思融入饰品中。程轶说，现在时尚男女的创意非常多，有的学生上课时想到好的图案，就急忙画在草纸上，然后再拿到他的小店里来制作。他自己也能从每个人的创意中汲取更多的个性元素，不断更新自己的理念。

现在，小店的生意已经开始转好了，程轶又考虑开设加盟连锁店，他有自信将这条充满创意的创业之路走得更精彩。

没有做不到，只有想不到。程轶能够越过常规思维，找到市场空白，这是很多创业者都很难做到的。由于店址选在商铺林立的小寨，个性化的小铺往往容易被“通俗”店铺淹没，如今再想更换店址成本又很高，因此，为好的创业项目选到一个好铺位实在是非常关键的。另外，越是个性的小铺越要注重宣传，积极地把自己个性化的商品推销出去，让更多的顾客开始接触这片空白，这才是做大市场的最好途径。

——摘自：青年创业网 http://www.qncye.com/2010/0304/48313.html

二、企业想法

（一）企业想法的含义

企业想法是指用简短精确的语言对打算创办的企业的基本业务的描述。在创办一家企业之前，需要对未来将要创办的企业有一个明确的想法。

一个成功的企业想法既要能够满足顾客的需求，又要能够赢利；既要向人们提供其想要的产品，又要为企业带来利润。企业想法应当包括：

◆ 将销售什么产品和服务；
◆ 将向谁销售产品或服务；
◆ 将如何销售产品或服务；
◆ 将满足顾客哪些需求。

1. 企业将销售什么产品或服务

企业打算销售什么样的产品或服务？企业想法应该基于了解的产品或擅长的服务，而且必须是人们愿意付钱购买的产品或服务。分析各种企业想法，将帮助创业者把注意力集中到擅长和熟悉的企业类型上。

2. 企业将向谁销售产品或服务

谁将购买企业的产品或服务？顾客是每家企业必不可少的部分。清楚地了解能够购买企业产品或服务的顾客是非常重要的。是向某一类特定的顾客销售还是向一个地区的每一个人销售？除非有足够多的顾客能够并愿意花钱购买产品或服务，否则企业将赚不到钱。

3. 企业将如何销售产品或服务

打算如何销售企业的产品或服务？假如打算开一家商店，这个问题并不复杂，但是对于生产型企业或服务型企业而言，却有很多不同的销售方法。例如，一家生产型企业既可以直接向顾客销售，也可以向零售商销售。

4. 企业将满足顾客的哪些需求

产品或服务将满足顾客的哪些需求？企业想法应该始终想到顾客以及顾客的需求。当思考企业想法时，调查未来的顾客想要什么是非常重要的。创办一家企业不是一件容易的事情，需要做大量的工作并且制订大量的计划。一家适合的企业始于一个好的企业想法。

（二）为什么要产生企业想法

- 需要一个想法——一个好的企业想法
- 对市场需求的反应
- 对流行趋势和需求变化的反应
- 走到竞争对手前面
- 开发新的技术——做更好的产品
- 重视产品的生命周期（见图 10-1）
- 降低风险和减少失败

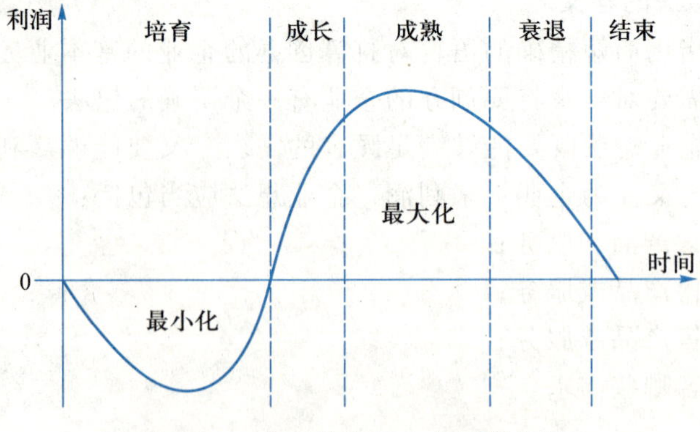

图 10-1　典型的产品生命周期曲线

案例：中国个人网站站长的大学校长

姚剑军，网名“阿飞”，80后年轻人，26岁，厦门享联科技有限公司总经理，中国站长站站长。

2000年接触网络时，网络游戏、聊天曾是姚剑军的最爱。姚剑军很快就发现，消磨时间并不能让一个人成长。兴趣是最好的老师。当年在学校学的专业是机电，并不是自己兴趣所在。踏上社会之初自己并不懂事，也不知道未来的路在哪里，只是不甘心平淡的生活。在网络上学习建立个人网站，慢慢找到成就感，也找到了自己的目标和努力的方向。

2001年6月，姚剑军专心干他的建站之路。当年，建立一个满意的个人网站可没有现在这么容易，要学习编程、语言、美工、维护等一系列烦琐的知识。在有了一些建站的经验之后，姚剑军萌生了一个想法，何不把自己的经验分享给同样想在网络上表达自己的朋友呢？简单的想法，执着的起步。当时，K666是比较早的站长论坛。很多个人网站的站长，在那里互相交流建站的经验和心得；但姚剑军觉得K666特别乱，网页设计过于单调，内容过于庞杂，而且论坛气氛也不是很好。于是姚剑军想做一个站点，超越K666，成为站长们的交流乐园。

2002年年初，姚剑军从家里借了2万元，和一个好朋友一起努力了一个月，中国站长站的雏形就出来了，主要包含了论坛、源代码下载和资讯及教程等内容。

姚剑军的想法非常简单，就是要为自己建站的朋友提供他们所需要的东西，不做大而全、大而滥，金玉其外、败絮其中的东西。所以中国站长站内容很单纯、很专业，网站定位也更准确。逐渐的，很多寻找建站帮助和建站源码的站长们习惯了到中国站长站来，因为在这里能找到他们想要的东西；即使找不到，只要提出来了，姚剑军也会帮他们寻找。时间长了，中国站长站的访问量逐渐上升，回头客也多了起来。到2002年9月份，中国站长站的访问量就达到了20万人次/天。

——摘自：中华文本库

（三）如何产生企业想法

或许已经有了一个企业想法，这是一个很好的迹象。这表明你已经投入到企业的创办中，开始“思考”工作了，但是应该注意，不要过于坚持第一个想法。机会很多，第一个想法可以引出更好的想法。

在产生企业想法时，最好尽力放开思路。第一个目标是想法越多越好，然后把能够想到的所有企业想法列在一张单子上。

1. 企业想法的资源

企业想法资源如下：

- ◆ 爱好和兴趣；
- ◆ 个人的技能和经验；
- ◆ 特许经营；

◆ 大众传媒（报纸、杂志、电视、互联网等）；
◆ 展览会；
◆ 市场调查；
◆ 抱怨；
◆ 头脑风暴；
◆ 创造力。

2. 创造力

创造力是利用新的或不同的方法设计、排列、制造新事物。创造性地解决市场需求和问题的能力，经常作为商业运作成功或失败的标志。它也用来从普通企业当中区别出那些快速增长的企业。想要具备创造性，需要开拓思维和视野。

3. 激发企业想法的方法

（1）一般性头脑风暴法。头脑风暴法是打开思路并帮助产生很多不同想法的方法，是一个创造性解决问题和产生想法的技术方法。它的目的就是尽可能多地产生想法，经常从一个问题或一个难题的陈述开始。每一个想法又导致一个或者更多的想法，最后，产生大量的想法。

一般性头脑风暴法是从一个词语或一个题目开始，将进入脑海中的所有想法都写下来。很多大公司都采用这种方法激发有关新产品的想法。

（2）结构性头脑风暴法。结构性头脑风暴法不是从任意一个词组开始，而是从一个特定的产品开始，即：

◆ 与销售产品相关的企业；
◆ 与制造产品相关的企业；
◆ 与产品间接相关的企业（副产品）；
◆ 与产品服务相关的企业。

▸ 扫一扫：1–9 报纸的用途

头脑风暴的四个原则：

◆ 不要批评和评价他人的想法；
◆ 鼓励随心所欲地想——欢迎那些看似疯狂的想法；
◆ 合适的数量——需要大量的想法；
◆ 在他人想法的基础之上改善和提高。

（3）调查准备创业地区的企业情况：了解这一地区有哪些类型的企业，看看能否找到生存的空间和市场的空白，也是一个发现企业想法的好办法。与伙伴或朋友一起进行这项活动更轻松。

（4）调查所处的环境：自然资源、机构、工业、出版物、商品展销会等。

（5）利用各种问题：自己遇到的问题；工作中遇到的问题；其他人遇到过的问题；所在的社区缺少什么。

（6）利用互联网：B2B（企业对企业）、B2C（企业对顾客）、搜索网站等。

案例：机会就在身边

生活中不是没有机会，而是缺少发现，或者自己发现了，却习以为常没有去做；然而，如果谁尝试去做了，谁就向成功迈进了。

有一个东北人和一个南方人春节后外出打工，中途转车时在一个车站碰到一起。他们都穷困潦倒，不得不外出谋生。他们聊起来，都不想让对方知道自己穷——穷是被人瞧不起的，于是都拼命吹嘘自己的家乡如何好。

东北人说："我们长白山，富裕得很呐，别说关东三宝，就是细辛、五味子之类的药材，漫山遍野都是，足够养活那一方黎民。"南方人说："我们黄山，天下闻名的风景秀美，单是灵芝、黄山茶，只要盯上了，吃穿不尽。"

说者都无心，听者都有意，两个人聊完，各自走了。不过他们都没有去离家时想好的大城市，而是分别去了对方的家乡。南方人到了长白山一看，果然名不虚传，仅是细辛，在南方就没有。南方有什么好，想赚钱去当挑夫，累死了，晒死了，人家这里多凉爽！细辛这玩意儿栽着怎么样啊？南方人在长白山突发奇想，竟将细辛栽培成功了，不久便成为细辛大户，大面积发展一举成功。

东北人到了黄山，看见黄山果然好。在长白山钻老林子，可受够那苦了，人家这里有灵芝，有茶叶，不冷不热风景宜人。此时不捞钱，穷死没人怜！东北人在黄山种灵芝，效果十分好，又贩茶运到北方去卖，很快也腰缠数万。

三年后两个人回老家，又在中转的火车站碰面，发现对方都很富有。

东北人心想：多亏当年遇到他，真是千金不换，果真黄山富庶，若不是他透露消息给自己，自己怎能发展致富。南方人心想：当年的相遇真是千载难逢，长白山果然是宝地，若非他告诉我真情，我还不得在南方穷死。

两个人都把对方当作恩人，万分感激，好好招待一番，但谁都没有告诉对方，是到对方的家乡致富的，两个人都恨相见太晚，家搬得不及时，终比不上对方富有。

其实机会就在我们身边，想到了再努力，就会成功。不是有人到异乡寻找钻石，结果发现钻石就在自家后院吗。自己身边熟悉的环境中隐藏着商机，何必要千辛万苦跋涉去外乡谋生呢！

——摘自：《生意通》2007 年 06 期

（四）分析并筛选出最好的企业想法

1. 筛选企业想法一览表

到目前为止，可能已经有了几个甚至很多适合自己的企业想法。为计划创办的企业准备一张企业想法一览表。下一步任务是努力把一览表中的想法减少到 3 ~ 6 个，只留下最适合自己的那些想法。

认真思考每一个想法，从企业想法一览表中选出最适合的想法。通过回答以下四类问题来分析每个企业想法将有利于创业者做出选择。

（1）顾客：

◆ 怎么知道所在的地区对这家企业有需求？
◆ 谁将是这家企业的顾客？
◆ 顾客的数量足够多吗？
◆ 顾客有能力购买这种产品或服务吗？
◆ 顾客愿意到企业购买产品或服务吗？

（2）竞争对手：

◆ 要创办的企业是准备创业地区同类企业中的唯一一家吗？
◆ 如果有其他类似的企业，如何才能成功地与它们竞争？

（3）资源和需求：

◆ 如何才能提供顾客需要的产品并保证服务质量？
◆ 从哪里获得资源来创办这家企业？
◆ 从哪里能够得到创办这家企业的建议和信息？
◆ 企业需要设备、厂房或合格的员工吗？
◆ 能够得到满足这些要求所需的资金吗？

（4）技能、知识和经验：

◆ 对这家企业的产品或服务了解多少？
◆ 有哪些技能、知识和经验能够帮助经营这家企业？
◆ 为什么认为这家企业会赢利？
◆ 能想象未来十年中自己一直在经营这家企业吗？
◆ 个性和能力如何才能适应这家企业的经营？
◆ 对这家企业是否很感兴趣，是否愿意投入大量的时间和精力促使企业成功？

2. 分析企业想法

（1）实地调研。为了分析外部环境，一定要有足够的信息；为了搜集信息，要进行实地调研；需要与客户、供应商和企业界人士交谈，目的是分析接受或放弃一个企业想法的各种因素。实地调研要注意的关键问题如下：

◆ 交谈的对象；
◆ 关键信息提供者；
◆ 面谈；
◆ 问顾客的问题；
◆ 问供应商、批发商和竞争对手的问题；
◆ 问关键信息提供者的问题。

（2）SWOT 分析。SWOT 分析法是由美国旧金山大学的管理学教授韦里克提出的，常用于竞争环境分析，是竞争情报分析常用的方法之一。具体来说，它是将与研究对象密切相关的各种主要内部优势因素（strengths）、弱势因素（weaknesses）、机会因素（opportunities）和威胁因素（threats），通过调查罗列出来，并依照一定的次序按矩阵形式排列起来，然后运用系统分析的思想，把各种因素相互匹配起来加以分析，从中得出一系列相应的结论。

◆ 企业内部

√ 优势因素（strengths），即计划创办企业的积极方面。与同类企业和竞争对手相比，这些积极的方面将有利于企业。

√ 弱势因素（weaknesses），即企业不太擅长的地方，也许成本太高，或者企业远离供货商。

◆ 企业外部

√ 机会因素（opportunities），即周围对企业有利的潜在发展机会。

√ 威胁因素（threats），即可能发生的对企业产生负面影响的事情。

当做完 SWOT 分析后，应该能评估企业想法的可行性并作出决定：

◆ 坚持自己的企业想法并进行全面的可行性研究；

◆ 修改原来的企业想法；

◆ 完全放弃这个企业想法。

案例：两位老总与熊的故事

两位战略合作伙伴公司的老总 A 和 B，结伴到森林去探险。突然，来了一头熊，熊挥舞着爪子向两位老总扑过来，样子很凶恶。老总 A 正准备拔腿逃跑，却看见老总 B 从包里拿出一双跑鞋来换上。“喂，老兄，你以为你跑得过熊？”老总 A 不解问道。“我换上鞋也跑不过熊，但是我能跑得过你！”老总 B 回答道。

对老总 B 进行 SWOT 分析：

S：有一双跑鞋，适合逃跑；　　W：现在脚上的鞋（换鞋需要时间）；

O：还有一个人，他没有跑鞋；　　T：一只凶猛的熊。

（3）环境影响评估。环境影响评估帮助确定企业可能会对环境产生的负面影响。作为评估的一部分，要说明企业排放于环境中的污染物质可以达到合格标准，还要具体说明计划采取哪些措施将企业对环境产生的负面影响降到最低程度。

企业对环境的影响，包括内部影响和外部影响。所有的企业都是我们生存环境的一部分，并与环境息息相关。环境由物质要素（如水、空气和土壤）、生物成分（如植物和动物）以及社会成分（像你我一样的人）构成。

核对计划创办的企业是否符合国家的环保规定与要求，包括建设项目环境保护要求和工业、餐饮、洗浴、汽车修理等行业的环境保护要求。

下面所建议的评估环境影响方法，可以帮助快速筛选企业想法：

◆ 核对计划创办的企业是否在国家环保部门交由当地环保部门审批的企业经营范围名单内；

◆ 到当地环保主管部门查询相关的法律法规；

◆ 具体说明企业可能造成的污染，如水污染、固体垃圾污染、空气污染、噪声污染等。

企业对环境产生的直接和间接影响如图 10-2 所示。

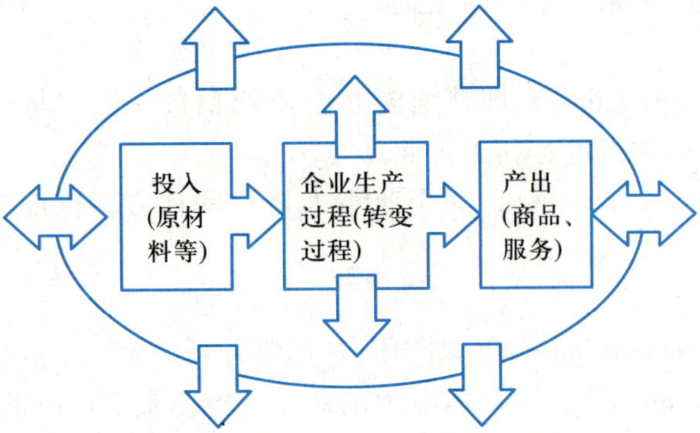

图 10-2　企业对环境产生的直接和间接影响

（五）识别和评估商业机会

尽管企业想法是首要的条件，但它只是一个工具。无论想法本身多好，但是对于成功它是不够的。换句话说，尽管企业想法很重要，但需要将其转化成有价值的商业机会。

识别一个商业机会以及对机会的把握能力是成功创办和经营企业的基础；同时，它也是成功创业者的一个特征。它不仅包括产生企业想法和识别商业机会，还要评估机会是否具有最大的价值，是否值得选择。

1. 什么是商业机会

一个商业机会可以简单地定义为一个有吸引力的、使投资者能够收回投资的想法或主张。这样的机会表现为消费者的需求导致了可以给顾客提供更多价值的产品和服务。

2. 企业想法和商业机会之间的区别

一个好的企业想法未必是一个好的商业机会。例如，在新产品的研制过程中，超过 80% 都是失败的。那么，怎么将一个企业想法转化成一个商业机会呢？

3. 一个好的商业机会的特征

一个好的商业机会，必须是能够实行的机会而且符合下列标准：

◆ 真实的需求；

◆ 能够收回投资；

◆ 具有竞争力；

◆ 实现目标；

◆ 有效的资源和技能。

4. 识别和评估商业机会

识别和评估商业机会不是一项简单的工作，包括很多方面的内容，例如：

◆ 行业和市场；

◆ “机会窗” 的宽度；

- 创业者的个人目标和能力；
- 团队管理；
- 竞争；
- 资金、技术和其他必需资源；
- 环境（政治、经济、法律、政府法规等）。

实践应用

【案例一】　即使不及格

蒙提·罗伯茨在圣思多罗有座牧马场。他常用自己宽敞的住宅举办募款活动，以便为帮助青少年的计划筹备基金。上次活动时，他在致辞中提到："我让杰克借用住宅是有原因的。这故事跟一个小男孩有关。他的父亲是位马术师，他从小就必须跟着父亲东奔西跑，男孩的求学过程并不顺利。高中时，有次老师叫全班同学写报告，题目是长大后的愿望。"

"那晚他洋洋洒洒地写了七张纸，描述他的伟大愿望。那就是想拥有一座属于自己的牧马农场，并且仔细画了一张200亩农场的设计图，上面标有马厩、跑道等的位置，然后在这一大片农场中央，还要建造一栋占地4 000平方英尺的巨宅。

"他花了好大心血把报告完成，第二天交给了老师。两天后他拿回了报告，第一页上打了一个又红又大的F，旁边还写了一行字：下课后来见我。脑中充满幻想的他下课后带着报告去找老师：'为什么给我不及格？'"

"老师回答道：'你年纪轻轻，不要老做白日梦。你没钱，没家庭背景，什么都没有。盖座农场可是个花钱的大工程；你要花钱买地，花钱买纯种马匹，花钱照顾它们。你别太好高骛远了。如果你肯重写一个比较不离谱的愿望，我会重新给你打分。'"

"这男孩回家后反复思量了好几次，然后征询父亲的意见。父亲只是告诉他：'儿子，这是非常重要的决定，你必须自己拿定主意。'"

蒙提此时向众人表示："我提起这故事，是因为各位现在就坐在200亩农场内，占地4 000平方英尺的豪华住宅。那份高中时写的报告我至今还留着。"他顿了一下又说："有意思的是，两年前的夏天，那位老师带了30个学生来我农场露营一星期。离开之前，他对我说：'蒙提，说来有些惭愧。你读高中时，我曾泼过你冷水。这些年来，我也对不少学生说过相同的话。幸亏你有这个毅力坚持自己的梦想。'"

不论做什么事，相信你自己，别让别人的一句话将你击倒。

——摘自：360doc个人图书馆 http://www.360doc.com/contet/

【案例二】　与其追随潮流，不如另辟蹊径

19世纪末，美国加利福尼亚州发现了黄金，出现了淘金热。有一位17岁的少

年来到加州，也想加入淘金者的队伍。可看到金子没那么好淘，淘金的人很野蛮，他很害怕。这时，他看到淘金人在炎热的天气下干活口渴难熬，就挖了一条沟，将远处的河水引来，经过三次过滤变成清水，然后卖给淘金人喝。金子不一定能淘到，而且有一定危险，卖水却十分保险。他很快就赚到了6 000美元，回到家乡办起了罐头厂。这人就是后来被称为美国食品大王的亚尔默。

成功者往往都是有独到见解的人，他们总是从不同的角度看问题，从而能不断产生创意，发现新的需求。不仅要看到市场需求什么，还要注意事物间的联系。

——摘自：应届毕业生(创业网)http://chuangye. yjbys. com

【案例三】 “不安分者”眼中的商机

高中毕业后干起家电维修的小胡和小姜，每天都以修收音机、电视机为生；但前者是一个经营上的“不安分者”，后者则是一个循规蹈矩的“老实人”。不久前，小胡又突发奇想，寻找到新的商机。他发现当地的农民用上自来水后，将来就有可能使用洗衣机，有洗衣机便会有维修洗衣机的业务。于是，他买回本地市场上常见品牌的洗衣机供周围的人使用，目的之一是让人们尝尝洗衣机的甜头，目的之二是学习洗衣机的结构，以及保养和维修。果不其然，一年后，一台台洗衣机进入农村，维修业务几乎全被小胡包揽了，而小姜只能眼睁睁地看着自己失去了一次扩大维修范围的机会。

一般人总是等机会从天降，而不是通过努力工作来创造机会。殊不知，人们遇到的问题和未满足的需要总是在不断地提供新的商机。优秀创业者的一个基本素质，就是善于从他人的问题中发现机会，主动把握机会。对照一下你自己，又有何感想呢？

——摘自：创业网 http://www. cy580. com

第十一章 创业评估

> 当机会把一个有头发的头伸出来，而你没及时抓住的话，回头他便伸出一个秃头来。
>
> ——培根

学习目标

了解市场和市场营销的基本概念；掌握制订市场营销计划的方法；能够制订自己企业的销售计划。

问题导入

如何寻找目标顾客？

如何收集竞争对手的信息？

如何做出企业的产品决策？

理论阐释

一、了解市场与市场营销

对于一家企业来说，如果有足够多的消费者愿意购买其产品（或服务），使它获得利润，那么，它就很可能成功。换句话说，企业要想成功，其产品（或服务）必须有足够的市场。

小企业失败的根源大都可以归结为产品与市场选择的失误。创业者的创业激情往往会使他们忽视一条最基本的生意规则，即“企业的基本目标是满足消费者的需求”。因此，开办企业之前一定要认识清楚产品（或服务）是否有市场。

（一）市场的含义

市场是指需要企业产品或服务的顾客，这些顾客愿意购买并且具有一定的购买能力，他们可能是个人或是其他企业，包括现有的顾客和潜在的顾客。

（二）市场营销的概念

市场营销是指企业以顾客需求为核心，通过整合相关的市场活动，使顾客满意，使企业赢利。围绕产品的生产和销售，企业有过三种不同的观念：产品导向观念；推销导向观念；顾客导向观念。

产品导向观念与推销导向观念都片面强调通过增加销售量获取利润。产品导向型企业相信“好货一定有人买”，重视生产效率和产品质量，而不是顾客的需要。

推销导向型企业认为推销是万能的，企业应主要依赖销售队伍和广告促销扩大销售量。这两种观念在企业发展的一定阶段是适用的，然而它忽略了市场的基本规律，很难适应市场变化、满足顾客的需求和保持持续的发展。

顾客导向观念也叫市场营销观念，强调了解并满足顾客的需求，才能获得持续的利润。如果顾客满意，他会购买更多的产品，长期认同企业的品牌，为企业传递良好的口碑，对价格不太敏感，容易接受新产品，节约企业推广成本。

二、了解顾客

（一）了解顾客的意义

解决顾客的问题，满足他们的需要，让顾客满意，他们就会带给企业更多营业额和利润，企业就会成功。这是企业经营最根本的出发点。

寻找目标顾客一般分为两个步骤，即顾客细分和目标顾客选定。注意不能把自己的需求想象成顾客的需求。

（二）顾客细分

顾客细分是将市场划分成不同类型顾客的过程，即潜在的顾客在哪里，是在国内、国外，还是在农村、城市；顾客有哪些，是个人、单位，还是成人、儿童；顾客的职业特征、生活方式；顾客的消费习惯；顾客的消费潜力。

通常，顾客可细分为以下几类：

- 富豪型——中高档消费群体；
- 富裕型——中高档消费群体；
- 小康型——中高档消费群体；
- 温饱型——中低档消费群体；
- 贫困型——中低档消费群体。

案例：独具匠心抢市场

北京有一家饭店，地理位置偏僻，远离市区，但饭店经营者以顾客为导向，变不利为有利，创造了以下几个特色。

特色之一：饭店与附近的农场合作，开辟近万亩无公害菜地，从而保证向宾客提供的食品全部是无污染的食品，这样，极大地吸引了国内外顾客。

特色之二：利用饭店地处郊区的优势，在饭店附近开辟了果园、鱼塘；这样，宾客如有兴致，便可采摘自己喜爱的瓜果品尝，也可以自由垂钓，享受田园风光。

特色之三：打破一般宴席的法规戒律，不拘一格地把一些从不登大雅之堂的乡村食品，如烤红薯、煮玉米等搬上餐桌，使饭店具有浓郁的乡土气息。

饭店的这三种特色，深受宾客的欢迎，该饭店的入住率显著提高。

——摘自：中国种植网 http://www.zhongzhinet.com/html/news/330.htm

（三）目标顾客选定

目标顾客选定是指通过对每一类细分顾客的分析，看看哪一类顾客对企业来说是具有潜在价值和吸引力的顾客，并选择一个或多个人群作为企业未来的营销目标。

通常情况下，企业需要考虑的因素如下：

◆ 打算向哪一类顾客销售产品或服务；
◆ 他们想要什么产品或服务；
◆ 他们的职业特征、购买习惯是怎样的；
◆ 他们未来的收入是增加还是减少。

（四）收集目标顾客信息

1. 6 “W” 1 “H” 原则

收集顾客的信息，就是做顾客方面的市场调查，这对任何创业计划都是很重要的。了解顾客信息的 6 “W” 1 “H” 原则如图 11-1 所示。

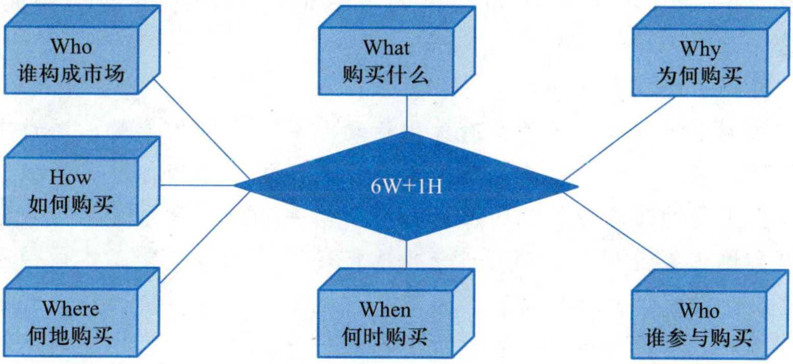

图 11-1 顾客信息 6 “W” 1 “H” 原则

2. 收集顾客信息的方法

收集顾客信息的方法如下：

◆ 情况推测法（对本行业很了解，凭经验进行推测）；
◆ 行业信息法（专家、书报、杂志、网络查询等）；
◆ 抽样调查法（询问法、电话调查法、座谈等）；
◆ 观察法（对顾客购物行为进行观察和记录）；
◆ 实地考察法（到行业第一线实地收集第一手资料）；
◆ 实验法（将自己或竞争者的产品让顾客试用，获得顾客对产品观点的反馈）。

3. 基本调查步骤

市场调查的步骤如下：

◆ 划定调查范围（确定目标客户地域）；
◆ 明确调查对象（确定潜在顾客群体）；
◆ 确定调查内容（确定市场调查主题）；

◆ 直接进入市场（亲临现场实际考察）；
◆ 多方搜寻信息（多渠道多途径收集）。

4. 潜在客户的特征

对企业来说，潜在客户是最重要的“贵宾”。潜在客户通常具有以下特征：

◆ 潜在客户并不依赖任何企业；
◆ 潜在客户是企业的服务对象；
◆ 企业不是通过服务潜在客户来讨好他们，而是通过满足客户的需求来实现自身的利益；
◆ 潜在客户并不是一组统计数字，他们首先是人，具有常人的感受和情绪；
◆ 潜在客户并不是你斗智的对手，任何人只要和潜在客户发生争吵，则必输无疑；
◆ 潜在客户是那些有想法和需求的人，企业的任务恰恰是要迎合他们的需要。

案例：开拓市场　征服顾客

李建文看到滑板这类时尚的体育休闲活动深受青少年的喜爱，通过市场调查看好健身休闲活动背后蕴藏的巨大商机，于是他创办了一家溜冰鞋、滑板、护具用品的专卖店。由于他的店专业性强，品种全，所以一开张就有顾客上门买东西，但销售情况并没有他想象得那么好。通过分析他觉得还是推广宣传工作做得不够，于是李建文四处打听滑板、溜冰爱好者经常聚集的地方。了解了情况后他就带上店里最新的发光直排轮、滑板等样品让这些玩家们看一看、试一试，和他们交流一些关于保养溜冰鞋的经验，并和他们交朋友。这时周围许多对这些运动感兴趣的人便上前询问，这样他的生意便做成了。渐渐大家接受了他的产品。通过口口相传，溜冰圈里知道这个店的人越来越多，经常有人慕名而来。对于那些不是从他这售出的鞋出了毛病，他也热情帮忙找配件修理，所以赢得了不少客户的信赖。

——摘自：中国就业网 http://www.chinajob.gov.cn

三、了解竞争对手

（一）了解竞争对手的意义

凡是可以与自己争夺同一市场资源的企业和实体都成为竞争对手。任何企业成立，必然要与竞争对手争夺顾客。了解其优势、特点和不足，企业才能做到知己知彼，百战百胜；同时也能够明确自己在同行业中的位置，正确地确定本企业的发展方向与目标。

竞争对手与企业的关系表明：没有压力就没有动力，没有竞争就没有精英。

（1）直接竞争对手：竞争者与企业提供几乎相同的产品与服务。例如，“中国移动”与“中国联通”，“肯德基”与“麦当劳”。

（2）平行竞争对手：竞争者与企业提供可以满足同一需要的产品与服务。例如，摩托车与电动车。俗话说，同行是冤家。在这里我们要换一个思考方式，换一个观念。

（3）潜在的竞争对手：在广泛的意义上，企业还可以把与自己争夺同一市场购买力的企业都看作竞争者。例如，汽车销售公司与房地产公司，儿童玩具商与儿童食品供应商。

不要简单地把竞争对手视为敌人，因为他们还是：

◆ 共同营造市场的朋友；

◆ 促进自我提高的外在动力；

◆ 学习经验的老师。

案例：没有单独的赢家

镇中心有一条繁华街道，街上有张三开的羊汤馆，对面是李四开的烧饼铺。张三制作的羊汤有祖传秘方，味道极好，远近闻名，每天食客云集，把张三忙得不亦乐乎。好不容易得了空闲，张三踱进李四的铺子，聊问其烧饼生意如何。李四笑答“托张哥羊汤之福，我家的烧饼卖得也不错，每月能挣上两千元吧”。张三回去后，愈想愈不平，心道“我店中光雇的伙计就有七八个，全店上下忙死忙活，勉强才能月赚三千元，而李四只有夫妻两人卖烧饼就能月挣两千元，相比之下，李四赚钱也忒轻松了吧。”心有不甘的张三又添人手，在自家店里增设了卖烧饼业务。然而他家的烧饼并不受欢迎，进店的顾客依然是手持李四的烧饼，喝张三的羊汤。气恼之下，张三立下店规“凡进店顾客谢绝自带烧饼！”这下可好，顾客一个个都气走了，张三的生意一落千丈最终倒闭。张三走了来了王五，重新装修店铺改卖馄饨，和李四精诚合作。从此顾客吃李四的烧饼，喝王五的混沌，又呈现出一派欣欣向荣的景象。

（二）收集竞争对手信息

就像收集顾客信息那样，可以同样的方法分析企业的竞争对手。

（1）如何了解竞争对手：

◆ 确定竞争对手的范围

◆ 确定竞争对手的对象

◆ 确定竞争对手的信息

◆ 确定搜集信息的方法

（2）了解竞争对手信息的主要方法：

◆ 访问法：通过访问竞争对手的顾客、供应商、员工、亲朋等；

◆ 观察法：到第一线实地观察，以得到第一手资料；

◆ 刺探法：扮成顾客上门；

◆ 卧底法：应聘到竞争对手企业工作。

（3）对竞争对手信息综合分析：运用 SWOT 分析法，分析竞争对手的企业与自己的企业相比有哪些优势和不足。分析成功的企业是否有相似的运作方式，以及是否有相同的价格政策、服务、销售或生产方法。

(4) 怎样和竞争对手相处：

◆ 肯定对方的价值；
◆ 向对方学习；
◆ 与对方合作；
◆ 在竞争中壮大自己；
◆ 使用正当手段竞争。

四、制订市场营销计划

(一) 市场营销计划的含义

营销是一种艺术。创业者要想取得成功就必须善于营销，把企业的产品和(或) 服务销售出去。企业要想获得成功，仅仅拥有各种产品和服务是远远不够的，还必须让顾客购买这些产品和服务。只有当企业所提供的产品和服务能够给顾客带来实实在在的利益时，顾客才会花钱购买。

营销是企业围绕满足顾客需求，为获取最大利润而开展的整体经营活动。企业市场营销计划是指以顾客为中心，为了达到营销目标而制订的详细的营销战略和具体的行动方案，指明了企业的发展方向，是企业各部门工作的核心和龙头！

▸ 扫一扫：3-7 校园营销活动汇编2014

一个有用的市场营销计划包含以下几个部分：

◆ 收集与筛选相关信息；
◆ 分析和确定目标顾客；
◆ 针对目标顾客采取有效的营销策略；
◆ 各个任务的执行人、时间、需要的资源。

市场营销计划可以帮助中小企业做到以下几点：

◆ 清楚、直观地了解企业的发展方向；
◆ 明确实现企业目标的重要步骤、时间和所需要的资源；
◆ 制订企业营销活动目标、任务和分工；
◆ 确定目标顾客和提供的产品、服务；
◆ 提供活动预算和日程。

(二) 制订市场营销计划的方法

一个成功创业的业主，要想搞好经营，必须制订 4P 市场营销计划，如图 11-2 所示。

1. 产品

产品是指企业计划向顾客销售的东西。一个完整产品的属性可以包括三个层次，如图 11-3 所示。

2. 价格

制定产品价格时，必须考虑产品的成本、顾客愿意出多少钱购买、竞争者同类

图 11-2 4P 市场营销计划

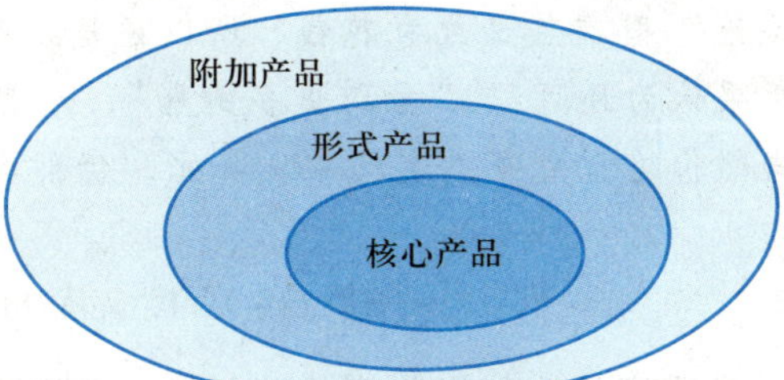

图 11-3 产品属性三个层次

产品的价格等。

产品定价的一些常用技巧和方法如下。

(1) 尾数定价法。尾数定价法是指在商品定价时，采取零头（如 0.9、0.99）结尾，给消费者在心理上产生非常便宜的感觉。这种策略一般适用于日常消费品等价格低廉的商品。

从国外的家乐福、沃尔玛到国内的华联等大型百货商场，从生活日用品到家电、汽车都采用尾数定价法。

尾数定价产生的特殊效果如下：

◆ 便宜：标价 99.96 元的商品和标价 100.06 元的商品，前者可以使消费者认为商品价格低、便宜，更令人易于接受。
◆ 精确：带有尾数的价格会使消费者认为企业定价是非常认真和精确的。
◆ 中意：由于民族习惯、社会风俗、文化传统和价值观念的影响，某些特殊数字常常会被赋予一些独特的含义。

(2) 撇脂定价法。撇脂定价法又称高价法，即将产品的价格定得较高，尽可能在产品生命初期，在竞争者研制出相似的产品以前，尽快地收回投资，并且取得相当的利润。然后随着时间的推移，再逐步降低价格使新产品进入弹性大的市场。一般而言，对于全新产品、受专利保护的产品、需求的价格弹性小的产品、流行产品、未来市场形势难以测定的产品等，可以采用撇脂定价策略。

撇脂定价法的适用条件如下：

◆ 市场上存在一批购买力很强，并且对价格不敏感的消费者；

- 这样的一批消费者的数量足够多，企业有厚利可图；
- 暂时没有竞争对手推出同样的产品，本企业的产品具有明显的差别化优势；
- 当有竞争对手加入时，本企业有能力转换定价方法，通过提高性价比来提高竞争力；
- 本企业的品牌在市场上具有传统的影响力。

案例：苹果公司 iPod 的成功

苹果公司的 iPod 产品是该公司最成功的消费类数码产品之一，一推出就获得了成功。第一款 iPod 零售价高达 399 美元，即使对于美国人来说，也是属于高价位产品；但是有很多“苹果迷”既有钱又愿意花钱，所以还是纷纷购买。苹果的撇脂定价取得了成功。但是苹果认为还可以“撇到更多的脂”，于是不到半年又推出了一款容量更大的 iPod；当然价格也更高，定价 499 美元，仍然卖得很好。苹果的撇脂定价大获成功。

——摘自：百度文库 http://wenku. baidu. com

(3) 渗透定价法。渗透定价法与撇脂定价法相反，其在新产品上市初期把价定得较低，待产品渗入市场，销路打开后，再提高价格。渗透定价法与撇脂定价法都属于心理定价策略。

渗透定价法首先设定最初低价，以便迅速和深入地进入市场，从而快速吸引大量的购买者，赢得较大的市场份额。较高的销售额能够降低成本，从而使企业能够进一步降低价格。

新产品渗透定价应具备的条件如下：

- 新产品的价格需求弹性大，目标市场对价格极敏感，一个相对低的价格能刺激更多的市场需求；
- 产品打开市场后，通过大量生产可以促使制造和销售成本的大幅度下降，从而进一步做到薄利多销；
- 低价打开市场后，企业在产品和成本方面树立了优势，能有效排斥竞争者的介入，长期控制市场。

案例：戴尔的价格战略

戴尔和盖特惠公司采用市场渗透定价法，通过低成本的邮购渠道销售高质量的电脑产品。它们的销售量直线上升，而此时通过零售店销售的 IBM、康柏、苹果和其他竞争对手根本无法和它们的价格相比。沃马特、家庭仓库和其他折扣零售商也采用了市场渗透定价法，它们以低价格来换取高销售量。高销售量可导致更低的成本，而这又反过来使折扣商能够保持低价。

——摘自：百度文库 http://wenku. baidu. com

(4) 差别定价法。差别定价法又称“弹性定价”法，是一种“以顾客的支付意愿”而制定不同价格的定价方法。其目的在于建立基本需求、缓和需求的波动，以便刺激消费。

差别定价法有以下几种形式。

① 顾客细分定价。企业把同一种商品或服务按照不同的价格卖给不同的顾客。例如，公园、旅游景点、博物馆将顾客分为学生、年长者和一般顾客，对学生和年长者收取较低的费用。

② 产品形式差别定价。企业按产品的不同型号、不同式样，制定不同的价格，但不同型号或样式的产品其价格之间的差额和成本之间的差额是不成比例的。例如：33 英寸的彩电比 29 英寸的彩电的价格高出一大截，可其成本差额远没有这么大；一件裙子 70 元，成本 50 元，可是在裙子上绣一组花后，追加成本只有 5 元，但价格却可定到 100 元。

③ 形象差别定价。有些企业根据形象差别对同一产品制定不同的价格。这时，企业可以对同一产品采取不同的包装或商标，塑造不同的形象，以此来消除或缩小消费者认识到不同细分市场上的商品实质上是同一商品的信息来源。例如：香水商可将香水加入一只普通瓶中，赋予某一品牌和形象，售价为 20 元；而同时用更华丽的瓶子装同样的香水，赋予不同的名称、品牌和形象，定价为 200 元。

④ 地点差别定价。企业对处于不同位置或不同地点的产品和服务制定不同的价格，即使每个地点的产品或服务的成本是相同的。例如，火车卧铺从上铺、中铺到下铺，价格逐渐增高。

⑤ 时间差别定价。时间差别定价是指价格随着季节、日期甚至钟点的变化而变化。例如，航空公司或旅游公司在淡季的价格便宜，而旺季一到价格立即上涨。

3. 地点与分销

地点是指你把自己的企业设在什么地方；而分销则是指采用什么样的方式让顾客方便地得到你的产品。

一般而言，有三种分销渠道，如图 11-4 所示。

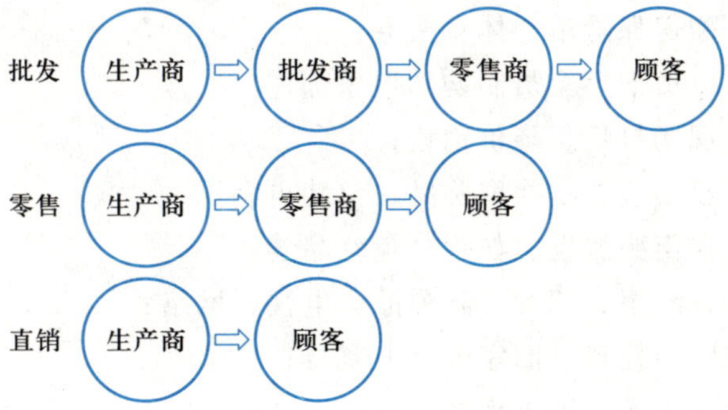

图 11-4 产品分销渠道

4. 促销

促销是指把企业的产品信息传递给顾客，吸引他们来购买产品。促销可以分别对消费者、中间商、内部员工实施。促销方式主要有以下几类，它们之间的比较如表 11–1 所示。

（1）广告 ——通过媒体或招贴小册子、价格表、名片、标志品来招揽顾客，向顾客提供产品信息，让他们有兴趣购买企业的产品。

（2）人员推销 ——派推销人员与顾客进行面对面的沟通，促成交易。促销很费钱，但奏效的促销方式可以使企业的产品很快占领市场。

（3）营业推销 ——营业推销也称为销售促销。这种方式一般采用降价、奖励、礼品、表演来影响顾客，使之有得到更多利益的感觉而成为顾客。

（4）公共关系 ——树立诚实不欺、优质守信的形象以取得人们的好感，往往也借助媒体发布利好信息为自己的企业做宣传来影响顾客。

表 11–1　促销方式比较

广告	人员推销	营业推销	公共关系
高度大众化传递 可多次重复 充分利用文字、声音和色彩 特别适合分散目标顾客传递	灵活，可就近观察顾客态度，随时调整 促进购买建立友谊 及时得到顾客反馈 但推销成本最高	短时期的特别促销 用赠品优惠券降价等刺激 但显示急售意图，频繁使用会降低身价	间接的促销，不要求达到直接的销售目标 认为新闻报道可信 传递给避开推销和广告的顾客

常见的企业促销方式如下：

- 优惠券：印小传单邮寄、街头派发；
- 附赠抽奖：每购买一定金额的商品抽奖或兑奖；
- 赠送商品：买一送一；
- 有奖销售：赠送保险单、体育奖券；
- 集点优惠：会员卡、会员制购物俱乐部；
- 明折优惠：现场打折、降价销售；
- 包装促销：收集包装物换取奖品，包装再利用；
- 免费样品：在街头派发，如食品免费品尝；
- 广告：布标、海报、招牌、陈列品、电视、网络；
- 商品回收与以旧换新：旧家电、旧家具；
- 现场展示参观生产、加工现场；
- 限时特卖：不同时段不同价格，每日限量特价品；
- 分期付款：如房屋、汽车、家电等贵重商品；
- 承诺售后服务：如质量三包、培训顾客、开通热线电话。

小老板的实用促销术

- 印一盒名片
- 带一张笑脸
- 满嘴的好话
- 得体的着装
- 随时随地的销售
- 善用资源，无中生有

总之，促销很费钱，但是奏效的促销方式可以使企业的产品很快占领市场。

5. “4P” 营销理论

20 世纪 60 年代，美国营销学者杰瑞·麦卡锡提出了著名的 4P 营销组合策略，即产品（product）、价格（price）、渠道（place）和促销（promotin）组成的营销手段。麦卡锡认为，企业从事市场营销活动，一方面要考虑企业的各种外部环境，另一方面要制订市场营销组合策略；通过策略的实施，适应环境，满足目标市场的需要，实现企业的目标。“4P” 营销理论为企业的营销策划提供了一个有利的框架。

（1）产品——product：产品种类、质量、设计、功能、品牌名称、包装、规格、服务、保证退货。

（2）价格——price：目录、折扣、折让、付款期限、信贷条件。

（3）通路——place：渠道、覆盖区域、商品分类、位置、存货、交通。

（4）促销——promotion：销售促进、广告、人员推销、公共关系、直复营销。

在 4P 的基础上，后来又加上政治权利（political power）与公关关系（publicrelation）形成新的 6P 营销策略组合；即要运用政治力量和公共关系，打破国际或国内市场上的贸易壁垒，为企业的市场营销开辟道路。

（三）成功的营销人员必须具备的个性特征

成功的营销人员必须具备的个性特征如下：

- 结果导向；
- 动机强烈；
- 自信；
- 职业形象；
- 诚实；
- 可靠；
- 了解自己的产品；
- 虚心倾听；
- 热情大方；
- 善解人意；

- 善于沟通；
- 和蔼可亲；
- 礼貌周到；
- 灵活机动；
- 主动接近顾客。

案例：卖报老人的营销策略

两年前老汉下岗了。生活的压力使老汉开始打算卖报挣钱（制定工作目标）。几经挑选，发现汽车总站人流量大车次多，于是选定在此卖报（初步市场分析，选择终端销售点）。

经过几天蹲点发现，车站固定的卖报人已有两个（营销环境论证）。其中一个人卖很长的时间了，另一个好像是车站一位驾驶员的熟人（对竞争对手进行初步分析）。如不做任何准备直接进场卖报一定会被人家赶出来。于是老汉打算从车站管理人员下手（制定公关策略）。开始，老汉每天给几位管理人员每人送份报纸。刚开始人家跟他不熟，不要他的报纸。他就说这是在附近卖报多余的，一来二去也就熟了。老汉这时就开始大倒苦水：说现在下岗了，在附近卖报销量也不好，一天卖不了几份；而马上女儿就要参加高考了，高昂的学费实在是无力负担；女儿学习成绩那么好，如果让她不读大学，真的对不起她了……（与公关对象接触并博取同情）。人心都是肉长的，车站管理员就热心帮他出主意：那你就来我们车站卖报嘛。我们这边生意蛮好的，他们每天都能卖几百份呢。有了车站管理员的许可，老汉光明正大地进场了。当然，老汉不会忘记每天继续给管理员每人送一份报纸（公共关系维护）。

——摘自：腾讯网 http://js.qq.com/a/20140909/043134.htm

五、预测销售

（一）销售预测的重要性

销售预测是预测企业能否生存发展的重要依据。做销售预测绝不是一件容易的事，必须通过市场调查来做出预测，而绝不能凭主观想象臆造。

企业的主要风险来自于销售市场的需求变化和竞争对手的对策。做好销售预测能有效防止企业投资风险。

（二）预测销售的几种基本方法

1. 抽样调查

调查方法包括以亲朋好友为对象进行初测和对确定访问的潜在顾客群抽样调查。

抽样调查的对象要能够代表企业潜在的顾客群，这点很重要。

2. 实地测试

试销企业的产品和服务，实地测试顾客对产品的反映。这是制造企业和零售业进行实地测试的最有效的方法。使用此种测试方法，创业起步规模要小，或者保持半开工状态，慢慢地再做大做全。

3. 订单预测

向客户发放产品预订单或购买意向书，通过客户的回单，分析售前调查信函或顾客购买意向书，利用预订单来预测销售。这种方法适用于出口商、批发商或制造商。这些必须是书面购买意向书，不能信赖口头协议。

4. 与同类企业进行对比

将企业的资源、技术和市场营销计划与竞争对手的资源、技术和市场营销计划进行比较。基于他们的销售水平来预测企业的销售，这是最常用的销售预测方法。需要找一个本地的同类竞争者或外地的同类企业，看看他们的企业是如何运作的。

预测销售需要综合考虑以下因素：

- 市场需求和供给两方面的情况；
- 自己的营销计划；
- 市场前景；
- 自身条件。

实践应用

【案例一】　竞争对手间的成功合作

温州柳市的 323 家低压电器公司联合起来，先后在全国 320 多个大中城市，230 个县级行政区设立了进行统一销售的子公司、分公司和门市部；在 18 个国家、地区开设直销点、销售公司 53 个。这张庞大而灵敏的营销网络的形成，既避免了自相残杀，又为各企业产品的销售和企业形象的树立提供了保证。

——摘自：新疆数字报 http://epaper. ts. cn

【案例二】　小故事，大道理

一只青蛙看着自己的老鼠邻居很不顺眼，总想找个机会教训教训它。

一天，青蛙见到老鼠，劝它到水里玩。老鼠不敢，青蛙说有办法保证它的安全，即用一根绳子把它们连在一起。老鼠终于同意一试。下了水，青蛙大显神威，它时而游得飞快，时而潜到水底。把老鼠折腾得死去活来。老鼠最后被灌了一肚子水，被胀得漂浮在水面上。空中飞过的鹰正在寻找食物，发现了漂浮的老鼠，就一把抓了起来。相连的绳子把青蛙也带了上来。吃掉老鼠后，意犹未尽的鹰把嘴伸向了青蛙。在被鹰吃掉之前，青蛙后悔地说："没想到把自己也给害了。"

感悟：竞争是有规律的，当我们采取不正当的手段去对付竞争者时，也许我们自己已经也踏入了失败的门槛。

——摘自：微口网 http://www. vccoo. com/v/95d5e0

【案例三】 天堂与地狱

上帝对一个牧师说，他要让牧师去看一看天堂与地狱的差别。他们来到一个房间里。房间中央摆放着一锅热腾腾的肉汤，一大群人围着锅坐着，个个愁眉不展。原来，他们虽然每个人手里都拿着一把汤匙，但汤匙的柄太长，他们无法将汤喂到嘴里。面前摆放着美食，他们却只能眼睁睁地望着，仍旧要饿肚子，怪不得一个个神情黯淡、愁眉苦脸。

上帝又带牧师来到另外一个房间。里面仍然是一锅热腾腾的汤。一大群人围着锅席地而坐。他们手中仍拿着长柄汤匙，可每个人脸上的表情却幸福而满足。他们在欢笑、唱歌，过得非常快乐。牧师迷惑不解，他问上帝，同样的食物，同样的条件，第一个房间里的人们都在挨饿，处境悲惨，而另外一个房间里的人们却丰衣足食，差别为何如此之大呢？上帝微笑着说："难道你没有看见，第二个房间里的人都在相互喂对方吗？"

原来，第一个房间里的人只想着怎样来喂自己，而长柄却使他们无法做到；而第二个房间里的人彼此合作，他们用长柄汤匙舀上汤互相喂对方，于是大家都喝上了汤。这便是天堂与地狱的差别。

点睛：

故事并不复杂，但却蕴含着深刻的哲理。同样的条件，同样的设备，为什么一些人把它变成了天堂，而另一些人却经营成了地狱？原来，天堂和地狱并不遥远，它就在我们身边：团结协作就是天堂，彼此争斗就是地狱。

随着现代社会分工的日益精细，要想获取成功，相互协作显得尤为重要。

松下幸之助先生说："松下不能缺少的精神就是协作，协作使松下成为一个有战斗力的团队。"

卡耐基先生说："放弃协作，就等于自动向竞争对手认输。"

朗讯 CEO 鲁索先生说："协作对于今天的企业而言，就是生命。没有协作精神的员工会对企业极不负责任。"

团结协作就是团队成员都真心诚意地付出，以团队的共同愿景为重，不计较个人得失。佛语道："施比受更好"。舍得付出的人必定能得到回报。付出越多得到的就越多。有一句经常被提起的哲理：你在帮助别人获得幸福的时候，自己也获得了幸福。更进一步的说法是：如果你能够帮助别人梦想成真，你就能心想事成。

协作才能发展，协作才能胜利，这是今天很多企业领导者的共识。缺乏协作精神的企业不可能获得前进，这就像几匹马拉一辆车行驶一样。当所有的马朝着一个方向，步调协调地奔跑时，这辆车才能有速度。如果几匹马朝着不同的方向奔跑，这辆车根本就不会前进，还会导致马倒车翻。

我们强调团队意识和团队精神，其实质就在于强调一种互助协作的精神，每一个人都应该充分意识到自己是团队中的一份子，自己有责任为了整个团队的利益而互相合作、相互支持，因为团队的胜利也是每一位成员的胜利。

——摘自：人才资源开发 . 2010（8）

第十二章 创 业 资 源

钱就像人的第六感觉，没有了它，其他五种感觉也无法得以充分利用。

——Human Bondage 公司总裁 赛默赛特 · 莫姆

学习目标

了解启动资金的基本概念；掌握启动资金的分类方法；正确估算启动资金的需求。

问题导入

创业资源的类型是如何划分的？

大学生身边都有哪些创业资源？

如何才能有效的获取创业资源？

理论阐释

一、创业资源

（一）创业资源的内涵

资源就是任何主体在向社会提供产品或服务的过程中，所拥有或所能支配的有助于实现自己目标的各种要素以及要素的组合。创业资源是企业创立以及成长过程中需要的各种生产要素和支撑条件，是新创企业在创造价值过程中所需要的特定资产，包括有形资源和无形资源。

（二）创业资源的种类

创业资源可按不同的标准进行分类。

（1）创业资源按性质的不同可分为：人力资源、财务资源、物质资源、技术资源和组织资源。

（2）创业资源按其存在形态的不同可分为：有形资源和无形资源。

（3）创业资源按参与程度的不同可分为：直接资源和间接资源。

（4）创业资源按对企业核心竞争力影响的重要性可分为：核心资源和非核心资源。

（5）创业资源按其来源的不同可分为：内部资源和外部资源。

二、大学生的创业资源

（一）情谊创造财富

职场上有句名言：“20 岁靠体力赚钱，30 岁靠经验赚钱，40 岁则靠人脉赚钱。”成功的秘诀在于：成功=知识+人脉。在人际关系中，有战友、同事、同行、上下级、主顾等业缘关系；有同学、师生、师徒等学缘关系；有邻里、同乡等地缘关系；有人生道路上偶然接触而相识、建立友谊的机缘关系。在这些众多的关系中，非常重要的是同学关系、战友关系、同乡关系、职业关系，等等。

案例：世上温州人

目前，温州有150万人在全国各地的市场上纵横驰骋，有100万人在全世界闯荡江湖。他们的一个明显优势，就是温州同乡。温州人的群体意识很强，团队精神特好。难怪现在温州市正在极力打造“温州人”“温州团”，因为它们已经成了温州老乡的代名词和温州的知名品牌。

《世上温州人》记载了这么一个小故事——温州话成为温州人天然的纽带。讲的是温州人全世界各地跑，什么事情都碰到。温州话就像是国际语。在法国巴黎就有一条3千米长的通行温州话的“温州街”；在美国纽约唐人街，在意大利罗马广场，在荷兰阿姆斯特丹码头，都可以听到独特的温州话。一讲温州话，就可以找到亲爱的同乡，当然是素不相识的老乡，也就可以找到吃的住的。因为那些城市里的中餐馆大都是温州人开的，而温州人又特别热情好客且豪爽仗义。

著名作家叶永烈就以自己在国外的亲身经历，讲述了一个故事。圣诞节之晨，他和妻子到了美国纽约的唐人街。在一家杂货铺里，他听见老板娘在跟伙计讲温州话，他就用温州话跟她打了一声招呼，她顿时满面笑容，连声说：“哟，你也是温州人！快进来坐，快进来坐。”她介绍说，她的隔壁，隔壁的隔壁，隔壁的隔壁的隔壁，全是温州人开的店！当晚，叶永烈和妻子在亲戚家，参加圣诞节聚会，十多位温州同乡来了。他们不用英语，也不用普通话，而是用瓯语交谈。在这离温州万里之遥的纽约，简直是奇迹。

“同乡”——这两个字眼里面蕴藏了多少“缘分”和“情结”！这不是我们创业经商可贵的资源吗？

（二）智慧创造财富

人人都向往财富，人人都在不断地追求财富。为什么财富总是青睐极少数人，而与自己无缘呢？要说聪明才智，穷人不见得缺乏，高智商有才能的人也大有人在，却为何没能使自己富有？

案例：一位富甲一方的企业家，经过考察得出的结论

一位企业家幼年也很贫穷，后来白手起家创建了国际大型企业集团公司，拥有上亿美元的资产。一次他到西南某省的贫穷地区考察，希望帮助那里的人脱贫致富。然而考察中遇到了发人深省的三件事，改变了他的想法。

当他目睹当地一户贫困人家吃饭的情景时，禁不住为之落泪。原来，这户人家全家老小吃饭用的碗，竟是几只破得不能再破的陶；更让他吃惊的是全家连一双筷子也没有，吃饭全是直接用手抓。菩萨心肠的企业家无比同情，便许诺给这家人物质上的帮助。可当他走出这户人家的门后，却马上又改变了主意，因为他看到这户人家房前屋后都长着极适合做筷子的竹子。

在这个村子里，企业家又看见一个乞丐端着破碗正挨家讨饭，他要求不高，无论是稀饭还是馒头，只要能吃他都要。企业家看他只有三十几岁，就跟乞丐说，想让他到自己的建筑工地上打零工，并许之若干工钱。岂料此等好事，那乞丐却一口回绝说："给人打工挣钱多苦，远不如讨饭来得省力省心。"

企业家摇摇头，继续往前走。这时一个年轻的园艺师傅听说企业家来考察，就过来对企业家说："先生，我看您的事业做得很大，而我却像树上的蝉，注定一生都坐在树干上，太没出息了。您能否教给我一点创业的秘诀呢?"

企业家略感欣慰，十分赞同地点点头说："行啊！既然你非常擅长园艺工作，这样吧，在我工厂旁有两万平方米空地，我们合作来种树苗吧！树苗1棵多少钱能买到呢?""40元。"

企业家说："好！以1平方米种2棵计算，扣除走道，1万平方米大约种1.2万棵，树苗的成本是50万元。3年后，1棵树可卖多少钱呢?""大约3 000元。""那么我投资50万元用于购买树苗与肥料，你负责除草和施肥工作。3年后，这些树就可以收入300多万元的利润。到时候我们每人一半，怎么样?"年轻的园艺师却吓得连连拒绝说："哇，我怎么敢做那么大的生意!"最后，他决定帮企业家栽种树苗，按月领取稍高于过去的工资。

考察结束后，企业家没有给这个贫困的地方投放救济金。陪同人员感到意外，顺便问了一下原因，企业家讲述了下面这个故事。

从前，有一位穷人家里十分贫困，经常吃了上顿没有下顿，一家人衣不遮体。穷人的邻居是一位富人。有一天，富人动了仁慈，想帮助穷人摆脱贫困，走向致富的道路，于是就送穷人一头牛。富人还一再地叮嘱穷人要好好地开荒，来年春天在地里撒上种子，秋天就能够有一些收获。富人说，如此连续辛勤地耕耘几年，土地一定不会辜负他的付出，他一定会逐渐地脱离贫困，摘下那顶穷帽子。

于是，穷人充满信心地开始了摆脱穷困命运的奋斗。然而，不久穷人就发现，自己以前只要混口饭吃就可以了，而现在比以前还累还穷，因为他还要给牛打草吃。因此穷人想，干脆卖掉这头牛，然后买几只羊；先杀一只，再让剩下的羊生小羊，等小羊长大了之后再卖掉，这样也可以赚许多钱。

穷人卖掉那头牛买了几只羊，先吃掉了一只大饱了一次口福。然后穷人就开始等待大羊生小羊。可是，等待的日子并不好过，而且更加艰难，穷人既要自己吃饭，还要为几只羊的生活忙碌。于是没有几天穷人就再也忍不住了，又吃掉了一只羊。不久，穷人喂的羊很快就只剩下了一只。穷人想，这样下去还是要受穷的，不如卖掉羊买几只鸡；因为鸡生蛋的速度总是比羊生小羊的速度要快，并且鸡还可以孵小鸡，好日子很快就会降临。

把羊换成了鸡之后，穷人发现日子依然如旧，并没有获得改善。于是他又开始杀鸡吃，这样又过了几天较为舒适的日子，终于在杀得只剩下一只鸡时，穷人感到自己致富的理想已经像那美丽的肥皂泡一样破灭了。穷人灰心地想，致富已经没有任何的希望了，还不如干脆一些，卖掉这一只鸡，打一壶酒，买一盘花生米，然后一醉方休，就什么愁都没有了。

穷人喝酒的这一天恰恰是惊蛰，他的富人邻居兴致勃勃地为他送种子来了，却发现穷人的院子里空空的，那只牛早就没有了。富人走进穷人那座已经透风的旧房子，发现穷人正在守着半盘花生、一壶酒喝酒。富人望了望穷人那副醉相，无奈地摇了摇头扭身走了。后来，富人变得越来越富，而穷人依然穷得叮当响。

企业家的结论如下：

（1）一个健康的人之所以还会贫困潦倒，是因为不思进取的懒惰。有人是行为的懒惰，有人是思想的懒惰，懒惰的人是不会产生智慧的，更不会去实现梦想。物质上的贫穷并不可怕，可怕的是精神的贫穷、智慧的贫乏。

（2）穷人与富人的区别不是能力，不是机遇，而是思想上的区别。富人之所以能够致富，是因为他们具有发家致富的思想，并且能运用智慧，想方设法地付诸行动，做到了别人想不到或做不到的事，因而他们实现了自己的财富梦想。穷人之所以穷，是因为他们的眼光看得很近，没有一个长远的打算，也不能为实现自己的财富梦想而付出更多的努力，尽管他已经很穷，但是他更多的还是安于现状，没有改变自己贫穷的思想和决心。

（3）一个人的财富和他的智慧成正比。要成就一个非同寻常的亿万富翁，就要有非同寻常的智慧和胆识。否则，再多再好的机会到来，他也不敢去掌握与尝试。智慧的人不但能够发现机会，还能够创造机会。

（三）知识创造财富

1. 知识资本创业的五大优势

新经济时代推动社会发展的主导力量已经不是简单的劳动者的力量，也不是资本的力量，而是知识资本的力量。在我国，政府也意识到了知识的重要意义，确立了“科教兴国”的知识经济发展战略。在当今的企业界，依靠知识资本进行创业也有了明显优势。

第一，创业的机会增加。在知识经济时代，只要有愿望，人人都能找到创业机会。

第二，创业的经济效果显著。实际上，在1997年美国技术行业富豪排行榜上，前3位都是微软公司的，而前10位几乎都在计算机行业，即知识密集型行业。

第三，创业与成功的距离更近。

第四，创业的源泉更加广泛。由于知识与技术的获得渠道增多，技术发明者与技术掌握者已经不是主要的创业者来源，知识与技术能够面对更多的人，创业行为将更普遍。

第五，创富的速度更快。

2. 学以致用

在现实生活中，会读书和会赚钱的确不是一回事。有些在学校学习拔尖、功课优秀的人走向社会后境遇并不佳，而一些成绩中等、思维活跃的学生经过几年的打拼却成为了财富人物。产生的原因虽然是多方面的，但缺乏将知识转化为财富的能力是重要原因之一。因此，我们要掌握的是自立自强的真本领，懂得学以致用。

案例：两尊雕塑

费城的纳尔逊中学，是美国最古老的一所中学，它是第一批登上美洲大陆的73名清教徒集资创办的。在这所中学的门口，有两尊苏格兰基布尔黑色大理石砌成的雕塑，左边的是一只苍鹰，右边的是一匹奔马。

300多年来，这两尊雕塑成了纳尔逊中学的标志。它们被刻在校徽上，被印在明信片上或被缩成微雕摆放在礼品盒中。原来我一直以为鹰代表着鹏程万里，马代表着马到成功。可是，当有一天我在《外国历史》上无意中读到这两尊雕塑的缘起，我才发现，我错了，我的那种想法与这组雕塑的本意是风马牛不相及的。

那只鹰所代表的不是鹏程万里，它其实是一只被饿死的鹰。这只鹰为了实现飞遍世界的远大理想，苦练各种飞行本领，结果忘了学习觅食的技巧，它在踏上征途的第四天就被饿死了。那匹马也不是什么千里马，而是一匹被剥了皮的马。开始的时候它嫌它的第一位主人——一位磨坊主给的活多，乞求上帝把它换到一位农夫家。上帝满足了它的愿望，可是后来它又嫌农夫给它的饲料少。最后它到了一位皮匠手里，在那儿什么活也没有，饲料也多，可是没几天，它的皮就被剥了下来。

那73名教徒之所以把这两尊雕塑耸立在学校的大门口，为的是让学生们警醒：真正能把人从饥饿、贫困和痛苦中拯救出来的，是劳动和生存的技能，而不仅仅是对书本上的东西掌握的多与寡！你要懂得将书本上的知识转化、渗透进你的劳动和技能中去。知识只是一种潜在的力量，它本身并不会吸引金钱前来，除非使它们得到有效的转化，且通过实际行动，才有可能成为一种生存和发展的力量，才有可能巧妙地达到创业致富的目的。

——摘自：中学语文园地（高中版）. 2006（12）

（四）时间创造财富

许多人都知道“时间就是金钱”这句名言，但却没有多少人能理解“时间就是财富”。

案例：时间致富

据说，在瑞士，婴儿一出生，医院就会立即打开计算机，通过户籍网络，在户籍卡中为孩子登记姓名、性别、出生时间及财产等诸项内容。这里特别有趣的是，所有的瑞士人在为孩子填写拥有的财产时，写的都是“时间”二字。

其实，上帝是公平的，不论是东方出生的孩子，还是西方出生的孩子，从降临人世的那一刻起，上帝都给予了他们同样多的时间。只不过不同的人对时间有不同的理解。你可以用时间开发书山学海，他可以用时间聚赌玩牌。你可以支出自己的时间披星戴月，在田里挥洒汗水；他可以支出自己的时间在歌厅酒吧，泡它个昏天黑地，图个感官刺激。

如此说来，瑞士人在“财富”一栏里为出生婴儿填上“时间”二字，是太自信了；中国人认为人是“赤条条来”，又过于悲观了。

时间不一定等于财富，也不一定等于虚无，支出时间，所获得的结果是多元的。正因为如此，世界上贫穷拮据的父母们，不必因为没有万贯家财留给孩子而遗憾；腰缠万贯的父母们，也不要因为拥有钱财而对孩子的未来盲目乐观。

奥莱夫的父母是瑞典西部伐姆兰省乡下最贫苦的佃农，他出世的时候家里最值钱的财产就是一只鸟枪和三只鹅。他那身着华丽甲胄的表叔抱着宝贝儿子帕尔丁讥笑他的父母说：“你那儿子注定是看鹅的穷鬼！”奥莱夫的父母气愤地说：“我们的奥莱夫是富翁，只需支付20年时间，他就会雇你的帕尔丁当马夫。”

奥莱夫从6岁起就读路德的《训言集》，上中学后，他就懂得把时间分配得十分精密，使每年、每月、每天和每小时都有它特殊的意义。一次，他在作文里写下“谁盗窃奥莱夫一分钟的时间，谁就是在盗窃瑞典！”老师高度评价他“将来一定是国家的栋梁！”20岁的时候，奥莱夫果然创造了一项重大发明，成为瑞典出类拔萃的科学家。

看来，人生第一要紧的是把组成生命的时间，一分一秒地支付给自己崇高的生活目标。对时间的运算，就是对财富的运算。

——摘自：人民网 http://www.people.com.cn/GB/paper53/3218/421193.html

三、预测启动资金

企业在获取销售收入之前，需要支出一定量的资金。创业者通常只考虑机器、设备、汽车等投入，不清楚在企业开始经营的前几周或前几个月（因企业类型等的不同而有所区别），销售收入根本无法满足各项支出需求，因而常常低估对这部分资金的需求量。这样有可能导致支付员工工资和供应商贷款方面的一些问题。因此，开办企业所需资金通常比初始投资要高很多，而在筹措资金时，知道所需资金的准确数量非常重要。

企业开办期间，在企业产生收入之前需要一定数量的资金用于各项支出。我们把这部分资金称作开办资金。企业开办资金用于两种用途：运营前支出或称投资资本，运营前期支出或称营运资本。

▸ 扫一扫：3-8 运营支出表格

运营前支出（投资资本）是指企业开始运营（做贸易、生产或提供服务）以前必须支出的资金。运营前支出包括：购买土地、建设厂房、购买机器、购置办公设备、登记注册费、通水通电、开业前的广告宣传等费用。

运营前期支出（营运资本）是指企业开始运作直到产生的销售收入能弥补相应

的开支的期间发生的支出。

运营前支出与运营前期支出的区别在于费用发生的时间。运营前支出发生在企业开始运营之前，运营前期支出发生在企业开始运营之后。

（一）启动资金的类型

启动资金用来支付场地（土地和建筑）、办公家具和设备、机器、原材料和商品库存、营业执照和许可证、开业前广告和促销、工资以及水电费和电话费等费用。分为投资资金和流动资金。

投资资金是指为企业购买固定资产以及为开办企业而支出的一次性费用。流动资金是指企业日常运转所需要支出的资金。

（二）投资预测

投资一般可分为三类：企业用地和建筑；设备；一次性费用。

1. 企业用地和建筑

办企业需要适用的场地和建筑。当调查清楚需要什么样的场地和建筑后，需要做出以下选择：

◆ 建造新的建筑；
◆ 购买现成的建筑；
◆ 租房；
◆ 在家开业。

2. 设备

设备是指企业需要的所有机器、工具、工作设施、车辆、办公家具等。对于制造商和一些服务行业，最大的需要往往是设备。一些企业需要在设备上投入大量资金，因此弄清需要什么设备和选择正确的设备类型就显得非常重要。即便是只需要少量设备的企业，也应慎重考虑确实需要哪些设备，并把它们写入创业计划。

3. 一次性费用

企业还需要支付开业前发生的一些费用支出，如开办费、装修费等；开办费还包括开业前的市场调查费、培训费、差旅费、印刷费、注册登记费等。

（三）流动资金预测

制造商在销售之前必须先把产品生产出来；服务商在开始提供服务之前要买材料和用品；零售商和批发商在卖货之前必须先买货。所有企业在招揽顾客之前都要花时间和费用进行促销，所以需要一定数量的流动资金，用于支付以下开支：

◆ 购买并储存原材料和成品；
◆ 促销；
◆ 工资；
◆ 租金；
◆ 保险；
◆ 其他费用。

四、筹措创业资金

1. 有关融资的问题

（1）创业所需的全部资金都可以借贷吗？融资分为股权融资和债权融资两种，如表 12-1 所示。

表 12-1　股权融资和债券融资比较

融资类型		优点	缺点
股权融资	A. 使用个人存款	1. 独享全部利润 2. 减少债务数量 3. 失败的风险转化为成功的动力 4. 向借款人展示良好的信用	1. 可能损失自己的金钱 2. 需要个人较大付出 3. 丧失了存款用于其他投资可能产生的收益
	B. 向亲友借贷	1. 可筹集较多资金 2. 分散财务风险	1. 让出部分利润 2. 让出部分所有权
	C. 合伙企业	1. 宽松的现金来源 2. 较小的压力和制约	1. 私人关系破裂的风险 2. 可能增加运作的复杂性
	D. 成立公司	1. 可筹集较大量的资金 2. 分散财务风险 3. 降低法律风险 4. 降低赋税	1. 让出部分利润 2. 让出企业部分控制权和所有权
	E. 使用风险投资	1. 这类资金就是为了帮助小企业而设置的 2. 有利于寻求贷款	只关注其资本增值
债券融资	所有形式的借款	1. 比较容易获得 2. 企业控制权和所有权得到维护 3. 可选择有利的时间归还 4. 可以节约自由资金 5. 借款成本可在税前列支 6. 通货膨胀时可以减少实际还款数	1. 要负担利息成本 2. 要承担将来利润可能不足以归还借款的风险 3. 可能导致滥用和浪费资金 4. 让他人了解了财务及其他一些保密信息 5. 贷款机构（人）有可能附加一些限制条款

（2）从哪里获取股权资本：

- 个人积蓄；
- 亲友借贷；
- 一个或多个合伙人；
- 成立公司。

（3）从哪里获得借款或进行债权融资：

- 银行；
- 非银行金融机构；

- 政府机构；
- 风险资本；
- 商业信用。

（4）如何增加获取贷款的机会？

（5）什么是信用6C：

- 借款人品德（character）；
- 偿还能力（capacity）；
- 资本状况（capital）；
- 经营条件（conditions）；
- 担保物（collateral）；
- 事业的连续性（continuity）。

（6）贷款时需要考虑的问题：

- 贷款类型；
- 贷款目的；
- 借款人的信用；
- 还款能力；
- 还款期限；
- 安全性；
- 担保人；
- 商业计划。

（7）如何使用资本：

- 企业开办资金；
- 营运资金；
- 个人支出。

2. 评估贷款渠道的指标

评估贷款渠道的指标如下：

- 成本和收益；
- 风险；
- 机动性；
- 控制权；
- 可获得性；
- 指标重要性。

3. 贷款机构（人）关心的问题

（1）这家企业能按时归还贷款吗？

（2）这笔贷款用何种方式收回？

（3）借款人如何使用这笔资金？

（4）需要的是什么贷款：

- 商业信用；
- 短期贷款；
- 长期贷款；
- 股权资金。

（5）企业有足够的销售量和利润来归还这笔贷款吗？

五、开办企业的途径

创业者可以选择创办一家新企业，也可以购买一家已有的企业，还可以成为一个特许加盟商。

1. 开办一家新企业

优点：

- 有可能开办成本较低；
- 较大的个人自由；
- 能够开发新产品或进入新市场；

◆ 能够较快地调整企业行为和方向；
◆ 可以一开始就采用新的企业经营方式。

缺点：

◆ 新成立一家企业要冒较大的风险；
◆ 需要完善的个人和企业计划；
◆ 需要寻找客户并建立客户关系；
◆ 来自现有企业的竞争可能较大；
◆ 难以为较长的开办期寻找资金。

2. 购买现成企业

优点：

◆ 低风险；
◆ 较多的个人自由；
◆ 已经产生现金流；
◆ 已经建立供应商和银行关系；
◆ 现成的产品或服务、现成的客户、现成的经营方式、现成的员工队伍和企业名称；
◆ 可能有不错的经营地点。

缺点：

◆ 产品或服务有可能处于衰退的市场；
◆ 发展潜力可能有限；
◆ 债务或库存可能太高；
◆ 产品有可能陈旧或过期；
◆ 企业主有可能隐瞒了出售的真实原因，如企业已经连续衰退好几年了；
◆ 企业在周围的声誉可能不好，经营位置或许较差。

3. 加盟特许经营

优点：

◆ 开办风险较低；
◆ 开办成本透明；
◆ 产品或服务有较好的市场；
◆ 经过实践证明了的营销方案；
◆ 特许人的培训保证。

缺点：

◆ 企业决策力受到限制；
◆ 特许费用使利润减少；
◆ 不可能再引进其他供应商产品；
◆ 对特许人的依赖性较强；
◆ 特许人一旦失去市场，企业也就失去了市场。

实践应用

【案例】 打工与创业的区别

我们生活在一个全民创业、万众创新的中国时代！一组漫画告诉你打工与创业的区别！

正当打工者在喝酒吃饭“骂”老板，揣摩各种“机会”的时候，创业者在考虑的却是：如何团结更多的资源发展？如何生存下去？如何安全地运营？

你是打工的命，还是当老板的命？

这种区别不只在办公室的座位上，而在日常工作的心态之中。

生存环境

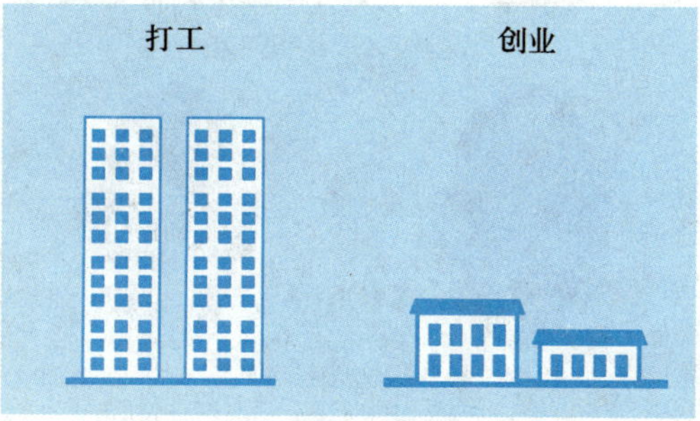

办公室

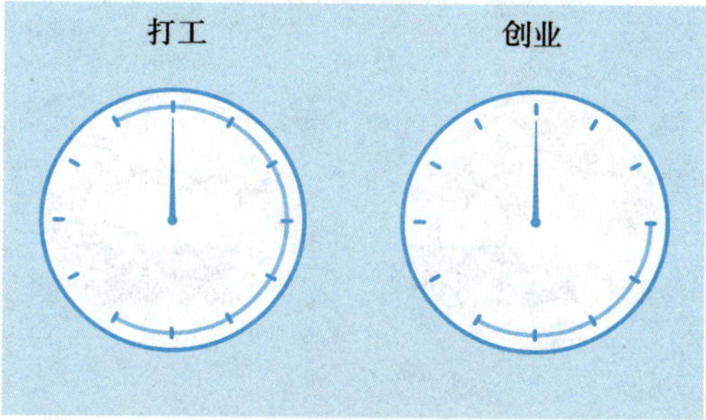

睡眠时间

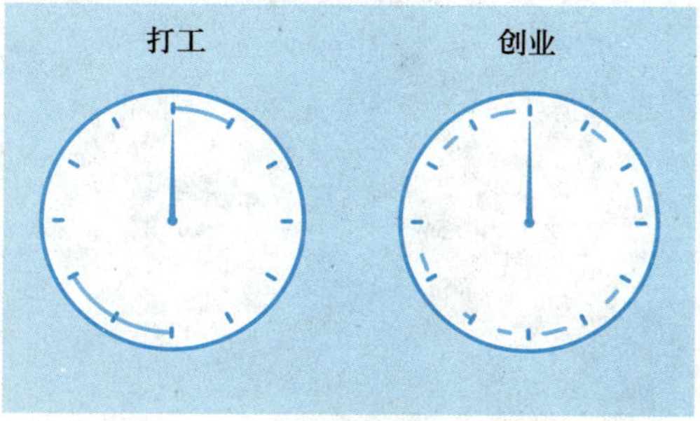

一日三餐

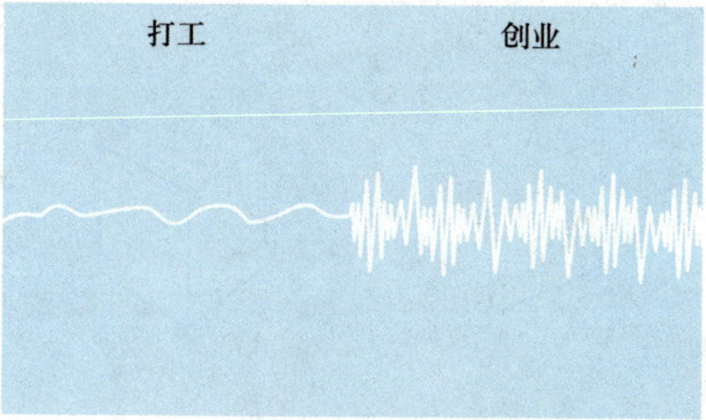

精神状态

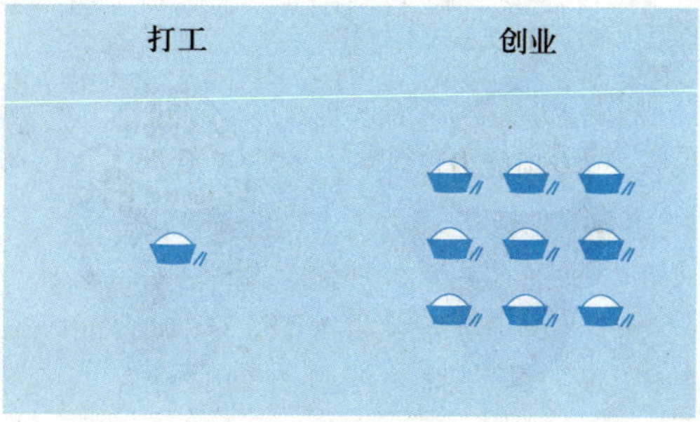

每日最低开销

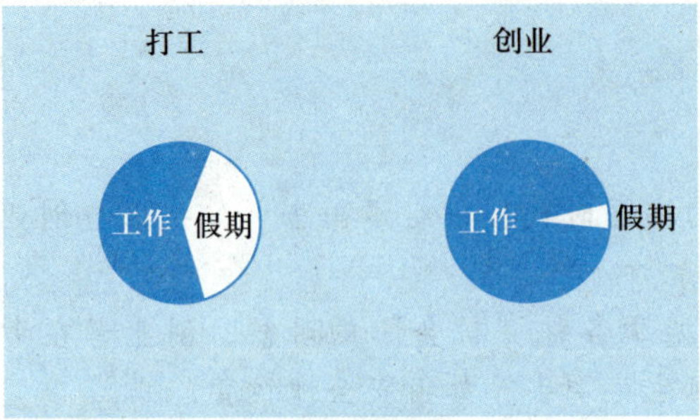

全年假期

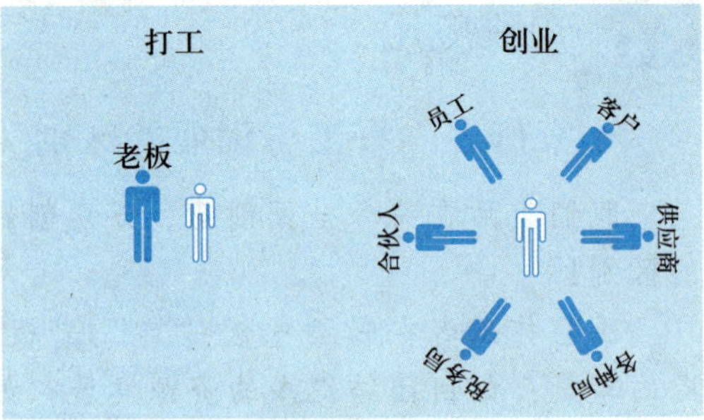

替谁打工

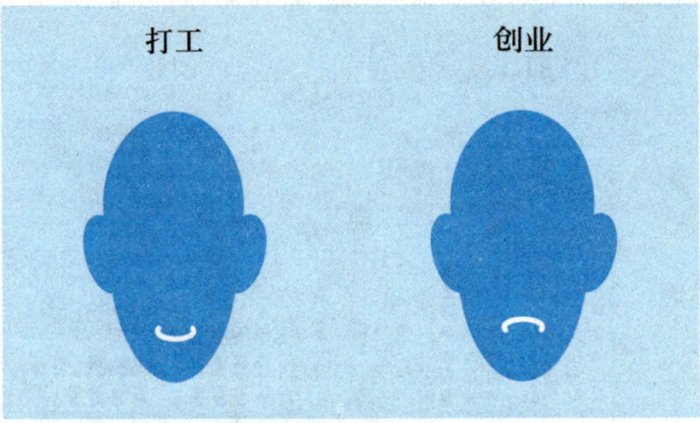

过年发红包

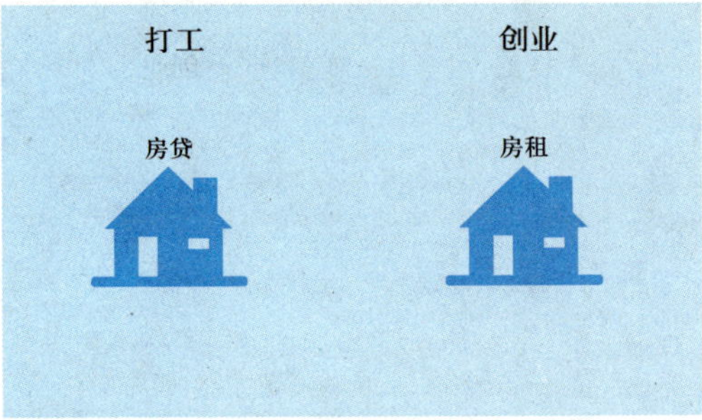

赚的钱去哪了

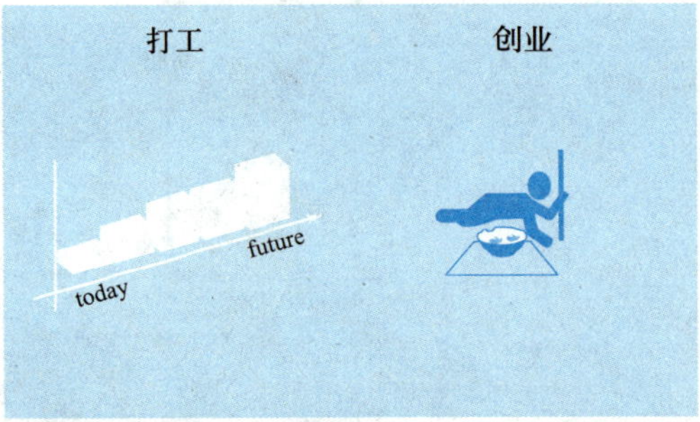

女友父母眼里

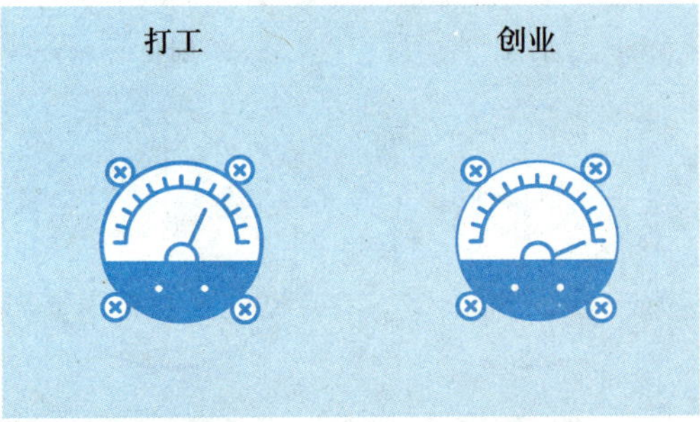

抗压性

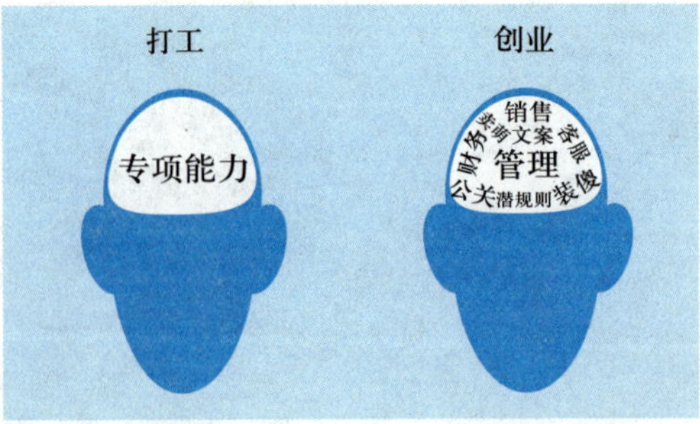

能力

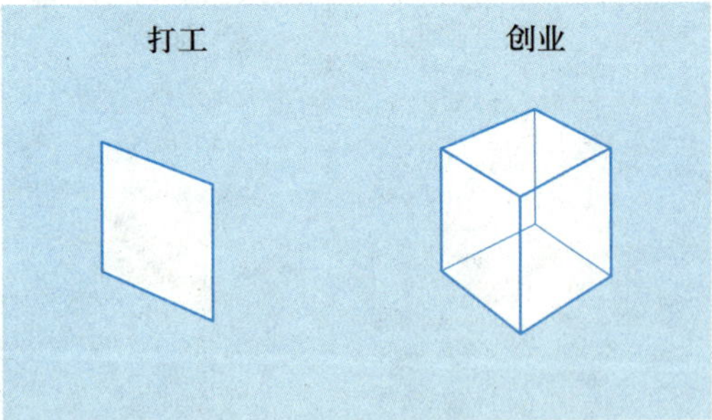

看问题角度

终极目标

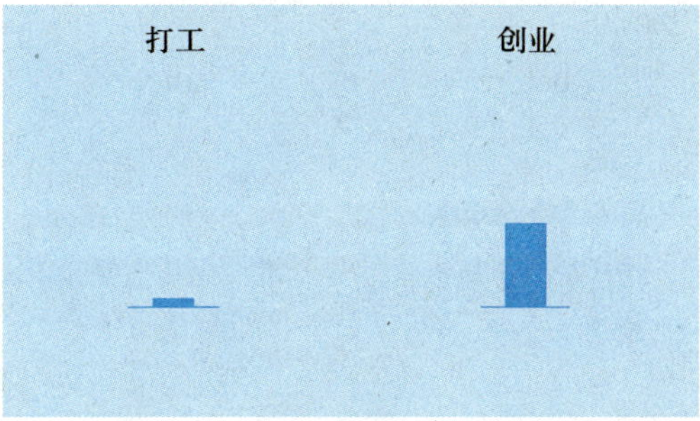

破产概率

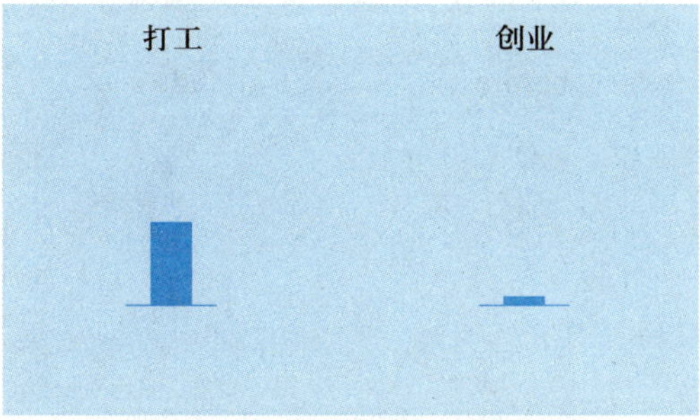

玩“饥饿游戏”提前出局的概率

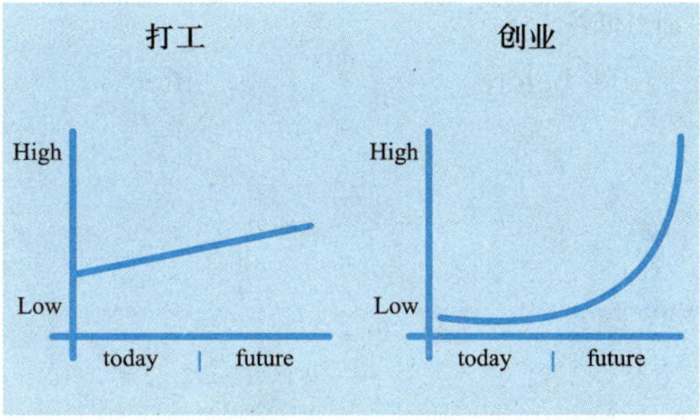

成功者的收入趋势

找关键

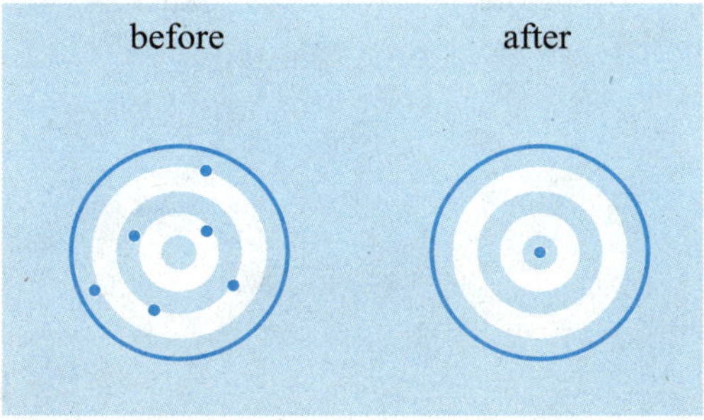

自信

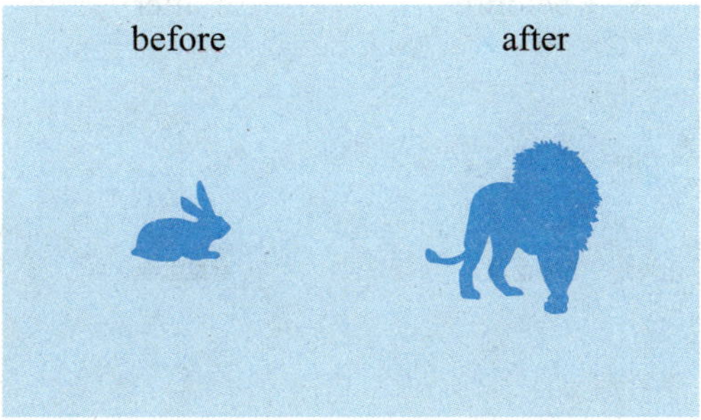

个性

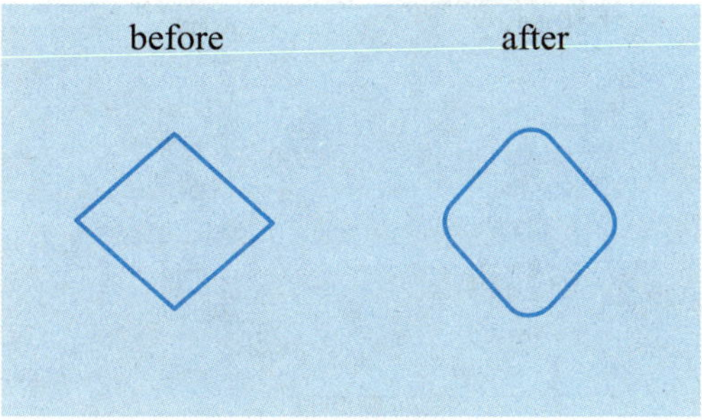

沟通

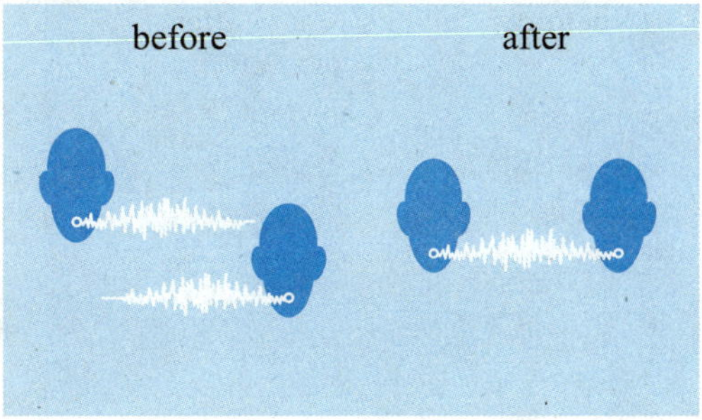

影响力

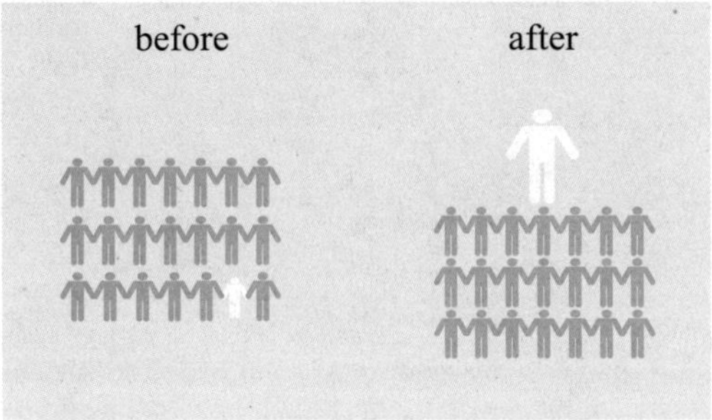

面对难题

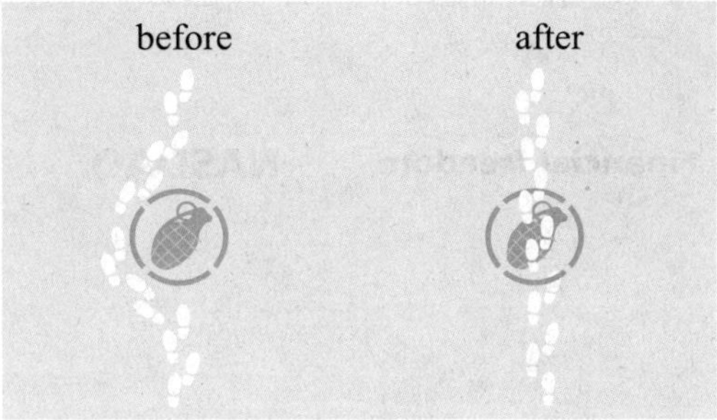

面对低谷

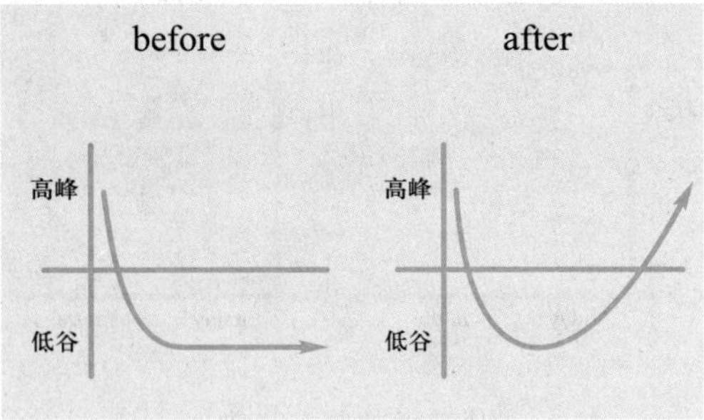

体型

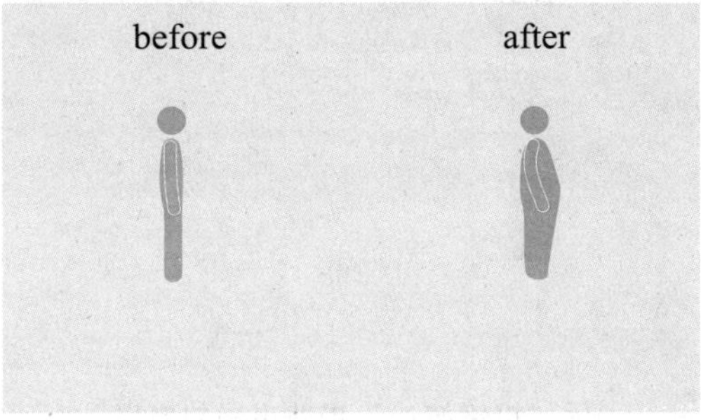

金钱观

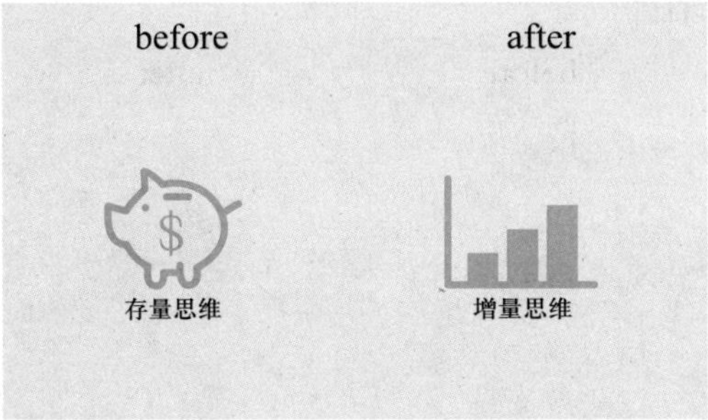

视力

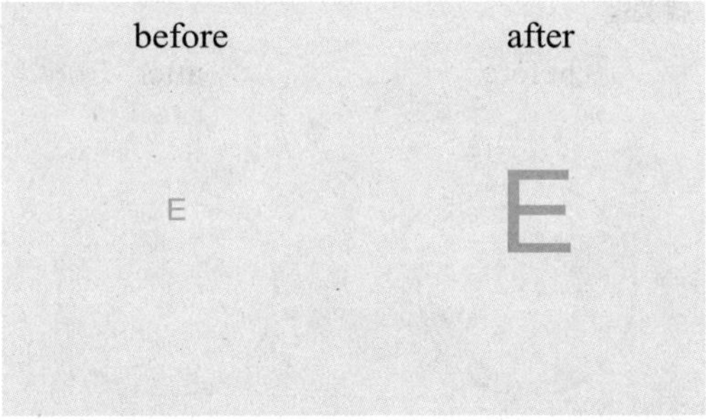

有一些曾经不错的关系，你不得不……

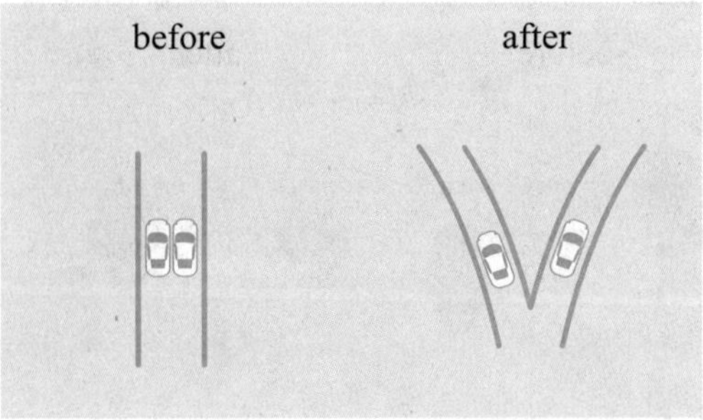

有一些你很想做的事，但不得不……

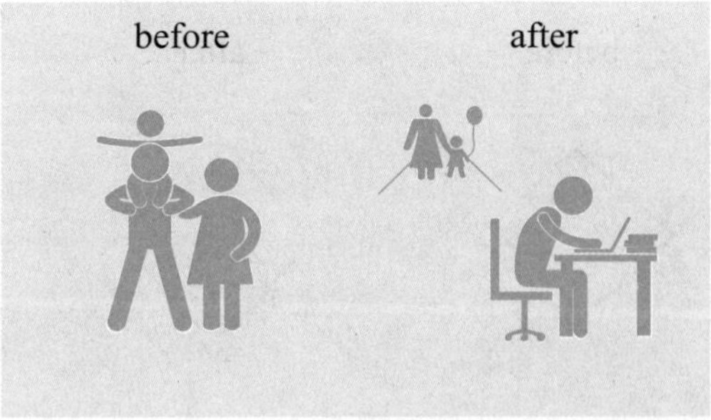

……

第十三章　企业法律形态

当一个企业中的两个人总是互相同意对方的主张，他们中的一个人其实是毫无作用的。

——美国商人小威廉·赖格利

学习目标

了解微小企业常见的法律形态及特点；掌握选择企业法律形态的方法；了解与微小企业相关的法律法规；熟悉企业应该承担的法律责任；掌握企业注册、纳税以及劳动合同等具体内容。

问题导入

如何选择适合大学生的企业法律形态？

如何利用法律保护自己的企业？

理论阐释

一、选择企业法律形态

（一）企业的法律形态

企业法律形态是指一个国家法律规定的企业在市场环境中存在的合法身份。

我国民营企业的主要法律形态包括：股份有限责任公司、有限责任公司、外资企业、中外合资企业、中外合作企业、乡镇企业、股份合作制企业、合伙企业、个人独资企业、个体工商户和农村承包经营户等。

微小企业最常见的法律形态是：个体工商户、个人独资企业、合伙企业和有限责任公司。

1. 个体工商户

个体工商户是在法律允许的范围之内，依法经核准登记，从事工商业经营的自然人。

2. 个人独资企业

个人独资企业简称独资企业，是指由一个自然人投资，全部资产为投资人所有的营利性经济组织。独资企业是一种古老的企业形式，至今仍广泛运用于商业经营中，其典型特征是个人出资、个人经营、个人自负盈亏和自担风险。

3. 合伙企业

合伙企业，是指自然人、法人和其他组织依据《中华人民共和国合伙企业法》

在中国境内设立的普遍合伙企业和有限合伙企业。合伙企业由各合伙人订立合伙协议，共同出资、合伙经营、共享收益、共担风险，并对合伙企业债务承担无限连带责任。

4. 有限责任公司

有限责任公司又称有限公司，是指由符合法律规定的股东出资组建，股东以其出资额为限对公司承担责任，公司以其全部资产对公司的债务承担责任的企业法人。

不同法律形态的企业承担不同的法律责任，也受设立条件的限制。

不同的企业法律形态有不同的要求，对企业会产生诸多影响，这些影响包括：

◆ 开办和注册企业的成本；
◆ 开办和注册企业手续的难易程度；
◆ 企业的风险责任；
◆ 创业资金的筹集；
◆ 寻找合伙人的可能性；
◆ 企业的决策程序；
◆ 企业利润分配。

有限责任公司、合作企业和个人独资企业的比较如表 13–1 所示。

表 13–1　三类企业形式比较

项目	有限责任公司	合伙企业	个人独资企业
法律依据	《中华人民共和国公司法》（自 2006 年 1 月 1 日起施行）	《中华人民共和国合伙企业法》（自 1997 年 8 月 1 日起施行）	《中华人民共和国个人独资企业法》（自 2000 年 1 月 1 日起施行）
法律基础	公司章程	合伙协议	无章程或协议
责任形式	有限责任	无限连带责任	无限责任
投资者	无特别要求，法人、自然人皆可	完全民事行为能力的自然人，法律、行政、法规禁止从事营利性活动的人除外	完全民事行为能力的自然人，法律、行政法规禁止从事营利性活动的人除外
注册资本	最低 3 万元	协议约定	投资者申报
出资形式	法定：货币、实物、工业产权、非专利技术、土地使用权	约定：货币、实物、土地使用权、知识产权或者其他财产权利、劳务	投资者申报

续表

项目	有限责任公司	合伙企业	个人独资企业
出资评估	必须委托评估机构	可协商确定或评估	投资者决定
章程或协议生效条件	公司成立	合伙人签章	无
财产权性质	法人财产权	合伙人共同所有	投资者个人所有
财产管理使用	公司机关	全体合伙人	投资者
出资转让	股东过半数同意	一致同意	可继承
经营主体	股东不一定参与经营	合伙人共同经营	投资者及其委托人
事务决定权	股东会	全体合伙人或遵从约定	投资者个人
事务执行	公司机关；一般股东无权代表	合伙人权利同等	投资者或其委托人
利亏分担	投资比例	约定，未约定则均分	投资者个人
解散程序	注销并公告	注销	注销
解散后义务	无	5 年内承担责任	5 年内承担责任

（二）常见小企业法律形态的特点

常见小企业法律形态的特点如表 13–2 所示。

表 13–2　小企业法律形态的特点

企业形式	业主数量和注册资本	成立条件	经营特征	利润分配和债务责任
个体工商户	业主是一个人或家庭，无资本数量限制	成立条件简单，只要有相应的经营资金和经营场所即可； 可以为企业起字号	资产属于私人所有，自己既是所有者，又是劳动者和管理者	利润归个人或家庭所有。由个人经营的，以其个人资产对企业债务承担无限责任
个人独资企业	业主是一个人，无资本数量限制	投资人是一个自然人，有合法的企业名称，有投资人申报的出资； 有固定的生产经营场所和必要的生产经营条件； 有必要的从业人员	财产为投资人个人所有，业主既是投资者，又是经营管理者	利润归个人所有。投资人以其个人资产对企业债务承担无限责任

▸ 扫一扫：1-10 连线练习

续表

企业形式	业主数量和注册资本	成立条件	经营特征	利润分配和债务责任
个人合伙企业	业主两个人以上，无资本数量限制	有两个以上合伙人，都依法承担无限责任； 有书面合伙协议； 有合伙人的实际出资； 有合伙企业的名称； 有经营场地和从事合伙经营的其他必要条件	依照合伙协议，共同出资，合伙经营，共享收益，共担风险	合伙人按照合伙协议分配利润，并共同对企业债务承担无限连带责任
有限责任公司	由 50 人以下的股东出资设立，1 个自然人或 1 个法人可以投资设立 1 人有限责任公司。注册资本为在公司机关登记的全体股东认缴的出资额（最低限额 3 万元），1 人有限公司最低限额 10 万元	股东符合法定人数； 股东出资达到法定资本最低限额； 股东共同制定公司章程； 有公司名称，建立符合有限责任公司要求的组织结构； 有固定的生产经营场所和必要的生产经营条件	公司设立股东会、董事会和监事会并由董事会聘请职业经理管理公司经营业务； 股东人数较少或者规模较小的有限责任公司，可以设一名执行董事，不设董事会	按照股东实缴的出资比例分配利润，全体股东约定不按照出资比例分配的除外； 股东以其认缴的出资额为限承担有限责任； 有限责任公司以其投资为限对公司债务承担有限责任

（三）选择合适的企业法律形态

选择合适的企业法律形态应考虑的因素如下：

- 准备创办企业的规模；
- 行业类型和发展前景；
- 业主或投资者的数量；
- 创业资金的多少；
- 行业选择（技术密集型、资金密集型、特殊行业）；
- 创业者的价值观念（倾向个人决策还是协商合作）；
- 企业承担的义务和责任。

选择企业的法律形态和注册企业时，应该寻求更多的帮助。中国有专门为扶持小企业提供咨询的政府机构（如国家和各地区的工商管理局等）和非政府组织（工商联合会等），还有帮助各类失业人员创业的劳动就业部门。

总之，在选择企业法律形态时，要考虑对企业将产生的影响。三类企业形式的优缺点如表 13–3 所示。

表 13–3　三类企业形式的优缺点

企业形式	优　点	缺　点
个人独资企业	企业设立、转让和解散等行为手续非常简单，仅需向登记机关登记即可； 企业主独资经营，制约因素较少，经营方式灵活，能迅速应对市场变化； 利润归企业主所有，不需要与其他人进行分享； 在技术和经营方面易于保密，利于保护其在市场中的竞争地位； 若企业因个人努力而使企业获得成功，则可以满足个人的成就感	当个人独资企业财产不足以清偿债务时，企业主将依法承担无限责任，必须以其个人的其他财产予以清偿，因此经营风险较大； 一般来说，个人独资企业受信用限制不易从外部获得资金，如果企业主资本有限或者经营能力不强，则企业的经营规模难以扩大； 一旦企业主发生意外事故或者犯罪、转业、破产，则个人独资企业也随之不复存在
合伙企业	由于出资人较多，扩大了资本来源和企业信用能力； 由于合伙人具有不同的专长和经验，能够发挥团队作用，增强了企业的管理能力； 资本实力和管理能力的提高，增强了企业扩大经营规模的可能性	在合伙企业存续期，如果某一个合伙人有意向合伙人以外的人转让其在合伙企业中的全部或部分财产时，必须经过其他合伙人的一致同意； 当合伙企业以其财产清偿合伙企业债务时，其不足部分，由各合伙人用其在合伙企业出资以外的个人财产承担清偿责任； 尽管合伙企业的资本来源及信用能力比个人独资企业有所增加，但其融资能力仍有限，不易充分满足企业进一步扩大生产规模的资本需要
有限责任公司企业	公司的股东只对公司承担有限责任，与个人的其他财产无关，因而股东可以通过自由转让股票而转移风险； 通过公开发行股票，提高了公司的社会声望，因而融资能力很强； 公司具有独立存续时间，除非因经营不善导致破产或停业，不因个别股东或高层管理人员的意外或离职而消失； 个人独资企业与合伙企业相比，公司的所有权与经营管理权分离，可以聘任专职的经理人员管理公司，因而管理水平高，能适应竞争激烈的市场环境	公司设立的程序比较复杂，创办费用高； 按照相关法律要求，股份有限公司需要定期披露经营信息，公开财务数据，容易造成商业机密的外泄； 由于公司是从社会吸纳资金，为了保护利益相关者，政府对公司的限制较多，法律法规的要求也较为严格

案例：张氏兄弟和李氏兄弟的公司

张家和李家是邻居，都从事家政服务，两家投资都是50万元。张氏兄弟成立了“张氏家政服务有限责任公司”，李氏兄弟则成立了“李家老号家政服务合伙公司”。两家明争暗斗，生意不相上下，本年利润都是40万元。到最后，张氏兄弟从公司拿到手的钱分别只有9万多元，而李氏兄弟分别拿到了16万多元。

有限责任公司缴税情况：先缴纳33%的企业所得税，剩余部分按公司的财务制度要提取15%的公积金和公益金，之后的部分可以分配给投资者；分得的利润要再缴纳20%的个人所得税。但有限责任公司承担有限的法律责任。

合伙企业缴税情况：只需缴纳20%的个人所得税。但合伙企业承担无限连带责任。

二、利用法律保护企业

（一）企业相关法律知识

1. 与新办企业相关的法律法规

国家为使所有公民和企业能在公平、和谐的环境中竞争和发展，制定了各类法律法规，如表13-4所示。它们是规范公民和企业经济行为的准则，具有权威性、强制性、公平性。

与企业相关的其他法律有会计法、税法、产品质量法、消费者权益保护法、反不正当竞争法、保险法和环境保护法等。

2. 树立守法经营观念

遵纪守法、诚信经营是企业立足和持续发展之本，这样的企业将赢得：

- 客户的信任；
- 供应商的合作；
- 职工的信赖；
- 政府的支持；
- 甚至赢得竞争对手的尊重；
- 并为自己营造一个良好的生存发展空间。

表13-4　与新办企业直接相关的基本法律

法律名称	相关基本内容
企业法	公司法、个人独资企业法、合伙企业法、个体工商户管理条例、中外合资合作企业法、乡镇企业法等。
民法通则	个体工商户、农村承包经营户、个人合伙企业、企业法人、联营、代理、财产所有权、财产权、债权、知识产权、民事责任等。
合同法	一般合同的订立、效力、履行、变更和转让、权利义务终止、违约责任等。具体合同，如买卖、借款、租赁、运输、技术、建设工程、委托等。
劳动法	促进就业、劳动合同和集体合同、工作时间和休息休假、工资、职业安全卫生、女职工和未成年工特殊保护、职业培训、社会保险和福利、劳动争议、监督检查等。

（二）工商行政登记

1. 依法注册

创办新企业，首先得给它一个明确的法律地位，如同办理“户口”。根据中国法律规定，新办企业必须经工商行政管理部门核准登记，发给营业执照并获得有关部门颁发的经营许可证（例如卫生、环保、特种行业许可证等）。

营业执照是企业主依照法定程序申请的，规定企业经营范围等内容的书面凭证。企业只有领取了营业执照，才算有了“正式户口”般的合法身份，才可以开展各项法定的经营业务。

2. 工商行政登记的步骤

（1）工商行政的登记步骤如下：

- 到市工商局企业登记窗口咨询，领取注册登记相关表格、资料；
- 办理名称预先核准、取得《名称预先核准通知书》；
- 以核准的名称到银行开设临时账户，股东将入股资金划入临时账户；
- 到有资格的会计师事务所办理验资证明；
- 将备齐的注册登记资料交工商局登记窗口受理、初审；
- 按约定时间到工商局领取营业执照，缴纳注册登记费；
- 办理税务、法人、企业组织代码登记等。

（2）需要注意的几个重要环节如下：

- 名称预先核准——不能重名、侵权，需要工商注册机关在一定时间、范围内核查；
- 行政许可——特殊行业需要提前办理特行申请并准予后，才可以继续工商注册程序；
- 出具验资报告——一般需要到工商部门认可的会计事务所或具备同等资质的机构办理，出资有现金、实物和无形资产等多种方式；
- 公司章程——是公司的核心文件，包含企业名称、股东及出资情况、组织机构等。

工商行政登记的步骤及其简要说明如图 13-1 所示。

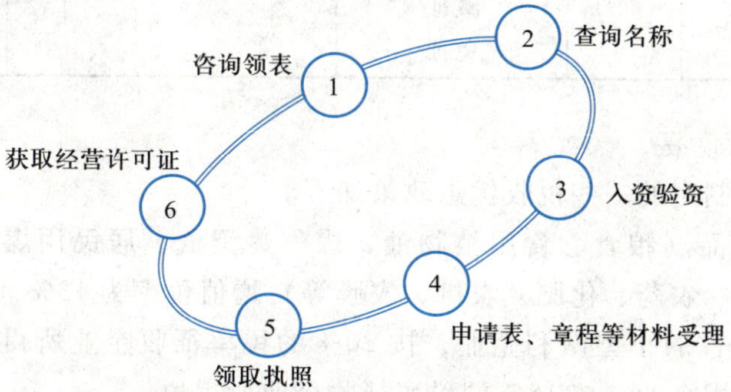

图 13-1　工商行政登记的步骤及其简要说明

（三）依法纳税

1. 与企业和企业主有关的主要税种

与企业和企业主有关的主要税种如图 13-2 所示。

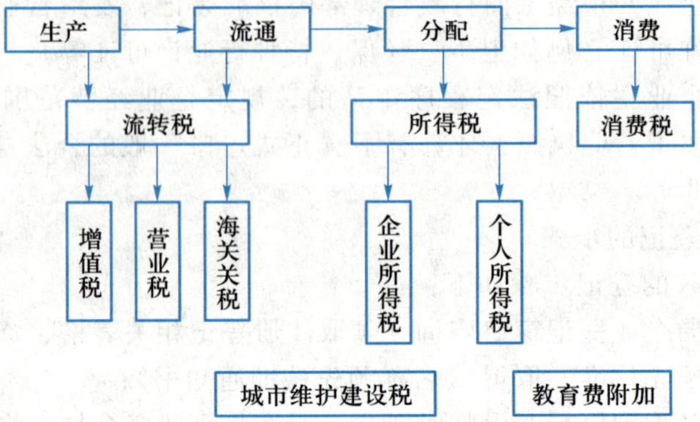

图 13-2　与企业和企业主有关的主要税种

2. 税目税率表

各类企业缴纳的一般税目税率如表 13-5 所示。

表 13-5　企业缴纳的一般税目税率表

<table>
<tr><th rowspan="2">企业类型</th><th colspan="2">流转税</th><th rowspan="2">企业所得税</th><th rowspan="2">城市维护建设税</th><th rowspan="2">教育费附加</th><th rowspan="2">其他税种</th></tr>
<tr><th>增值税</th><th>营业税</th></tr>
<tr><td>制造业商业</td><td>一般纳税人：17%；小规模纳税人：3%</td><td></td><td rowspan="2">企业所得税分为两档税率：①一般为 25%；②小型微利企业经税务机关核准后税率可以为 20%</td><td rowspan="2">以流转税为基础，市区为 7%，县城、镇为 3%，偏远地区为 1%</td><td rowspan="2">以流转税为基础：3%</td><td>资源税、消费税（烟、酒、烟火鞭炮、化妆品、汽柴油等商品）</td></tr>
<tr><td>服务业</td><td></td><td>3%、5%、20%</td><td>消费税（金银首饰）</td></tr>
<tr><td>农林牧渔业</td><td>17%</td><td></td><td>减征
免征</td><td></td><td></td><td></td></tr>
</table>

注：个体工商户、个人独资企业和合伙企业不缴纳企业所得税。国家对个体工商户，个人独资企业和合伙企业的投资者，按 5% ~35% 的超额累进税率征收个人所得税。

3. 税收优惠政策

国家和地方制定的一些税收优惠政策如下。

（1）特殊商品（粮食、食用植物油、煤气、沼气、居民用煤制品、图书、报纸、杂志、饲料、农药、化肥、农机、农膜等）增值税率为 13%。

（2）符合条件的小型微利企业，按 20% 的税率征收企业所得税。国家需要重点扶持的高新技术企业，按 15% 的税率征收企业所得税。

（3）大学毕业生从事个体经营、合伙经营和组织起来就业的，可酌情减免税、费征收。具体政策可以向当地税务部门及人力资源和社会保障部门咨询。

4. 如何计算企业的应纳税金

应纳税金=销售额（营业额）×税率+城市维护建设税、教育费附加

以小规模纳税人为例，应缴增值税、企业所得税和以增值税为基数的城市维护建设税、教育费附加等，税费要按月缴纳。

（1）增值税税率3%：月销售额×3%=应纳增值税额；

（2）企业所得税率25%：年企业利润×25%=应纳所得税额；

（3）城市维护建设税：市区按增值税的7%缴纳；

（4）教育费附加：按增值税的3%缴纳。

（5）对于个体工商户的税收，采取简化管理方式，即

定税：定期定额，核定征收。营业额发生变化超过30%，业主应主动申报。

案例：42万元多1元可“亏”近两万元——个人所得税

据了解，根据我国年终奖个人所得税计算方法，当年终奖数额超过某个临界点哪怕1元时，对应的纳税税率将提高一档，如从3%提高到10%。税率提高，自然纳税人的纳税额也会相应地大幅增加。

例如，年终奖能拿到420 000元左右的金领，如果拿420 000元，那么其对应的税率应是25%，经过计算，那么应纳个人所得税税额为103 995元。而假若奖金多1元，即420 001元，那么其对应的税率为30%，其应纳个人所得税税额即为123 225. 3元，须多纳19 230. 3元的税。

能拿到420 000元奖金的毕竟是少数，但假设一位白领能拿到18 000元的年终奖，那么其应纳的税为540元，到手17 460元；若多拿1元年终奖的话，其应纳个人所得税为1 695. 1元，其所得是16 305. 9，年终奖多了，反而实际到手的奖金缩水了1 155. 1元。

——摘自：腾讯网 http://news. qq. com/a/20111209/000157. htm

（四）尊重员工的合法权益

1. 订立劳动合同

劳动合同的基本内容如下：

- 工作职责、定额、违约责任；
- 工作时间；
- 劳动报酬（工资种类、基本工资、奖金、加班、特种工作补贴等）；
- 休息时间（周假、节假日、年假、病假、事假、产假、婚丧假等）；
- 社会保险、福利；
- 合同的生效、解除、离职、开除；
- 劳动争议处理。

2. 劳动保护和安全

尽管创业初期资金紧张，企业也要尽量创造良好的工作条件，防止工伤事故和

职业病发生，搞好危险和有毒物品的使用和储存，改善音、光、气、温、行、居等条件，以保证员工的人身安全并提高他们的工作效率和积极性。

3. 劳动报酬

企业定的工资不能低于本地区人力资源和社会保障部门规定的最低工资标准，而且必须按时以货币形式发放给劳动者本人。

有关最低工资标准的信息可以从当地人力资源和社会保障部门获得。

4. 社会保险

国家的社会保险法规要求企业和员工都要参加社会保险，按时足额缴纳社会保险费，使员工在年老、生病、因公致残、失业、生育等情况下得到补偿或基本的保障。为员工办理社会保险对企业来说具有强制性。

一个企业如果不能为员工提供起码的社会保障，将很难吸引和留住管理和技术人才。企业主对此一定要高度重视。

目前我国的社会保险主要有：养老保险、医疗保险、失业保险、工伤保险和生育保险，办理社会保险的具体程序和要求可到当地劳动社会保障部门进行咨询。

（五）商业保险

经营一家企业总会有风险。各类企业的风险具有差异，并非所有的企业风险都要投保。例如，产品需求下降这种企业最基本的风险，就只能由企业自己承担；而另一些风险则可以通过办保险来减少。

企业办了保险，一旦发生了问题，员工和企业的利益可以得到可靠的经济保障。有的企业主为了省钱而不上保险，其实是很失策的。如果一家企业（制造业、林业、商业等）没上保险，其贵重设备被盗窃，或发生火灾时，损失将全部由企业自己承担。

企业的保险险种通常包括以下两类：

- 资产保险——如机器、库存货物、车辆、厂房的防盗险、水险和火险，商品运输险，特别是进出口商品的这类险种。
- 人身保险——业主本人和员工的商业医疗保险、人身事故保险、人寿保险等。

企业应根据自己的情况决定投保哪些险种。

一般来讲，从专为小企业提供法律事务咨询的政府或非政府机构那里都能得到有关保险的信息，也可以从当地的保险公司那里得到报价。但是，保险公司将设法出售他们的一揽子保险。最明智的办法是比较核实各种渠道的信息，为新创企业购买最适当的保险。

实践应用

【案例一】 只贷一美元的犹太富翁

一个犹太富豪走进一家银行“我想借点钱。”“完全可以，您想借多少呢？”“1

美元。”“只借1美元？”贷款部的经理惊愕了。“我只需要1美元。可以吗？”“当然，只要有担保，借多少，我们都可以照办。”“好吧。”犹太人从豪华的皮包里取出一大堆股票、国债、债券等放在桌上：“这些做担保可以吗？”经理清点了一下，“先生，总共50万美元，做担保足够了。不过先生，您真的只借1美元吗？”“是的。”犹太商人面无表情地说。

“好吧，到那边办手续吧，年息为6%。只要您付出6%的利息，一年后归还，我们就把这些股票和作保的证券还给您。”“谢谢。”犹太富豪办完手续，便准备离去。

一直在一边冷眼旁观的银行行长从后面追了上去有些窘迫地说：“对不起，先生，可以问您一个问题吗？”“你想问什么？”“我是这家银行的行长，我实在弄不懂？”“好吧！既然你如此热情，我不妨把实情告诉你。我到这儿来，是想办一件事情，可是随身携带的这些票券很碍事。我问过几家金库，要租他们的保险箱，租金都很昂贵。我知道贵行的保安很好，所以嘛，就将这些东西以担保的形式寄存在贵行了，由你替我保管，我还有什么不放心呢？况且利息很便宜，存一年才不过6美分……”

银行行长如梦初醒。这就是犹太人，他们在不改变规则的形式下，灵活地变通规则为其所用。

——摘自：海德网 http://www.hdrich.com/newscontent-827070.html

【案例二】　有趣的美国个人所得税

从美国1913年所得税法建立以来，又经过了若干次修订改革。总体说来，税率是不断提高的，宽免额也不断增加，所得税在整个财政收入中占据的比重不断上升，从而使美国的税收制度由过去的以间接税为主体转变为以直接税为主体。按照征收级别的不同，美国个人所得税又分为联邦个人所得税、州个人所得税和地方个人所得税，其中，以联邦个人所得税为主。

（1）纳税人。个人所得税的纳税人为美国公民、居民和非居民。美国公民是指出生在美国的人和加入美国国籍的人。美国居民指非美国公民，但按美国移民法拥有法律认可的永久居住权（如获得绿卡）的人，不符合美国公民和居民身份的为非居民。

（2）课税对象、税率。个人所得税的课税对象是美国公民和居民来源于全球的所得，美国非居民来源于境内的所得。

2014年美国个人所得税的税率如下：

◆ 已婚，合并申报的个人所得税税率表

级数	全年应纳税所得额（美元）	税率（%）
1	不超过18 150的部分	10
2	超过18 151至73 800的部分	15

级数	全年应纳税所得额（美元）	税率（%）
3	超过 73 801 至 148 850 的部分	25
4	超过 148 851 至 226 850 的部分	28
5	超过 226 851 至 405 100 的部分	33
6	超过 405 101 至 457 600 的部分	35
7	超过 457 600 的部分	39.6

◆ 已婚，分别申报个人所得税税率表

级数	全年应纳税所得额（美元）	税率（%）
1	不超过 9 075 的部分	10
2	超过 9 076 至 36 900 的部分	15
3	超过 36 901 至 74 425 的部分	25
4	超过 74 426 至 113 425 的部分	28
5	超过 113 426 至 202 550 的部分	33
6	超过 202 551 至 228 800 的部分	35
7	超过 228 800 的部分	39.6

◆ 单身个人的个人所得税税率表

级数	全年应纳税所得额（美元）	税率（%）
1	不超过 9 075 的部分	10
2	超过 9 076 至 36 900 的部分	15
3	超过 36 901 至 89 350 的部分	25
4	超过 89 351 到 186 350 的部分	28
5	超过 186 351 至 405 100 部分	33
6	超过 405 101 至 406 750 部分	35
7	超过 406 750 的部分	39.6

◆ 户主（包括丧偶者）个人所得税税率表

级数	全年应纳税所得额（美元）	税率（%）
1	不超过 12 950 的部分	10
2	超过 12 951 至 49 400 的部分	15
3	超过 49 401 至 127 550 的部分	25
4	超过 127 551 至 206 600 的部分	28
5	超过 206 601 至 405 100 的部分	33
6	超过 405 101 至 432 200 的部分	35
7	超过 432 200 的部分	39.6

注：符合条件的鳏夫和寡妇可以使用合并申报的税率；非居民人不能使用户主或合并申报的税率。

（3）应纳税所得额的计算及应纳税额的计算。美国个人所得税的计算步骤是：税法规定的各纳税人的全部所得先减去不予计列所得（为总所得）；然后减去税法规定的应在“调整所得前扣减的项目”（为调整所得）；再减去分项扣减款项或标准扣减款项；再减去免税项目（为应纳税所得额）；乘以适用税率（为应纳税额）；最后减去税收抵免税款和已付税款等，即为最终的纳税款。对每一项目的计算，税法都有详细的规定和计算规则。

（4）征收方法。美国个人所得税的应税期限为一全年。特殊情况可少于12个月。全年纳税年度截至每个日历年12月31日的，为按日历年度计的纳税年度；截至每个日历年度其他的任何一个日期的，为按财务年度计的纳税年度。

个人所得税的纳税人按日历年度为纳税年度的，在纳税年度次年的4月15日前申报纳税；按财务年度为纳税年度的，应在纳税年度终止后次年的第4个月的第15日前申报纳税；以领取工薪的纳税人，实行由雇主预扣代缴的制度。

——摘自：纳税服务网 http://www.cnnsr.com.cn

第十四章 利润计划

利润只给敢冒风险、善于创新的人。因为，那才算企业家。

——中国社会科学院经济研究所研究员韩朝华

学习目标

了解两种重要的定价方法；掌握计算销售收入的方法。

问题导入

如何才能应用正确的方法制订销售成本计划和现金流量计划？

怎样寻找融资渠道？

如何掌握融资技巧？

理论阐释

一、制订销售价格

制订价格主要有以下两种方法。

（1）成本加价法——将制作产品或提供服务的全部费用加起来，就是成本价格。在成本价格上加一个利润百分比得出的就是销售价格。

（2）竞争比较法——定价时，除考虑成本外，还要了解当地同类商品或服务的价格，以保证定价具有竞争力。如果定的价格比竞争者高，就要保证更好地满足顾客的需要。

案例：义乌商人的一分钱利润

在浙江义乌的小商品市场，上海七铺路 10 元买 3 双的白色棉运动袜，那里卖 0.7 元；100 支装的双头棉签在上海家乐福大卖场卖 1.2 元，那里卖 0.19 元……义乌的市场很大，任你开着汽车 1 到 4 楼一圈一圈地兜，常常会迷路。市场还在拓展，一期、二期、三期，一期比一期规模大，商铺还是不够，每次都得抽签入驻。

卖 100 根牙签只赚 1 分钱，一个姓王的商贩，每天批发牙签 10 吨；按 100 根赚 1 分钱计算，他每天销售约 1 亿根牙签，稳稳当当进账 1 万元。有个摊位卖的是缝衣针，粗的、细的、长的、短的，一应俱全，平均 1 分钱两枚，这个小商贩一年卖针也能挣到 80 万元。

——摘自：新浪网 http://finance.sina.com.cn

企业不能无本经营，创业者经营企业是会发生各种成本费用的。为了降低成本，创业者必须对企业经营过程中的各项开支了然于胸，并且要设法把各种成本费用控制在企业获取利润所必需的最低限度，以实现利润的最大化。创业者必须为企业所购买的各类产品和服务支付大笔费用，如购买原材料、交电话费、给工人开工资，等等。所有这些开支统称为成本费用。首先，创业者应准确地了解其所出售的产品或服务的成本。如果这些产品或服务的成本高于客户所愿意支付的价格，或者高于竞争对手的出价，那么企业就很难把产品推销出去。其次，创业者还必须能够了解为管理企业可能发生的支出，这些支出叫做费用，必须从当期收入中扣除。只有收入高于全部的成本费用时，企业才有可能赢利，所以，为多获利润，创业者必须努力降低成本费用。

另外，企业的成本和费用各种各样，了解这些成本费用的发生情况将有利于更好地控制和降低支出。通常，企业成本和费用的分类情况如图 14-1 所示。

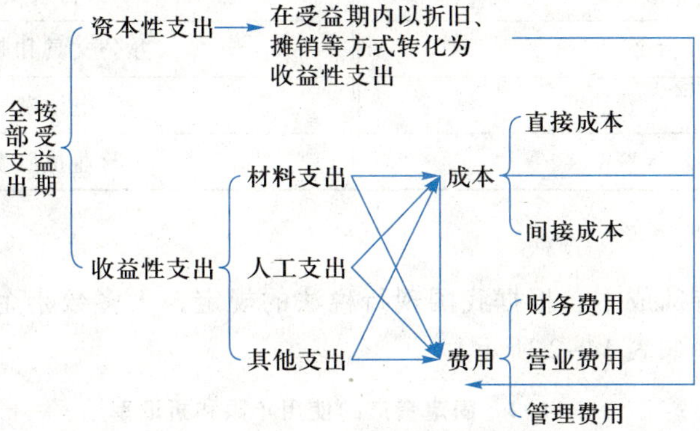

图 14-1　成本和费用的分类

在图 14-1 中，成本和费用的直接成本又可分为直接材料成本和直接人工成本。直接材料成本是企业所有开支中那些可以转化为产品的一部分，或者被用来创造某种服务，或者用于购进转卖商品的开支项目都可以归入直接原料成本。与获取原材料相关联的成本，如把原材料从供货商那里运回企业的过程中所发生的运费，也包括在直接材料成本中。直接人工成本是直接与生产相关或与提供服务相关的工人和帮工的所有工资，以及相关的福利费支出。从事零售或批发业务的员工工资不能列为直接人工成本。因为在通常情况下一名员工要出售许多不同的商品。

单个产品（或服务）总成本=直接材料成本之和+直接人工成本之和
+间接成本分摊比例

（一）成本加价法

单位产品价格=单位产品成本+单位产品成本×成本利润率

确定合理的成本利润率是一个关键问题，成本利润率的确定必须考虑市场环境竞争程度和行业特点等。

这种定价方法尤其适用于制造商和服务商。

那么，怎样具体地计算成本价格呢？

首先，了解自己生产产品或提供服务的成本构成；其次，了解固定资产折旧也是一种成本；最后，计算出单位产品或服务的成本。

1. 了解成本构成

企业常见的成本项目如表 14-1 所示。

表 14-1　企业常见的成本项目

项目名称	项目名称
材料费	工资和员工福利
水、电、气费	广告费
折旧费	咨询费（律师和会计事务）
维修费	银行收费
租金	办公文具和邮费
保险费	电话费
差旅费	营业执照费

2. 折旧

折旧是一种特殊成本。根据我国现行税法的规定，大多数小企业的固定资产的使用年限和折旧率如表 14-2 所示。

表 14-2　固定资产的使用年限和折旧率

固定资产类型	使用年限/年	每年折旧率/%
机动车辆	4	25
与生产经营活动有关的器皿、工具、家具	5	20
机器、机械和其他生产设备	10	10
店铺	20	5
工厂建筑	20	5

3. 单位产品或服务的成本

首先计算一个月的总成本，再除以当月的产品数量，就得出了产品或服务的单价。

（二）竞争比较法

竞争比较法是指参照竞争对手的价格，看看企业所定的价格与其价格相比是否具有竞争力。实际上可以同时用成本加价法和竞争比较法来制定价格。一方面，严格核算产品成本，保证定价高于成本；另一方面，随时观察竞争者的价格，与之比较，保持价格竞争力。

案例：产品决策——“蚂蚁商人”的一分钱利润

在义乌，靠做只赚1分钱生意起家的老板不计其数，人称“蚂蚁商人”。“蚂蚁商人”赚钱的秘诀是：家家自己开工厂，把成本降到最低，每件商品只赚1分钱就卖！然而，就是这毫不起眼的1分钱利润，培育出了数不清的义乌百万富翁、千万富翁。他们这样算账：一双袜子赚1分钱，一个普通摊位每个月如果销出70万到80万双袜子，也就有7 000元到8 000元的利润，一年下来就有将近10万元，租10个摊位，就是近100万！

——摘自：东方财富网博客 http://blog.eastmoney.com

二、预测销售收入

预测销售收入的步骤如下：

- 列出企业推出的所有产品或产品系列，或所有服务项目；
- 预测第一年每个月期望销售的每项产品数量，它来自于所做的市场调查；
- 为计划销售的每项产品制定价格；
- 用销售价格乘以月销售量来计算每项产品的月销售额。

三、制订销售和成本计划

为了掌握企业实际运转的情况，创业者一定要计算企业是否获得了利润。利润来自销售收入减去企业经营成本。销售和成本计划使你既看到销售也看到成本，并知道你是否已经赢利。当你计划开办一家新企业时，应该预测第一年每个月的利润。

四、制订现金流量计划

现金流量计划显示每个月预计会有多少现金流入和流出企业。大多数企业每天都要收取和支付现金，成功的企业都要制订现金流量计划。

（1）制订现金流量计划绝非易事，需要注意以下几点。

- 有些销售需要赊购，赊购通常在几个月后才能够收回现金。在制定市场营销计划时，就已经决定了赊购政策。
- 有些企业采购时会赊购，以后再付现金，这也会使现金流量计划的制订变得更加复杂。但赊购对于一家新企业而言不太可能，因而也就不太常见。
- 企业的某些费用是“非现金”的，如设备折旧这样的项目将不包括在现金流量计划里。但是，设备折旧期一过，就可能丧失功能，必须用现金购买新设备。如果没考虑到这个因素，备足现金，将会给企业正常运转带来麻烦。

（2）财务管理：

- 在任何一家企业中，财务管理都是一项重要的工作。所有的商业交易都应该完整地记录在企业的账簿上。

◆ 许多小型企业由于财务方面的欠缺而导致了经营上的失败，其教训相当深刻。

◆ 有的企业可能生产的产品质量很好，市场占有率也在稳步上升，在一定时间内还获得了相当可观的利润；然而，如果账簿记录不全或记录错误，财务管理制度松弛，就会埋下严重隐患。

不少小企业的业主通常认为在一家小企业中并不需要什么财务管理，这种态度是不正确的。创业者每天都会碰到各种问题，并且要及时做出决策。管理制度能够及时地为创业者提供所需要的财务信息，这有助于问题的解决，也有利于创业者做出正确的经营决策。

（3）关于企业账簿记录的几个关键问题：

① 为什么要建立会计账簿？

② 如何建立企业账簿记录制度？

③ 在企业财务方面，其他人最为关心的是什么？

④ 小企业会计账簿中应该记录什么？

⑤ 由谁负责企业会计账簿的记录和保存？

简单的现金账簿如表 14-3 所示。

（4）现金预算。在制定现金预算时，需要逐月估算企业下一个年度正常运营所要花费的成本；同时，要拿这个现金预算与各个月的所有收支账单逐一进行对照（收支账单中列出了当月销售收入、销售成本和一般经营管理费），因此，可从中掌握各个月的盈亏数据。

表 14-3　简单的现金账簿　　单位：元

日期	交易记录	借方（+）	贷方（-）	现金余额
1 月 23 日	期初余额			
23 日	收到银行贷款　20 500.00			
24 日	购买厂房　8 000.00			
24 日	购买设备　2 875.00			
24 日	购买其他固定资产　895.00			
25 日	购买办公用品　175.00			
25 日	购买商品　4 275.00			
28 日	出售商品　125.00			
28 日	购买商品　150.00			
28 日	提出现金供个人使用　175.00			
31 日	出售商品　3 101.00			
31 日	支付电费　1 500.00			
2 月 2 日	支付帮工的工资　6.00			
2 日	出售商品　125.00			

续表

日期	交易记录		借方（+）	贷方（-）	现金余额
3 日	出售商品	116.00			
3 日	支付修理费	65.00			
4 日	购买商品	203.00			
4 日	支付运费	13.00			
4 日	期末余额				

把各个月的收入和支出分别加总就可以看出各个月的盈余和亏损。把当月的盈亏与上月加以对照，就可以看出各月累积现金流的总体情况。表 14-4 给出了企业现金流变化的一个例子。

表 14-4 某公司 12 个月现金预算（从 4 月 1 日到次年 3 月 31 日）

项目＼月份	4 月	5 月	6 月	7 月	8 月	9 月	10 月	11 月	12 月	1 月	2 月	3 月
现金流入												
销售收入	2 500	3 000	3 500	500	500	1 000	1 000	6 000	6 000	12 000	6 000	6 000
现金流出												
材料支出	1 000	1 200	1 305	275	275	450	450	900	900	1 600	800	750
人工支出	1 100	1 300	1 450	600	580	855	985	1 756	1 756	2 830	1 980	1 930
其他支出	518	405	488	293	313	200	470	624	624	900	300	550
总支出	2 618	2 905	3 243	1 168	1 168	1 505	1 905	3 280	3 280	5 330	3 080	3 230
每月余额	(118)	95	257	-668	-668	-505	-905	2 720	2 720	6 670	2 920	2 770
累计余额	(118)	(23)	234	-434	-1 102	-1 607	-2 512	208	2 928	9 598	12 518	15 288

注：括号中的数据表示支出和负值，此处表示推算的数据。

（5）财务报表。通过财务报表可以判断某个特定企业的财务状况和经营成果。对企业自身而言，可以通过财务报表将当前的经营情况加以对比。这种比较不仅对于制订未来的发展计划有帮助，而且有助于认清企业经营中的优势与劣势。

财务报表中的利润表和资产负债表如表 14-5 和表 14-6 所示。

表 14-5 利 润 表

编制单位：ABC 公司　　2014 年 6 月　　单位：万元

项目	本期数	本年合计数（略）
销售收入		
现金销售	22	
赊销收入	14	

续表

项目	本期数	本年合计数（略）
销售成本		
期初存货	8	
本期购进	24	
可供销售的存货	32	
减：期末存货	18	
销售毛利	22	
经营性支出	18	
利润总额	4	
所得税	1	
净利润	3	

表 14–6　资产负债表

编制单位：ABC 公司　　　　2014 年 6 月　　　　单位：万元

资产	期末数	负债和所有者权益	期末数
流动资产：		负债：	
现金	5	短期借款	
银行存款	15	应付账款	
应收款	15	应交税金	1
产成品（pl）	14（4 件）	一年内到期的长期借款	
原料	3	长期借款	40
流动资产合计	52	负债合计	41
固定资产		所有者权益：	
土地和建筑	40	收入资本	181
机器与设备	144	利润留存	11
在建工程		月度净利	3
固定资产合计	184	所有者权益合计	195
资产总计	236	负债和所有者权益合计	236

五、融资

（一）融资渠道

大多数微小企业的启动资金来自企业主自己的积蓄，其他融资渠道如下：

- 从朋友或亲戚处借钱；

◆ 从供货商处赊购；

◆ 从银行或其他金融机构贷款；

◆ 天使投资，风险投资等。

筹措启动资金并非易事，获得创办企业的启动资金需要恒心和决心。

（二）融资技巧

在借钱办企业时，有必要使投资人相信以下几点：

◆ 创业者确实需要并清楚所要买的资产；

◆ 创业者核实了其他成本和资产类型；

◆ 创业者能够偿还投资收益，收益来自未来的利润；

◆ 创业团队的能力和经验；

◆ 企业发展的前景。

为了提高机会，创业者在接近潜在的投资者时应注意以下几点：

◆ 提前约定见面时间，不要随便走访；

◆ 准备好回答有关你的企业的任何问题；

◆ 多准备几份你的创业计划副本；

◆ 准备回答个人信用和企业资产方面的问题；

◆ 询问何时能够对你的申请做出答复。

如果申请被拒绝，最常见的原因如下：

◆ 企业构思被认为风险太大；

◆ 没有足够的抵押、质押或担保品；

◆ 要求贷款的理由不清楚或贷款不能接受；

◆ 看上去不自信、不乐观、不投入、不专业；

◆ 对于自己的企业目标了解得不够或不实际；

◆ 没有准备好完整的创业计划。

如果申请被拒绝，应认真修改创业计划；要有恒心和决心，直到能够被投资者接受为止。

实践应用

【案例一】 只赚一毛钱

义乌有一位半文盲的妇女，起初给人家当保姆，后来在拥挤的街头摆小摊卖胶卷。她认死理，一个胶卷永远只赚一毛钱。市场上的柯达胶卷卖22元时，她只卖14.1元。不想，后来批发量却大得惊人，生意越做越大。现在，在义乌，她的摄影器材店，可以说搞摄影的无人不晓。一个农村妇女用她简单的“只赚一毛钱”的真诚打败了复杂的东西。

【案例二】 一分钱优势

一个打火机的利润只有5厘、1分钱，真的能制造“暴利”吗？当然能！2004年，一家叫茂盛的小工厂的打火机出口量达9 000万个，利润为90万元。5厘、1分钱打天下的首要原则就是抠成本，根据自身的实际运作成本来抠，而不是盲目地缩减工人、工序。茂盛厂又是如何计算“微利创暴利”的这笔账呢？主要一点是厂子所在的农村有得天独厚的生产条件——地租便宜、劳动力集中。这种自然环境无疑制造了“一分钱优势”，那就是体现了劳动力资源的优势。

——摘自：360doc个人图书馆 http://www.360doc.com

第十五章　创业计划书

一个组织的基本哲学思想对组织的作用比技术资源、经济资源、组织机构、创新和抓住时机的作用更大。

——IBM 创始人托马斯·沃森

学习目标

了解制订创业计划的作用和意义；熟悉掌握创业计划书的写作方法和技巧。

问题导入

撰写创业计划书要注意哪些问题？

如何判断企业能否生存？

理论阐释

一、准备编制创业计划书

在编制创业计划书时要注意以下几点。

（1）要注意保护商业秘密。当前很多大学生将自己的创业项目编写成创业计划参加各类创业计划大赛，对创业计划书完全进行公开宣读和公开评议。虽然创业热情是必需的，但是，真正的创业计划书是要有所保密的。

（2）计划书中的用词、用字、标点和相关的数字计算都要十分准确；应尽量用简单而标准的词语来描述每件事。段落要清晰，逻辑层次要清楚；该用图表说明的地方应该用图表说明，体现出创业者的创业能力。

（3）要事先做好充分的市场调查。要知道创业计划不是“写”出来的，而是“做”出来的。只有“做”好市场调查，创业计划才有准确的数据，才有说服力。

（4）充分了解目标读者的主要需求。对于亲戚或朋友、天使投资者来说，可能一份简单的商业计划就够了；但如果想吸引银行或其他金融机构、风险投资者的投资，那么，一份精心准备的创业计划是必需的。

二、完成创业计划书

（一）创业计划书六大内容

创业计划一定要写得很详尽，应包括的主要内容如下。

（1）摘要——高度概括创业计划各部分内容的要点，勾画出企业的轮廓。概要

▸ 扫一扫：3-9 商业计划书 pdf

的内容要全面，条理要清晰，它是新企业给人的第一印象。这部分尽管是在最后写成，却是放在创业计划的首页。

（2）企业构思——概括描述创办企业，重点说明要推出的产品或提供的服务以及顾客群体。

（3）市场评估——任何生意都是通过满足顾客需求而获取利润的。对市场的大小、未来的前景，以及顾客和竞争对手都要进行调查和了解。市场营销计划说明针对什么特定顾客群的需求来确定产品的市场定位，详细介绍产品或服务的特点、价格、营业特点、销售渠道和促销方式。

（4）企业组织——这部分介绍将如何组建新企业，包括企业的法律形态、组织结构、员工和职责。

（5）企业财务——任何企业的目的都是营利。创业计划的这个部分是通过测算销售额、成本和利润来反映企业的效益及启动资金的需求量。

（6）附件——一般来讲，提供的信息越详尽，获取帮助的机会就越大。所以，诸如申请哪种营业执照、产品或服务目录、价格表、岗位责任和工作定额等均应附在创业计划的后面。

不同类型的企业可以用适合自己情况的格式来编制创业计划。只要能够根据上述要求编制商业计划，再编制其他形式的创业计划就没有什么困难了。银行等金融贷款机构可能要了解更加详细的情况，或要求用另一种格式编制创业计划，但上述内容均不可少。

（二）创业计划书大纲结构

创业计划书的大纲结构如下。

（1）企业概况。

（2）计划作者个人情况。

（3）市场评估。

（4）市场营销计划。

（5）企业组织结构。

（6）固定资产。

（7）营运资金（流动资金）。

（8）销售收入预测。

（9）销售和成本计划。

（10）现金流量计划。

（三）制订创业计划书的意义

▸ 扫一扫：1-11 像创业者一样行事讲课视频

成长是一种美丽的痛！制订创业计划书的意义主要体现在以下方面：

◆ 由模糊到清晰的感觉；

◆ 理清数据关系等于建立脑海中的财务系统；

◆ 反复修改数据等于调整策略；

◆ 否定错误的方案等于避免了亏损。

三、判断企业能否生存

可以开办企业吗？下面的问题都是要考虑的：

◆ 有没有足够的时间和精力来承担企业的管理工作？

◆ 企业是否能赚钱？

◆ 是否有足够的资金来办企业？

◆ 是否有足够的责任心和能力？

（1）有决心和能力创办企业吗？

◆ 已经汇集了大量有关新企业的信息。

◆ 现在要真实地面对自己，再次考虑是否做好了开办和管理这家企业的准备。

◆ 请返回去把实践篇第八章课外拓展二：测试你的创业潜力中的“创业潜力测试”再做一遍，一些想法可能会有所变化。

（2）企业能否赢利？

◆ 销售和成本计划反映了企业开办第一年应该产生的利润。

◆ 前几个月可能没有盈利，但往后应当有。如果生意仍然亏损或者利润很薄，请考虑以下提示：

√ 销量能不能提高？

√ 销售价格有没有提高的余地？

√ 哪些成本最高？有没有可能降低这些成本？

（3）是否有足够的资金来办企业？

◆ 现金流量计划显示了企业现金收入和支出的动态情况。

◆ 要有足够的现金支付到期的账单。

◆ 虽然企业有销售收入，但如果周转资金不足，企业也会倒闭。

◆ 如果现金流量表显示某个月份里现金短缺，要采取以下措施：

√ 减少赊销额，加快现金回笼；

√ 采购便宜的替代品或原料，减少材料消耗来降低当月的成本；

√ 要求供货商延长付款期限；

√ 减少电话费、电费等的开支；

√ 要求银行延长贷款期，或降低每月偿还的本息；

√ 推迟添置新设备；

√ 租用或贷款购买设备。

（4）请人帮助审核创业计划：

◆ 政府有关部门；

◆ 对业务领域和企业类型有经验的咨询顾问；

◆ 会计师、银行家、律师等专业人士；

◆ 一些协会的代表；

◆ 工商管理院校和培训机构的人士。

实践应用

【案例】 大学生餐饮创业计划书

一、摘要

自上初中以来我便开始住校，深知令人头疼的“吃饭”问题，也就是食堂的饭菜问题。由于学校食堂普遍采用的是大锅菜方式，因此虽然价格较低但很少能真正受到学生欢迎。而学生对食堂饭菜的抱怨则更是“自古有之”。虽然大学生可以到校外就餐，但大多数学生迫于经济因素，还是愿意在校食堂就餐。饭菜质量得不到保证，会导致很多问题，学生营养跟不上，甚至有的学生经常不吃饭。于是，营养不良、胃病等不该出现在大学生中的病症也屡见不鲜，这为学生的身心健康埋下了隐患。因此我决定整合食堂和饭店的优势，开一家学生自助营养快餐店。

二、企业构思

本餐厅位于大学聚集中心地段，主要针对的客户群是大学生、教师以及打工人员。经营面积约为80平方米左右，主要提供早餐、午餐、晚餐以及特色冷饮和休闲餐饮等。早餐以浙江等南方小吃为主打特色，当然本地小吃也是少不了的；品种多，口味全，营养丰富，使就餐者有更多的选择。午餐和晚餐则有南北方不同口味菜式。而非餐点又提供各种冷饮，如果汁、薄冰、冰粥、刨冰、冰豆甜汤、冰冻咖啡、水果拼盘等。本餐厅采用自助快餐的方式，使顾客有更轻松的就餐环境与更多的选择空间。本餐厅装饰自然、随意，同时富有现代气息，墙面采用偏淡的温色调，厨房布置合理精致，采光性好，整体感观介于家庭厨房性质与酒店厨房性质之间。

(1) 本餐厅开业之前，要做广告宣传，因为主要客户群是针对学生的，而学生中信息传递的速度与广度是很大的；所以宣传上可不用费太大的力度，只需进行传单或多媒体（如音响）等形式的简单广告即可。

(2) 本餐厅采取自助餐的方式，免费茶水和鲜汤；并且米饭的质量比竞争者要好，可采用不同的做法，使口感与众不同，以求有别于竞争者；给顾客更多的优惠，以吸引更多的客源。此外，本餐厅还推出烧烤+冷饮、八宝饭等情侣套餐，由于本地区休闲饮食的空缺，这也将成为本店的一大特色。

(3) 有许多学生习惯于三点一线的生活方式，许多时候为了节约时间会选择最近的就餐地点而不愿到较远点的餐馆，所以在地理位置选择上不会与学校大门有太大的距离。餐厅在适当的时候还将推出外卖服务，根据不同情况采取相应的做法。例如：若有三份以上（包括三份）的叫量可以免费送货上门，单独叫外卖的需交付一定的送货费。这样还有一个好处，如有一人想叫外卖，为了不出送货费则会拉上另外的两份外卖，如此也能增加销量。

(4) 餐厅使用不锈钢制的自助餐盘，即节约又环保；而废弃物也不随便倾倒，可以与养殖户联系，让其免费定期收取，如此可以互利。据悉，竞争者在这方面做得并不到位，因此良好的就餐环境是可以吸引更多的顾客的。

(5) 暑假期间虽然客源会骤降，但毕竟还有部分留校学生、附近居民以及打工人员，届时可采取减少生产量，转移服务重点等方式，以改善暑期的经营状况。寒假期间考虑修业一个月，已减少不必要的成本支出。

(6) 市场经济是快速发展的、变化的、动态的，因此要以长远的眼光看待一个企业的发展并进行分析，制作出长期的计划；每过一个阶段就该对经营的总体状况进行总结，并做出下一步计划，如此呈阶梯状的发展模式。在经营稳定后，可以考虑扩大经营，增加其他服务项目；同时可以寻找新的市场，做连锁经营，并慢慢打造自己的品牌，可以朝专为学生提供饮食的餐饮行业发展。总之，要以长远的眼光看待问题，如此企业才能有未来。

三、市场评估

大学食堂中的饮食一直是个问题，大学的饮食质量不高已成为公认的问题；仅仅是满足了学生们的温饱问题，而质量却远远没有达到学生们的要求。部分大学的饮食状况令人担忧，甚至有的大学食堂出现了集体中毒事件。

本企划根据这一点，为了保障大学生的饮食安全，提高大学生的饮食质量，成立大学饮食联盟，旨在为高校大学生提供价格低廉、安全高质并富有特色的食品，同时为各高校提供一定的勤工助学岗位，帮助贫困生更好地完成学业。

优势与劣势

优势分析：本餐厅经营解决了学校食堂饭菜口味单一等问题，也无流动小摊卫生没有保证的担忧，并且与食堂同样方便快捷，节约时间。另外，本餐厅采用自助选择方式，应该很容易受到顾客欢迎，并能节省部分人力资源。同时，餐点还提供冷饮、冰粥等，并提供免费茶水。简洁舒适的装修将是餐厅的一大特点，学生普遍喜欢在干净、服务态度好的餐馆就餐，因此令人满意的服务也将是本店的一大特色。此外，学校食堂有明确的就餐时限，而校外很少有餐馆出售早餐；因此在校外的本店则可以较容易地抓住这部分因时间差而导致丢失的市场份额。换句话说，就是由在就餐点前后的一段时间要就餐的潜在客户群所产生的市场份额。

劣势分析：由于刚起步，快餐店的规模较小，如就餐的人力资源、服务项目等都比较有限。而校区内外的竞争也是比较激烈的，因此还存在着不小的劣势。另外，因为学校假期是固定的，寒暑假期间的客源会骤降，寒假期间客源会比暑期更少，这将是一个比较难以解决的问题。

机会分析：据我们的市场调查与分析，本店产品的市场需求是存在的，并具有一定的竞争力。而本人正是学生——这个最大客户群中的一员，所以更能了解顾客需要什么样的产品和服务。从这些方面来看，应该是很有机会挤入该餐饮市场的。

威胁分析：餐厅的服务与产品质量的高低与经营成本有直接和必然的联系，如此则产品价格必然不会比竞争对手低。虽然总体上价格并不会太高，但相比之下，客户的经济承受能力就成为一大考验了；同时，成本与利润也是直接挂钩的，盈利的多少则又是能否在竞争中生存下去的一大决定因素。再者，各地风俗与饮食习惯的不同，又产生了另一个问题，即是否大多数顾客都能对产品认可或满意呢，这也是需要接受考验的。

四、企业组织

店长兼收银员1名，厨师1名，服务生2名。

经营理念侧重于以下几点：

主要的文化特色：健康关怀、人文关怀；

主要的产品特色：具有食疗保健功能的素食餐品；

主要的服务特色：会员制的跟踪服务；

主要的环境特色：具有传统文化气息的绿色就餐环境。

五、企业财务状况分析

(1) 据计算可初步得出，餐厅开业约需启动资金10 600元（场地租赁费用2 000元，餐饮卫生许可等证件的申领费用600元，场地装修费用3 000元，厨房用具购置费用1 000元，基本设施及其他费用等4 000元）。

(2) 运营阶段的成本主要包括：员工工资，物料采购费用，场地租赁费用，税，水电燃料费，杂项开支等。

(3) 每日经营财务预算及分析。据预算分析及调查，可初步确定市场容量，并大致估算出每日总营业额约800元，收益率30%，由此可计算出投资回收期约为3个月。

——摘自：应届毕业生网 http://chuangye.yjbys.com

下篇——实践手册

第一章　认识创新创业

问题导入：如何度过四年的大学生活

大学，这个词语在我们心中酝酿了十个春秋，是寒窗苦读终于实现的愿望。大学，曾经是无数人梦寐以求的天堂，心中的梦想。那么，进入大学，你们的梦想自然就可以实现了吗？大学四年又该如何度过呢？下面分享李开复写给大学生的一封信——当迷茫在大学里泛滥成灾，希望对你们有所借鉴和启示。

同学们：

你们过得还好吗？

本来这是一封早就应该写的信，有许多话早应该说，但是我没有去写，没有去说。不是不想，而是我知道你们非常讨厌一个空洞的说教者。所以，我在等待，等待你们自己去体会生活，等待你们来自生活的感觉，等待你们自己对生活态度的反思。这些东西只是一个时间的问题。在一学期已经结束的时候，在你们又开始新学期的时候，我觉得，这封信可以写了，这些话可以说了，我相信你们应该有了和我一样的某种感受，思想应该可以达到一种深度。

还记得在大学毕业典礼上，××同学在讲大学生活感触时说了一句话："大学里出两种人：一种是人才，一种是人渣。"那么在大学里度过了一段时间的你们，我想问：你是人才还是人渣？如果我没有猜错的话，你肯定会回答：我既不是人才也不是人渣，我介于这两者之间。如果是这样，我觉得：你正在向人渣堕落。你是不是觉得很极端？在这个问题上，我们就需要把它想得极端一点。在已经度过的学期当中，你是不是有许多时间都不知所措，有许多时间都在宿舍床上度过，有许多时间都用在QQ上的闲聊，有许多时间都在网络游戏里厮杀。又一学期过去了，突然发现自己没有认真听过几节课，虽然给你们上课的都是讲师以上级别的教师；突然发现自己没有认真读过几本书，虽然你们大学图书馆里有很多藏书；突然发现自己没有学到多少东西，虽然大学里有很多可以学习的东西。不要说上课听不懂，不要说教师不关心，不要说对专业不感兴趣，不要说学校太烂；堕落不需要理由，只需要借口。

如果我没有记错的话，你们每年的学费是4 000元以上，再加上你们的生活费以及其他费用，大多数人每年的费用可以达到七八千元以上。你们现在是在大学里求学，是在接受一种高额费用的教育；可是你们父母高额的投入，在你们的身上得到了多少产出？

你们大多数人都来自农村，或者是小生意家庭，没有多少人家里有万贯家财。你们现在用的每一分钱都是父母挣来的血汗钱，甚至是到处借来的钱，其间蕴含着无比的艰辛与对你们的爱。在他们被岁月留下创痕的老脸上，还有一双对你们充满希望的眼睛，那是一双浑浊甚至有一点模糊的眼睛。

希望可以变成失望，失望可以变成绝望，但是谁又是这一变化的决定者？

责任，并不是别人给你的，而是自己成熟的思想内定的。你们都说自己长大了，都说自己成熟了；但我觉得，20 岁的你们只是一种表象的成熟。你对自己父母具有永远都无法推卸的责任，但是你们却在无为与堕落当中放弃了承担的使命。

一学期结束后，回到家里过年时，你的父母仍然对你宠爱有加，仍然对你充满希望，仍旧对你叮咛嘱咐；但是你却没有丝毫的歉意，根本不谈你的学习，甚至于不把成绩通知单拿给他们过目，躲在某个角落里用自己的手签上本来应该由他们来签的名字。

骗子，一个毫无责任感的骗子，一个可以成为人渣的骗子；我不想，更加不愿我的学生变成这样，我一直固执地认为：你们可以成为我的骄傲。

建造一个事物很难，摧毁一个事物却很容易。同学们，请牢记并承担起你们对父母的责任。在大学中，许多同学都反映了这样一个问题：不知道自己一天到底要做什么，或者做什么都不起劲。这是一个非常普遍的现象，因为你们丧失了目标。之所以产生这一现象的原因如下。

第一：你们考上了大学。完成了你们在小学、初中、高中显性的终极目标。对于许多同学而言，大学是你们最后的求学阶段。读完大学就要找工作，可是这对于已经做了十二年学生的你们而言仍然显得那么遥不可及。

第二：大学里的教学方式与其他时期的教学方式完全不同。在大学里面没有任何一位教师会围绕你们转，生怕你们没有学到东西；因为学不学完全是你们自己的事，你们已经是成年人了。没有了以前的反复讲解，没有了以前做不完的作业，你们觉得上课对自己似乎是空荡荡的，学了又怎么样，不学又怎么样？与其让自己学得这样辛苦，还不如让自己过得洒脱一点。

第三：大学里面有太多属于自己的时间。从以前的早自习到晚自习，都有老师把你们要完成的任务布置得妥妥当当，到现在的没有任何人给你讲你应该去做什么，让你们觉得茫然不知所措。你们大多数人缺乏精神的独立与良好的自控，你们根本无法去把握这些显得过多的自由。

第四：大学里的辅导员与以前的班主任完全不同。以前的班主任什么都要管，就像一个苛刻的保姆，因为他们把你看成没有长大的孩子；现在的辅导员具体的事情管得少，因为他们把你当成成年人。在这一过程中，有一个非常巨大的脱节，你们在心理与智力上根本无法完成这种转型。

第五：你们大多数人缺乏清晰、明确的人生目标。到底要做怎样的人，到底要干什么样的事业，这些对于你们而言毫无概念。从小学时代我的理想，到初中时代我的将来，到高中时代我的大学，到大学时代我的迷茫，你们在这一过程中完成了人生目标的蜕变，最后剩下的是死掉的虫皮。我认为正是这五点的综合作用让你们丧失了目标。而没有方向的船，什么风都不是顺风。

你们应该找到自己的目标，不是说立刻，而是在尽量短的时间内。在这里我给你们一些建议，希望能帮助你们找到目标。

第一步：抛开所有阻碍，从专业出发，想想自己以后到底要做怎样的工作，或者怎样的事业。找一张白纸，把自己最终的决定记录下来，请不要犹豫不决。考研？考公务员？教师？技术员？业务员？其他？

第二步：利用网络和人才市场招聘启事等渠道，充分了解从事你定下的工作所需的专业技能和其他技能。这些技能的理论知识大多数是从书本上学来的，你需要做的是按照从基础到精深的顺序给自己列出一个学习书录。这个也请你写在纸上。

第三步：按书录的先后给自己分配学习时间。当然，你能分配的大多数时间应该是自己的课余时间。并且将它落实到每一学期当中，让自己每学期都有一个学习计划，每个星期，甚至每天都有学习计划！

第四步：按照学习计划，脚踏实地地去学习，并且利用一切可以利用的条件去实践。

我相信，如果每一位同学都有一个目标；你们会过得很充实，会过得很忙碌，并且会得到很多。所以，请每一位同学都给自己定下一个目标吧。

生活就像巧克力盒，你永远都不知道下一颗会是什么滋味！其实在上面四步中，一、二、三步都是非常容易实现的，最难的是第四步，要做到确实不容易。

首先，在你们身边有太多混日子的大学生，他们过着同龄人向往的潇洒生活，要做到第四点，你们需要克服大环境的影响。

其次，大学里有太多的诱惑。QQ 里又发出了让人手痒的声音；网络游戏里又发出了让人兴奋无比的厮杀声；路边小树下又站着一对相互依偎的情侣……要做到第四点，你们需要拒绝这些诱惑，在别人眼里像苦行僧一样在大学里穿行。

最后，你们要耐得住孤独与寂寞，这好像是与大学生活格格不入的。但是成功与伟大的人都是孤独与寂寞的，他们在忍耐的过程中培养了超强的毅力与过人的智慧。

有一种叫秃鹰的动物，它有锐利的嘴喙与锋利的爪子。可是随着年岁的增长，它的尖嘴喙会越来越长，长得让自己无法去叮啄猎物；它的爪子之间会长出厚厚的肉蹼，把爪子都连在一起，让它无法去抓捕猎物。没有食物就要死亡，这是不变的法则。对它而言，死好像是唯一的出路。但是，它却做出了让人类震惊的选择：它把自己的嘴喙在坚硬的岩石上反复地叮啄，折断长的部分，直到恢复以前的锐利；用嘴喙把爪子之间的肉蹼啄烂，虽然血肉模糊，痛得发抖。这个过程足足要持续一个多月，然后它们如同往昔一样又在天空里骄傲地飞翔了。

这是一个痛苦、伟大、新生的过程。人生，难道不是一样吗？

也许有人会问：为什么别人可以潇洒地生活，而我却要痛苦地拼搏。我把它换成另外一个问题：读大学到底是享受生活还是塑造自我。

有许多同学在刚进大学的时候都去尝试过竞选学生会、各种社团的干事与干部。事后，有许多同学都发出了这样的感叹：不公平，做什么都要凭关系。我倒想请问，学校尚且如此，社会又怎样呢？社会上对权术、关系、金钱不是玩得更彻底吗？以后你到底凭什么在社会上立足？要权力没权力，要关系没关系，要钞票没钞票，那到底还有什么呢？大学毕业初期，你们要么从事管理工作，要么从事技术工作。但是你没有权力，没有关系，没有钞票，要想从事比较好的管理工作，要想得到四位数以上的月薪，难道不是南柯一梦吗？你最好的选择是从事技术工作，但是这需要真才实学，大可不凭谁权力大、关系硬、钞票多。

当你们大学毕业以后，突然发现自己除了拿到一个大学毕业证，除了能说一点好像很深奥的话题，并没有学到真正过硬的本领。你们做的工作会比别人好多少？也许只是名称好听点而已，也许只是任何人都可以做的而已。到那时，你们是不是还要怨天尤人？

我们每一个人都想过上高质量的生活，都想让自己的至亲过上无忧的生活，都想在世上留下自己价值的痕迹，但这些不是在享受中就可以实现的。上天给了我们每个人一双手和一个大脑，就是要让我们去创造与思考。大学这段时间是你们最佳的学习时间，所以请你们放弃享受，努力地重塑自我，为以后的腾飞积聚力量。

既然是谈大学生活，那么爱情是一定要谈的。大学里面聚集的正是青春期的少男与少女，爱情在这里不可避免地发生。但不知何时起，大学生们开始感情泛滥。现在大学生的情感里面夹杂了太多的功利、欲望和放纵。每年毕业时，情侣们最后一顿饭，最后一次拥抱，最后一次亲吻，然后转身离开踏上各自的旅途，从此把这段感情遗忘，就像从来没有发生一样。

爱情只是被当成了一种需要。大学里有许多人要抓住爱情或是被爱情抓住。但是我希望你们的爱情是真诚的，是认真的，是纯洁的，是本色的。如果你觉得他很帅，想去和他谈恋爱，请三思；如果你觉得她很美，想去和她谈恋爱，请三思；如果你觉得很孤单，想去找一个人谈恋爱，请三思；如果你只是因为听了朋友的几句言语，就去和某个人谈恋爱，请放弃。“爱”字实际上已经清楚地表明它的对象：下面的“友”字说明你应该很了解他（她），他（她）应该是你的朋友；“冖”说明你要在这些朋友之间认真选择；“丿”说明你只能在精挑细选中选出一个作为你的爱人，其他人只能作为你的朋友。请珍惜自己的情感，否则它会变得很廉价。爱情是什么？这个你们心里应该清楚。我觉得：因为优秀而被吸引，因为吸引而被爱，因为被爱而学会爱，这才是爱的过程。

写到此处，想说的话差不多说完了。这四千多字看起来挺累的，真心希望能给你们带来或多或少的帮助。如果你觉得没有什么帮助，请把它撕烂扔掉，请原谅我的冒失；如果你觉得有所帮助，请把它珍藏，并安安静静地多看几遍。

同学们，你希望自己的大学应该怎样度过？

——摘自：360doc 个人图书馆 http://www.360doc.com

学习材料

一、比尔·拉福的故事

一个美国小伙子立志做一名优秀的商人。中学毕业后考入麻省理工学院，没有去读贸易专业，而是选择了工科中最普通最基础的专业——机械专业。大学毕业后，这位小伙子没有马上投入商海，而是考入芝加哥大学，攻读为期三年的经济学硕士学位。最出人意料的是，获得硕士学位后，他还是没有从事商业活动，而是考了公务员。在政府部门工作了五年后，他辞职下海经商。又过了两年，他开办了自己的商贸公司。20 年后，他的公司资产从最初的 20 万美元发展到 2 亿美元。这位小伙子就是美国知名企业家比尔·拉福。

1994 年 10 月，比尔·拉福率团来中国进行商业考察，在北京长城饭店接受《中国青年报》记者采访时，他谈到他的成功应感激他父亲的指导，他们共同制定了一个重要的创业生涯规划。最终这个生涯设计方案使他功成名就。我们来看一下这个成功的简图，如图 1-1 所示。

工科学习→工学学士→经济学学习→经济学硕士→政府部门工作→锻炼处世能力，建立广泛的人际关系→大公司工作→熟悉商务环境→开公司→事业成功

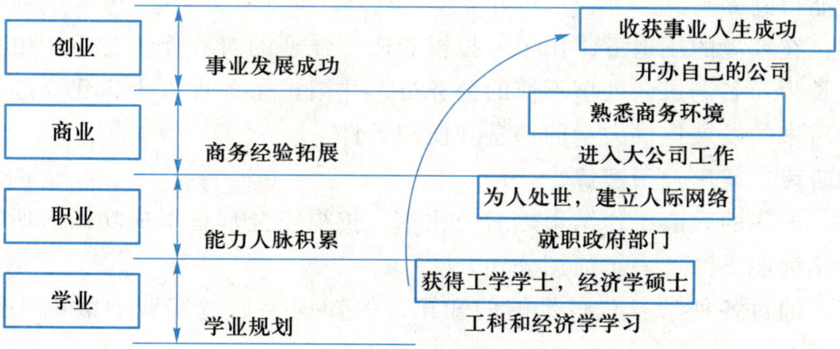

图 1-1　比尔·拉福的创业生涯规划图

第一阶段：工科学习

选择：中学时代，比尔·拉福就立志经商。他的父亲是洛克菲勒集团的一名高级职员，他发现儿子有商业天赋，机敏果断，敢于创新；但经历的磨难太少，没有经验，更缺乏必要的知识。于是，父子俩进行了一次长谈，并描绘出职业生涯的蓝图。因此升学时他没有像其他人一样直接去读贸易专业，而是选择了工科中最基础最普通的机械制造专业。

评析：做商贸必须具备一定的专业知识。在商品贸易中，工业品占绝大多数，不了解产品的性能、生产制造情况，就很难保证在贸易中得到收益。工科学习不仅是知识技能的培养，同时能帮助建立一套严谨求实的思维体系；而清楚的推理分析能力，脚踏实地的工作态度，正是经商所需要的。

收获：比尔·拉福在麻省理工学院的四年，除了本专业，还广泛接触了其他课程，如化工、建筑、电子等，这些知识在他后来的商业活动中发挥了举足轻重的作用。

第二阶段：经济学学习

选择：大学毕业后，比尔·拉福没有立即进入商海而是考进芝加哥大学，开始了为期三年的经济学硕士课程。

评析：在市场经济下，一切经济活动都是通过商业活动来实现的，不了解经济规律，不学习经济学知识，就很难在商场立足。

收获：比尔·拉福掌握了经济学的基本知识，搞清了影响商业活动的众多因素，还认真学习了有关法律和微观经济活动的管理知识。几年下来，他对会计、财务管理也较为精通，在知识上已完全具备了经商的素质。

第三阶段：政府部门工作

选择：比尔·拉福拿到经济学硕士学位后考取了公务员，在政府部门工作了五年。

评析：经商必须有很强的人际交往能力，要想在商业上获得成功，必须深知处世规则，善于与人交往，建立诚信合作关系。这种开拓人际关系的能力只有在社会工作中才能得到提高。

收获：在环境的压迫下，比尔·拉福养成了强烈的自我保护意识，由稚嫩的热血青年成长为一名老成、处事不惊的公务员，并结识了各界人士，建立起一套关系网络，为后来的发展提供大量的信息和便利条件。

第四阶段：通用公司锻炼

选择：五年的政府工作结束之后，比尔·拉福完全具备了成功商人所需的各种素质，于是辞职下海，去了通用公司。

评价：通过各种学习获得足够的知识，但知识要通过实践的锻炼才能转化为技能。

收获：在国际著名的通用公司进行锻炼，比尔·拉福不仅为实践所学的理论找到了一个强大平台，而且学习到了丰富的管理经验，完成了原始的资本积累。这也是大学生创业应该借鉴的地方，除了激情还应该考虑更多的现实。

第五阶段：自创公司，大展拳脚

选择：两年后，他已熟练掌握了商情与商务技巧，便婉言谢绝了通用公司的高薪挽留，开办了拉福商贸公司，开始了梦寐以求的商人生涯，实现了多年前的计划。

评析：时机成熟后，应果断决策，切忌浪费时间，应抓住契机实现计划。

收获：比尔·拉福的准备工作，几乎考虑到了每个细节，因此拉福公司的成长速度出奇的快。二十年后，拉福公司的资产从最初的 20 万美元发展为 2 亿美元，而比尔·拉福本人也成为了一个奇迹。

比尔·拉福的创业生涯设计脉络清晰、步骤合理，充分考虑了个人兴趣、个人素质，并着重职业技能的培养，这种生涯设计在他坚持不懈的努力下，终于变为现实。也许他的这套生涯方案并不完全适合你，但是却带给你一个重要的信息：创业是可以规划的，人生是可以设计的！

二、我的大学我做主

生涯辅导理论大师舒伯将人的生涯发展分为五个阶段，如表 1–1 所示。

表 1–1　生涯发展过程表

阶段	年龄	发展任务
成长阶段	出生至 14、15 岁	发展自我概念，发展对工作世界的正确态度，并了解工作的意义
探索阶段	15～24 岁	发展相关的技能，使职业偏好逐渐具体化、特定化并实现职业偏好
建立阶段	25～44 岁	在适当的职业领域稳定下来，巩固地位，并力求晋升
维持阶段	45～64 岁	维持既有成就与地位，更新知识与技能，创新
退出阶段	65 岁以上	减少在工作上的投入，计划安排退休生活，退休

大学，正处于人生的探索阶段。该阶段的青少年，通过学校的学习、社团活动、休闲活动、打零工和实习等机会，对自我能力及角色、未来发展做了一番探索，以使选择职业时有较大弹性。

大学期间，大一是“探索期”，要对大学四年的学习生活有一个初步的认识和合理的规划，对未来的职业发展方向做好定位；大二是“储备期”，注重夯实基础，分析自我优势和局限性，进行自我完善和塑造；大三是“提升期”，根据自我定位和社会需求，确定未来职业目标，学习与实践各种职业发展技能；大四是“冲刺期”，即实现职业目标的第一步，应厚积薄发，充分掌握资讯，为职业生涯的发展开个好头。大学四年生涯规划图如图 1–2 所示。

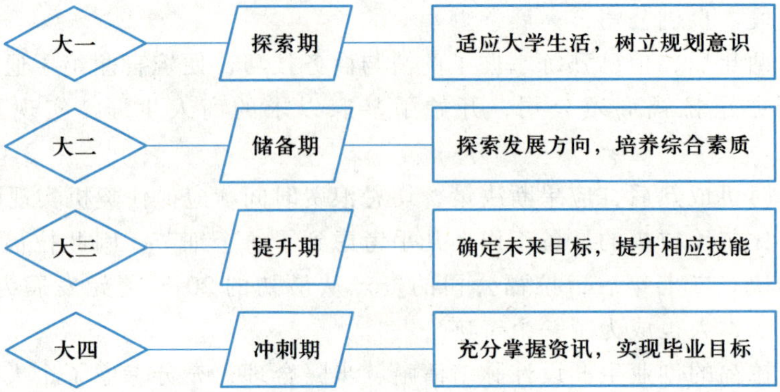

图 1-2　大学四年生涯规划图

课内练习

一、我的生涯彩虹图

（一）练习

生命像一道彩虹，充满不同的颜色。生涯辅导专家舒伯利用生命广度（life-span）、生命空间（life-space）的概念，提出了“生涯彩虹图（life-career rainbow）理论”，展示了生命不同发展阶段各种角色的相互作用，不同阶段角色的继承与更替，如图 1-3。

填涂说明：

（1）用不同颜色描绘在不同角色之间的精力分配和生活状态；

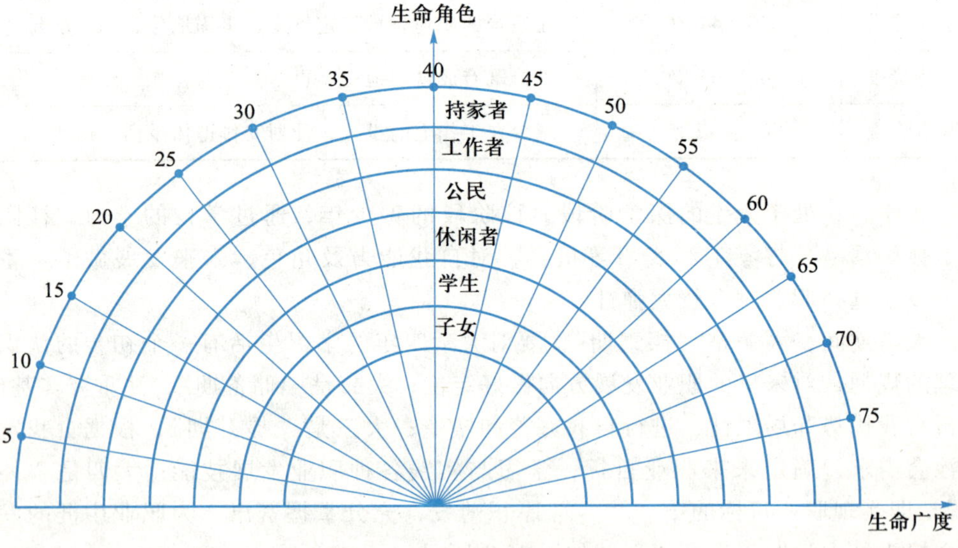

图 1-3　生涯彩虹图

（2）根据舒伯理论，请注意各角色间的平衡。

（二）解读

在生涯彩虹图中，最外的层面代表横跨一生的“生命广度”，又称为“大周期”，包括成长期、探索期、建立期、维持期和衰退期。

里面的各层面代表纵观上下的“生命空间”，由一组角色和职位组成，包括子女、学生、休闲者、公民、工作者、持家者等主要角色，如图 1-4 所示。

▸ 扫一扫：2-10 生涯彩虹图

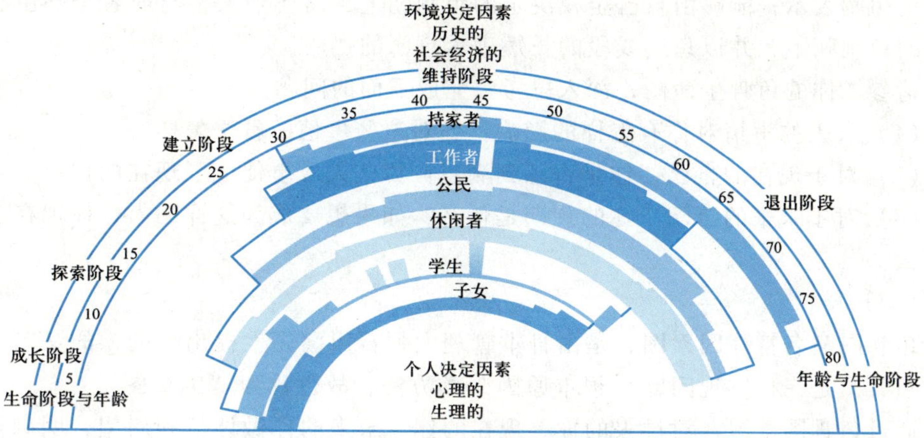

图 1-4 生涯彩虹图示例

各种角色之间是相互作用的，一个角色的成功，特别是早期角色的成功，将会为其他角色提供良好的基础；反之，某一角色的失败，也可能导致另一角色的失败。因此，在舒伯的理论中，生涯规划更注重职业对人生的意义。一个完美的人生，未必仅仅依赖于职业角色的完善与否，更多的非职业角色使人生有更多自我实现的可能性。

二、我的鱼骨生命图

（一）练习

鱼骨图作为自我认知的工具之一，多用于生涯规划及管理。鱼眼，表示原点，即出生时刻及出生地；鱼头，呈现三角形，代表人出生后 0 ~ 3 岁的发展迅速的阶段；鱼尾，表示职业生涯结束后，生命逐渐老去的部分；鱼尾尖，表示生命的终点，如图 1-5 所示。

图 1-5 鱼骨生命图

填涂说明：

（1）请你在生命的原点上写上出生日期和 0 岁。再请你根据自己的健康状况、家族的健康状况、你所生活地域的平均寿命预测自己和世界说再见的时间，并标注在箭头的终点上。

（2）请找出今天你的位置，用一个自己喜欢的标记表示在生命线上，并写上今天的日期和年龄。

（3）请你进一步仔细回忆过去，以生命线上的时间点为初始点，标出过去影响你最大的或令你最难忘的5件事；用鱼刺表示，积极影响事件鱼刺朝上，消极事件鱼刺朝下，并以鱼刺线段的长短表示意愿的强弱。

（4）现在请你在生命线上标出今后你最想做的3件事或最想实现的3个项目，同样用鱼刺表示；能够由自己全权决定的鱼刺朝上，需要别人参与或者全部由别人定夺的鱼刺朝下，并以鱼刺线段的长短表示意愿的强弱。

请参考你的鱼骨生命图，深入思考并完成下面的问题：

（1）过去的事情对你有怎样的影响？你对这些事情的看法怎样？

（2）对于现在的自己，你是否感到满意？哪些人或事促成了现在的你？

（3）对于未来的自己，你的预期是什么？如果想要成为这样的人，你现在要做些什么？

（二）解读

鱼骨图又名特性因素图，是由日本管理大师石川馨先生提出来的，故又名石川图。鱼骨图是一种发现问题“根本原因”的方法，故也称为“因果图”。

通过鱼骨图练习，对过去的你、现在的你、未来的你做评估和展望，明确自我定位，界定自我形象。

课外拓展

一、寻找自己的大学成长顾问

大学成长顾问，主要有以下四个。

第一个顾问是学习成长顾问。这个顾问可以是你的老师或高年级同学，需要时可以和他讨论在学习上遇到的问题。

第二个顾问是心理健康顾问。这个顾问可以由学校心理咨询中心或者你所在院系的辅导员、班主任等相关人员担任。在学习、生活、情感或任何方面遇到困惑时，可以找他，以获得到及时有效的帮助。

第三个顾问是职业发展顾问。这个顾问可以请学校就业指导中心的老师或者请你所在院系的辅导员、班主任等相关人员担任，也可以请你在实习或者见习等实践过程中遇到的领导或同事来担任，他们会在你职业迷茫需要帮助时助你一臂之力。

第四个顾问是个人形象顾问。这个顾问可以请学校的老师或者用你自己的方法找到校外合适的人来担任。不过在这里你要注意“形象”的含义，一方面是外在形象，如服饰、发型、言谈举止等；另一方面是你的气质、素质、个人品牌等。你的顾问会在你的个人形象设计方面提出适合于你的建议。

以上四个顾问的寻找你可以用自己的方式做到，如通过电话邀请或者拜访面谈。这里要提醒的是：无论这个顾问是怎样找到的，你都要尊重他，在需要的时候再去请教他。有这四个顾问的贴身服务，你会成长得更快。

请将自己的成长顾问记录在表 1-2 中。

表 1-2 大学生涯成长顾问表

顾问类型	顾问姓名	联系方式	沟通建议频率（至少）	咨询提示	备注
学习成长			大一大二每学期 2 次 大三大四每学期 1 次	学业有困难时	
心理健康			大一大二每学期 1 次 大三大四每学期 2 次	心中有困惑时	
职业发展			大一大二每学年 1 次 大三大四每学期 1 次	进行职业规划和实践时	
个人形象			随时	根据个人需要	

二、听取职场报告会讲座

参加一两场你所在学校组织的职场报告会，将自己的主要体会记录在表 1-3 中。

表 1-3 参加职场报告会体会记录表

	报告一	报告二
题目		
报告人		
时间		
地点		
内容		
主要体会		

相关资源

一、视频

（1）《我的青春我做主》电视剧片段；

（2）《飞黄腾达》真人秀节目第二季第一集；

(3)《飞屋环游记》动画电影。

二、书籍

(1) 徐小平. 图穷对话录. 北京：光明日报出版社.
(2) 尼可拉斯·劳尔. 天才也怕入错行. 长春：吉林人民出版社.
(3) 雷恩·吉尔森. 选对池塘钓大鱼. 北京：机械工业出版社.

三、网站

大醍醐网. http://www.datihu.com

第二章　发现自身特质

问题导入：林书豪的梦想可以复制吗

林书豪是谁？如果2012年1月之前问这个问题，除了篮球迷恐怕没几个人知道。而到了2012年2月份，这个刚刚加入NBA两年、拿着最低工资的“临时工”，却带领状态低迷的纽约尼克斯队连创佳绩，登上了《时代》杂志封面，成了风靡一时的明星；而他的华裔身份，更让其在海峡两岸成为炙手可热的人物。

有人说，林书豪的成功，为华裔乃至亚洲人正名，表明除了姚明这样的大个子，普通黄种人也可以在强手如云的篮球世界取得一席之地。甚至有人开玩笑说，又一项非洲裔的专属特长被亚裔抢走了。

▸ 扫一扫：
2-11 林书豪

有人说，林书豪的成功，更多得益于他是一个美国人。的确，他的中文不流利，他的思维是美国化的，就连怀才不遇、备遭歧视、抓住机遇、一飞冲天的个人经历，都太像传统美国英雄主义电影里的情节。

一千个人眼中有一千个哈姆雷特，但是如果我们超出国籍、族裔的视野，放下这些外部环境的争论，去细细探求林书豪的成功之路，就会发现，出身也好，国籍也好，都不是最重要的东西，他的成功，首先得益于自身的努力。

林书豪跟姚明不同，并非出身篮球世家，他的父母都在1.68米左右，20世纪70年代中期从中国台湾移民到美国。父母二人从未参与过任何有组织的篮球赛，但他们会看NBA比赛。母亲是“J博士”的粉丝，而父亲林继明则会每周三次带着三个儿子到篮球场上打球。

初进高中时，林书豪只是一个1.60米高和56.7公斤重的瘦弱球员，一点都不起眼。不过到了高中最后的一年，他已长到1.85米，并且带领帕洛阿尔托高中夺取了马萨诸塞州二级赛的冠军，令全美知名篮球高中天主圣母高中不得不俯首称臣，而林书豪本人也初露峥嵘。而且和大多数有篮球天赋的球员不一样的是，林书豪的学习成绩非常好，他在美国大学入学测验时数学甚至拿到了满分。

林书豪当年虽然是北加州高中二级赛的最佳球员，不过当年申请NCAA（美国篮球大学联盟）第一级学校的奖学金时，还是受尽了白眼。因为那些名校的教练都不相信一名亚洲裔学生能成大器。这大概就是目前在美国大学NCAA第一级的学校中，亚裔学生只占4%的原因。

林书豪当年不想为堪萨斯或肯塔基大学这两所NCAA的名校效力，他只将简历和刻有自己比赛集锦的DVD寄往全部八所常春藤盟校、加州的斯坦福大学以及他梦想加入的加州大学洛杉矶分校（UCLA），并得到了四所学校的答复。对于自己在太平洋十校联盟中的两所目标高校，林书豪回忆道，UCLA“根本不感兴趣”，斯坦福大学则“虚情假意”斯坦福大学接待的人“把我的姓氏读成了伦”。

经过4年的努力，现在的林书豪凭借自己的努力可谓在NBA小有成就，也让当年看不起他的那些大学教练大吃后悔药。

因为不出众的身体素质被认定无法打好球—被名牌大学拒绝—因亚裔身份被歧视—成为NBA落选秀—试训遭忽视—4度被下放至NBDL—2度遭勇士火箭裁员—2个赛季辗转4支球队—第一场爆发比赛前一夜睡沙发……这些是林书豪成名之前背后的种种艰辛历程，但这名华裔控卫一直坚持将篮球继续到底，从未放弃追求梦想。

人前的风光，源自背后的汗水。娴熟的运球，精准的投篮，都来自极端刻苦的训练。即便是在联赛停摆、饭碗无着之时，他的训练也没有中断。而来中国大陆做活动时，他问得最多的是，能否解决训练场所、条件如何、离宾馆多远……天分固然重要，但是如果没有后天的勤奋，一切自然无从谈起。

个人的成长，与家庭也有莫大的关系。林书豪的成功，还得益于家庭的宽容和开明。与一般家长不同，林书豪的父母支持他的兴趣爱好，允许他做自己最愿意做的事。正是有了这样的空间，才使他在遭遇逆境时少有来自家庭和亲友的压力，能够坚持自己的梦想。

正如他自己所说，“不管你喜欢什么，都要努力去做，做到最好，不一定只是篮球。而且你要去追逐梦想，不要别人告诉你能或者不能”。这是一个非常朴素的道理。也许我们不能复制林书豪的成功，但是他的努力、他的梦想却是每个人都可以复制的。这与一个人的能力无关，而仅仅是一种精神品质。

林书豪通过自己的故事告诉我们，不管你的天资如何，不管周围人对你的眼光怎样，只要你不断努力，奋发向上，就会创造奇迹!

——摘自：《人民日报》2012年2月23日第9版

你认为林书豪成功的主要原因是什么?

学习材料

一、自我探索的四个维度

人对自己到底了解多少呢?

自我认知（self-cognition）是对自己的洞察和理解，包括自我观察和自我评价。自我观察是指对自己的感知、思维和意向等方面的觉察；自我评价是指对自己的想法、期望、行为及人格特征的判断与评估，这是自我调节的重要条件。

如果一个人不能正确地认识自我，看不到自己的优点，觉得处处不如别人，就会产生自卑，丧失信心，做事畏缩不前……相反，如果一个人过高地估计自己，就会骄傲自大、盲目乐观，导致工作的失误。因此，恰当地认识自我，实事求是地评价自己，是自我调节和人格完善的重要前提，也是未来职业选择的主要依据。

自我意识是对自己身心活动的觉察，即自己对自己的认识，具体包括认识自己的生理状况（如身高、体重、体态等）、心理特征（如兴趣、能力、气质、性格等）以及自己与他人的关系（如自己与周围人们相处的关系，自己在集体中的位置与作用等）。自我意识是一个人对自己的认识和评价，包括对自己心理倾向、个性心理特征和心理过程的认识与评价。正是由于人具有自我意识，才能使人对自己的思想和行为进行自我控制和调节，使自己形成完整的个性。自我意识是人类特有的反映形式，是人的心理区别于动物心理的一大特征。

大学生在成长的过程中，对于自己的生理状况比较了解，但是对于自己的心理特征和自己与他人的关系的认识和评价不如显现在外的生理状况那么清晰；因此，在职业生涯规划中，对个体正确的自我探索主要应从自我认知和自我意识的四个维度：兴趣、性格、技能和价值观进行探索，如图 2-1 所示。

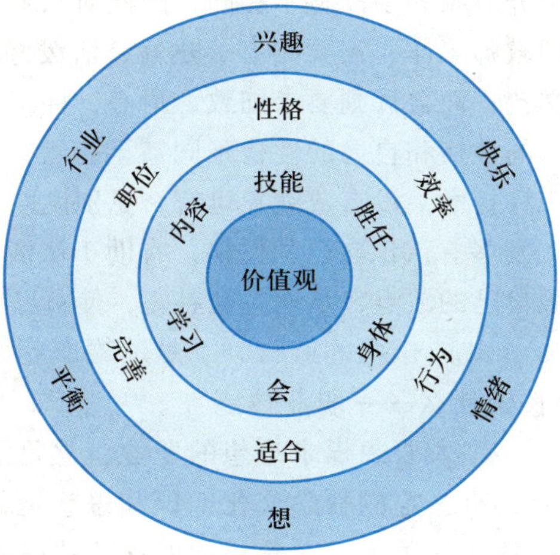

图 2-1 自我认知和自我意识的四个维度

1. 探索兴趣——喜欢做什么——职业兴趣

兴趣可以提高工作效率，充分发挥个人才能。个人对工作感兴趣时，枯燥的工作会变得丰富多彩，趣味无穷。因为兴趣可以调动人的全部精力，促进能力的发挥，兴趣和能力的合理结合会大大提高工作效率。曾经有研究显示：如果从事自己感兴趣的职业，则能发挥个人全部才能的 80%～90%，且长时间保持高效率不感到疲劳；而从事没兴趣的工作，只能发挥全部才能的 20%～30%。

▸ 扫一扫：3-4 兴趣岛图片汇总 pdf

兴趣是保证职业稳定、职场成功的重要因素。对工作感兴趣，就愿意钻研，就会出成就，这正是兴趣的作用所在。兴趣可以为职业生涯选择提供有效的信息，可用于预测你的工作满意度和工作稳定性。从事自己感兴趣的职业不但让你感到满意，而且能够让你的工作单位感到满意，并由此导致工作的长期性和稳定性。多方面的兴趣也可以使人善于应对多变的环境。如需变换工作，只要自己感兴趣，就能够很快地学会这门工作。因此，兴趣是职场成功的一个重要因素，它能将你的潜能

▸ 扫一扫：1-12 兴趣视频

最大限度地调动起来，使你能够长期专注于某一方向，做出艰苦努力，取得令人瞩目的成就。

兴趣是解决问题的意愿与动机，不是测验的分数。

2. 探索性格——适合做什么——个人特质

▸ 扫一扫：1-13 性格理论

性格是在后天的成长环境和教育环境中，逐渐形成且比较稳定的，对人、对事、对自己的独特的行为方式和个性倾向。江山易改，秉性难移，这个秉性就是性格。开朗、直率、热情、慢性子、急脾气、健谈、木讷等，都是用来形容性格的。但是，性格并非全部都是别人能看清楚、自己也能看明白的，有些性格不但不容易看清楚，有时候还具有迷惑性，容易让人以为是另一种性格，因此，性格具有复杂性。

性格影响着一个人对职业的适应性。不同的职业，由于其社会责任、工作形式、工作内容、工作方式、服务对象和手段各不相同，因此对从业者的性格也有着不同的要求。例如，从事幼儿园教师工作，需要耐心、热情、活泼好动、喜欢孩子，最好还能保持一颗童心，喜欢文艺；而会计则要求细致、耐心，性格沉稳，能坐得住，做事有条理性。如果职业要求的性格和自己的性格不同甚至有很大冲突，那么，即使顺利入职，也会觉得工作是一种折磨，没有成就感可言，更别说取得成就了。

认识性格有利于个人发展。认识自己的性格，有助于认清自己的优势和不足，提高自己的性格修养，克服自己的缺点，从而扬长补短，使自己不断完善，走向优秀。

性格是基因与心智成长共同作用的产物，不是道德修养。

3. 探索能力——擅长做什么——职业技能

▸ 扫一扫：1-14 技能

能力是就业的关键。一个人要想谋求理想的职业，立足于工作岗位，并在职业岗位上做出成绩，不仅要具有一定的科学文化知识和思想道德素质，还要具备良好的职业能力。职业能力是就业的关键，是获得职业成功的前提。

职业能力可以推动职业生涯快速发展。具有较高的职业能力，不但是成功就业的敲门砖，还是保职升职的有力保证；反之，如果职业能力不足，即使暂时获得了岗位，也会因不能胜任而遭到淘汰。具有较好的职业能力，会让就业者在工作中游刃有余，获得较强的工作愉悦感和成就感。

在工作过程中，职业能力强的人一般会取得更好的工作绩效，为组织创造更大的价值，所以相对能力差的人有更多的职业升迁机会，从而获得更快、更好的职业生涯发展。随着职业能力的积累和发挥，职业发展空间就会越来越大；而随着发展空间的增大，能力的提升也会更快，最后形成良性循环，取得生涯的成功。

技能是合适的人生发展平台，不是他人的评价。

4. 探索价值观——最看重什么——职业价值观

▸ 扫一扫：1-15 马斯洛需求层次

价值观对人们自身行为的定向和调节起着非常重要的作用。价值观直接影响和决定着一个人的理想、信念、生活目标和追求方向的性质。价值观的影响作用大致体现在以下两个方面。

（1）价值观对动机具有导向作用。

人们行为的动机受到价值观的支配和制约。在同样的客观条件下，具有不同价值观的人，其动机模式不同，产生的行为也不同。动机的目的和方向受价值观的支配，只有那些经过价值判断被认为可取的方向，才能转换为行为的动机，并以此为目标引导人们的行为。

（2）价值观反映个人需求，影响职业决策。

价值观代表了一个人对于什么是好、什么是对，以及什么会令人喜爱的意见。每一个求职者由于其所受教育的不同和所处环境的差异，在职业上的目标和要求也是不相同的。在许多场合，我们往往要在一些得失中做出选择，而左右我们选择的，往往就是我们的职业价值观。例如，是要工作舒适轻松，还是要高标准的工资待遇；是要成就一番事业，还是要安稳太平：当两者有矛盾冲突时，最终影响我们决策的是存在于内心的职业价值观。

价值观是意义的创造与表达，不是社会地位。

二、自我探索的方法

1. 自我觉省法

子曰：吾日三省吾身。自我觉省法通过，不但是自我认知的方法，而且也是行之有效的自我提升方法。经常自我觉察和自我反省，能够取得更快的进步，如图 2-2 所示。

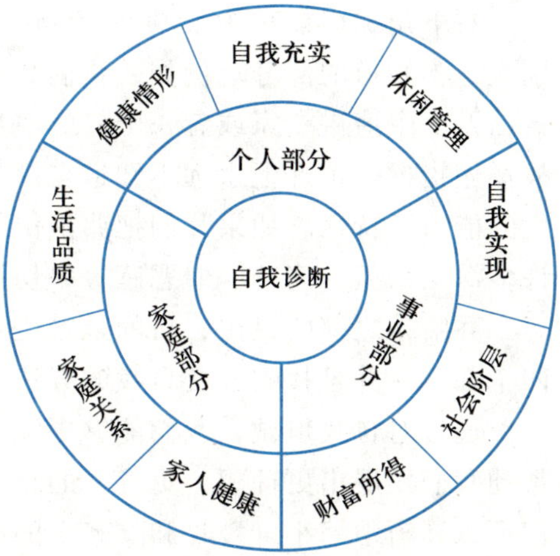

图 2-2　自我觉省的维度

► 扫一扫：
3-5 自我效能感图 pdf

2. 橱窗分析法

心理学家乔·鲁夫特（Jeo Luft）和哈瑞·英格汉（Harry Lngham）提出了一个“乔哈瑞之窗”的模型，来说明一个人对自己的了解情况。

乔哈瑞之窗根据我们对自己的了解、不了解和别人对我们的了解、不了解，将对一个人的认知分成四个部分，如图 2-3 所示。

在图 2-3 中，左上角那扇窗称为开放我（open self），这个部分指的是我们自己知道，别人也知道的部分，如我们的长相、身高、体重，以及某些属于公开性的统计资料，如学历、性别、籍贯等，还包括一些个性成分。

右上角的那扇窗称为盲目我（blind self），这个部分指的是我们自己不知道，而别人了解的部分。例如，我们自己的一些习惯动作，一些口头禅，这些习惯性的东西，我们平时自己并不觉察，直到有人告诉我们。盲目我的大小与一个人的自我觉察能力有关，有些人具有内省特质（introspection trait），则可能他的盲目我会比

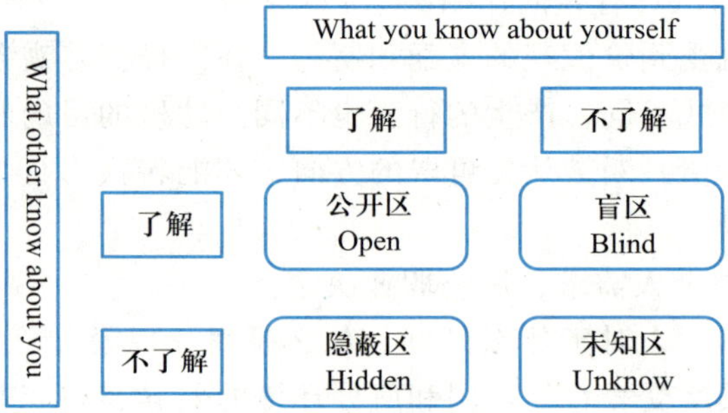

图 2-3　乔哈瑞之窗

较小一点。

左下角那扇窗称为隐藏我（hidden self），这个部分指的是我们自己知道，而别人不知道的部分。例如一些童年往事、痛苦辛酸的经验、身体上的隐疾等，这些东西我们可能不愿意让别人知道，而成为隐藏我。要缩小隐藏我是一件很不容易的事，因为一个人可能会因此而丧失自己原本拥有的自尊、荣誉及公共形象。

右下角那扇窗称为未知我（unknow self），这个部分指的是我们自己不知道而别人也不知道的部分。例如，我们如果没有某种因缘际会的经验，可能从来不知道自己是一个演讲专家或者一个好的演员；艾森豪威尔如果没有在二战时被派往欧洲战场做指挥，也许他永远不知道自己是个好的将军。这个部分通常是指某些尚待开发的能力、特性。如果我们把弗洛伊德的潜意识观念带进来，那么，未知我还包括许多深层欲望、痛苦、罪恶感等一切潜意识内容。

乔哈瑞之窗的提出，目的是希望帮助人们更好地了解自己，清楚地掌握自己的四个部分，并且找到改变自我的方法。

通过对自我坦诚，我们能够更深入地了解隐藏我。通过对别人开放自我，可以帮助我们发展出更理想、更统一的自我人格。通过自我坦诚和回馈的综合作用，我们可以逐渐地缩小盲目我和隐藏我的部分，使得开放我更加广阔，我们变得更加透明，更加容易被别人接受，我们的行为也有了很好的依靠标准。

那么，该如何缩小未知我的部分呢？专家建议，可以从下面几个方法入手：

第一，多增加新的尝试的机会（try）。很多时候，没有在那个环境中，人是很难知道自己真正的反映的。我们往往会通过没有基础的臆想来构建未来可能产生的情势。由于我们的臆想缺乏基本信息，所以，这种臆想的错误的机率非常大。多接触不同的环境，多尝试不同的行为，我们才能更加了解自己。对陌生的事情，我们总有一种天生的恐惧感，不要让这种恐惧感限制了我们的行动。不管怎么说，我们从婴儿开始，所有的知识，不都是通过尝试获得的吗？我们对世界了解如此之少，我们对自我了解如此之少，不去尝试，我们凭什么来作出正确的选择呢？

第二，借自我观察获得新的了解（understanding）。从婴儿开始，我们通过行动，以及行动获得的反映，来构建我们的世界模型。在不知不觉中，我们的价值观、做事模式形成了。但是，这种自发形成的模式非常的盲目，有可能仅仅是一次别人错误的反馈，而导致我们深刻的印象，并影响到相关的行为。比如，一个儿童在兴致勃勃地帮助妈妈洗碗，如果一个心情不好的母亲，也许会让孩子得到这样的反馈：

A. 洗碗弄湿了手和衣服，要生病。

B. 洗碗弄脏了衣服，让妈妈更加辛苦。

C. 洗碗打破了碗，越帮越忙。

如果母亲情绪不好，反应激烈，就会在缺乏正确判断力的儿童心理埋下“洗碗不对”的概念，并导致未来拒绝一切洗碗的工作。对每个人的自我认识来说，必然有一些这样的错误反馈导致错误的价值观存在。作为成人，有了相当的判断能力，通过自我观察，仔细思考，逐渐增加新的了解，改变那些过去通过错误渠道获得的错误价值观和做事模式，对个人的成长和提高来说，都是十分重要的。

第三，借自我觉察获得顿悟（insigh）。这个顿悟和佛教所说的顿悟有接近的地方。通过对自我行为、自我情绪、自我思考过程的观察，来了解真正的自我，当对自我行为产生了一定的认识之后，便会形成一个顿悟——一个相对完整的自我形象就产生了。乔哈瑞之窗提供了一个了解自我的方法，它需要我们去按照这个方法去操作，去思考才会有效。

了解自我的方法是多种多样的，我们可以通过乔哈瑞之窗了解一部分，我们还可以通过心理学、人类学、管理学、哲学等专门学科了解自我；我们还可以通过实践中的经验、反馈来认识自我。通过多种渠道，我们会逐渐看到自己真正的面目，看到我们自己的思考方式、判断问题的方式、价值观等等内在的、深层的，指引我们行动的种种思维。通过改变这些内在的、深层的思维，我们可以逐渐重新构建一个更加完美的个体，逐渐朝着成功的方向前进。

3. 360 度评估法

360 度评估法又称为多渠道评估法，是通过收集与自己具有密切关系的、来自不同层面人员的评估信息来全方位地评估自我。对于同学们来说，可以请来自家庭的父母和其他家人、来自长辈的老师和来自同辈的同学朋友等对自己进行全面的评估，如图 2-4 所示。

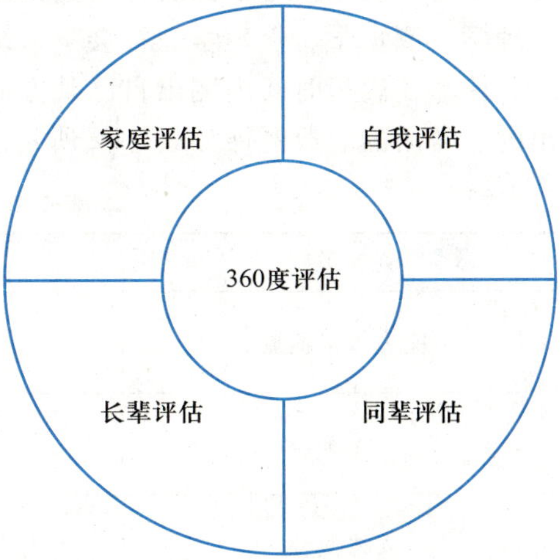

图 2-4　360 度评估法

通过评估反馈（见表 2-1），可以获得来自多层面人员对自己素质、能力等的评估意见，从而能比较全面、客观地了解有关自己的个人特质、优缺点等信息，并将这些意见和信息作为自己进行职业生涯规划及能力发展的参考。

表 2-1　360 度评估法的评价内容和评价标准

方式	评价内容	评价标准
自我评估	1. 自己的才能是否得到了充分发展？ 2. 对自己的职业发展状态是否满意？ 3. 对自己的学习、生活状态是否满意？ 4. 对处理职业生涯发展与其他人生活动的关系的结果是否满意？	根据个人的价值观念及个人的性格、兴趣和能力
家庭评估	1. 是否能够理解和肯定？ 2. 是否能够给予支持和帮助？	根据父母和其他家人的反馈意见
长辈评估	1. 是否获得老师、长辈的认可？ 2. 是否有明显的缺点？ 3. 是否获得了长足的进步？ 4. 各项能力是否都得到了提升？	根据行为表现及综合素养
同辈评估	1. 是否获得同学、朋友的认可与好评？ 2. 是否在某些方面树立了榜样？ 3. 是否存在哪些缺点？	根据行为表现及同辈感受

4. 职业测评法

职业测评法是指通过人机测评、结构化面试、情景模拟、评价中心等技术，对个体的知识水平、能力及其倾向、工作技能、内在动机、个性特征和发展潜能进行测量，并根据工作岗位要求及组织特性进行评价，从而实现对人才的全面、准确、深入了解。运用测评手段进行自我认知是一种力求客观的认知手段，通过运用现代心理学、测量学、管理学、社会学、统计学、行为科学及计算机技术的综合测评技术，能够在较短时间内测出自己某方面特点，并且这一特点是在与群体的比较中得出的。常用的职业测评如表 2-2 所示。

表 2-2　常用职业测评

测验类别	代表性测量表
能力倾向测验	一般能力倾向成套测验（GATB） 加德纳多元智能基本能力测验
兴趣测验	自我指导探索测量表（SDS） 霍兰德职业兴趣测验（Holand）
人格测验	卡特尔 16 种人格因素测验（16PF） 卡尔·荣格人格测验（MBTI）

续表

测验类别	代表性测量表
价值观问卷	工作价值问卷（WVI）
生涯成熟度问卷	生涯发展问卷（CDI）
综合职业测评	互动式指导信息系统（SIGI PLUS） 朗途职业规划测评系统（CPES）

总之，人是极为复杂的，某一个维度的单项测评并不能全面反映一个人的特质，应将多项测评的应用结合起来；与此同时，还要将测评法与上述其他自我探索的方法结合起来，才能更准确、更全面地了解自己，发现真正自我。

课内练习

一、你喜欢和什么样的人在一起

（一）练习

设想一下，你收到了一封派对的邀请函，参加的人都是20岁左右的年轻人，而你一个也不认识。邀请函的背面有一张会场平面图，志趣相投的人聚在会场不同的角落里。

下面对所有出席者的类型进行了描述，每个类型后都给出了具体的例子，请注意不同类型的人的兴趣与技能是如何发挥作用的。

现实型（R）：热爱大自然，崇尚体育运动，喜欢使用工具、器械。例如：汤姆喜欢去山上徒步旅行，还经常顺便做做道路养护工作；迪伊是学校橄榄球队的队员；保罗喜欢修汽车；路易斯和拉里常在父亲的木工店里做家具；罗斯给农场种菜；伊薇特饲养残疾人护理犬。

研究型（I）：充满好奇心，喜欢研究与分析事物。例如：杰森什么事都要问个为什么；杰西卡总是琢磨在什么地方约会最好；戴维分析的事物就更多了，从化学实验数据到社区服务成果，无所不包；身为学生会成员的艾琳则想弄明白为什么新生选课时总有那么多问题。

艺术型（A）：散发艺术气质，想象力丰富，富有创新精神。例如：盖尔喜欢画卡通画；西德、唐和史黛西组成了一支乐队，经常在舞会上表演；达琳为学校的演出设计服装和道具，一双巧手颇有名气；盖伊开发了制作电脑动画的软件。

▶ 扫一扫：1-16 霍兰德类型论讲课视频

社会型（S）：乐于助人，喜欢为别人提供指导与服务。例如：高三的达西为新生提供生活指导；史蒂夫给中学生辅导数学和英文；凯瑞读课文给盲人学生听；鲍勃自愿为学校橄榄球队进行培训。

企业型（E）：喜欢做开创性的工作，影响或说服别人。例如：达纳发起了一项活动，组织高中生看望疗养院的老人；正在竞选下届学生会主席的里奇说服人们投票给他；格雷格帮助有可能接触毒品与黑社会的孩子。

常规型（C）：喜欢按部就班地完成工作或任务。例如：在服务俱乐部做财务的唐把每场筹款活动的账目记得清清楚楚；在保险公司做兼职的克里斯汀负责所有文件的更新工作；特里是舞会筹备总监，确保一切工作顺利进行。

好的，现在你已经对派对上有哪些人有了一个大概的了解。你现在刚到，正要入场。下面，请回答以下 3 个问题：

（1）你会最先去哪个角落，也就是你最想要和谁一起聊天。将代表该类型的英文字母记下。

（2）15 分钟后，你选的那个类型的人除你之外都离开去参加另外一场派对了，只剩下你自己。在剩下的几个类型中，哪种类型的人最吸引你，你最想和哪个类型的人待在一起。将代表该类型的英文字母记录下来。

（3）又过了 15 分钟后，这一类型的人又都离开去参加其他派对了。你四处张望，寻找下一个去处。在现有的几种类型中，你最想和哪个类型的人在一起。将代表该类型的英文字母记录下来。

你选的 3 个字母组成了你的“霍兰德代码”。

（二）解读

俗话说，道不同者，不相为谋。你喜欢和什么样的人在一起，这在你未来的职业选择中，起了非常重要的作用。了解自己最好的方法就是观察别人，因为你能从别人身上看到你自己。根据霍兰德理论，在以上 6 种类型中，每个人都会有 3 种比较倾向的类型。当你选出在派对上喜欢和什么人在一起的时候，你倾向的职业环境也就明确了。仔细观察这 3 种类型的人都具备哪些特点，你自己是否也具备了同样的特点。当我们描述自己最喜欢和什么类型的人在一起的时候，事实上，我们也是在描述自己。这就是我们常说的镜子理论。

职业兴趣类型对应的职业如下。

类型：现实型（Realistic）

喜欢的活动：用手、工具、机器制造或修理东西。愿意从事实物性的工作、体力活动，喜欢户外活动或操作机器，而不喜欢在办公室工作。

喜欢的职业：园艺师、木匠、汽车修理工、工程师、军官、兽医、足球教练员。

类型：研究型（Investigative）

喜欢的活动：喜欢探索和理解事物，学习研究那些需要分析、思考的抽象问题，喜欢阅读和讨论有关科学性的论题，喜欢独立工作，对未知问题的挑战充满兴趣。

喜欢的职业：实验室工作人员、生物学家、化学家、心理学家、工程设计师、大学教授。

类型：艺术型（Artistic）

喜欢的活动：喜欢自我表达，喜欢文学、音乐、艺术和表演等具有创造性、变化性的工作，重视作品的原创性和创意。

喜欢的职业：作家、艺术家、音乐家、诗人、漫画家、演员、戏剧导演、作曲家。

类型：社会型（Social）

喜欢的活动：喜欢与人合作，热情关心他人的幸福，愿意帮助别人成长或解决困难，愿意为他人提供服务。

喜欢的职业：教师、社会工作者、牧师、心理咨询师、护士。

类型：企业型（Enterprising）

喜欢的活动：喜欢领导和支配别人，通过领导、劝说他人或推销自己的观念、产品而达到个人或组织的目标，希望成就一番事业。

喜欢的职业：律师、政治运动领袖、营销商、市场部经理、电视制片人、保险代理。

类型：常规型（Conventional）

喜欢的活动：喜欢固定的、有秩序的工作或活动，希望确切地知道工作的要求和标准，愿意在一个大的机构中处于从属地位，对文字、数据和事物进行细致有序的系统处理以达到特定的标准。

喜欢的职业：文字编辑、会计师、银行家、簿记员、办事员、税务员和计算机操作员。

希望大家通过参与互动游戏，积极思考，初步了解自我职业兴趣，能够树立职业兴趣探索意识。

二、什么才是最重要的

（一）练习

请快速回答如下问题，回答之后你将会有新发现。

（1）如果我有 100 万元，我将：

（2）在生活中我最想得到的是：

（3）如果我只剩下 24 小时生命，那我将：

（4）我的工作必须能给我：

（5）我将给我的孩子的忠告是：

（6）如果在一场大火中我只能救出一样东西，它将是：

（7）如果我能改变自身的一件事，那它将是：

回答完以上问题，你能发现什么呢？

（二）解读

从 20 世纪 50 年代开始，唐纳德·舒伯及其他心理学家开始研究价值观在职业生涯选择中有何作用。

研究结果发现，价值观是影响职业生涯决策的因素之一，价值观与工作的满意度有关。当人们遵循自己的价值观工作时，会有最大程度的满足感和幸福感。在价值观的定义之外，我们可以将之理解为“哪些东西是我生命中不能缺少的？我最看重什么？”

通过探索自己的价值观类型，明确个人的职业价值观，可以掌握价值观在职业生涯规划中的作用；了解价值观对于职业选择及职业发展的影响，深化自我认知，调整自己的职业生涯规划方案。

三、每个人都有小宇宙

（一）练习

对下面的经历进行分析，尽量能全面地列出你所掌握的知识性技能，再从中分别挑选出你自己感觉比较精通和你在工作中应用或希望应用的知识性技能，最后列出对你来说最重要的五项技能。

（1）在学校开设的课程中学习到的知识性技能（如英语、电脑、操作技能等）：

（2）在工作（包括兼职和暑期社会实践）中学习到的知识性技能（如电脑绘图技能等）：

（3）从课外培训、辅导班、研讨班学到的知识性技能（如绘画技能等）：

（4）从参加专业会议中学到的知识性技能（如大学生如何处理人际关系等）：

（5）从志愿者工作中学到的知识性技能（如何照看孤寡老人等）：

（6）从业余爱好、娱乐休闲、社团活动中学到的知识性技能（如摄影、缝纫技术等）：

（7）通过自学、看电视、听收音机、请教等方式学到的知识性技能（如钢琴演奏、PPT 技术等）：

（8）请家人和同学帮助你回忆你在校内外都学习过一些什么专业知识技能（不管程度如何）：

对你来说最重要的 5 项技能是：

在盘点了自己现有的知识技能后，把你的思绪转向未来，想想哪些知识性技能你目前还不具备但希望自己拥有，以及可以通过一些什么样的途径来获得这些知识性技能。

（9）我尚不具备但希望拥有的知识性技能：

（10）我计划通过以下途径掌握以上知识性技能：

（二）解读

每个人的能量如同蕴藏在深海之中的冰山，数量巨大，亟待开采。露出水面的冰山一角是我们已知的部分，唤醒深海中休眠的冰山，找到自己的无穷力量，有助于提高自信心，从而更快、更好地完成自我实现，达到生涯规划目标。在已知的技能和未知的技能之间加速奔跑，清晰地认识到自己能做什么，将技能的分类与职业选择联系在一起，可以起到事半功倍的作用。

通过探索自己已经拥有的技能，可以理清实现职业生涯目标还需掌握哪些技能；了解自己的职业能力，探索自己的职业能力倾向；根据个人能力，科学规划自己的职业生涯。

四、性格决定命运

（一）练习

*** MBTI 职业性格测评**

* 摘自夏伯平、朱克勇、闫咏. 大学生职业发展就业指导——体验式课程手册[2]

1. 测评说明

（1）请在心态平和及时间充足的情况下开始答题。

（2）每道题目均有两个答案：A 和 B。请仔细阅读题目，按照与你性格相符的程度分别给 A 和 B 赋予一个分数，并使一组中的两个分数之和为 5。最后，请在问卷后的答题纸上相应的方格内填上相应的分数。

（3）请注意，题目的答案无对错之分，你不需要考虑哪个答案“应该”更好，而且不要在任何问题上思考太久，而是应该凭你心里的第一反应做出选择。

（4）如果你觉得在不同的情境里，两个答案或许都能反映你的倾向，请选择一个对于你的行为方式来说最自然、最顺畅和最从容的答案。

例如：“你参与社交聚会时

A. 总是能认识新朋友。(4)

B. 只跟几个亲密挚友待在一起。(1)

很明显，你参与社交聚会时有时能认识新朋友，有时又会只跟几个亲密挚友待在一起。在以上的例子中，我们给总是能认识新朋友打了 4 分，而给只跟几个亲密挚友待在一起打了 1 分。当然，在你看来也可能是 3+2 或者 5+0，也可以是其他组合。

请你在以下范围内一一对应地选择你对以下项目的赋值：

最小____最大

0　　　　1　　　　2　　　　3　　　　4　　　　5

2. 测评题目

（1）当你遇到新朋友时，你

A. 说话时间与聆听的时间相等。(　　)

B. 聆听的时间会比说话的时间多。(　　)

（2）下列哪一种是你的一般的生活取向？

A. 只管做吧。(　　)　　　　B. 找出多种不同选择。(　　)

（3）你喜欢哪种性格？

A. 冷静而理性。(　　)　　　　B. 热情而体谅。(　　)

（4）你擅长

A. 在有时间时，同时进行多项工作。(　　)

B. 专注在某一项工作上，直至把它完成为止。(　　)

(5) 你参与社交聚会时

A. 总是能认识新朋友。(　　)　　B. 只跟几个亲密挚友待在一起。(　　)

(6) 当你尝试了解某些事情时，一般你会

A. 先要了解细节。(　　)

B. 先了解整体情况，细节以后再说。(　　)

(7) 你对下列哪方面较感兴趣？

A. 知道别人的想法。(　　)　　B. 知道别人的感受。(　　)

(8) 你比较喜欢下列哪个工作？

A. 能让你迅速和即时做出反应的工作。(　　)

B. 能让你定出目标，然后逐步达成目标的工作。(　　)

下列哪一种说法比较适合你？

(9)

A. 当我与友人聚会后，我会感到精力充沛，并会继续追求这种欢乐。(　　)

B. 当我与友人聚会后，我会感到疲累，觉得需要休息一些时间。(　　)

(10)

A. 我较有兴趣知道别人的经历，例如他们做过什么？认识什么人？(　　)

B. 我较有兴趣知道别人的计划和梦想，例如他们会往哪里去？憧憬什么？(　　)

(11)

A. 我擅长订出一些可行的计划。(　　)

B. 我擅长促成别人同意一些计划，并通力合作。(　　)

(12)

A. 我会突然尝试做某些事，看看会有什么事情发生。(　　)

B. 我尝试做任何事前，都想事先知道可能有什么事情发生。(　　)

(13)

A. 我经常边说话，边思考。(　　)

B. 我在说话前，通常会思考要说的话。(　　)

(14)

A. 四周的实际环境对我很重要，而且会影响我的感受。(　　)

B. 如果我喜欢所做的事情，气氛对我而言并不是那么重要。(　　)

(15)

A. 我喜欢分析，心思缜密。(　　)

B. 我对人感兴趣，关心他们所发生的事。(　　)

(16)

A. 即使已定出计划，我也喜欢探讨其他新的方案。(　　)

B. 一旦定出计划，我便希望能依计划行事。(　　)

(17)

A. 认识我的人，一般都知道什么对我来说是重要的。(　　)

B. 除了我感觉亲近的人，我不会对人说出什么对我来说是重要的。(　　)

(18)

A. 如果我喜欢某种活动，我会经常进行这种运动。(　　)

B. 我一旦熟悉某种活动后，便希望转而尝试其他新的活动。(　　)

(19)

A. 当我做决定的时候，我更多地考虑正反两面的观点，并且会推理与质证。(　　)

B. 当我做决定的时候，我会更多地了解其他人的想法，并希望能够达成共识。(　　)

(20)

A. 当我专注做某件事情时，需要不时停下来休息。(　　)

B. 当我专注做某件事情时，不希望受到任何干扰。(　　)

(21)

A. 我独处太久，便会感到不安。(　　)

B. 若没有足够的独处时间，我便会感到烦躁不安。(　　)

(22)

A. 我对一些没有实际用途的意念不感兴趣。(　　)

B. 我喜欢意念本身，并享受想象意念的过程。(　　)

(23)

A. 当进行谈判时，我依靠自己的知识和技巧。(　　)

B. 当进行谈判时，我会拉拢其他人一起参与谈判。(　　)

当你放假时，你多数会

(24)

A. 随遇而安，做当时想做的事。(　　)

B. 为想做的事情订出时间表。(　　)

(25)

A. 花多些时间与别人共度。(　　)

B. 花多些时间自己阅读、散步或者做白日梦。(　　)

(26)

A. 返回你喜欢的地方度假。(　　)

B. 选择前往一些你从未去过的地方。(　　)

(27)

A. 带着一些与工作或学校有关的事情。(　　)

B. 处理一些对你重要的人际关系。(　　)

(28)

A. 忘记平时发生的事情，专心享乐。(　　)

B. 想着假期过后要准备的事情。(　　)

(29)

A. 参观著名景点。(　　)

B. 花时间逛博物馆和一些较为幽静的地方。(　　)

(30)

A. 在喜欢的餐厅用膳。(　　)

B. 尝试新的菜式。(　　)

下列哪个说法最能贴切地形容你对自己的看法？

(31)

A. 别人认为我会公正处事，并且尊重他人。(　　)

B. 别人相信在他们有需要时，我会在他们身边。(　　)

(32)

A. 随机应变。(　　)　　B. 按照计划行事。(　　)

(33)

A. 坦率。(　　)　　B. 深沉。(　　)

(34)

A. 留意事实。(　　)　　B. 注重事实。(　　)

(35)

A. 知识广博。(　　)　　B. 善解人意。(　　)

(36)

A. 容易适应转变。(　　)　　B. 处事井井有条。(　　)

(37)

A. 爽朗。(　　)　　B. 沉稳。(　　)

(38)

A. 实事求是。(　　)　　B. 富有想象力。(　　)

(39)

A. 喜欢询问实情。(　　)　　B. 喜欢探索感受。(　　)

(40)

A. 不断接受新意见。(　　)　　B. 着眼达成目标。(　　)

(41)

A. 率直。(　　)　　B. 内敛。(　　)

(42)

A. 实事求是。(　　)　　B. 有远大目光。(　　)

(43)

A. 公正。(　　)　　　　B. 宽容。(　　)

你会倾向

(44)

A. 暂时放下不愉快的事情，直至有心情时再处理。(　　)

B. 及时处理不愉快的事情，务求把它们抛在脑后。(　　)

(45)

A. 自己的工作被欣赏，即使你自己并不满意。(　　)

B. 创造一些有长远价值的东西，但不一定需要别人知道是你做的。(　　)

(46)

A. 在自己有兴趣的范畴，积累丰富的经验。(　　)

B. 有各式各样不同的经验。(　　)

哪一句较能表达你的看法？

(47)

A. 感情用事的人较容易犯错。(　　)

B. 逻辑思维会令人自以为是，因而容易犯错。(　　)

(48)

A. 犹豫不决必失败。(　　)　　　　B. 三思而后行。(　　)

3. 分数汇总

请回过头去看一看您给每个问题所分配的分数。现在那些分数应该像下面所显示那样加在一起：

题号	A	B	题号	A	B	题号	A	B	题号	A	B
1			11			21			31		
2			12			22			32		
3			13			23			33		
4			14			24			34		
5			15			25			35		
6			16			26			36		
7			17			27			37		
8			18			28			38		
9			19			29			39		
10			20			30			40		

续表

题号	A	B	题号	A	B	题号	A	B	题号	A	B
41			43			45			47		
42			44			46			48		
总分											
类型	E	I		S	N		T	F		J	P
结果											

4. 测评解释

以上 8 个偏好两两成对，也就是说，E 和 I、S 和 N、T 和 F、J 和 P 各自是一对组合。在每一对组合中，比较该组合中的偏好的得分孰高孰低，高的那个就是您的优势类型。如果分数相同的话，选择后面的那一组，即 I、N、F、P。对四对组合进行比较后，您会得到一个由 4 个字母组成的优势类型，如 ENFP、ISTJ 等，把它写在下面。

问卷所揭示的优势类型是：

在 MBTI 性格类型测试问卷结果分析中有对四个纬度八种偏好的详细描述，认真地自我评估一下，究竟对哪种偏好的描述更接近你自己，然后把结果写在下面。

在 E 和 I 这个纬度上，我认为更接近我本性的是：

在 S 和 N 这个纬度上，我认为更接近我本性的是：

在 T 和 F 这个纬度上，我认为更接近我本性的是：

在 J 和 P 这个纬度上，我认为更接近我本性的是：

自我评价所揭示的优势类型是：

两者综合，我确定我的优势类型是：

结果说明：

（二）解读

认识到每个人都具有与众不同的特质，性格与职业的最佳匹配可使得我们成为更有效的工作者，可以促进我们对工作的兴趣；认识到自己的性格特征，乐于思考自己性格特征对职业的影响。

通过探索自己的性格类型，可以掌握性格类型的特点及匹配的职业，找到适合自己的职业目标，做出正确的职业选择。

课外拓展

一、完成职业测评

请登录你所在学校毕业生就业信息网站，完成相关职业测评。

将结果粘贴在此处

二、他人眼中的我

“不识庐山真面目，只缘身在此山中”。要想了解他人眼中的自己，可以用短信、QQ、直面问询等方式，让你的朋友、家人、老师、同学等不同关系的人用5个词语对你的特点进行概括（可以约定其中至少有一个描述缺点的词），并将其列入表2–3中。

表2–3　来自他人对自己的评价汇总表

评价人	特点一	特点二	特点三	特点四	特点五

你发现大家眼中的你有哪些共同点呢？这些共同点是你所认同的吗？如果不认同，为什么？

相关资源

一、视频

（1）电影：《神奇遥控器》；

（2）歌曲：李寿全演唱的《我的志愿》。

二、书籍

（1）理查德·尼尔森·鲍利斯．你的降落伞是什么颜色．北京：中信出版社．

（2）沈之菲．生涯心理辅导．上海：上海教育出版社．

（3）保罗·D·蒂戈尔，芭芭拉·巴伦·蒂戈尔．就业宝典．北京：中信出版社．
（4）泰戈尔．不必火星撞地球．北京：机械工业出版社．
（5）大卫·凯尔西．请理解我．北京：中国城市出版社．
（6）程杜明．你的船你的海．北京：新华出版社．
（7）施恩．职业锚：发现你的真正价值．北京：中国财政经济出版社．

三、网站

大醍醐网．http://www.datihu.com/

第三章　了解外界社会

问题导入：作为职场新人，该从“不重要”的工作中学什么

公司招了大批应届本科和研究生毕业的新新人类，平均年龄 25 岁。那个新的助理，是经过多次面试后，我亲自招回来的一个女孩。名牌大学本科毕业，聪明，性格活泼。私下里我得承认，我招她的一个很重要的原因，除了她在大学里优秀的表现，还因为她写的一手漂亮的字。女孩子能写一手好字的不多，尤其像她，看起来长发飘飘，多么女性化的一个姑娘，一手字却写得铿锵倜傥，让我对她不由地多了很多好感。

手把手地教，从工作流程到待人接物，她也学得快，很多工作一教就上手，一上手就熟练，跟各位同事也相处得颇融洽。我开始慢慢地给她一些协调的工作，各部门之间以及各分公司之间的业务联系和沟通让她尝试着去处理。开始经常出错。她很紧张，来找我谈。我告诉她：“错了没关系，你且放心按照你的想法去做，遇到问题了来问我，我会告诉你该怎么办。”仍然错。又来找我，这次谈得比较深入，她的困惑是，为什么总是让她做这些琐碎的事情？我当时问她：“什么叫作不琐碎的工作呢？”她答不上来，想了半天，跟我说：“我总觉得，我的能力不仅仅能做这些，我还能做一些更加重要的事情。”那次谈话，进行了 1 小时。我知道，我说的话，她没听进去多少。后来我说，先把手头的工作做好，先避免常识性错误的发生，然后循序渐进。

半年以后，她来找我，第一次提出辞职。我推掉了约会，跟她谈辞职的问题。问起辞职的原因，她跟我直言，本科四年，功课优秀，没想到毕业后找到的工作，却每天处理的都是些琐碎的事情，没有成就感。我又问她：“你觉得，在你现在所有的工作中，最没有意义的、最浪费你的时间和精力的工作，是什么？”她马上答我：“帮您贴发票，报销，然后到财务去走流程，最后把现金拿回来给您。”我笑着问她：“你帮我贴发票报销有半年了吧？通过这件事儿，你总结出了一些什么信息？”她想了一会儿，答我：“贴发票就是贴发票，只要财务上不出错，不就行了呗，能有什么信息？”我说，我来跟你讲讲，当年我的做法吧：1998 年的时候，我从财务被调到了总经理办公室，担任总经理助理的工作。其中有一项工作，就是跟你现在做的一样，帮总经理报销他所有的票据。本来这个工作就像你刚才说的，把票据贴好，然后完成财务上的流程，就可以了。

其实票据是一种数据记录，它记录了和总经理乃至整个公司运营有关的费用情况。看起来没有意义的一堆数据，其实涉及公司各方面的经营和运作。于是我建立了一个表格，将所有总经理在我这里报销的数据按照时间、数额、消费场所、联系

人、电话等记录下来。我起初建立这个表格的目的很简单，我是想在财务上有据可循，同时万一我的上司有情况来询问我的时候，我会有准确的数据告诉他。通过这样的一份数据统计，渐渐地我发现了一些上级在商务活动中的规律。例如，哪一类的商务活动，经常在什么样的场合，费用预算大概是多少，总经理的公共关系常规和非常规的处理方式，等等。当我的上级发现，他布置工作给我的时候，我会处理得很妥贴；有一些信息是他根本没有告诉我的，我也能及时准确地处理。他问我为什么，我告诉了他我的工作方法和信息来源。渐渐地他基于这种良性积累，越来越多地交待更加重要的工作给我。再渐渐地，一种信任和默契就此产生，我升职的时候，他说我是他用过的最好用的助理。

说完这些长篇大论，我看着这个姑娘，她愣愣地看着我。我跟她直言："我觉得你最大的问题是你没有用心。在看似简单不动脑子就能完成的工作里，你没有把你的心沉下去。所以，半年了，你觉得自己没有进步。"她不出声，但是收回了辞职报告。又坚持了3个月，她还是辞职了。这次我没有留她，让她走了。后来她经常在MSN上跟我聊天。告诉我她的新工作情况。一年内，她换了三份工作，每一次都坚持不了多久。每一次她都说新的工作不是她想要的工作。后来，她又一次辞职了。很苦恼，跑来找我，要跟我吃饭。我请她去写字楼后面的商场吃日本料理。吃到中途，她忽然跟我说："我有些明白你以前说的话是什么意思了。"

所谓的职业生涯，其实你很难预测到你将来真正要从事什么工作，而且将来所要从事的工作是否跟你在大学里学的专业有关。大多数人，很有可能将来所从事的工作，跟他当初所学的专业一点关系都没有。从22岁大学毕业到26岁之间这四年，重要的不是你做了什么，重要的是你在工作中养成了怎么样的良好的工作习惯。这个良好的工作习惯指的是：认真踏实的工作作风，以及是否学会了如何用最快的时间接受新的事物，发现新事物的内在规律，以及能在比别人更短时间内掌握这些规律并且处理好它们。具备了以上的要素，你就成长为一个被人信任的人。

人都有惰性，也都愿意用那些用起来顺手的人。当你具备了被人信任的基础，并且在日常的工作中逐渐表现出你的踏实、聪明和细致的时候，越来越多的工作机会就会提供到你面前。原因很简单，用一句话就能交代清楚并且能被你顺利完成的工作，谁愿意说三句话甚至半小时交待一个怎么都不明白的人呢？沟通也是一种成本，沟通的时间越少，内耗越少，这是作为管理者最清楚的一件事。当你有比别人更多的工作机会去接触那些你没有接触过的工作的时候，你就有了比别人更多的学习机会。人人都喜欢聪明勤奋的学生，作为管理者，大概更是如此。一个新手，大多数新手，在这四年里，是看不出太大的差距的。但是这四年的经历，为以后职业生涯的发展奠定的基础，是至关重要的。很多人不在乎年轻时走弯路，很多人觉得日常的工作人人都能做好没什么了不起。然而就是这些简单的工作，循序渐进的、隐约的，成为了今后发展的分水岭。

漫不经心地对待基层工作的最大的损失，就是将看似简单的事务性处理方式，分解成为长远发展的能力问题。聪明的人，总是不认为自己的能力有问题。时间长了，他会抱怨自己运气不好，抱怨那些看起来资质普通的人，总能比自己更走运。抱怨她容貌比自己好，或者他更会讨领导欢心，等等。慢慢的，影响心态。所谓的怀才不遇，有时是这种情况，对此我称他们为“小聪明”。

工作需要一个聪明人，而这种聪明人需要拥有的是“大智慧”而非“小聪明”。换句话说，工作其实更需要一个踏实的人。在“小聪明”和踏实之间，几乎所有人都愿意选择后者，因为一个能沉得住气的人才是难得的人才。或许你会因为自己的智商高而认为自己是聪明人，但不能长久地沉入到一个行业里去，这并不是一个聪明的选择。而踏实，是人人都能做到的，和先天条件没有太大关系，却最能成就一个人，是“大智慧”。

——摘自：考走网 http://www.kaozou.com/article-23-4784-0.html

在初入职场面对“不重要”的工作时，你将如何去做？

学习材料

一、职业探索的十大任务

1. 职业描述

职业描述，就是定义这个职业的内涵，具体包括职业名称，各方对其的定义。在罗列学习别人对这个职业的看法后，你也要给这个职业下一个自己的定义，为自己的职业报告做好第一笔准备。职业描述是对职业最精练的概况和总结，是透彻理解职业和调研职业的基础；其实给职业定义的每个字你都是要仔细思考的，因为日后你要做的事情只是对定义的拓展而已。一般来说，对职业的定义可参看人力资源和社会保障部组织编写的《中华人民共和国职业分类大典》中对职业的详细介绍，而且这本书中也会定期增加社会新出现的职业信息。

2. 职业的核心工作内容

每个职业都有核心的工作职责，职责背后对应的就是工作内容；通俗地说，就是这个职业一般都干什么活，什么工作是这个职业必须要做的。了解职业的核心工作内容，有利于了解完成工作内容背后的必须具备的工作能力，这样就很容易找到自己的差距，从而可以有目的地补充相关能力以完成工作内容。在多大程度上了解工作内容，是衡量一个人对工作的熟悉和喜欢的重要标准。成熟的职业都有权威人事部门给其总结和确定的核心工作内容，一些企业的招聘广告中也有对工作内容的描述，也可以请教一些行业协会，或是从事这个职业的资深人士，一般企业的人事部门和直接部门经理也有对职业的具体感悟。

3. 职业的发展前景及其对社会和生活的影响、作用

职业的发展前景是国家、社会等对这个职业的需求程度，具体包括三个问题，即职业在国家阶段发展中的作用、职业对社会和大众的影响、职业对生活领域的影

响；就是说，不仅仅要知道这个职业对国家、对社会、对行业有用，也要知道这个职业对大众、对生活的影响，以及人们对其的依存度和声望度。根据职业的发展前景，尤其是国家的导向是促进职业发展的黄金动力，得知自己日后从事职业的发展轨迹就能更好地判断自己是否能切入及切入点如何选择了；尤其要注意对大众、对生活的影响，因为大众的需求才是永恒的。职业在国家发展中的作用一般都有劳动部门的权威预测，但对社会和生活的影响是真正要自己去调研的，需要去访问这个职业的资深人士。

4. 薪资待遇及潜在的收入空间

职业是社会分工的产物，职业根据参与社会分工的程度来确定其相应的报酬，而在不同的行业、企业、岗位上还有一些潜在的收入空间。能赚多少钱是大家关注的话题，很多人也会把赚钱的多少作为择业的关键因素，所以在考量职业时要重点调研职业的薪资状况。其实每个职业起薪都差不多，但潜在的发展空间却大有不同，能力不断提升的背后就可能蕴藏着天价高薪。对大多数职业都可以找到相应的薪资调查，如前程无忧的调查、网友们的晒工资和天涯职场论坛上关于薪资的讨论。

5. 岗位设置及不同行业、企业的差别

岗位设置是指一个职业的一系列岗位划分，如人事工作的岗位就分招聘、考核等很多具体岗位。不同的行业和不同性质、规模的企业对岗位的划分和理解有很大的不同，很可能都叫一个名字，但是干的活却完全不一样。了解了职业的岗位设置，能加深对职业外延的理解。知道职业的具体岗位后，就可以有针对性地与自己进行比较，也就知道了职业有什么的重要标志。一般而言，人事权威网站、职业分类大典、业内资深人士均能提供某个职业的具体岗位设置情况。

6. 入门岗位与职业发展道路

入门岗位是指针对应届毕业生的工作岗位，职业的一些中低端岗位通常都能向大学毕业生开放。一个岗位对应的日后职业发展道路是什么，这个岗位有哪些发展途径，其最高端的岗位是什么，这些你都应该知道。即使你很看好这个职业，但你最终也是要从低端工作做起的，而入门岗位就是提供给大学毕业生的敲门砖，所以，你一定要知道自己能通过哪些岗位进入到这个职业。从企业的每年校园招聘里就能看到哪些岗位是针对应届生的，在一些校园招聘网站上也可以找到这些信息。

7. 职业标杆人物

职业标杆人物是指在某个领域做得最好的人；应通过多种渠道了解他是怎么做到的，他都取得了哪些成绩，遇到了哪些困难，具备什么素质等。每个职业都有一流的人物，无论是国内还是国外。研究职业标杆人物，可以让自己了解他的奋斗轨迹，让自己在“追星”的过程中加深对职业的了解，也会让你找到在这个职业领域奋斗的途径。当你在网上搜索这个职业时，一般能找到职业标杆人物；图书馆里也有这方面的书籍，业内的资深人士也都能提供这方面的资料。

8. 职业的典型一天

了解职业的典型一天，更多地是在访谈中完成的。你要知道这个工作的一天都是怎么过来的，从早上到回家的时间都是怎么安排的。了解职业的典型一天是判断自己是否适合这个职业的重要指标，如果你不想过这个职业那样的一天，也就不用再为之而努力去学习、去准备做这个职业了，所以这个过程是很关键的。尤其是这个工作对你个人生活的影响，你应该认真考虑以便决定能否接受。职业的典型一天，在职业的核心工作内容中会有涉及，但具体到对个人的影响就不多了；所以你应该去访谈做这个职业的人，这样也才能获得更加真实的资料。

9. 职业通用素质要求及入门具体能力

职业通用素质要求是指从事这个职业的一般的、基本的要求，主要是指个人的通用素质能力，即能把这个工作做好要具备的能力。通过对职业的外在素质要求的了解，对比自己是否能够胜任，还有哪些要加强和补充，从而可以将之规划到大学生活里。其实每个岗位的岗位描述中都有对任职资格的介绍，只要把其整理出来，再加上职业访谈中的内容，列出十项最常用的能力，然后与自己一一对照，就可以促进发现和认识自我。

10. 工作与思维方式及对个人的内在素质要求

工作方式和思维方式是你做好做精工作的保证。有些工作对人的内在素质的要求是很高的，如态度等，这些是从你的内在素质来判断你是否适合和喜欢一个职业的核心标准。从内在素质的出发进行判断是科学的，因为职业是客观的，只是因为你选择了职业才会有是否愿意做、适合做等问题的产生；所以当对职业的方方面面考量之后，最后一关就是对职业所要求的内在素质进行梳理。岗位描述中的任职资格会有对其内在素质的要求，还有业内普遍认为的个人素质均可以作为参考资料，同时也要考虑不同行业、不同类型企业的差异。

二、近几年的十大热门职业

1. 同声传译

同声传译员被称为“21 世纪第一大紧缺人才”。随着中国对外经济交流的增多和“会务商机”的涌现，需要越来越多的同声传译员。随着国际交流的不断深入，入驻中国的外国大公司越来越多，对此方面人员的需求量也将不断增加。

2. 3G 工程师

据计世资讯发布的相关研究报告称，未来估计国内 3G 人才缺口将达到 50 万人。

3. 网络媒体人才

随着 IT 网络信息时代的不断发展，网络文化成为人类文化传播的一个主要途径，网络媒体人才的需求不断增加。目前，类似于新浪和搜狐的网络编辑招聘岗位逐步涌现。

4. 物流师

物流人才的需求量为 600 余万人。相关统计显示，目前物流从业人员当中拥有大学学历以上的人员仅占21%。许多物流部门的管理员多是半路出家的，很少接受过专业的培训。

5. 系统集成工程师

用户对系统集成服务的要求不断提高，从最初的网络建设到基于行业的应用，再到对业务流程和策略的咨询服务。未来系统集成工程师应该是一种要求不断提高的职业。

6. 环境工程师

环境问题日益成为全球化的热点，各国都在努力改善整个地球的生存环境，环境工程师因此成为一个紧缺性的职位。相关资料显示，目前我国环保产业的从业人员仅有13万余人，其中技术人员8万余人。按照国际通行惯例计算，我国在环境工程师方面的缺口在42万人左右。

7. 精算师

我国被世界保险界认可的精算师不足10人，“准精算师”40多人，在当今的国内市场上，精算师可谓凤毛麟角。

随着国际保险巨头在中国开拓市场以及国内企业的需要，精算师是几年后保险业最炙手可热的人才，目前在国外的平均年薪达到10万美元，国内目前月薪也在1万元以上。

8. 报关员

“入世”后，我国的对外贸易的迅速增长使得对报关员的需求不断增加。据中华英才网、智联招聘网显示的资料，报关员目前的收入每月在5 000元至8 000元之间，目前在贸易发达的珠三角地区报关员月薪都有七八千元。

未来几年内，就业市场对报关员的需求将有数十倍的增长。报关员的工资涨幅一般为每年10%~20%。

9. 中西医师/医药销售

生活的压力使人们更加关注健康。人类在医疗方面需求的增加，使得社会对医师和医药方面的人才需求增加。医学院校毕业的学生有三条路可以走，一是进入医学院，而急救医生、产科医生、妇科医生、眼科医生、儿科医生及牙医和理疗医师都将十分吃香；二是进入医药生产流通企业；三是继续深造。

10. 注册会计师

根据中国经济高速发展的需要，至少需要35万名注册会计师，而目前实际具备从业资格的只有8万人左右，其中被国际认可的不足15%。

课内练习

一、家族职业树

（一）练习

（1）将家族成员的职业都写出来，每个圈中写上称呼和职业，进行一下分类，如图 3-1 所示。

（2）你最想从事你的家族或者同学家族中的哪个人的职业，为什么？

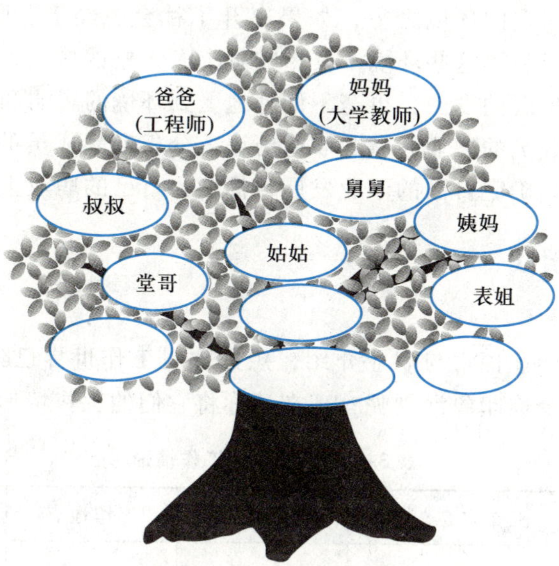

图 3-1　家族职业树

如果你想进一步了解自己或同学家庭成员的职业，可以向他们求助。通过绘出自己的家庭职业树，了解家庭主要成员的职业目标，并结合自身的价值观、兴趣和职业倾向确定自身的职业发展目标。

▸ 扫一扫：
3-6 学生们眼中的求职者和创业者 pdf

我家族中最多人从事的职业是：

我想要从事这种职业吗？为什么？

爸爸如何形容他的职业？爸爸平时会提到哪些职业？他怎么说的？

爸爸的想法对我的影响是：

妈妈如何形容她的职业？妈妈平时会提到哪些职业？她怎么说的？

家族中还有谁对职业的想法对我影响深刻？他们怎么说？

家族中对彼此职业感到满意或是羡慕的是什么？（例如：“堂哥在医院当医生，不仅收入高，社会地位也高。”）

家族中彼此羡慕的职业是：

对他们的想法我觉得：

我觉得家人对我未来选择职业的影响是：

我的家人最常提到的有关职业的事是：

对我的影响是：

哪些职业是我绝对不考虑的：

哪些职业是我可以考虑的：

选择职业时，我还重视哪些条件？

（二）解读

每个人都处在一定的环境之中，如果离开了社会、经济、政治、家庭等环境，我们将无法生存和成长。这些环境不仅影响着个人人格的成长，更影响着人的行为和决策。个人职业生涯的发展，也毫不例外地受到环境的影响和制约。

通过了解家族成员的职业故事和职业历程，分析家庭成员的职业目标与职业现状，结合自身探索，确定自己的职业发展目标，为自己的职业生涯创造良好空间。

二、职业搜索线

（一）练习

通过一系列的产业探索与职业介绍，想必你对工作世界已经有了些许的了解，是不是有一些职业令你印象深刻呢？现在请你将它们的工作情形填入表 3-1。

表 3-1　职业及其工作情形

职业名称	工作内容	工作时间	工作地点	所需特质或能力

在上述职业中，你最欣赏的有：

原因是：

你最想从事的职业是：

原因是：

你的心得及发现：

（二）解读

据最新统计，中国目前有 1 800 多种职业。这么多种职业，自己到底适合做什么职业？这不能仅仅依据自己所学专业就决定从事什么工作，因为每个专业都有多种职业相对应；所以应该进行自我探索，以便找到适合自身的职业。

《孙子兵法》有言：知己知彼，百战不殆。有效的自我职业生涯规划，不仅要“知己”，即学会评估、认识自己；还必须“知彼”，即有能力认识外部职业世界、识别出适合自己的职业发展机会。

通过考查自己对职业的了解，为实现就业做好准备；记录对职业世界的了解，探索目标职业；了解职业认识的基本内容，找到适合自己的职业发展方向。

课外拓展

一、生涯人物访谈

（1）三三制原则：

◆ 三人小组确定感兴趣的 2 个职业；

◆ 从中选择一个（避免同一班学生过多地重复）；

◆ 寻找并访谈该领域三人（面对面）；

◆ 该领域中工作三年以上，业绩比较好，自己也比较喜欢。

（2）流程：

◆ 了解自我；

◆ 寻找生涯人物；

◆ 结合目标信息设计访谈问题；

◆ 预约生涯人物；

◆ 采访生涯人物；

◆ 用信息加工的观点进行分析。

（3）内容：

◆ 工作性质、任务或内容；

◆ 工作环境、就业地点；

◆ 所需教育、培训或经验；

◆ 所需个人的资格、技巧和能力；

◆ 收入或薪资范围、福利；

◆ 工作时间和生活形态；

◆ 相关职业和就业机会；

◆ 组织文化和规范；

◆ 未来展望。

（4）注意事项：

◆ 结合自身特点；

◆ 做好访谈前各项准备；

◆ 关注访谈中的细节问题，突出重点；

◆ 过程中学会倾听、提问，并做好记录；

◆ 辩证地分析访谈内容；

◆ 做好资料的整理和讨论交流。

二、探索自己所学的专业

随着全球经济的不断发展，社会分工越来越明确，如何实现高校与社会的有效对接是一个值得探索的问题。专业探索，就是要加强学生与社会的联系，主动去了解社会所需的人才类型，缩短适应社会的周期。通过有效的专业探索，可以最直接地指导学生在大学期间，有目的、主动地学习，以达到学以致用的目的。请根据对以下问题的回答进行自己所学专业的探索。

（一）专业与社会发展之间的关系

（1）本专业可以解决哪些社会发展问题？可以满足哪些社会需求？

（2）本专业是如何解决社会问题的？（解决这些社会问题需要用到哪些知识？用到哪些学科、哪些课程、哪些理论、哪些工具或软件？）

（二）专业与社会分工之间的内在联系

（1）本专业对应的社会行业有哪些？在该行业中相应地发挥了哪些作用？

（2）本专业对应的工作单位有哪些？在每个单位中相应地发挥了哪些作用或者主要职能是什么？

（3）本专业对应的工作岗位有哪些？这些岗位具体要求大学生掌握哪些专业性的知识和技能？

（4）这些岗位分别要求大学生具备哪些素质和能力？

（三）基础课程与专业课程、专业课程与社会之间的关系

（1）大学一、二年级的基础课程与专业课之间的内在逻辑关系是什么？

（2）通识课程与大学生基本素养的养成有什么内在逻辑联系？

（3）现在所学的专业课程分别可以用到社会中的哪些地方，它们是如何发挥作用的？

相关资源

一、视频

电影《神奇遥控器》。

二、书籍

（1）《中华人民共和国职业分类大典》1999 版，中国劳动社会保障出版社；

（2）《中华人民共和国职业分类大典》2015 版，中国劳动社会保障出版社。

三、网站

（1）职业搜搜 . http://www. jobsoso. co

（2）http://online. onetcenter. org

第四章　选择决定未来

问题导入：选择和努力，哪个更重要

据说有一个北京人，1984 年为了圆出国梦，卖了鼓楼大街一个四合院的房子，凑了 30 万元，背到意大利淘金。风餐雨宿，大雪送外卖，夜半学外语，在贫民区被抢 7 次被打 3 次，辛苦节俭，如今已两鬓苍苍，30 年了，终于攒下 100 万欧元（约人民币 768 万元）打算回国养老享受荣华。

一回到北京，发现当年卖掉的四合院现在中介的挂牌价格突破人民币亿元，刹那间崩溃了……

或许，人一生多半是瞎忙。有些时候，选择比努力更重要吧！

下面是中国台湾清华大学一个教授的文章，看看他是如何看待选择和努力的。

许多同学应该都还记得联考前夕的焦虑：差一分可能要掉好几个志愿，甚至于一生的命运从此改观！到了大四，这种焦虑可能更强烈而复杂：到底要先当兵，就业，还是先考研究所？

我就经常碰到学生充满焦虑的问我这些问题。可是，这些焦虑实在是莫须有的！生命是一种长期而持续的累积过程，绝不会因为单一的事件而毁了一个人的一生，也不会因为单一的事件而救了一个人的一生。属于我们该得的，迟早会得到；属于我们不该得的，即使侥幸巧取也不可能长久保有。如果我们看清这个事实，许多所谓“人生的重大抉择”就可以淡然处之，根本无须焦虑；而所谓“人生的困境”，也往往即刻就变得无足挂齿。

我自己就是一个活生生的例子。从一进大学就决定不再念研究所，所以，大学四年的时间多半在念人文科学的东西。毕业后工作了几年，才决定要念研究所。硕士毕业后，立下决心：从此不再为文凭而念书。谁知道世事难料，当了五年讲师后，我又被时势所迫，整装出国念博士。

出国时，一位大学同学笑我：全班最晚念博士的都要回国了，你现在才要出去。两年后我从剑桥回来，觉得人生际遇无常，莫此为甚：一个从大一就决定再也不钻营学位的人，竟然连硕士和博士都拿到了！属于我们该得的，哪样曾经少过？而人生中该得与不该得的究竟有多少，我们又何曾知晓？从此我对际遇一事不能不更加淡然。当讲师期间，有些态度较极端的学生会当面表现出他们的不屑；从剑桥回来时，却被学生当作不得了的事看待。这种表面上的大起大落，其实都是好事者之言，完全看不到事实的真相。

从表面上看，两年就拿到剑桥博士，这好像很了不起。但是，在这“两年”之前我已经花了整整一年，将研究主题有关的论文全部看完，并找出了研究方向；而之前更是已花了三年时间做控制方面的研究，并且在国际著名的学术期刊中发表论文。而从硕士毕业到拿到博士学位，期间七年的时间我从没停止过研究与自修。所以，这个博士其实是累积了七年的成果，或者，只算我花在控制学方面的时间，也至少有五年，根本也没什么好惊讶的。常人不从长期而持续的累积过程来看待生命因积蓄而有的成果，老爱在表面上以断裂而孤立的事件夸大议论，因此每每在平淡无奇的事件上强作悲喜。可是对我来讲，当讲师期间被学生瞧不起，以及剑桥刚回来时被同学夸大本事，都只是表象。事实是：我只在乎每天二十四小时点点滴滴的累积。拿硕士或博士只是特定时刻里这些成果累积的外在展示而已，人生命中真实的累积从不曾因这些事件而终止或加添。常有学生满怀忧虑地问我："老师，我很想先当完兵，工作一两年再考研究所。这样好吗?"很好，这样子有机会先用实务来印证学理，你念研究所时会比别人了解自己要的是什么。

"可是，我怕当完兵又工作后，会失去斗志，因此考不上研究所。"

"那你就先考研究所好了。"

"可是，假如我先念研究所，我怕自己又会像念大学时一样茫然，因此念得不甘不愿的。"

"那你还是先去工作好了!"

"可是……"

我完全可以体会到他们的焦虑，可是却无法压抑住对于这种话的感慨。其实，说穿了他所需要的就是两年研究所加两年工作，以便加深知识的深度和广度并获取实务经验。先工作或先升学，表面上看大相径庭，其实骨子里的差别根本可以忽略。在"朝三暮四"这个成语故事里，主人原本喂养猴子的橡实是"早上四颗下午三颗"，后来改为"朝三暮四"，猴子就不高兴而坚持要改回到"朝四暮三"。其实，先工作或先升学，期间差异就如同"朝三暮四"与"朝四暮三"，原不值得计较的。但是，我们经常看不到这种生命过程中长远而持续的累积，总爱将一时际遇中的小差别夸大到攸关生死的地步。

最讽刺的是：当我们面对两个可能的方案，而焦虑得不知如何抉择时，通常表明这两个方案可能一样好，或者一样坏；因而实际上选择哪个都一样，唯一的差别只是先后之序而已。而且，愈是让我们焦虑得厉害的，其实差别越小，愈不值得焦虑；反而真正有明显的好坏差别时，我们轻易地就知道该怎么做了。可是我们却经常看不到长远的将来，短视地盯着两案短期内的得失：想选甲案，就舍不得乙案的好处；想选乙案，又舍不得甲案的好处。如果看得够远，人生长则八九十年，短则五六十年，先做哪一件事又有什么关系？甚至当完兵又工作后，再花一整年准备研究所，又有什么了不起？当然，有些人还是会忧虑地说："我当完兵又工作后，会不会因为家累或记忆力衰退而比较难考上研究所?"我只能这样回答："一个人考不上研究所，只有两个可能：或者他不够聪明，或者他的确够聪明。不够聪明而考不上，那也没什么好抱怨的。假如你够聪明，还考不上研究所，那只能说你的决心不够强。假如你是决心不够强，就表示你生命中还有其他的可能性，其重要程度并不下于硕士学位，而你舍不得丢下它。既然如此，考不上研究所也无须感到遗憾。不是吗？”

人生的路这么多，为什么总要斤斤计较一个可能性呢？我高中最要好的朋友，一生背运：高中考两次，高一念两次，大学又考两次，甚至连机车驾照都考两次。毕业后，他告诉自己：我没有人脉，也没有学历，只能靠加倍的诚恳和努力。现在，他自己拥有一家公司，年收入数千万元。

一个人在升学过程中不顺利，而在事业上顺利，这是常见的事。有才华的人，不会因为被名校拒绝而连带失去他的才华，只不过要另外找适合他表现的场所而已。反过来，一个人在升学过程中太顺利，也难免因而放不下身段去创业，而只能乖乖地领薪水过活。福祸如何，谁能全面知晓？

我们又有什么好得意？又有什么好忧虑？人生的得与失，有时候怎么也说不清楚，有时候却再简单不过了：我们得到平日累积的成果，而失去我们不曾努力累积的！所以重要的不是和别人比成就，而是努力去做自己想做的。功不唐捐，最后该得到的不会少你一分，不该得到的也不会多你一分。

好像是前年的时候，我在前往艺术中心的路上遇到一位高中同学。他在南加州大学当电机系的副教授，被清华电机系聘回来开短期课程。从高中时代他就很用功，以第一志愿考上台大电机后，四年都拿书卷奖，相信他在专业上的研究也已卓然有成。回想高中入学时，我们两个人的智力测验成绩分居全学年第一、第二名。可是从高一我就不曾放弃自己喜欢的文学、音乐、书法、艺术和哲学，而他却始终不曾分心，因此两个人在学业上的差距只会愈来愈远。反过来说，这十几二十年我在人文领域所获得的满足，恐怕已远非他所能理解的了。我太太问过我，如果我肯全心专注于一个研究领域，是不是至少会赶上这位同学的成就？我不这样想，两个不同性情的人，注定要走两条不同的路。不该得的东西，我们注定是得不到的；随随便便拿两个人来比，只看到他所得到的，却看不到他所失去的，这有什么意义？

有次清华电台访问我：“老师你如何面对你人生中的困境？”我当场愣在那里，怎么都想不出我这一生什么时候有过困境！后来仔细回想，才发现：我不是没有过困境，而是被常人当作“困境”的境遇，我都当作一时的际遇，不曾在意过而已。刚服完兵役时，长子已出生却还找不到工作。我曾焦虑过，却又觉得迟早会有工作，报酬也不至于低得离谱，不曾太放在心上。念硕士期间，家计全靠太太的薪水，省吃俭用，对我而言又算不上困境。一来，精神上我过得很充实，二来我知道这一切是为了让自己有机会转行去教书（做自己想做的事）。31岁才要出国，而同学正要回系上任教，我很紧张（不知道剑桥要求有多严），却不曾丧气。因为，我知道自己过去一直很努力，也有很满意的心得和成果，只不过别人看不到而已。我没有过困境，因为我从不在乎外在的得失，也不武断地和别人比高下，而只在乎自己内在真实的累积。

我没有过困境，因为我确实了解到：生命是一种长期而持续的累积过程，绝不会因为单一的事件而有剧烈的起伏。同时我也相信：属于我们该得的，迟早会得到；属于我们不该得的，即使一分也不可能加增。假如你可以持有相同的信念，那么人生于你也会是宽广而长远的，没有什么了不得的“困境”，也没有什么好焦虑的了。

——摘自：考走网 http://www.kaozou.com/article-23-4784-0.html

看完上述两则故事，对于你自己来说，选择跟努力哪一个更重要？为什么？

学习材料

一、八大决策类型

在决策过程中，决策者的决策类型对职业决策影响很大，不同的决策类型可做出的决策结果是不一样的。表4-1介绍了8种决策的行为特征和优点。

表4-1 8种决策的行为特征和优点

决策类型	说明	行为特征	优点
1. 冲动型	决策的过程基于冲动，决策者选择第一个遇上的方案，立即反应	先做了再说，以后再来想后果	不必花时间找数据
2. 宿命型	决策者知道需要做决定，但自己不愿做决定，把决定的权利交给命运或别人，因此认为做什么选择都是一样的	船到桥头自然直，天塌下来会有大个子顶着，认可时也、运也、命也	不必自己负责，减少冲突
3. 顺从型	自己想做决策，但无法坚持己见，常会屈服于权威者的指示和决定	如果你说OK，我就OK	维持表面和谐
4. 延迟型	知道问题所在，但经常迟迟不做决定，或者到最后一刻才做决定	急什么？明天再说吧！	延长做决定时间
5. 自觉型	根据感觉而非思考来做决定，只考虑自己想要的，不在乎外在的因素	嗯，感觉还不错，就这么决定了	比较简单省事
6. 麻痹型	害怕做决策的结果，也不愿负责，选择麻痹自己来逃避做决策	我知道该怎么做，可是我做不到	可以暂时不做决定
7. 忧郁型	选择的项目太多，无法从中做出取舍，经常处于挣扎的状态，做不了决策	我绝不能轻易做决定，万一选错了，那就惨了	搜集充分完整资料
8. 计划型	做决策时会倾听自己内心的声音，也会考虑外在环境要求，以做出适当明智的原则	一切操之在我，我是命运的主宰，是自己的主人	主动积极，面对问题，解决问题

二、永远的座票

生活真是有趣：如果你只接受最好的，你经常会得到最好的。

有一个人经常出差，经常买不到对号入座的车票。可是无论长途短途，无论车上多挤，他总能找到座位。

他的办法其实很简单，就是耐心地一节车厢一节车厢地找过去。这个办法听上去似乎并不高明，但却很管用。每次，他都做好了从第一节车厢走到最后一节车厢的准备，可是每次他都用不着走到最后就会发现空位。

他说，这是因为像他这样锲而不舍地找座位的乘客实在不多。经常是在他落座的车厢里尚余若干座位，而在其他车厢的过道和车厢接头处，居然人满为患。他说，大多数乘客轻易地就被一两节车厢拥挤的表面现象迷惑了，不大细想在数十次停靠之中，从火车十几个车门上上下下的流动中蕴藏着不少提供座位的机遇；即使想到了，他们也没有那一份寻找的耐心。眼前一方小小立足之地很容易让大多数人满足，为了一两个座位背负着行囊挤来挤去有些人也觉得不值。他们还担心万一找不到座位，回头连个好好站着的地方也没有了。

与生活中一些安于现状、不思进取、害怕失败的人，永远只能滞留在没有成功的起点上一样，这些不愿主动找座位的乘客大多只能在上车时最初的落脚之处一直站到下车。

自信、执着、富有远见、勤于实践，会让你握有一张人生之旅永远的座票。

——摘自：文章阅读网 http://www.duwenzhang.com/wenzhang

课内练习

一、制作生涯决策平衡单

（一）练习

生涯决策平衡单的使用方法（见表 4-2）：

第一步：在第一行列出你的可选职业生涯方向的方案

第二步：在“考虑因素/选择项目”一列中，根据个人关注的内容，填入在选择中需要考虑的因素。（表格中的所列项目仅为参考范例，个人可根据各自实际情况罗列。）

第三步：将表的各项进行加权打分。

（1）根据各方案具有的优势（得分）、缺点（丢分）来考量，给出每个项目的得分或失分，计分范围为-5～5 分。

（2）给每个“考虑因素/选择项目”赋予权重：重要性因人、因时、因地而不同。可以根据“考虑因素/选择项目”的重要性与迫切性，确定权数范围为 1～5 倍。

第四步：合计每个方案的优点总分和缺点总分，正负相加，算出的是差数。最终得分最高的方案即为最优的方案。

要注意的是，使用生涯决策平衡单是以几种可能的选择方案为前提，按照步骤，针对每个选择方案自问自答，以考虑、澄清其利弊得失。

表 4–2 生涯决策平衡单练习表

考虑因素/选择项目		权重	选择一		选择二		选择三	
			打分	加权分	打分	加权分	打分	加权分
个人物质方面得失	1. 收入							
	2. 工作的难易程度							
	3. 升迁的机会							
	4. 工作环境的安全							
	5. 休闲的时间							
	6. 生活变化							
	7. 对健康的影响							
	8. 就业机会							
	9. 其他							
他人物质方面得失	1. 家庭经济							
	2. 家庭地位							
	3. 与家人相处的时间							
	4. 其他							
个人精神方面得失	1. 生活方式的改变							
	2. 成就感							
	3. 自我实现的程度							
	4. 兴趣的满足							
	5. 挑战性							
	6. 社会声望的提高							
	7. 其他							
他人精神方面得失	1. 父母							
	2. 师长							
	3. 朋友							
	4. 其他							
合计								

（二）解读

生涯决策与行动是大学生职业生涯规划的重要内容，也是大学生毕业时所面临的现实问题；因此如何进行科学的决策与行动，是每一位大学生应该掌握的方法和技巧。在知己知彼的基础上，对自己的职业定位和职业发展路径进行科学的决策，指引自己的职业行为，对大学生职业生涯的发展大有裨益；因此掌握科学的生涯决策方法和决策模式，是大学生进行职业生涯规划的基本要求。

运用生涯决策平衡单，可以帮助同学们作出理性、科学的人生发展决定。它可以帮助我们具体地分析每一个可能的人生选择方案，考虑各种方案实施后的利弊得失，最后排定优先顺序，择一而行。生涯选择考虑的因素很多，表 4-3 中列出了生涯决策时常见的考虑因素，以供参考。

表 4-3　生涯决策考虑因素表

考虑因素	考虑因素	考虑因素
学习进修	职业发展	人际交往
个人情感	身心健康	休闲生活
经济财富	家庭生活	社会服务

（三）示例

小明是某高校毕业生，他一直对心理学比较感兴趣，想读心理学专业的研究生，将来从事心理咨询师的工作。但是由于本专业毕业生就业机会多，薪水高，而且进入自己不熟悉的领域有一定难度，所以父母和同学建议其先就业，小明有些犹豫。处在人生道路的十字路口，小明利用决策平衡单法坚定地做出了自己的选择，如表 4-4 所示。

表 4-4　小明的生涯决策平衡单

考虑因素			直接就业		心理学专业深造	
考虑项目		权重	打分	权重分	打分	权重分
个人物质方面得失	就业前景	2	5	10	−2	−4
	薪水	4	4	16	2	8
	对健康的影响	4	−2	−8	4	16
	未来展望	4	3	12	−2	−8
个人精神方面得失	兴趣发挥	5	−3	−15	5	25
	工作对象	2	−2	−4	3	6
	价值观	5	0	0	0	0

续表

考虑因素			直接就业		心理学专业深造	
考虑项目		权重	打分	权重分	打分	权重分
他人物质方面得失	家庭收入	4	3	12	-2	-8
	与家人相处的时间	4	-2	-8	4	16
	与朋友相处的时间	2	-3	-6	2	4
他人精神方面得失	家人支持	2	4	8	-2	-4
	家人的荣耀感	3	2	6	-2	-6
合计			23		45	

结果很清楚，通过理性的分析，把很多复杂的信息摆在了小明面前。虽然有很多外部反对的声音，但这些并不是小明所看重的，小明更看重的是职业兴趣、工作与生活的协调，并在此基础上做出了自己的选择。

二、SWOT决策分析

（一）练习

SWOT分析法又称为态势分析法，是由旧金山大学的管理学教授于20世纪80年代初提出来的。该方法常常被用于制订集团发展战略和分析竞争对手情况，在战略分析中，它是最常用的方法之一。SWOT四个英文字母分别代表优势（strength）、劣势（weakness）、机会（opportunity）和威胁（threat）。从整体上看，SWOT可以分为两部分：第一部分为SW，主要用来分析内部条件；第二部分为OT，主要用来分析外部条件。

通过SWOT决策分析矩阵（见表4-5），可以清楚地看到自己的竞争力和发展机会，从中找出对自己有利的、值得发扬的因素，从而能够制订恰当的职业目标；同时还能清晰地认识到自己的不足和外在的威胁，发现存在的问题，找出解决办法，从而为提升自己提供良好的现实依据。

表4-5　SWOT决策分析矩阵

自身因素分析	S——自身优点与优势 1. 2. 3.	W——自身缺点与劣势 1. 2. 3.
外部因素分析	O——外部赋予的机会 1. 2. 3.	T——面临的挑战与危险 1. 2. 3.

续表

职业决策结论		

（二）解读

在进行职业生涯决策时可以采取多种方法，最常见的是 SWOT 分析法。SWOT 分析法是指个体通过分析自己的性格、能力、爱好、长处、短处、所处环境的优势和劣势，以及在一生中可能会有哪些机遇，职业生涯中可能有哪些威胁，将自身条件和需求与外部环境结合起来，制订自己的职业生涯目标。

通过评估自己的优势、劣势、机遇和挑战，进行个人的 SWOT 分析，制订职业生涯目标，可全面地了解自己的优劣势，深入分析面临的机会与挑战，全面权衡后做出理性的生涯决策。

（三）示例

小丁是某高校计算机专业的学生，在校期间专业成绩优秀，多次深入企业实习培训，且一直担任学生干部，得到了老师和同学的认可。但是小丁性格急躁，遇事容易冲动，有时候很难踏踏实实地完成工作。现在小丁面临毕业，想找一份与专业相关的工作。那么，他是如何进行自己的 SWOT 分析的呢？

小丁的 SWOT 决策分析结果如表 4-6 所示。看过小丁同学的 SWOT 分析实例，同学们是否受到了启发。请结合自身实际情况，采用“关键提问法”，即不断地向自己提问，做一份自己的 SWOT 分析记录，进一步了解自己，明确自己的职业决策目标。

表 4-6　小丁的 SWOT 决策分析

	机会 （1）计算机方面人才需求旺盛 （2）计算机行业发展前景不错 （3）计算机人才较受重视	挑战 （1）就业竞争激烈 （2）经济形势影响企业招聘 （3）企业更看重实际经验
优势 （1）专业成绩优秀 （2）学生干部经历 （3）企业实训经历 （4）人际关系和谐	“优势-机会”策略 （1）发挥专业优势，融入企业 （2）发挥担任学生干部的优势 （3）加强人际沟通，打动招聘官	“优势-挑战”策略 （1）准确定位竞争优势 （2）强调自身适应能力 （3）合理、明确的就业定位

续表

劣势 (1) 工作阅历缺乏 (2) 性格急躁，容易冲动	“劣势-机会”策略 (1) 增加跨行业实训经验 (2) 学习职业技能课程 (3) 完善自身性格	“劣势-挑战”策略 (1) 克制冲动的个性 (2) 加强学习，差异化竞争 (3) 积极寻找能够发挥自身优势的企业
职业决策结论	定位于本区域内中小型软件开发企业，从事具体的软件设计与开发工作，在工作中进一步提升自己	

课外拓展

一、自我决策练习

请回想迄今为止在你人生中你所做的三个重大决定，然后按以下几个方面进行描述并写在下面：

1. ________________________________

2. ________________________________

3. ________________________________

当时的目标或情境是什么？

你所拥有的选择是什么？

你做出了什么样的选择？你做出选择的依据是什么？

现在你对当时的选择有什么评价？

当完成对三个重大决定的描述之后，再综合分析一下在上述三个事件中的决策有什么共同之处，从中得出你做决策时的特点。

二、决策类型测试

（一）练习

对于如何做决定每个人都有自己的独特方式，或者说独特的决策风格。有时我们会不满意自己的决策风格，那么首先让我们来测试一下自己的决策风格。

你平时是如何做决定的？表 4–7 中的情景描述是一般人在处理日常事务及生涯决定时的态度、习惯及行为方式。请阅读这些句子并填写右边的选项，注意每一个选项无所谓对错，只要符合你的真实情况就可以；选择符合记 1 分，选择不符合记 0 分。

表 4–7 生涯决策风格测试表

序号	情景描述	符合	不符
1	我经常匆促做草率的判断		
2	我经常凭一时冲动做事		

续表

序号	情景描述	符合	不符
3	我经常改变我所做的决定		
4	做决定之前，我从未做任何准备，也未分析可能的结果		
5	我经常不经慎重思考就做出决定		
6	我喜欢凭直觉做事		
7	我做事时不喜欢自己出主意		
8	做事时我喜欢有人在旁边，以随时商量		
9	发现别人的看法与我不同，我便不知道该怎么办		
10	我很容易受到别人意见的影响		
11	在父母、师长或亲友催促我做决策之前，我并不打算做任何决定		
12	我常让父母、师长或亲友来为我做决策		
13	碰到难做决定的事情，我就把它放在一边		
14	遇到需要做决定时，我就紧张不安		
15	我做事总是东想西想，下不了决心		
16	我觉得做决定是一件痛苦的事情		
17	为了避免做决定的痛苦，我现在并不想做决定		
18	我处理事情经常犹豫不决		
19	我会多方收集做决定所必需的一些个人及环境的资料		
20	我会将收集到的资料加以比较分析，列出选择的方案		
21	我会衡量各项可行方案的利益得失，判断出此时此地最好的选择		
22	我会参考其他人的意见，再斟酌自己的情况来做出最适合自己的决策		
23	经过深思熟虑之后，我会明确决定一项最佳的方案		
24	当已经确定所选择的方案，我会展开必要的准备行动并全力以赴做好		

当你完成所有的选择之后，将得分计算出来，看看你是属于哪一类决策风格。生涯决策风格类型测试结果如表 4-8 所示。

表 4-8　生涯决策风格类型测试结果

题号组	1 ~ 6 题组	7 ~ 12 题组	13 ~ 18 题组	19 ~ 24 题组
得分				
决策类型	直觉型	依赖型	犹豫不决型	理智型

（二）解读

根据学者 Harren（1979 年）的观察，大部分人的生涯决定方式可以归纳为直觉型、依赖型和理智型三种，另外还有犹豫不决型等。直觉型以自己在特定情境中的感受或情绪反应做出决定。这种类型的人做决定时全凭感觉，较为冲动，较少会系统地收集其他的相关信息，但他们能为自己的抉择负责。依赖型是指等待或依赖他人为自己收集信息并替自己做出决定，有的甚至到处求神问卜，找算命先生帮助；决策时不能系统地收集信息，决策较为被动与顺从，十分关注他人的意见和期望，从而做出选择。理智型决策合乎逻辑，系统地收集充分的生涯相关信息，且分析各个选项的利弊得失，按部就班，以做出最佳的决定。犹豫不决型的人虽然收集很多的相关信息，问东问西，但却常常处在挣扎、难以下决定的状态中。

经过前面的测验显示你是属于哪一类型的呢？喜欢这样的自己吗？你认为如何做可以使自己更完美呢？

相关资源

一、视频

（1）电影《窃听风暴》；

（2）电影《遗愿清单》。

二、书籍

（1）提摩西・巴特勒，詹姆士・沃德鲁普．哈佛职业生涯设计．北京：中国商业出版社．

（2）格林伯格．理智胜过情感．北京：中国轻工业出版社．

（3）谢尔．过你热爱的生活．北京：中国轻工业出版社．

（4）斯科特・普劳斯・决策与判断．北京：人民邮电出版社．

（5）Clarke G. Carney，等．找到适合你的职业．北京：中国轻工业出版社．

三、网站

（1）http://www.lm.gov.cn

（2）http://www.mohrss.gov.cn

第五章　做好职场达人

问题导入：读大学，究竟读什么

深圳鸿儒堂文化传播有限公司董事长覃彪喜说过："一个大学毕业生的价值，不是取决于他在大学期间学到了多少实用的专业技能，而是取决于他是否具备了一种批判性、创造性的思维能力。敢不敢创新，能不能创新，这才是大学毕业生从茫茫人海中脱颖而出的根本所在。"读读他的文章"用一种思考的姿态读大学"，也许你会明白读大学，究竟应该读什么。

换种思路学"冷门"

读大学，究竟读什么？读大学，究竟学到了什么？这是我在进入大学第一天就考虑的问题，也是我毕业后至今一直考虑的问题。为什么读大学的第一天就考虑这个问题呢？因为我没能如愿被录取到法学专业，而是被调剂到了冷门的思想政治教育专业。法学专业的毕业生可以当律师、法官、检察官，师范类的思想政治教育专业毕业生可以去中学当政治老师；可是，我们非师范类的思想政治教育专业能够学什么呢？毕业后能够干什么呢？因为专业冷门，所以我们班上的同学成为了二等公民，不但那些热门专业的同学看不起我们，就连我们自己都看不起自己，对前途一片茫然。在很多教育工作者以及大学生的意识中，大学是一个学习专业知识、专业技能的地方，大学生最主要的任务就是学好自己的专业知识。一个计算机专业的学生就是要学好计算机程序开发方面的知识，一个英语专业的学生就是要全面提高英语听、说、读、写、译各方面的能力。可是，我们思想政治教育专业的学生并不能够按照这样一种思路来读大学，因为我们的专业课程根本不能为我们传授任何一种实用的技能。

既然如此，我们索性换成另外一个截然不同的思路来学习，不再拘泥于专业知识的实用性，而对一些看上去毫无意义的问题饶有兴致了。在别人看来，中国共产党思想政治教育史、伦理学、社会学、中外政治制度史这样的课程注定是枯燥乏味的，可我们却能够把这种课上得非常热闹。在老师的引导下，包括我在内的很多同学养成了一个习惯，就是敢于向教材上任何一个权威的观点发难，并综合运用各门学科的知识来自圆其说。用胡适先生的话说，就是"大胆假设，小心求证"。

有一次我们在课堂上谈到了农村家庭联产承包责任制，拥护的人和质疑的人两军对垒，针锋相对，剑拔弩张。有人说这种小农经济模式极大地束缚了农业生产力，阻碍了农业科学技术的推广与应用；有人说它导致农业产量严重不饱和，很多稻田都荒芜了，很多能种两季水稻的地方都只种一季了；还有些人索性对农民土地使用权的自由流转进行了一番分析。大家在课堂上争论得不过瘾，回到宿舍以后还打了几回“加时赛”。还有一次，我们在课堂上不经意谈到了死刑的废除问题。我对这个问题思考已久，早已在图书馆查阅了大量的文献资料，所以发言的时候从刑法理论的角度深入阐述了应该废除死刑的观点。其他同学也不示弱，纷纷从伦理学、社会学、心理学等各个角度向我表示支持或反对。

很多人都会觉得我们当年在课堂上群情激昂地探讨这些问题是毫无意义的，甚至是无聊透顶、荒谬可笑的。我承认，我的同学迄今为止没有一个人从事与家庭联产承包或者与死刑相关的工作，我们为了论证自己的“奇谈怪论”而去查阅的资料对我们现在的工作也没有任何实际、直接的指导作用。虽然大学期间这种看似毫无意义的学习，让我们这些冷门专业的学生在大学期间没有学会任何一门实用的技能，但是我们得到了一种系统的、批判性的、创造性的思维训练。而正是这种思维能力让我们在工作中敢于创新、善于创新，进而有所成就。

敢创新才能脱颖而出

我曾经在一家房地产公司担任过策划师，后来又去了一家广告公司做策划，正好公司要给一个新楼盘策划、拍摄一个电视广告。当时的房地产还是一个非常健康、典型的买方市场，不存在刚开盘就被抢购一空的现象，所以开发商不但舍得花广告费，而且需要广告能够吸引人。可是，我们要推广的那个楼盘实在不让人看好，户型、交通、地理位置、周边配套等各个方面都难以提炼出像样的卖点。后来，我提议公司反其道而行之，既然所有的电视广告都在不厌其烦地讲述，我们干脆三缄其口，用电视广告的沉默来宣传这个楼盘的宁静。伴随着池塘中的荷花在月色中缓缓绽放，画面上浮现出这么一行字：“我们没有为您准备更多的声音，只为了让您聆听到荷花绽放的脚步。”结果呢，这个看似有些无厘头的“哑巴广告”获得了非常不错的市场反应，开发商赞不绝口。

我不知道这算不算得上是今天人们所谈论的“创新”，但是至少有一点应该承认：它能够为企业创造价值。而这种能力究竟是怎么得来的呢？我想，这不能不归功于大学时期那种批判性思维的训练。

工作的时间越长，我就越明确地认识到这么一点：一个大学毕业生的价值，不是取决于他在大学期间学到了多少实用的专业技能，而是取决于他是否具备了一种批判性、创造性的思维能力。人的素质差异，本质上不在于他们所掌握的知识信息量的差异，而在于他们思维能力的差异。敢不敢创新，能不能创新，这才是大学毕业生从茫茫人海中脱颖而出的根本所在。

在大学里，不同专业的学生所学习的课程是截然不同的，但是他们学来的思维能力却是相通的。例如，一个法学院的学生在上刑法课的时候，对《中华人民共和国刑法》第二十条第三款规定的无过错正当防卫制度提出了质疑；与此同时，一个历史系的学生在课堂上就中国进入“两半社会”以后的社会主要矛盾发表了一番奇谈怪论。虽然这两个学生基于自己的专业考虑着两个截然不同的问题，但是他们通过这种思考，最终殊途同归，培养出来的“大胆假设、小心求证”的思维能力是相通的。术业有专攻，思维能力却放之四海而皆准。

正因为如此，虽然我这个思想政治教育专业的毕业生无法找到与专业对口的工作，但却可以迅速融入到与专业完全不对口的房地产、广告、IT、新闻出版等多个行业领域。其实，一个毕业生能不能胜任某个行业的工作，他是否具备相应的专业知识往往是次要的，而这种批判性思维能力才是关键。因为，专业知识往往很快就可以学会，而思维能力的训练却需要相当长时间的积累。我在武汉大学做讲座的时候，对编辑出版学专业的学生说：如果你们满足于编辑出版方面的专业知识，或者说，你们单纯把编辑出版作为一种技能来培养，那么，你们永远也成不了一名优秀的图书编辑。对于一名出版社的编辑来说，最重要的不是懂不懂勒口、印张之类的专业术语；而是能不能创新，能不能策划出一本市场上还没有的图书，能不能用别人还没有用过的推广方式去营销一本图书。专业术语可以一天之内全部学会，而这种创新能力的培养却需要很多年。

当然，有一些大学生，把大学当成一所技校，满足于学习专业知识和实用技能，毕业后或许也能有立足之地，但是他们的发展空间却极为有限。在IT公司任职的时候，我的月薪上万元，而我手下的那些高级程序员们，月薪高则六七千元，低则三四千元。

我连一行程序都看不懂，为什么老板反而愿意给我更高的工资呢？因为，在老板看来，知道做什么比知道怎么做更重要，开发的程序要实现一个什么样的功能，这比如何去开发这个程序更加重要。一个大学生如果把读大学理解为学技术，而忽视了思维能力的训练，不注重创新能力的培养，那么，他毕业以后就只能是一个“高级打工仔”。

不要过于功利地读书

一个没有创造性思维的毕业生只能是别人手中的工具，一个没有创新能力的国家也只能成为其他国家剥削的对象。我认识许多珠江三角洲的工厂老板，他们虽然有钱，但无一例外地感到很吃力。他们辛辛苦苦地做一集装箱的鞋子卖到美国市场去，赚来的钱却比不上人家卖几台精密仪器。富士康的机器夜以继日地开动，大部分诺基亚、摩托罗拉的手机除了最核心的芯片，其余配件的生产和组装都是在那里完成的。可是，利润的大头却被芬兰人、美国人拿走了。如果中国的大学生不注重思维能力的训练和创新能力的培养，这种状况不知道还要持续多少年。

无论是在写书的时候还是在高校做讲座的时候，我都不厌其烦地劝告大学生要做到三点：第一，多读书，大学是用来读的，不是用来玩的；第二，不要过于功利地读书；第三，要用一种思考的姿态去读书。对于培养人才的教育机构与教育体制而言，也只有为学生提供思考的空间，让他们培养一种创造性的思维能力，祖国的下一代建设者才能真正具备创新的自觉、创新的魄力以及创新的能力，我们的国家才不至于永远做一个低级的、低附加值的世界工厂，不再依赖廉价的劳动力和可怜的利润率来创造 GDP，而是以无限的创造力为基础，做全球经济的发动机。

——摘自：《中国教育报》2007 年 9 月 14 日第 3 版

看了上述文章，对你今后的大学学习有什么启示？

学习材料

一、周杰伦背后的方文山

方文山，周杰伦的最佳拍档！周杰伦说：“没有方文山，我的歌不会这么成功。”方文山的歌词充满画面感，文字剪接宛如电影场景般跳跃，在传统歌词创作的领域中独树一帜。

方文山如今已经俨然是继林夕之后的华语乐坛最优秀的作词人，但如果不说话，你会把他当作送外卖的，实际上，他曾经就是送外卖的。

方文山是电子专业毕业，为了圆梦而在台北苦苦打拼。他做过防盗器材的推销员，还曾帮别人送过外卖和报纸，做过中介和安装管线工。他原本的理想是做一位优秀的电影编剧，进而成为合格的电影导演；但当时台湾地区电影的整体滑坡让他望而却步，只好退而求其次地拼命创作歌词。

▸ 扫一扫：图 1-12 方文山

方文山当时最喜欢的是电影，只是觉得通过写歌词这个渠道，可能能迂回帮助他进入电影圈。方文山在做一名还算称职的管工之余，花了大量时间在歌词创作上，直到可以选出一百多首，集成词册。

这时候，方文山开始了他的求职之路。他翻了半年内所有的 CD 内页，找最红的歌手和制作人，把集成册子的歌词邮寄给他们，一次寄一百份。为什么要寄这么多份？方文山是作了计算的，他估计经过前台小姐、企宣、制作人，层层辗转，大概只有五六份被目标收到。实际上，他估算得太乐观了，这样持续的求职行为持续了一年多，结果都是石沉大海，直到有一天接到吴宗宪的电话，同时吴宗宪还签下了一位会弹钢琴的小伙子，他就是周杰伦。

被吴宗宪发掘并赏识，方文山进入华语流行音乐界，和周杰伦成了黄金搭档，被广泛接受和认可，真正成为了“华语乐坛回避不掉的人物”。

看到以上方文山的成功之路，每个有梦想的人可能都会兴奋不已，好似找到了可以成功的捷径。实际上，成功之路没有那么简单，也不是所有的捷径都可以被复制的。但方文山的求职之路能够带给我们如下启示。

1. 梦想是要坚持的

你如果能像方文山一样，在卑微乏味的工作中，喜欢自己，不放弃自己的梦想，在一年多无果的情况下，仍然有拥抱梦想的力量，必定能够有所成就。

2. 求职是要结果的

如果方文山不是一百多首的歌词集，而是一份求职简历，简历上面仅仅是自我评价，如“将音乐视作生命，团结同事，刻苦耐劳”，你觉得他会有机会吗？

仅仅有梦想是远远不够的，关键你为梦想做了什么，坚持了什么，有什么样的结果？

3. 结果是要交换的

方文山那本歌词集的第一页是这样一封言辞恳切的信，“这是我去芜存菁后的作品……已经预埋了音乐的韵脚，而且充分考虑了流行音乐承转的节奏要求……”求职信是给人看的，不是自我梦呓和陶醉，要充分考虑对方的需求，提供他人认可的价值。

4. 途径是要选择的

方文山说，进入圈子以后我才知道这个寄歌词的渠道有问题，实际上这个圈子基本上是通过圈内的编曲老师推荐，艺人的同学朋友推荐。而我比较走运，刚好赶上吴宗宪想组建音乐工作室。

方文山被吴宗宪相中有它的偶然性。但如果方文山在做出求职行为之前，能更好地了解音乐圈的规则和采用词曲的渠道，而不是自我想象的话，一定可以加速求职成功的路径。

其实任何领域都一样，求职之前一定要做好自我积累，广泛获取信息，了解对方需求，充分准备，完美展示；在可能的情况下也要提前尽量接触圈子，建立人际关系。只有这样，才能增大求职就业的成功率。

二、求职渠道成功率排行榜

人人都有自己找工作的经验，但其实我们知道得并不多。很多人以为找工作就是三样东西：简历、招聘广告和中介。其实，找工作的方式约有十种，它们的成功率如图 5-1 所示（引自智通人才网）。

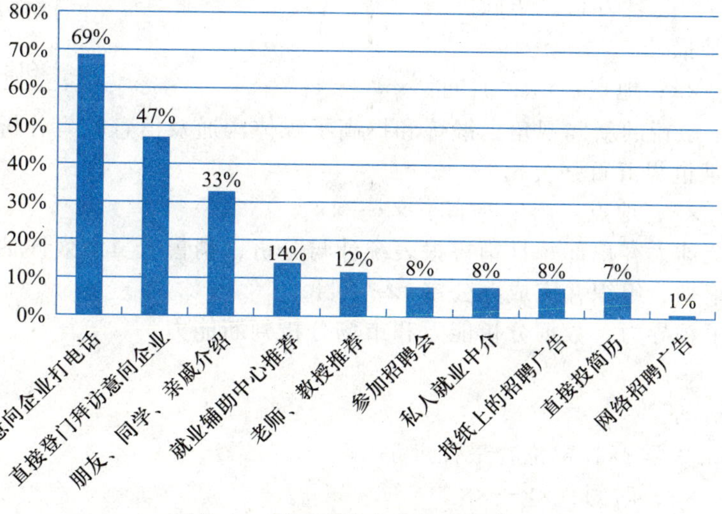

图 5-1　求职渠道成功率对比

看完图 5-1 后，你可能发现一些有趣的事实：潜在的求职机会有很多，如果懂得挖掘，求职成功率非常高；利用人际关系找工作，省时省力效率高；花工夫越多的方式越难堪；看起来越不可能的方式，成功率越大。更重要的是，不要只限于一种方式，综合运用，机会就大多了。

三、一份典型简历的分析点评

基本信息：

姓名：×××

地址：×××　　　　邮编：×××　　　　联系电话：×××

电子邮箱：×××

求职意向：市场助理

> **教育背景写得非常干练，写完大学专业之后就是成绩，数字说话十分有说服力的**

教育背景：

某院某专业本科　时间：×××—×××

成绩：GPA 3.9（总分为 4）

20××年×××奖学金，××学院××人唯一获奖者

实习经历：

（1）某顾问公关公司

职务：媒体与外事部门的助理；地点：××；时间：××—××；

负责项目策划及实施、媒体跟踪、信息调查以及新闻分析，主要客户包括万科、华硕。

> **实习经历丰富、真实，特别是每次实习经历后都有感受，而且与应聘职业所需的核心能力相关，凸显了求职者较高的能力素质**

（2）某报社

职务：××；地点：××；时间：××—××；

培养了敏锐的新闻视角；锻炼和提高了媒体沟通及信息收集分析能力。

（3）某世界五百强公司

职务：××；地点：××；时间：××—××；

负责全球大客户部每日销售报表统计与分析，销售人员绩效评估；

成功策划、组织并完成办公室×××项目；

提高了领导力、数据分析能力和市场分析判断能力。

课外活动：

（1）某大学××杯辩论赛最佳辩手

地点：××；时间：××—××。

（2）某大学××协会主席

地点：××；时间：××—××。

针对在京留学生提供文化交流活动与信息服务，最高会员数×人（这个人数非常有说服力）。

（3）××暑期社会实践领队

地点：××；时间：××；

策划、组织并带队参加民营企业二次创业主题实践；

关于融资、技术及品牌的实践报告获得经济学院优秀实践成果奖。

> 如果说实习经历写的有点雕琢痕迹的话那么此处正好是他大放异彩的地方

英语水平：

通过国家英语四六级考试

GRE：××（很高）；GMAT：××（很高）；

TOPE（ETS 美国教育测试服务中心职业英语考试）成绩：××（很高）（听说读全优，写作良）

> 大学英语通过六级，棒！
> GRE分数很高，棒！棒！
> GMAT很不错，棒！棒！棒！

奖励：

（1）××学院科研成果二等奖，仅有的两名一年级获奖本科生之一　　时间：××

（2）××大学英语演讲十佳、十佳歌手之一，游泳接力第二名　　时间：××

（3）所参与团队获××大学学生创业大赛第一名　　时间：××

（4）××学院科研组织奖，本年度全院唯一获奖者　　时间：××

四、面试经典问题解析

面试时，我们都会遇到一些看似简单却又不知道该怎样完美回答的问题。为此，在面试前，可对这些问题进行详细分析，摸清该类问题的回答思路，并有针对性地有所准备，在面试时就可以游刃自如，充满自信！

（一）个人背景类

1. 请你自我介绍一下？

问题分析：

◆ 这是面试的必考题目。

◆ 不要以为这很容易。事先最好以文字的形式写好背熟。

◆ 这是个开放性问题，从哪里谈起都行，但是滔滔不绝地讲上一两小时可不是雇主希望的。如果你用 1 分钟来重复你的简历，那么很不幸，你的印象加分没有了！

◆ 这样的问题是测验你是否能选择重点并且把它清楚、流畅地表达出来。

◆ 显然，提问者想让求职者把自己的背景和想要得到的职位联系起来。

回答思路：

◆ 一个是直接回答所问的问题，另一个是在回答前要求把问题问得更加明确。

◆ 在上述两种情况下，求职者都要很快地把答案转到自己的技能、经验和为得到目前这份工作接受的培训上来。

◆ 建议求职者最多用20秒介绍自己的姓名、学校、专业，然后话锋一转，引出自己的优势或强项。

◆ 一定要在最短时间内激发起面试官的好感，或者至少是兴趣。

回答样例：“我来自农村家庭，有一个弟弟，父母都还在工作；进入大学之后，我攻读市场营销专业；目前就职于一家商业机构担任行销执行员，学到了不少管理方面的知识。例如，我全权负责的一个批发销售公司的业务，销售总额一年为×××元。在那里我学到了怎么管理人事，在压力下解决问题。我希望能更好地运用我的技能。我相信我的经验和学历将让我迎向未来更大的挑战。”

成功模式：我叫×××，英文名字×××，××省××市人，今年6月将从××学校××专业本科毕业。除了简历上您看到的介绍，我愿意特别说一下我在×××方面的特长，我最大的特点是……（给出事例）。正是基于对自己这方面的自信，使我有勇气来应聘贵公司的×××这一职位。（阳光的微笑）

如果面试官还接着问：“为什么你会这么认为呢?”如果他真的这么问，恭喜你，你完全有机会操纵这次面试！

样例评语：只简单地介绍了个人经历，很快地将重点话题转到与工作有关的技能和经验上来；也可请面谈者把他确实想了解的东西集中到一点，如：“你是不是想知道我受过的教育，或者与工作有关的技术和经验?”，大多数雇主会乐意告诉你他们感兴趣的是什么。

2. 你有什么业余爱好？

问题分析：

◆ 像前面问题一样，这个问题问得相当直接，但是有隐含内容。

◆ 业余爱好能在一定程度上反映应聘者的性格、观念、心态，这是招聘单位问该问题的主要原因。

◆ 是面试官想间接了解面试者除了专业必备技能，还兼有哪些隐藏的可迁移技能和适应性技能。

回答思路：

◆ 最好不要说自己没有业余爱好。

◆ 不要说自己有哪些庸俗的、令人感觉不好的爱好。

◆ 最好不要说自己仅限于读书、听音乐、上网，否则可能令面试官怀疑应聘者性格孤僻。

◆ 最好能有一些户外的业余爱好来“点缀”你的形象。

回答样例：“我有很多可以带给我快乐的业余爱好。最能吸引我的就是打篮球。当我跟伙伴们在篮球场上相互对抗、尽情挥洒汗水时总能完全放松自己；同时，打篮球也是一项有益健康、强身健体的运动。除了打篮球，我还喜欢徒步，特别是爬山。当我经过努力爬到山顶“一览众山小”时会感到特别愉悦。”

样例评语：因为“打篮球”“爬山”等业余爱好使得“完全放松自己”“感到特别愉悦”，说明自我调节能力强，这会给你的面试加分。

3. 谈谈你的缺点？

问题分析：

◆ 这是个棘手的问题。

◆ 若照实回答，你可能会求职失败，雇主试图使你处于不利的境地，观察你在类似的工作困境中将做出什么反应。

◆ 若不照实回答，又可能会陷入不诚实、狂妄自大的尴尬局面。

◆ 完满的回答应该是用简洁正面的介绍抵消反面的问题。

回答思路：

◆ 回答这样的问题应诚实。

◆ 不宜说自己没缺点。

◆ 不宜把那些明显的优点说成缺点。

◆ 不宜说出严重影响所应聘工作的缺点。

◆ 不宜说出令人不放心、不舒服的缺点。

◆ 可以说出一些对于所应聘工作“无关紧要”的缺点，甚至是一些表面上看是缺点，从工作的角度看却是优点的缺点。

回答样例：“我需要学会更耐心一点。我的性子比较急，我总要我的工作赶在第一时间完成。我不能容忍工作怠慢。”

成功模式：我最大的缺点就是面对高层管理者时会无比紧张，异乎寻常的紧张，有时甚至会语无伦次甚至失语；明明没有犯错误，也会脸红心跳。我猜想这是在学校造成的老师恐惧症的延续吧。（注意这最后一句话，足以使面试官原谅你的这一缺点）。我的另一个缺点是不会或者说是没有勇气说 NO。从实习开始就是这样，即使自己已经超负荷工作了，但对于别人的要求，不管是上司的还是同级的，都仍然会答应下来；而我又是有了一点小事就会睡不着的人，所以不得不常常开夜车把事情做完。这样，当别人发现每次我都能完成任务时，就认为我还有余力，就又交给我新的任务……

样例评语：回答的虽是自身的缺点，但却表现了正面的效果，对工作的积极抵消了反面问题。

4. 请谈谈你的家庭情况。

问题分析：

◆ 家庭情况对于了解应聘者的性格、观念、心态等有一定的作用，这是招聘单位问该问题的主要原因。

◆ 在大多数情况下，招聘官的目的是打探证明你不稳定或不可靠的信息。

◆ 有些公司问这些是希望能招到相对稳定的学生。一般而言，他们觉得农村的孩子比较能吃苦，家里条件不太好的孩子比家里条件好的孩子稳定，当然这也不能以偏概全。

◆ 但突出父母对自己的教育以及性格中某些优秀地方的影响是最为保险的。

回答思路：

◆ 在回答个人家庭情况时，要态度友好而且自信。

◆ 简单地罗列家庭人口。

◆ 宜强调温馨和睦的家庭氛围。

◆ 宜强调父母对自己教育的重视。

◆ 宜强调各位家庭成员的良好状况。

◆ 宜强调家庭成员对自己工作的支持。

◆ 宜强调自己对家庭的责任感。

◆ 即使是随意的闲谈也要避免提及隐晦问题。

回答样例：年轻、单身的面试者："我没有结婚，即使结婚，我也不会改变做专职工作的打算，我可以把全部精力用在工作上。"

样例评语：上述回答都可以拓展，可以作为回答问题时的参考。这里要告诉招聘官的是个人的情况不影响工作的能力，而且确实还能对你有帮助。

（二）求职动机类

1. 我为什么要雇佣你？

问题分析：

◆ 尽管有时这个问题不会问得这样明确，但是会在其他问题之后被提出来，这个问题没有隐含的意思。

◆ 招聘单位一般会录用这样的应聘者：基本符合条件；对这份工作感兴趣；有足够的信心。

◆ 这个问题会使你向他们提供证据以证实你可以帮助他们改进工作效率、降低成本、增加销售、解决问题（如准时上班，改进对顾客的服务，组织一个或多个管理工作等）。

回答思路：

◆ 应聘者最好站在招聘单位的角度来回答问题。

◆ 最巧妙的回答应该是对他们有利而不是对你有利。

回答样例：首先我符合贵公司的招聘条件，我目前掌握的技能、加上我的责任感和良好的适应能力及学习能力，我完全能胜任这项工作。我十分希望能为贵公司服务，如果贵公司给我这个机会，我一定能成为贵公司的栋梁！

样例评语：在回答中，如果以实例提供有力的证据，直接而自信地推销自己，则会更为有利。

2. 你想得到的薪水是多少？

问题分析：

◆ 如果求职者对自己的薪酬要求太低，那显然是在贬低自己的能力。

◆ 如果对薪酬要求太高，那又会显得你分量过重，公司受用不起。

◆ 一些雇主通常都事先对求聘的职位定下了开支预算，因而他们第一次提出的薪酬往往是他们所能给予的最高薪酬。

◆ 他们问你只不过想证实一下这笔钱是否足以引起你对该工作的兴趣。

回答思路：

◆ 在谈薪酬之前，求职者已经调查了解了自己所从事工作的合理的市场薪酬。

◆ 在与对方商谈时，不妨尽可能插入“合理的市场价值”等。

◆ 记住，商谈时降低原来的开价轻而易举，但一旦开出低价后想再提上去就难乎其难。

回答样例：如果对方不愿妥协，在你未得到肯定的工作答复之前，不要使雇主排除对你的考虑。你可以问：“你们决定雇用我了吗？”如果答案是肯定的，报酬确实你不愿接受，你可以这样拒绝：“谢谢你给我提供这个机会，这个职位我很想得到，但是，工资比我想要的低，这是我无法接受这份工作的原因之一。也许你会重新考虑，或者以后能有使我对你们更有价值的工作时再考虑我。”

样例评语：即使拒绝对方，也要为协商留有余地。如果雇主需要你，他会乐于满足你的要求。一旦你对他们提出的标准说“不”，交易就做不成了。

如果求职者已经阐明该职位的重要性，可是对方仍旧告诉你给你的报酬已是最好的。求职者不妨指出它的工作性质实际上值得你获得更高的报酬；阐明你将如何通过努力缩减公司的开支；说明在工作中你得自我承担哪些费用等，以证明你对公司的价值，和表明你要求更高报酬是以你的工作表现为前提的。

3. 你为什么要找这样的职位？为什么来这里应聘？

问题分析：

◆ 招聘官想了解求职者是不是那种无论什么公司有活就干的人。

◆ 果真如此，他或她就不会对你感兴趣。

◆ 招聘官想招那种想解决工作中问题的人。

◆ 他们认为这样的人工作起来更努力，更有效率。

回答思路：

◆ 这个问题实际上有两方面的含义。一是为什么选择这个职位，二是为什么选择这个公司。

◆ 如果你有选择这个公司的理由，或者选择这个公司是你最大的愿望，你就要准备回答为什么。

◆ 如果可能的话，在面谈前，你要事先尽可能地对它进行了解。

◆ 与别人联系得到详细的情报，或到图书馆查阅，看公司的年度报告，或任何能使你了解情况的方法都是必要的。

◆ 建议从行业、企业和岗位这三个角度来回答，也要对该行业有个简单的横向分析。

回答样例：“我花费了很多时间考虑了各种职业的可能性，我认为这方面的工作最适合我，原因是这项工作要求的许多技能都是我擅长的。举例来说，分析问题和解决问题是我的强项，在以前的工作中我能比别人更早发现和解决问题。有一次，我提出一项计划使得租借设备的退货率减少了15%，这听起来不算高，但是取得了增长×元的好效益，而成本仅为×元。目前你们公司似乎是能让我施展解决问题能力的地方。这个公司工作运行良好，发展迅速，善于接受新思想，你们的销售去年上涨了30%，而且你们准备引进几项大型新产品。如果我在这里努力工作，证实我自身的价值，我感到我有机会与公司共同发展。”

样例评语：这种回答巧妙地运用了“提供证据”的技巧，这样的话，符合一个出色的经理或者市场人员的身份。

（三）职业规划类

1. 你好像缺乏实际工作的经验？

问题分析：如果招聘单位对应届毕业生的应聘者提出这个问题，说明招聘单位并不真正在乎“经验”，关键看应聘者怎样回答。

回答思路：对这个问题的回答最好要体现出应聘者的诚恳、机智、果敢及敬业。

回答样例：“作为应届毕业生，在工作经验方面的确会有所欠缺，因此在读书期间我一直利用各种机会在这个行业里做兼职。我也发现，实际工作远比书本知识丰富、复杂。但我有较强的责任心、适应能力和学习能力，而且比较勤奋，所以在兼职中均能圆满完成各项工作，从中获取的经验也令我受益匪浅。请贵公司放心，学校所学及兼职的工作经验使我一定能胜任这个职位。”

样例评语：这样的回答强调了可迁移的技能（适应能力和学习能力）和适应性技能（较强的责任心、比较勤奋），这对于缺乏工作经验的应届毕业生来说是必要的。

2. 你以前的经验和我们现在的工作有哪些联系？

问题分析： 这个提问要求你进行比较，你要克服你背景中显示出来的任何弱点。

回答思路： 要介绍你的优势，并证明你的经验优势与应聘岗位的匹配点。

回答样例： “如你所知，我刚刚结束电脑编程方面的加强培训。另外，我在企业方面有三年多的工作经验，其中包括在老板不在时管理小型企业。我在那里学会了处理财务及基本的会计工作。我还管理过价值×元的产品。这些经历帮我认识到企业使用电脑编程的作用。虽然我刚接触编程工作，但我对电脑语言是熟悉的。我受的教育是全面的，我有 300 多个小时的电脑操作时间，这是我课程的一部分。因为我是新手，我决心比别人更努力地工作，以便及时完成任务。”

样例评语： 这样的回答强调了可迁移的技能（会计工作知识）和适应性技能（按时完成任务，更努力工作），这对于缺乏工作经验的程序员来说是必要的。在这种情况下，在学校学的知识也非常重要，也要像“正式”工作那样予以强调。

3. 你准备怎样开展工作？

问题分析：

◆ 这个问题是在考察你的工作动机，它是在探究你能否把工作长久地干下去，而且干得努力。

◆ 如果应聘者对于应聘的职位缺乏足够的了解，最好不要直接说出自己开展工作的具体办法。

回答思路：

◆ 求职者最好的态度就是诚实，你应该坦率地、正面地回答招聘方关心的问题。

◆ 问题回答取决于你介绍个人背景的具体情况。

◆ 可以尝试采用迂回战术来回答，如“首先听取领导的指示和要求，然后就有关情况进行了解和熟悉，接下来制订一份近期的工作计划并报领导批准，最后根据计划开展工作。”

回答样例： 我做过几种工作（一种或事业），我认识到应该珍视体面、稳定的工作。我的各种经验是一种财富，我学到很多东西，我可以把它们用于这项工作中去。我正在寻找一份可以安定下来，值得努力并持久下去的工作。

样例评语： 这是一种可以接受的回答，只是回答太简短，也没有提供证据。介绍自己的实力最好放在最后一句话之前。有些职务，销售方面的工作，要求你雄心勃勃，其他工作则有对工作领域或专门机构的要求。

（四）人际关系类

你离开以往公司的原因？前任老板对你的评价如何？

问题分析：

招聘官想知道求职者的适应性技能，如你是否容易相处，你是否是个好职员等。

回答思路：

◆ 应聘者要使招聘单位相信，应聘者在过往单位的“离职原因”在此家招聘单位里不存在。

◆ 避免把“离职原因”说得太详细、太具体。

◆ 不能掺杂主观的负面感受，如“太辛苦”、“人际关系复杂”、“管理太混乱”、“公司不重视人才”、“公司排斥我们某某的员工”等。

◆ 但也不能躲闪、回避，如“想换换环境”、“个人原因”等。

◆ 不能涉及自己负面的人格特征，如不诚实、懒惰、缺乏责任感、不随和等。

◆ 尽量使解释的理由为应聘者个人形象添彩。

◆ 如果可能的话，使用那些说你好话的证明信。

回答样例：“我的前三个老板都说我努力工作，可靠、诚实，离开那里是因为个人冲突。为此，我深深地感到懊恼，只有放弃那里的工作。你可以给他们打电话，他们对我的评价是肯定的。我在那里得到了晋升机会。”

成功模式：我离职是因为这家公司倒闭了。我在公司工作了三年多，有较深的感情。从去年始，由于市场形势突变，公司的局面急转直下。到眼下这一步我觉得很遗憾，但还要面对现实，重新寻找能发挥我能力的舞台。

样例评语：回答中介绍了一些正面的技能，并用具体事例加以说明，因而是有力的。

最后，我们用三个步骤帮助你完成完美的面试。

第一步，记住讨人喜欢比资格条件和工作经验更重要，因此，你需要：

◆ 找出你对要应聘的公司真正喜欢的地方，并告诉面试者。

◆ 自然地对面试者说出你真诚的赞美。

◆ 聊一聊与工作无关但你和面试者都感兴趣的话题。

◆ 表现出对他们感兴趣。询问他们需要什么样的人，以及你所应聘的职位在公司运作中发挥什么样的作用。

◆ 对公司和所应聘的职位充满热情。

◆ 微笑，并和面试者保持眼神交流。

第二步，当你确实有弱点时，不要直到面试快结束时才告知对方；相反，最好在面试一开始的时候就开诚布公地告诉他们。同时请记住，对于你的优点，应保持谦虚，最好是在面试的最后阶段才提起。

第三步，如果你犯了错误，不要反应过度。实际上，你所犯的错误远没有你所想象得那样引人注意，过度的反应或者道歉反而会引起更多的注意。因此，适度地承认你犯的错误，然后就当什么也没发生过一样继续进行面试。

课内练习

一、招聘广告分析

（一）练习

招聘广告内容

北京某联合咨询有限公司信息如下：

招聘人数：3 人

工作地点：北京市朝阳区

发布时间：2013 年 10 月

职位描述：

（1）辅助项目的具体推进、执行；

（2）协助顾问进行相关资料搜索；

（3）整理人才推荐报告；

（4）公司简历库的录入与更新；

（5）临时安排的其他工作。

职能要求：

（1）本科学历；

（2）对人力工作比较感兴趣；

（3）具有较好的分析问题及解决问题的能力，具备清晰的逻辑思维和推理能力；

（4）出色的沟通能力，能自信、成熟地与客户交流；

（5）有销售或人力工作经验者优先。

工作时间及福利待遇：

（1）公司实行正常五天上班制；

（2）公司将为符合条件的应聘人员提供广阔的职业发展空间；

（3）公司鼓励员工在职学习及攻读更高的学历，并免费为员工提供长期的工作技能培训；

（4）公司实行员工人力资本级别薪酬制，依据每年员工的业绩考核结果，逐年晋级并逐年提高薪酬；

（5）公司实行员工定期体检，休假制度；

（6）公司按北京市要求，统一为员工建立五项社会保险。

联系方式：

公司名称：

公司地址：

传真：　　　　　　　　　　　单位邮箱：

公司主页：www. xxx. com

招聘广告分析

1. 分析上述广告前，你对招聘单位的企业文化、价值观、愿景有哪些了解渠道：

2. 对照职位描述，你觉得是否能够胜任？

3. 对照职能要求，你觉得你是否基本吻合？

4. 去应聘该岗位，为确保胜出，你还需要搜集的信息有：

5. 结合招聘广告，你会通过对自身各个方面的综合分析，确定你的竞争优势：

6. 为了提高简历的命中率，如何才能让你在众多竞争者中显得与众不同：

7. 为进一步了解岗位的具体信息，可以电话咨询该公司负责招聘的 HR，你准备咨询哪些问题？

（二）解读

求职信息的价值具有“会用则有，不会用则无”的特性。在求职谋业过程中，求职信息关系到求职谋业的成功与失败。如能及时掌握大量、可靠的就业信息，就能从信息中把握就业机会，找到一份适合自己的职业；反之，缺少信息，就会行动迟缓，纵有好的就业机会也会与之擦肩而过。

求职信息可以划分为广义信息和狭义信息，或称宏观信息和微观信息。宏观求职信息包括就业的总体形势、社会对人才的需求趋势、就业政策、就业活动等信息；微观求职信息是指具体用人信息，即哪些单位需要什么样的人才。

通过了解并掌握就业信息收集的基本来源和主要渠道，养成在学习生活中搜集积累相关信息的习惯，掌握搜集、整理、挖掘与利用就业信息过程中的有关问题的对应方法。

二、简历写作训练

（一）练习

1. 写简历前，你认为需要准备哪些信息与资料？

2. 你的求职简历的“中心思想”是什么？

3. 你认为一份完整的简历，结构上包括哪些内容？这些内容的先后顺序如何？

4. 用简洁的语言概括你的实习或兼职工作或社会实践或志愿者活动等工作情况，内容包括时间、地点、组织名称、工作名称、角色、工作职责、目标任务、曾遇到的问题以及处理过程、投入程度、为组织创造的价值、组织或团队成员的评价。

思考一下，写出你参加过的且影响深刻的一项工作：

5. 将上述内容给老师同学看后，他们的第一印象和评价是：

6. 按照上述步骤方法，再写出其他三个实践经历，记录如下：

（1）

（2）

（3）

7. 你认为简历投递的方式、时间、地点对求职成功有影响吗？最佳的投递方式要注意哪些因素？

8. 在递交简历的同时，你认为同时还需要提交哪些材料将有助于你求职的成功？为什么？

（二）解读

对于每一位同学来说，一份好的简历可能意味着成功了一半。简历是大学生在就业过程中的第一关，是成功进入一个用人单位的敲门砖。简而言之，求职的大学生就像是等待推向市场的商品，而简历就像是产品的说明书和广告，要在最短的时间内向用人单位显示出最全的信息。

成功进入面试环节后，简历会再次发挥作用。面试官会根据你曾提交的简历，对你的经验和技能进行分析，并针对你的简历设定面试的相关问题。

通过实践练习，掌握求职简历的写作方法，了解求职简历的投递渠道，提升求职效率和成功率。

课外拓展

一、制订大学生涯规划简表

根据自己的实际情况填写表5-1，从大一开始，每个学期填写一次，对比大学规划的修订状况和实现程度，以更好地规划自己。

表5-1　大学生涯规划简表

<table>
<tr><td colspan="2">姓名</td><td colspan="2"></td><td>性别</td><td></td><td>专业</td><td></td></tr>
<tr><td colspan="2">我的特长</td><td colspan="6"></td></tr>
<tr><td colspan="2">我的人生偶像</td><td colspan="6"></td></tr>
<tr><td colspan="2">我的人生理想</td><td colspan="6"></td></tr>
<tr><td colspan="2">我的理想职业</td><td colspan="6"></td></tr>
<tr><td rowspan="8">第
×
学
期</td><td rowspan="3">就业成本积累</td><td>学业目标</td><td colspan="5"></td></tr>
<tr><td>素质完善目标</td><td colspan="5"></td></tr>
<tr><td>活动或工作</td><td colspan="5"></td></tr>
<tr><td rowspan="4">自我人格完善</td><td>个人特殊能力发展</td><td colspan="5"></td></tr>
<tr><td>养成一个好习惯</td><td colspan="5"></td></tr>
<tr><td>克服一个毛病</td><td colspan="5"></td></tr>
<tr><td>本学期自勉的话</td><td colspan="5"></td></tr>
<tr><td>其他目标</td><td colspan="6"></td></tr>
</table>

二、参加模拟面试

为增强求职意识，提高求职技能，提升就业竞争力，同学们可以以班级或寝室为单位自发组织模拟面试，邀请学长或者老师当面试官，体验一下面试的氛围。通过模拟面试，掌握简历制作技巧、面试流程和面试礼仪等，从而以最佳的状态面对今后的面试。

组织形式：可以在教室或寝室里模拟企业招聘全过程。

准备事项：桌子和椅子、简历、着装、面试提问、其他道具。

活动内容：邀请学长或者老师担任面试官，小组同学事先准备好自己的简历，依次应聘；面试过程中回答面试官提出的各种问题，结束后由面试官点评，其他同学也可以参与评议。

面试问题：

1. 个人背景类

（1）谈谈你自己（请介绍一下你自己）。

（2）请你用两分钟描述自己的优势和不足。

（3）你有什么业余爱好？

（4）你的家庭情况如何？

（5）说说你曾做过的最满意的一件事。

（6）谈谈你的一次失败经历。

（7）你的适应能力如何？

2. 求职动机类

（1）你对我们公司了解吗？为什么愿意应聘这个工作？

（2）你希望得到的薪酬是多少？

（3）你能为我们公司带来什么？

（4）公司为什么要雇用你？

3. 职业规划类

（1）你为什么会选择你目前学习的专业？

（2）五年内你给自己制订的目标是什么？

（3）你想找一份长期的还是临时的工作？

（4）从简历上看，你好像没有实际的工作经验？

（5）你以前的经验和我们现在的工作有哪些联系？

（6）你打算如何开展工作？

（7）你为什么到现在还没有找到工作？

4. 人际关系类

（1）什么原因导致你离开前一家公司？

（2）前任老板对你的评价如何？

（3）你周围的人如何评价你？
（4）你有过和别人合作的经历吗？
（5）你是如何处理分歧意见的？你跟上级的意见不一致时怎么办？
（6）在人际沟通上是否曾经有过不和谐？

相关资源

一、视频

（1）电影《时尚女魔头》；
（2）电影《当幸福来敲门》。

二、书籍

（1）曾子墨．墨迹．武汉：长江文艺出版社．
（2）Joyce Lain Kennedy．完美简历．北京：机械工业出版社．
（3）Diane Sukiennik．职业指导．北京：中国劳动社会保障出版社．

三、网站

http://www.lnjy.com.cn

第六章　体验创业人生

问题导入：今天上淘宝去开店还有机会赚钱吗

马云称，任何时代做生意都要冒风险，都要付出巨大的脑力、心力和体力，一夜暴富成名的事基本上是电视剧里的故事。花大量时间和精力未必生意会好，但不花时间和精力是肯定不会有好生意的。那些坚持把开网店当乐趣，当和人沟通交流的人却基本上成功了，他们从一个人开店到雇用几十个上百个员工的人比比皆是。

2015 年 7 月 2 日，马云晚间发布文章，回答了网友提出的“今天上淘宝去开店还有机会赚钱吗？”等问题，以下为马云全文。

最近老是有人问我：“现在生意越来越难做，今天上淘宝去开店还有机会赚钱吗？总看到有人在淘宝上做得很好、很快乐而且很赚钱，而自己做了个把月却生意一直不好，快坚持不下去了，是不是自己做得太晚了……”

其实做生意从来就没有容易过！起早贪黑，担惊受怕，患得患失，忙了一年颗粒无收甚至血本无归，“众叛亲离”都是很自然、很正常的事。说生意好做的人基本是吹牛。任何时代做生意都要冒风险，都要付出巨大的脑力、心力和体力……一夜暴富成名的事基本上是电视剧里的故事。好生意都是需要时间和心血积累打造的。花大量时间和精力未必生意会好，但不花时间和精力是肯定不会有好生意的！

在淘宝上开店也一样。其实 13 年前开店还仍然坚持到今天的人并不多。那时候开淘宝店非常艰难，因为网购的客户很少，物流很差，支付绝对不顺畅……那时候开实体店的人常常笑话开网店的人是异想天开。其实很奇怪，十多年来，那些想通过开网店迅速致富的人基本上都失败和放弃了；而那些坚持把开网店当乐趣，当和人沟通交流的人却基本上成功了，他们从一个人开店到雇用几十个上百个员工的人比比皆是……

做生意的第一要素是用心。你做的事是你真正喜欢和热爱的！因为你用心做自己的产品和服务，发现有客户对你的产品和服务感兴趣的时候，你自然会充满感恩，会耐心、热情地和客户沟通和交流……充满感恩的人容易成功，更何况做你自己喜欢的事，所以你不会觉得太累。开始的时候，做不做得成生意不重要，但找到对你的产品和服务感兴趣的人非常重要！

做生意的第二要素是用脑。选择了做什么后，就必须思考如何做。尤其是小企业，你必须做出特色来，做出与众不同来，做出乐趣来，做出自己和客户的感情来……做生意不是简单的买卖关系，而是在创作或发现一种你和你的客户之间的一种共同认同的价值。找到喜欢你东西的客户其实就是找到了一个“知己”！有了这样的知己，你能不高兴和感谢吗?!

做生意的第三要素是必须要花时间、花精力和花体力。几乎所有优秀的创业者都是在走路、吃饭、冲凉洗澡、睡觉做梦甚至上厕所时都在思考如何改进自己的产品和服务，在抓住每一分钟时间倾听客户以及和自己的员工沟通。在流泪中学习，在沮丧中感受希望，在担忧中品味零星的希望……过去的15年，很多人说淘宝是运气好，我们确实有很多很多的运气成分在里面，但我们起得一定比大家早，我们下班一定比很多人晚，我们睡得一定没有大家香，我们假期一定比大家少得多，我们的身体一直在沮丧和挫折中挣扎……

淘宝今天生意好做吗？不容易！但也找不到其他更好做的地方了！如果每天有上亿网购者来访问的网站，你还是没有办法找到自己的客户，你是否想过用心、用脑、用体力去改变自己的方法呢？以前你做生意只能面对几十人，而今天你可以每天面对全国甚至全球数十亿人，问题是你觉得自己的产品和服务是不是够独特，是否能在十几亿人中找到知己，是否能让这些知己满意，成为终身“知己”！

淘宝网刚设立的时候，我们希望给很多人带去交易和交流的快乐！卖出东西是一种快乐！卖不出东西，思考如何卖，如何找到和有兴趣的人交流也是一种独特的快乐和享受。

淘宝从第一天起就不是按商场或大卖场的买卖而设计的，而是希望年轻人通过货物和服务的交易交流来产生一种新的生活方式；就如同人们去星巴克不是为了品尝咖啡的味道，而是因为它是一种生活方式；人们买昂贵的服饰不是为了保暖，而是追求一种独特的生活态度！

淘宝打造的是一种创新、创造、创意的生活空间，里面是无奇不有的“万能淘宝”！我发现这几年做成功的淘宝店主基本上是那些把在淘宝上开店当自己乐趣的那些“奇葩人士”。他们觉得买卖就是一种乐趣和交流方式！如果没有人买你的东西，只能说明你找“知己”的方法有问题，或者你“特别”的服务和产品根本就没有“知己”。花大钱砸市场而不是靠创意、靠耐心、靠服务去发现“知己”市场，那是愚蠢的自杀行为。但不想投入一点点小钱就想找到“知己”也是幼稚的行为！

电子商务只是刚刚开始……未来30年才是真正的发展时期。未来，你可以不做生意，但你必须要有买卖。你买卖的未必是实物，而是你的创意和创造，是你对这个世界的畅想和梦想；你要找到的不是那个“买家”而是那个“知己”，你要学会相处的不是生意是未来，是明天的生活方式！你要经营的不是生意，而是在经营一个更好的自己！

世界那么大，电商还有至少30年，试试看吧！万一你找到了一大批“知己”了呢？我们可以没有很多的钱，但我们必须有很多的“知己”、朋友和“亲”！

——摘自：马云微博

你认同马云总结的有关做生意的三个要素吗？你自己是否具备这些要素？

学习材料

一、大学生创业应具备的基本素质

大学创业这件事，看上去一片光明，也属于挑战性高、技术含量高、淘汰率高的三高行业。无论创业成功与否，参与创业本身的过程，就是对创业者自身能力智慧、胆识气魄的一种全方位的考验，尤其是对于创业者本人的意志、品质、气质、个性、爱好、特长、商业意识以及性格等与创业有着紧密的关联。

（一）合格的大学生创业者应具备以下条件：

首先，具有坚毅、自制、勇敢、果断等品质。具有风险意识，有充沛的精力和健康的体魄，具备百折不挠的意志品质和面临失败时的自我激励能力，具有献身精神、有达到目标的自信心、勇气和执着力，能解决创业时来自内部和外界的大量未知风险带来的各种突发问题，并承担巨大压力，经受失败的考验。

其次，要正直、守信，有责任感。大学生创业者对团队成员、投资者都必须有责任感，具有务实精神，能够踏实做事，待人诚恳。树立起一个领导者的亲和力与个人魅力。

第三，具有敏锐的商业意识。按照市场经济的运行规律办事，遵循公平交易原则，遵纪守法，诚实可靠，同时，具有科学的经济头脑，思路清晰，能够分析判断经济运行趋势，权衡经济利益，核算投入、产出，能够寻找、捕捉和创造商机。

第四，具有自我实现欲望和创新精神。创业者的动力并非源于对金钱的贪婪，而是出于自我实现和成功的强烈欲望，以及强烈的创新意识。

最后，具有团队意识。创业不是一个人在战斗，要学会凝聚整个团队的力量。反过来讲一个能让创业者思想、能力、认识水平不断提高和善于学习借鉴的团队，是创业成功与否的关键所在。

并不是所有的人都具有创业的素质，心理社会学家认为以下十类人不具备创业的素质：

- 缺少职业意识的人；
- 唯上是从，只会说“是”的人；
- 片面和骄傲的人；
- 感情用事的人；
- 胆小怕事，无主见的人；
- 优越感过强的人；
- 偷懒的人；
- 僵化和死板的人；
- “多嘴多舌”与“固执己见”的人；
- 患得患失又容易自满的人。

赛富亚洲投资基金合伙人，有“风投教父”之称的阎焱在北京大学发表演讲，将自己投资20多年的经验与心得全盘托出，并给创业者提出诸多忠告。

（二）把企业做大做强的六条铁律

哪些性格的人创业更容易成功？熊彼特提出过企业家精神，包括首创精神、成功欲、冒险精神、以苦为乐、精明理智、事业心等等。如果一个人仅仅是为了赚钱，或者因为女朋友被富二代抢走而赌气去创业，通常这个企业不会做得很大。所以胸怀和超越精神也很重要，超越自身利益之上去看问题。创业是好事，政府也在支持，但最好不要搞成运动，搞运动有可能带来灾难性的后果。

我们这些年对创业成功的企业做了一些总结，跟大家分享一下。

第一就是巴菲特曾经讲过的，长长的雪道，也就是说，你的目标市场一定要足够大。江南春的分众模式做得很成功，不少人想复制，比如在理发店或者厕所里装上屏幕，让你可以看我的广告，但这实际上是非常小的而且是假定的市场。

第二是商业模式的可扩充性。30 年前我去农村插稻，一亩地能打 80 斤稻子，现在可以打 1000 多斤，过去手工做鞋，一个人一星期最多做五六双，现在一条流水线一年可以做几十万双。互联网年代，网游是一种特别典型的互联网产品，如果你的用户低于 20 万人，你得烧钱，如果超过 20 万、200 万，边际成本会就降低，肯定能赚钱。今天互联网公司估值为什么那么高，因为估值方式比传统模式要好很多。每天超过 5 亿人在用微信，这是什么概念？比整个欧洲人口还多。

第三是清晰的盈利模式。我们经常碰到这样的情况，创业者 20 分钟讲完了，我问他怎么赚钱？他觉得奇怪，说我们是互联网公司，互联网公司是烧钱的。如果你做一个企业，你都不知道怎么赚钱，这是有问题的。阿里早起发不出工资的时候，我们从来没有怀疑过它，因为我们知道它的盈利模式没问题，只是需要时间成长。创业不是做慈善，一定要盈利。

第四是制度化管理。为什么进入世界 500 强的民营企业凤毛麟角？因为我们的制度化管理是不够的。

第五，创业有一个大忌，那就是什么都想做，一定要专注。尤其是在早期，没有专注是不会有成功的，你还要记住现金为王，不是你兜里有多少现金，而是对于现金流的把握。

第六是商机。刚才我讲了，你的技术或产品不要太领先于这个社会，最好是利用那些天然存在的需求，比如 BAT 为什么做这么大，百度是因为我们所有的人都有信息查询的需求，而且感上互联网高速发展，阿里巴巴基于交易解决人类最基本的需求，腾讯则是抓住了人类交流和展示自我的需求，因此他们成为了这个行业的大佬。

（三）创业成功的特质

成为领袖有没有共性的东西？哈佛大学做了长达十年的跟踪研究后发现，成为领袖的人首先的一个共性是同理心，或者叫移情。中文有一个词与之有点类似，叫做换位思考，但说得不全面。同理心是指你不仅能够站在对方的角度去考虑问题，还能够站在对方的角度去做出决策。现实生活中我们经常看到很多反面，一个领导完全听不懂员工说什么，员工那个着急啊，心想，这哥们儿怎么能当上领导？这种情况很多。

第二，一个好的领袖必须具备个人魅力。比如毛泽东，到今天中国很多人的家里，办公室或车里都放着毛泽东的照片。大家看过《美丽心灵》吧？男主角的原型是约翰·纳什，普林斯顿大学的教授，我在普林斯顿读书时见过他许多次，老先生每天中午都会在校园散步，边走边思考，自己跟自己说话，不与任何人打交道。但只要他出现，所有人都会安静下来，包括平时调皮捣蛋的学生，用崇拜敬仰的神情看着他，那是大家发自内心的对于学术和知识的尊重。

第三是思考和执行力。

第四是对细节的关注，很多时候决定成败的是细节。

最后，一个好的领袖要兼具传教士与杀手气质。什么叫传教士？你忽悠别人的东西自己也相信，而且言出必行，否则就是亵渎你自己的理想。杀手呢，就是该出手时不迟疑。当年经济不景气时，通用电气要裁员20万，裁掉的这些人，可能家里就靠他一个人挣钱养家，你敢下这个手吗？杰克·韦尔奇就敢。

（四）创得了业，也要耐得住孤独

狄更斯说过，这是一个最好的时代，也是一个最坏的时代，其实这句话适用于任何时代，尤其是前面一句特别适用于现在。首先是钱多。为什么？各级政府都在支持，而且政府喜欢这个钱由自己来管。但是政府里有多少人真的懂技术、懂创业？所以基本上政府主导的项目往往结果都不是那么好。

就说离我们最近的太阳能，几年前，全国各地都在推广太阳能项目，我去过两次江西赛维，当时外界说它有可能成为全世界最大的光伏企业，结果呢？光伏市场不景气，这家企业陷入高亏损、高负债，差点破产。比它知名度更高些的是无锡尚德，也是因为行业不景气，加上债务违约引发破产危机。一个行业扎堆去做，政府给你资金支持，减轻了你的资金压力，这是好事，但是对于那些真心想创业的人，我想提出忠告，不要做人云亦云的东西，别人忽悠你，你别忽悠自己。因为创业这东西失败率非常高。

另一个忠告来自哈佛大学校长，他说，这是一个自拍和自拍杆的年代，也是一个冷漠的时代。我们都在无休止关注着自己，这种自我迷恋会让我们忽略他人的存在，容易导致社会公德的崩溃。这点其实是非常重要的，过去老同学聚会，大家在一起讲故事很亲热，现在即便见面了，全在低头看微信。无论你是否创业，记住多关心一下他人。

各位想要创业或刚开始创业的人，我希望你们想清楚这样一点：创业是一个非常自我的过程，是一种生活方式的选择。经常有一些创业者跟我抱怨说，每天晚上都是两点钟睡觉，已经搞得精疲力尽了。但我一点不同情他。为什么？第一个，我也是两点钟睡觉。第二个，你要明白这是你自己的选择。谁创业能朝九晚五正常休息？创业不是喊口号就成功了，后面伴随着多少个不眠之夜，伴随着多少焦虑，还有多少次熬不下去的感觉。如果这样一种生活方式你不能接受，建议你不要创业。既然想成功，与此相应的必然是你的生活方式，世界上没有免费的午餐，荣华富贵、几十亿财产，你不付出能得到吗？

所以我们经常听到很多成功的企业家在回顾创业时会提到自己多么孤独，需要做出与企业生死攸关的决策的时候，你的家人、朋友都可能无法帮到你，那时候你只有自己，孤零零一个人，必须是你自己决策。

（五）投资人最看重的特质

最后，从投资人的角度讲一下我们看一个创业者时所注重的东西。

第一个是你的行业增长潜力。上面所说的长长的雪道，和这个是关联的。

第二是商业模式的可扩充性。你发明了一种造鞋的机器，但投资人看你这个项目的同时，发现另一家企业有一种用于移动设备的全新商业模式，往往后面这家得到投资的可能性会远远大于你。

第三是和竞争对手的差异性。别人开一家湖南餐馆，你开一家四川餐馆，但这两种菜系食材和佐料完全可以复制，没有真正的壁垒。

第四，创业者的自信力和决策能力。现在一些创业者为了取悦投资人，谈的时候首先介绍团队，我是CEO，他是COO，问他怎么决策？他说我们集体决策，大家讨论。如果问，你们有没有决策不一样的时候？他说没有，我们都是一致决策。这种人基本拿不到钱。

第五是激情和毅力。激情比较廉价，但是可以从中看出你是不是真的饥渴，有些人是富二代，创业以玩为主，失败就失败了，无所谓，反正我爹还有钱，这种不饥渴也是不行的。有毅力的人能吃苦，心理素质比较强大，不怕失败的摧残。

第六是分享。有一些创业者，我们问他你的股权怎么分配？他说我99%，我老婆1%。这种情况很多。还有说我占95%，然后5%分给大家。这种情况下我们通常也不太考虑，为什么？

这人比较抠门，不愿意去分享，所以投资的前提是你起码要拿出15%以上的股权分给你的创业团队。创业成功不是靠你一个人，作为主要创业者你拿多一点是应该的，但是还要有分享的精神。自律性也非常重要。有的人好赌，每次被抓到都恨不得跪下来发毒誓，结果第二天还是去赌。管不住自己是有问题的，这种情况不少见，也不知道为什么。如果一个人管不住自己，总是缺乏自律性，投资人非常害怕这种人。

二、创业的十个步骤

1. 怎样寻找创业模式

想要创业，创业者首先就要有自己的理想，然后要有一个好点子和好项目；再从构想开始，考虑怎样组成一个团队，怎样把这个公司发展成为一个完整的公司，怎样预见公司的发展前景，确定公司的发展方向。

2. 怎样确立创业目标

赚钱是重要的目标，但不是唯一的目标；因为创业本身应该有理念，理念会带动很多新的产品创意和实践冲动。

3. 怎样制订创业原则

在创立公司的时候，你不应该一直想着什么时候能收到成果。今天还没有赚钱，明天会不会赚钱？面对非常艰苦的工作，你会感到不愉快。第一次创业，创业者赚钱的期望会比较高，第二次创业就不会这样了。但每一次创业都需要用热情去支撑。

4. 怎样规划创业步骤

这是一个循环的过程。首先要看创意从哪里来？怎么会有这个创意？资金怎么找？怎么组织一个团队？产品的市场行销怎么做？这个产品做完了，你会不会还想做？如此周而复始。

5. 怎样创造创业条件

创业时不一定要有一个很重大的发明，重要的是你所做的东西在市场上会不会成功；然后要考虑市场的需求如何，自己的能力怎样，最后再把这些都结合起来。

6. 怎样确定创业期限

一个很大的公司，至少要花三五年才能做出来。时间太长，风险也大，因为市场是不断变化和发展的。因此创业最好以两年为准，要想办法在两年内把产品做到最好。

7. 怎样处理与投资人的关系

很多创业者觉得，自己占这个公司的股份应该是99%，投资人应该是1%。这种想法对风险投资来讲是不对的。通常创业者与投资人最好各占一半股权。创业者去找投资，一半的股权要交给投资人；以后如果需要更多投资的话，创业者在公司持有的股份会越来越少。但这并不表示你拥有的钱越来越少，因为公司的价值会越来越高。

8. 怎样产生好的创意

一个好的创意在市场上并不一定有价值。通常，任何好创意都已经有很多人想过了，重要的是在好的创意里面，是否包含着市场需求。

9. 怎样组织好的团队

在组建团队时，很多人认为要把最好的人才都网罗进来。事实上创业团队应该简单一点，朴素一点，每个人不一定都很强，只要能凝聚起来，就是一个非常好的团队。

10. 怎样选择风险投资商

第一要确定各自的股份比例；第二要选择能够跟你一起同甘共苦的风险投资商；第三要选择具有较大影响力的风险投资商，以便借助他们的经验和力量。

课内练习

一、创业潜力测试

（一）练习

创业潜力测试

1. 你是否曾经为了某个理想而设下两年以上的长期计划，并且按计划进行直到完成？

A. 是　　　　　　　　B. 不是

2. 在学校和家庭生活中，你是否能在没有父母及师长的督促下，自动地完成分派的工作？

A. 是　　　　　　　　B. 不是

3. 你是否喜欢独自完成自己的工作，并且做得很好？

A. 是　　　　　　　　B. 不是

4. 当你与朋友们在一起时，你的朋友是否经常寻求你的指引和建议，你是否曾被推举为领导者？

A. 是　　　　　　　　B. 不是

5. 求学时期，你有没有赚钱的经验？你喜欢储蓄吗？

A. 是　　　　　　　　B. 不是

6. 你是否能够专注地投入个人兴趣连续10小时以上？

A. 是　　　　　　　　B. 不是

7. 你是否有习惯保存重要资料，并且井井有条地对其进行整理，以备需要时可以随时提取查阅？

A. 是　　　　　　　　B. 不是

8. 在平时生活中，你是否热衷于社区服务工作？你关心别人的需要吗？

A. 是　　　　　　　　B. 不是

9. 不论成绩如何，你是否喜欢音乐、艺术、体育和其他活动课程？

A. 是　　　　　　　　B. 不是

10. 在求学期间，你是否曾经带动同学，完成一项由你领导的大型活动，如运动会、歌唱比赛、画海报、宣传活动等？

A. 是　　　　　　　　B. 不是

11. 你特别关心别人的需要和要求吗？

A. 是　　　　　　　　B. 不是

12. 你喜欢在竞赛中，看到自己表现良好吗？

A. 是　　　　　　　　B. 不是

13. 当你为别人工作时，发现其管理方式不当，你是否会想出适当的管理方式并建议改进？

A. 是　　　　　　　　B. 不是

14. 当你需要别人支持时，是否能充满自信地要求，并且能说服别人来帮助你？

A. 是　　　　　　　　B. 不是

15. 当你需要经济支援时，是否能说服别人掏钱给你帮助；你在募款或义卖时，是否充满自信而不害羞？

A. 是　　　　　　　　B. 不是

16. 当你要完成一项重要的工作时，总是给自己足够时间仔细完成，而绝不会让时间虚度，在匆忙中草率完成？

A. 是　　　　　　　　B. 不是

17. 参加重要聚会时，你是否准时赴约？在平时生活中，你有时间观念吗？你是否能充分运用时间？

A. 是　　　　　　　　B. 不是

18. 你是否有能力安排一个恰当的环境，使你在工作时不受干扰，有效率地专心工作？

A. 是　　　　　　　　B. 不是

19. 你交往的朋友中，是否有许多有成就、有智慧、有眼光、有远见、老成稳重型的人物？

A. 是　　　　　　　　B. 不是

20. 你在社区或学校社团等团体中，被认为是受欢迎的人物吗？

A. 是　　　　　　　　B. 不是

21. 你自认为是一个好的理财者吗？当储蓄到一定数额时，你是否能想出好的生财计划？钱滚钱，赚出更多的利润来？

A. 是　　　　　　　　B. 不是

22. 你愿意为钱辛苦工作吗？钱对你重要吗？你是否可以为了赚钱而牺牲个人娱乐？

A. 是　　　　　　　　B. 不是

23. 你有足够的责任感为自己完成的工作负起责任吗？你是否总是独自挑起责任的担子，彻底了解工作目标并认真执行工作？

A. 是　　　　　　　　B. 不是

24. 你在工作时，是否有足够的耐心与耐力？

A. 是　　　　　　　　B. 不是

25. 你是否能在很短的时间内，结交许多新朋友？你是否能使新朋友对你留下深刻的印象？

A. 是　　　　　　　　B. 不是

（二）解读

以上问题答“是”得 1 分，答“不是”则不计分。请统计你所得的分数，参考以下答案评估自己的创业潜力。

0 ~ 5 分：

你目前并不适合自行创业，应当训练自己为别人工作的技术与专业。

6 ~ 10 分：

你需要在旁人的指导下创业，才能有创业成功的机会。

11 ~ 15 分：

你非常适合自己创业，但是在所有“不是”的答案中，你必须分析自己的问题并加以纠正。

16～20分：

你个性中的特质，足以使你从小事业慢慢开始，并从妥善管理中获得经验，最后成为成功的创业者。

21～25分：

你有无限的潜能，只要懂得掌握时机和运气，你将是未来的商业巨子。

二、产生创业想法

（一）练习

1. 利用表6–1中所列的物体，尽可能地提出更多的创业想法并填入表中。

表6–1

物体	创业想法	补充说明
旧图书		
破旧电脑		
矿泉水瓶		
汽车轮胎		
一次性纸杯		

2. 在上述的创业想法中，对你而言，最可能成功的一个想法是：

3. 利用表6–2中的内容评估你这个想法是否是一个好的商业机会。

表6–2　商业机会评估

评估方面	盈利时间	市场规模	资金需求	毛利率	成本结构	门槛限制	竞争性	缺陷	可控性
评估结果									
你的结论									

（二）解读

创业想法，是个人或者组织对于识别创业机会或者在市场环境中发现需求的回应。发现一个好的创业想法是实现创业者愿望和创造商业机会的第一步。

创业想法包括：企业销售什么产品或服务，向谁销售产品或服务，如何销售产品或服务，如何满足客户的需求。

通过练习，知道如何产生创业想法，能够理解识别和评估创业机会，掌握识别和评估创业机会的技术。

课外拓展

一、走访身边的企业

生活中，我们每个人每天都在与不同的企业打交道，只是我们似乎从来都没有从经营企业的角度去考察它们。企业与企业之间到底有什么不同，为什么做同样生意的企业效益会大相径庭。

通过有目的地观察和体验，你会发现对待顾客的态度将直接影响企业的效益。不同的装修、不同的广告和不同的橱窗摆设，其实这些都跟企业的效益息息相关。

自行安排时间，走访校区或者社区周边企业，并填写表6–3。在走访小企业的创业过程中，要不断思考，带着问题到走访中去寻找答案；再把自己在实践中发现的问题，带到课堂上，经过老师答疑和同学互助讨论，进一步加深对小企业的认识。

表6–3

企业	服务商品（有形无形）	服务质量（好中差）	经济效益（好中差）	装修环境（好中差）
超市				
咖啡馆				
理发店				
医院				
批发市场				

1. 这些企业有什么不同？用自己的感受如何表述？
2. 这些企业的服务哪个最好？生意怎么样？整体感觉如何？
3. 观察这些企业的装修与其他同类企业有什么不同？对生意影响大小？
4. 这些企业为顾客提供的产品有什么不同？哪个企业最盈利？

二、构建创业轮廓图

下面的创业轮廓将帮助你明确自己的创业目标。

1. 企业名称及建立的日期：
2. 企业形式为：□个体　□有限责任公司　□股份有限公司
3. 我的顾客主要是：□个人　□团体　□公共机关　□其他（简述）
4. 目前的产品和服务包括：

5. 我的五个最主要的竞争对手是：
6. 可能的竞争来自：□其他公司　□技术　□行业人员
7. 我的竞争地位：□弱　□较弱　□平均水平　□较强　□强
8. 对我的产品或服务的需要在递增/递减：
9. 我可能引进的产品或服务是：
10. 我可能进入的市场是：
11. 本企业与众不同的是：
12. 当前企业最大的营销障碍是：
13. 我最大的营销机会是：
14. 我的总体经营目标和增长计划是：

相关资源

一、视频

（1）电影《中国合伙人》；
（2）电影《舞出我天地》。

二、书籍

（1）理查德·怀斯曼．幸运背后的心理奥秘．北京：中国人民大学出版社．
（2）伊芭拉．管理你的下半生．杭州：浙江教育出版社．

三、网站

http://cy.ncss.org.cn/

第七章　行动成就梦想

问题导入：最硬的关系是什么

《读者》上有一篇文章，题目是《最好的风水是人品》。说的是一个人，请了风水先生去看风水，在去往他家墓地的途中，远远看到墓地的方向，鸟雀纷飞，惊慌失措。于是他告诉风水先生："咱们回去吧，这时候鸟雀纷飞，肯定有小孩在树上摘杏呢。我们去了，惊扰了他们事小，失手跌落下来事就大了。"这时风水先生告诉他说："你家的风水不用看了，就你们这样的人家，干什么都会顺顺当当的。"这个人很奇怪，就问他为什么。风水先生告诉他："你不知道吗？人间最好的风水是人品！"

无独有偶，朋友的女儿山东师范大学毕业，除了学韩语专业，又特别选修了国际贸易。最后一轮面试的时候，同行的有三个人，一个是浙江大学的，已经在韩国留学了半年；一个是山东大学的，也是韩语专业；只有她是山东师范大学的。面试的过程中，她不停地帮助那两个人，或出主意或回答问题。最后轮到她面试，主考官就问她："你难道不知道那两个人都是你的对手吗？他们中间有一个被录取，你就被淘汰了！"朋友的女儿笑笑说："我知道，可是我觉得这个位置，更适合他们。""为什么？""因为他们一个比我有经验，一个比我有能力。你们需要的，就是他们这样的人才。"然而主考官当场就告诉她："我们需要他们这样的人才，却更需要你这样的人品！你被录取了！"

工作了一段时间之后，因为她口语好，又学过国际贸易，很快又被调到人事部。朋友的女儿不仅相貌平平，而且个子矮小，因而当时就有人问她："以你这样的学历、这样的品貌，这么快就升到人事部，得多硬的关系呀？"她笑而不语。

只是，再硬的关系，也硬不过好的人品啊！所有的成功，都是做人的成功！

——摘自：豆瓣网 http://www.douban.com/url/1761980/

这篇故事带给你怎样的启发？思考你具有哪些优秀的品质？你最硬的关系是什么？

学习材料

一、洛克菲勒的优秀品质

20世纪的美国，正兴起一股石油开采热，有一个雄心勃勃的小伙子，也来到了采油区。但开始时，他只找到了一份简单枯燥的工作，他觉得很不平衡：我那么有创造性，怎么能只做这样的工作？于是便去找主管要求换工作。

没有料到，主管听完他的话，只冷冷地回答了一句："你要么好好干，要么另谋出路。”那一瞬间，他涨红了脸，真想立即辞职不干了；但考虑到一时半会儿也找不到更好的工作，于是只好忍气吞声地又回到了原来的工作岗位。回来以后，他突然有了一种感觉：我不是有创造性吗，那么为何不能就在这平凡的岗位上做起来呢。

于是，他对自己的那份工作进行了细致的研究，发现其中的一道工序，每次都要花39滴油，而实际上只需要38滴油就够了。经过反复的试验，他发明了一种只需38滴油就可使用的机器，并将这一发明推荐给了公司。可别小看这1滴油，它给公司节省了成千上万美元的成本！

这位年轻人就是洛克菲勒，美国最有名的石油大王。

洛克菲勒出身贫寒，创业初期积极肯干，赢得了广泛的赞誉。可是，经过被越级提拔，最后登上最高领导层以后，也不可避免地招来了嫉恨甚至当众受辱。那么，他是如何对待的呢？

洛克菲勒早年时代，有一天，有一个青年闯入他的办公室，直趋他的写字台，以拳头猛击台面，并大发雷霆地说：“洛克菲勒，我恨你……”

那青年肆意谩骂，达十分钟之久。办公室里的职员听得清清楚楚，料想洛克菲勒一定会拾起墨水瓶向那人掷去，或者叫保安把他赶出去。但是他没有这么做，他把笔搁下，神情和善平和，静静地注视着发怒者。

最后，那青年只好再拍了几下桌子，便怏怏而去。

洛克菲勒扶正那张椅子，像没事似的，又埋头工作了，也始终不再提这件事。

看来，有时不理睬，就是最有效的还击；涵养从某种意义上说，就是一种智慧的力量。隐忍不怒的人，胜于勇者；修己治心的人，胜于攻城略地的将领。

——摘自：信息时报．2011年12月5日C15版

二、认识蘑菇定律

蘑菇定律是一种非常适用于组织对初出茅庐者的管理方法。通常，初学者被分配到不受重视的部门，或被安排做打杂跑腿的工作，受到无端的批评、指责，缺少对他们必要的重视、指导和提携。“蘑菇”的经历对年轻人来说是成长必经的一步。刚刚踏入社会的大学生缺乏工作经验，对公司理念也没有深刻的体验，是无法委以重任的。当初踌躇满志的美好期望与现实产生了很大的落差，很多人没了信心，没了热情，于是在工作时采取了一种应付的态度，敷衍了事。对于初次接触社会的年轻人，以下建议可以帮助其顺利有效地度过“蘑菇”期。

1. 磨去棱角，适应社会

学校的高材生，未必都是商场的风云人物。综观商界，那些办事能力强、工作积极的成功人士，都具有某些共同的行为标准和思考模式——商界适应行为。

2. 在最单调的工作中学习

事业中的很多机会都是在每一次单调的工作实践中争取到的，工作的乐趣要靠

自己一点一滴去体会，当你辛辛苦苦地完成一件工作时，那种感觉不是用金钱可以换来的，这就是所谓的“成就感”。

3. 认真对待每一件事

刚进职场的年轻人，往往都只做些琐碎的工作；但是，不要因为它们琐碎就敷衍了事，人们是通过你的工作来评价你的。如果连一件小事都做得潦草，怎么还敢把大事交给你呢？

4. 在任何一个行业和领域里，每个人所树立的目标都应该是杰出和优秀的

对任何小事都不可马虎，要慎重努力地做好。身处高位的人是不可能只考虑一件事的，常常是一边想着当前的问题，一边又要应付突发的事情。为了要把自己的头脑训练成这样，你必须从一开始就有耐心接受这一连串的训练，主动学习，这样才能将每一件事——不管大事还是小事——都考虑安排好。

三、学生到职业人的转变

“外面的世界很精彩，外面的世界很无奈”。大学生告别校园，踏上新的工作岗位，意味着学习、工作、生活环境的转换，意味着一个正式社会成员的产生，意味着大学生拥有了一个全新的角色。

在大学生心中，学校是永远的安乐窝，是家庭的延伸，“母校情结”挥之不去，甚至部分学生毕业后，仍然徘徊在校园里甘当“校漂族”。但是，学校只能是一个驿站，所有的大学生终究都要走向职场，接受社会的考验，成为社会人。学校生活与职场环境差别很大，正是这些差别使得学生难以进入“职业人”状态。

学校与职场环境的对比如表 7-1 所示。

表 7-1　学校与职场环境对比

项　目	学　　校	职　　场
人际环境	“熟人型”环境，同学、老师相互较了解，人际关系简单	“陌生型”社会，除同事外，还有客户及其他相关社会人
存在基础	学生间、师生间无直接利益关系，是互助互利的短期结合	以利益往来和利益交换为存在基础，共同实现组织目标
核心目标	培养和输送人才的非营利性机构，以教育为主要目标	开展商业等经济活动，以创造经济价值为主要目标
工作要求	个体学习为主，要求个人成长，取得良好成绩	团队协作为主，要求个人承担风险，获得组织业绩增长

社会是一个大舞台，每一个人都有自己的角色和位置。由于学生与职业人的角色差异，学生思考问题的角度和方法、承担的责任、探讨问题的途径均不同于职业人。毕业生进入新单位后，要想尽快适应新环境，必须增强角色意识，即应尽早认

清自己在工作中所承担的角色以及这个角色的性质、职责范围，弄清楚工作关系中上级赋予自己的职权和自己承担的义务。为顺利实现从“校园人”到“社会人”的角色转变，下面先来了解这两种角色的差别。“校园人”的学生角色与“社会人”的职业角色差别如表 7-2 所示。

表 7-2　“校园人”到“社会人”角色对比

项目	学生	职业人
思维角度	一般只关注是什么	主要关注做什么
思维方法	他人出问题，被动思考和回答	自己发现，主动思考问题
解决问题	强调独立思考并解决问题	团队协同，协作解决问题
地位立场	主体地位，学校为学生服务，获取主体；依赖家长和学校	客体地位，为职场和团队服务，是奉献主体；工作生活独立，参与竞争，独立承担责任
行事规则	处世交往和待人接物比较简单直接，不牵涉过多的利益纠纷	高效做事，以结果为导向，绩效为王
合作习惯	松散的、情感导向	义务性的、利益导向
承担责任	以学习、探索为主要任务；校园内接受校纪校规约束	必须服从领导和管理，适应职场；犯错误要承担相应的成本、风险和责任
社会权利	接受教育权	依法行使职权，开展工作，获得报酬
社会规范	学生规范，学校规章制度	职业规范，不同职业有不同的行为规范
生活环境	简单的生活方式，寝室—教室—图书馆—食堂四点一线，单纯的校园文化	快速的生活节奏，紧张的工作；没有寒暑假，自由支配时间少；必须适应不同环境和组织文化
人际关系	单纯，民主，平等，自由	复杂，明确等级关系，服从管理
活动方式	学习知识和培养能力，接受给予	运用自己的知识和能力，提供劳动

初涉职场的大学生，还有很多校园的“书生意气”和学生式的思维习惯，不了解基本的职场规则，出现很多不适应和为人处世的不合“时宜”。社会对大学毕业生承担职业角色的希望与要求，就是大学毕业生进一步完善自我方向。社会普遍对大学毕业生的希望和要求如下。

第一，要有扎实的专业基础知识和广博的交叉学科知识，有较强的动手能力和研究能力。

第二，要有强烈的事业心和责任感，能与单位同呼吸、共命运，敬业爱岗。

第三，要有创新思维和开拓精神，敢于攀登，迎接挑战。

第四，要有协作精神，善于与同事合作。

第五，要有纪律观念和劳动观念，严格遵守劳动纪律，热爱劳动，不怕吃苦。

课内练习

一、打造个人品牌

（一）练习

1. 个人品牌＝我是谁+我的愿景

我是谁：

我的愿景：

2. 个人品牌＝市场卖点

个人市场卖点：

3. 个人品牌＝特色定位

用8个字说出你的特色：

4. 个人品牌＝形象包装

你最吸引人的形象或符号设计是：

5. 个人品牌的媒体渠道

你的个人网站构想（微博或QQ）：

你的个人光盘构想（宣传页或手册）：

6. 自我公关与推广

关于你的新闻报道设计：

关于你的光辉故事设计：

关于你的社会交往规划：

（二）解读

美国管理学家汤姆·彼得斯提出："建立个人品牌，是21世纪新工作的生存法则。"他还提出："21世纪的工作，已经从做一份工作、追求一个事业，转变到建立个人品牌。"21世纪是品牌逐渐凸现的时代，是个人品牌制胜的时代；因此要想在芸芸众生中超然而出，你就要建立自己的个人品牌。从某种意义上来说，个人品牌决定着一个人的成败。

通过练习，建立竞争意识和个人品牌意识，学会打造个人核心竞争力，塑造个人职场品牌，有效提升个人影响力。

二、21天养成一个好习惯

（一）练习

美国心理学家研究发现，养成一个习惯需要21天。

为了支持你养成优秀的习惯，建议你采用21天养成行为习惯的方法，每天训练自己的行为。

具体操作：

晚上上床休息前，为自己留出 10 分钟时间，用来总结今天的计划执行情况及制订明天的计划。

1. 今天的任务我完成的怎么样：
2. 我对哪些地方满意，为什么？
3. 我对哪些地方不满意，为什么？
4. 在明天的计划中我将如何进行调整？
5. 我明天一天的计划是怎样的？

坚持下去，养成优秀的习惯，你将会有令人惊喜的收获！

（二）解读

美国作家杰克·霍吉在他的名著《习惯的力量》中说：习惯是一种重复性的、通常为无意识的日常行为规律，它往往通过对某种行为的不断重复而获得。有调查表明，人们日常活动的 90% 源自习惯和惯性。我们大多数日常活动都只是习惯而已。

通过练习，认识自身具备的职业习惯，学习培养良好职业习惯的方法，培养应具备的职业习惯。

课外拓展

一、上班第一天

上班第一天，你准备如何适应职场环境，如何表现自己呢？

上班第一天，我准备……

仪容仪表要做到：

和同事相处要注意：

和领导相处要注意：

一天的时间管理：

一天的任务管理：

二、如何快速融入团队

循环沟通游戏

活动说明：

（1）以小组的方式进行循环沟通游戏，选择其中一人为主持人，或者轮流担当主持人。

（2）每组围成圆圈，一至二报数，数一的人向圈内走一步站在内圈，再向后转，与外圈者一对一，面对面。

（3）主持人说出话题一，内圈先讲，外圈学员听；两分钟后，换外圈学员讲，内圈听，也是两分钟。

（4）主持人说出话题二，此时内圈的人向左移一个位子，外圈人不动，以同样的方式进行。如此进行完所有的题目，让成员有机会与不同的人沟通。

规则：

（1）讲述者必须用第一人称来表述自己的观点。

（2）倾听者不得打断或反驳。

（3）交谈双方不得将话题岔开。

话题：

（1）如果医生告诉你，只剩下半年的生命，你将会如何安排这半年的生活？

（2）假如你有 100 万元，你将如何使用？

（3）假如你是教育部长，你最想做的是什么？

（4）假如你是市长，你最想为市民做什么？

（5）假如你有机会环游世界一周，你会如何计划旅程？

（6）假如你能回到 10 年前，你会如何安排这 10 年？

（7）今年春节你打算怎么安排？

（8）讲讲你最喜欢的电影。

总结：

（1）内外圈成员分享活动后的感受。

（2）内外圈成员分别推选出对方的最佳倾听者，并说明为什么。

（3）内外圈成员推选出对方的最佳发言者。

（4）内外圈成员归纳活动的意义。

心 得 感 悟

相关资源

一、视频

（1）电影《阿甘正传》；

（2）电影《喜剧之王》。

二、书籍

（1）卡罗尔 L. 麦克莱兰．职业转换．北京：机械工业出版社.
（2）罗布·杨．职场成功终极手册．上海：上海人民出版社.

三、网站

http://www.zhlzw.com/

第八章　企业和创业

案例导入：迅雷前副总裁李金波的创业感悟

我在迅雷的6年里，经历了许多困难。最折磨人的，是寻找人才；最惋惜的，莫过于看着优秀的人擦肩而过。今天再次创业，再次招聘，发现大家的顾虑，并没有多大变化。整理一下我对这些问题的思考，我想，对大家可能有帮助。

要不要创业?

常常感到非常幸运，像我这样既不聪明，又内向的工程师，遇到了互联网。在这之前，我做梦也没想过，自己能够参与创建一家十亿美元的公司。

创业最大的难，是未来有无限可能；最大的好，也在于此。创业最大的挑战，是在心智上；最大的敌人，是你自己。从这个意义上讲，创业是一个人精神上的成年礼。

要不要创业?答案其实很简单。

真正难的是：创业，你准备好了吗?

如果你被激情的生活所吸引，劝你慎重。创业不是请客吃饭，创业有乐趣和激情，但更多的是汗水。我在迅雷六年，只休过两次假，一次结婚，一次爷爷去世；加班更是习以为常。激情来得容易，去得也快。你可以“Follow my heart”，千万不可“Follow my feeling”。

如果你享受做老板的感觉，还是去大公司做小头目的好。创业的老板地位最低，压力你要扛，员工要服侍，把机会呈献给人还会被拒绝；你不能害怕，善于忍耐，冲锋在前，享受在后，这哪是老板，整个一大力水手。

真实的创业是这样：你再没有四平八稳的生活，你的假期随时会被打断，你每天都会面临新的挑战；创业不是又一份工作，创业是100%的投入。

创业只有一个理由。你想改变自己的未来。你决定了，自己要过一种完全不同的生活。你不想一辈子打工。你想有自己的事业，你想摆脱房奴，你想财务自由。你想在年轻的时候，闯一闯。你不想在老去的时候后悔。

创业是你的再生。创业就是把风险变成机会。

谁告诉你做螺丝钉是你的全部?

谁告诉你你无法承受风险?

谁告诉你世上没有奇迹?

创业之心，就是信心，由信心而来的决心，由决心而来的勇气，由勇气而来的破釜沉舟的行动。

趁着年轻，要及早解放它。这是第一步，也是有决定意义的一步。

做一个创业者，就像鹰的重生，痛苦过后，你将长出利爪新毛。你的人生将完全不同。创业者眼里有光彩。他们不相信不可能，在他们眼里，问题就是机会。他们不怕失败，失败了又怎样？成功只需要一次机会。当你准备好，机会永远都有。

——摘自：大学生创业网. http://www.studentboss.com/html/news/2011-10-18/91908.htm

要点归纳

创业第一步的要点如图 8-1 所示。

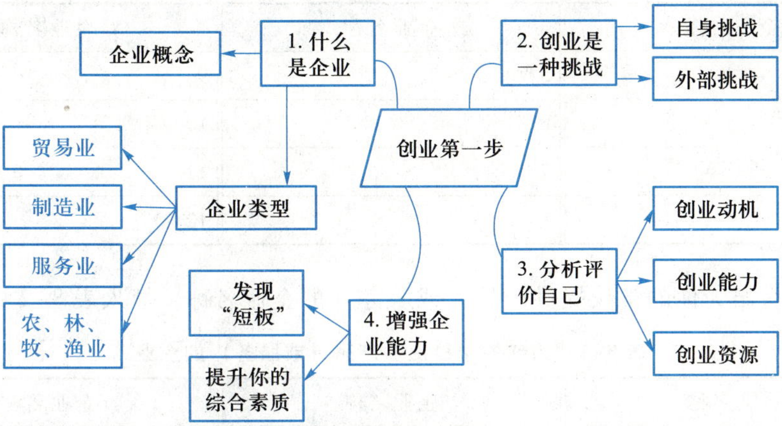

图 8-1　创业第一步要点示意图

▸ 扫一扫：1-17 创业第一步

课内练习

一、看看你适合创办哪类企业

- 几种企业类型里，你更熟悉哪一类？
- 你拥有创办哪类企业的资源？
- 你愿意和很多人一起工作，还是更喜欢自己独立工作？
- 你擅长动手的工作，还是更喜欢与人打交道的工作？
- 你喜欢在户外工作，还是坐在办公室里工作？

考虑上述问题后，然后选择你喜欢的企业类型并在相应的□里面画“√”。

□ 贸易业

□ 制造业

□ 服务业

□ 农、林、牧、渔业

现在写下你选择这种企业类型的原因：

____

____

____

____

记住：你可以随时返回来，重新思考这个选择并做出不同的决定。

二、身边的企业

（1）写出与你所在学校密切相关的企业（enterprises）的名称，填入表 8–1 中。

表 8–1　与你所在学校密切相关的企业

企业名称	企业名称	企业名称
1	5	9
2	6	10
3	7	11
4	8	12

（2）写出为你的学校提供产品（或服务）的企业名称，填入表 8–2 中。

表 8–2　为你的学校提供产品（或服务）的企业

企业名称	企业名称	企业名称
1	5	9
2	6	10
3	7	11
4	8	12

三、企业的分类

参照课堂演示课件或阅读材料中的分类方式对表 8–3 中企业进行分类，写出具体的企业类别、实例，并列出其是否为营利性企业。

表 8–3　企业的分类

序号	企业名称	企业类别	企业实例	营利性或非营利性
1	医院			
2	电力公司			
3	农场			
4	IT 公司			
5	幼儿园			

续表

序号	企业名称	企业类别	企业实例	营利性或非营利性
6	大学			
7	建筑公司			
8	咨询公司			
9	饭店			
10	汽车维修部			
11	超市			
12	银行			
13	网吧			
14	出版社			
15	旅行社			

四、创业者如何应对企业出现的风险

周伟的广告公司

周伟是学平面设计的，大学毕业后，一直想办一家广告设计公司，做平面设计、印刷。他所在的社区周围有很多政府机构、商户、公司，有很多业务需求。他和母亲住在一起，母亲非常支持他创办企业，她让周伟用家里的房子作抵押向银行申请了贷款。

周伟得到贷款后即着手准备。他在社区附近租了办公用房，买了计算机、现代化的印刷设备，又买了小轿车，还在轿车上喷涂了公司的标志。周伟告诉母亲，精良的设备能帮助公司树立良好的形象，也有助于吸引更多的客户。

周伟马上投入到了繁忙的工作中。广告业务的需求量很大，他夜以继日地工作。为了招揽更多的业务，他还采取了一些赊销手段。不幸的是，几个月后，周伟用于付款的现金严重不足，怎么也无法按期支付对银行的欠款。于是银行中止了贷款，并要求偿还所有债务，周伟不得不宣布公司破产。银行开始拍卖他的资产来偿还其债务，首先拍卖的是车和大的印刷设备，但仍然有大量的债务不能偿还。看样子，周伟的母亲有可能失去家里的房产。

问题：

（1）周伟的公司为什么会倒闭？

(2) 周伟应当怎么做?

课外拓展

一、增强自己的创业能力

为了学习百折不挠的创业精神，建议到当地拜访1~2名成功企业家，然后将仔细记录企业家的信息和企业情况整理收集到的信息填入表8-4中。

表8-4 企业家拜访记录

企业家简历	
企业家创业过程中的重要经历	我的思考
(1)	
(2)	
(3)	
企业家的精神和优点 (我应该学习和改进的地方)	
(1)	
(2)	
(3)	

*注：本测试摘自《大学生KAB创业基础》，乔治·马努著，高等教育出版社，2007.

二、测试你的创业潜力

*从下列32组句子中，选择最能反映你个人观点的表述。

1. (A) 一定要完成工作。

   (B) 我喜欢与优秀的朋友在一起，这样我能够获得他们对我的工作的见解和建议。

2. （A）当我的责任增加时，我会感到更加快乐。
（B）我喜欢把什么事情都事先安顿好。
3. （A）我绝不做任何可能使自己受损失的事情。
（B）理解如何赚钱是创业的第一步。
4. （A）不管是多好的事情，如果这件事情的失败可能使我招致嘲笑，我就不会冒险去做。
（B）除工作之外，我还记挂别人的安康。
5. （A）我会为自己开创的任何事业而努力。
（B）我只会做那些使我开心并有安全感的事情。
6. （A）如果我失败了别人会嘲笑我。
（B）尽管我对自己很有信心，我还是需要别人的建议。
7. （A）在遇到困难时，我要找到解决的方法。
（B）如果在新开创的事业中失败，我会继续目前的工作。
8. （A）如果我觉得这个想法是一个好主意，我就会去实践这个想法。
（B）我能够比现在做得更好。
9. （A）工作时，我会注意维系良好的人际关系。
（B）不管发生什么事，都是我从这些经历中学习的机会。
10. （A）即使我的努力失败了，我也能从中学到东西。
（B）我喜欢舒适的生活。
11. （A）我只会投资比赛或彩票，总有一天幸运会落在我头上的。
（B）如果我在工作中失利，我会努力找出原因。
12. （A）我会尊敬我的员工，并对他们一视同仁。
（B）如果能有更好的工作，我就会离开现在的工作。
13. （A）在实施一个新的想法之前，我会慎重考虑。
（B）如果我的叔叔去世，我会先去参加葬礼，即便这会导致公司订单延误多天。
14. （A）只有当我拥有资本时，我才能够发展一个事业。
（B）我希望能够自己做出重要决定。
15. （A）当别人的好意和信任被背叛时，我不会坐视不理。
（B）如果事情没有按照我的想法发展，我会寻求其他的替代机会。
16. （A）我可以犯错误。
（B）我非常喜欢与朋友谈天。
17. （A）我希望我的钱能够安全地存到银行里。
（B）我完全认可我的工作，同时我也了解它的优劣。
18. （A）我希望能够拥有很多钱，从而过上舒适的生活。
（B）在做决定时我希望能够得到别人的帮助。

19.（A）人们应该首先照顾好自己的亲人和朋友。
（B）我喜欢解决难题。
20.（A）即便可能损害自己，我也不会做让别人不开心的事情。
（B）钱是事业发展的必需品。
21.（A）我希望我的事业能够很快地发展起来，这样我就不会遭遇经济紧张的困境。
（B）不能因为不成功就去责备自己。
22.（A）我应该能够独立地按照自己的想法去做事。
（B）只有为自己的未来积累了一大笔钱后我才会幸福。
23.（A）如果我失败了，那主要是别人的错误造成的。
（B）我只会做那些让我感觉舒服且令我满意的事情。
24.（A）在开始一份工作之前，我会认真考虑它是否会对我的声誉造成不利的影响。
（B）我希望自己能和别人一样，也买得起昂贵的东西。
25.（A）我希望能够有舒适的房子住。
（B）我会从失败中吸取教训。
26.（A）在做任何工作之前，我都要考虑它的长期影响。
（B）我希望每件事情都能按照我的想法进行。
27.（A）金钱能够带来舒适，所以我的主要目标在于赚钱。
（B）我希望在能够经常见到朋友的地方工作。
28.（A）我了解自己正在做什么事，我不怕受到别人的批评。
（B）如果我失败了，我会觉得自己非常差劲。
29.（A）碰到困难是常有的事，我应该尝试去做一些好的新工作。
（B）在开始新工作之前，我会采纳有经验的朋友们的建议。
30.（A）我的所有经历都会激励我前进。
（B）我希望能有很多钱。
31.（A）我喜欢每天从容不迫，万事顺利，没有任何烦恼。
（B）不管遇到多大的障碍，我将努力达到目标。
32.（A）我不喜欢别人无故干涉我做事。
（B）为了赚钱，我可以做任何事情。

个性特征测验评分：

测试包括 32 组句子，在每组中选择“A”或“B”，根据表 8-5 中所列的分数将每题所得分数相加，然后填入表 8-6 中。

表 8-5　评分标准

分数	分数	分数	分数
1. A = 1　B = 2	9. A = 1　B = 2	17. A = 0　B = 2	25. A = 1　B = 2
2. A = 2　B = 1	10. A = 2　B = 1	18. A = 1　B = 0	26. A = 1　B = 1
3. A = 0　B = 1	11. A = 0　B = 2	19. A = 0　B = 2	27. A = 1　B = 1
4. A = 0　B = 1	12. A = 1　B = 1	20. A = 1　B = 1	28. A = 2　B = 0
5. A = 2　B = 1	13. A = 2　B = 0	21. A = 1　B = 0	29. A = 0　B = 1
6. A = 0　B = 2	14. A = 1　B = 1	22. A = 1　B = 1	30. A = 2　B = 1
7. A = 2　B = 0	15. A = 1　B = 1	23. A = 0　B = 2	31. A = 1　B = 2
8. A = 1　B = 2	16. A = 2　B = 1	24. A = 1　B = 1	32. A = 1　B = 0

表 8-6　分数汇总

题号	A	B	题号	A	B	题号	A	B	题号	A	B
1			9			17			25		
2			10			18			26		
3			11			19			27		
4			12			20			28		
5			13			21			29		
6			14			22			30		
7			15			23			31		
8			16			24			32		
总分：											

测评解释：

0 ~ 25 = 不具有创业性；

26 ~ 36 = 中立；

37 ~ 47 = 具有一定的创业性；

48 以上 = 非常具备创业性。

三、创业者特质自我评估测试

*在下列问题中选一个符合你的情况或接近你的情况的描述，然后填入表 8-7 中。

1. （A）不用别人告诉我，我自己就会独立完成一些事情。

（B）如果有人让我做，我就会顺利完成。

（C）尽管做起来很简单，但除非是我必须要做的，否则我是不会做的。

2. （A）我喜欢与人交往，愿意与任何人进行沟通。

*注：本测试摘自《大学生KAB创业基础》，乔治·马努著，高等教育出版社，2007.

（B）我有很多朋友，所以我不需要其他的人了。
（C）我发现大多数的人都很麻烦。

3. （A）当我开始做事的时候，我会让很多人和我一起做。
（B）如果有人告诉我必须做，我会命令别人去做。
（C）我会让其他人去做，如果喜欢我也会一起去做。

4. （A）我愿意负责。
（B）如果必须要我做，我会负责的，但是我更愿意让别人去负责。
（C）周围总有人愿意显示他们的聪明，就让他们去做吧。

5. （A）我喜欢在做事前制订一个计划，因为我是一个经常将事情安排得井然有序的人。
（B）我会做好大多数事情，如果太困难，我就会放弃。
（C）如果有人安排和处理整个事情，那么我更愿意随遇而安。

6. （A）只要需要我就会坚持做，我不会介意为我想做的事而努力工作。
（B）我会努力工作一段时间。
（C）我发现大多数的人都很麻烦。

7. （A）我能很快地做出决定，并且大多数都是对的。
（B）如果我有足够的时间，我就能够做出决定；但是，如果时间很短就做出决定，我经常会过后又改变主意。
（C）我不喜欢做决定，因为我经常做出错误的决定。

8. （A）人们相信我说的话，因为我从来不说谎话。
（B）我大多数的时间里都说真话，但有些时候却做不到。
（C）如果人们不知道事情的真伪，我为什么要讲真话呢。

9. （A）如果我决心做什么事情，任何情况都不能阻止我完成它。
（B）如果不犯什么错误，我通常会完成我的事情。
（C）如果事情进展不顺利，我就会放弃，何必为此烦恼呢。

10. （A）我的健康状况非常好，总是精力充沛。
（B）我有足够的精力去做我想做的事情。
（C）在我的朋友看来，我总是力不从心。

表 8-7 结果汇总

1.		6.	
2.		7.	
3.		8.	
4.		9.	
5.		10.	

测评解释：

如果大多数是 A，例如 7-10 个；那么你是一个称职的创业者。

如果少数是 A，多数是 B，例如少于 7 个 A，或者 7 ~ 10 个 B；那么当你试图自己去经营一个企业时，你可能会遇到很多困难。给你一个好的建议，就是找到一个或两个能够弥补你劣势的合作者。

如果大多数是 C，例如 7-10 个 C；那么立刻就创办和经营一个企业，目前对于你来说可能不是一个可行的选择。如果你希望从事创业，那么就要努力锻炼创业者所必需的能力。另外，你可以在一个企业里工作从事你更感兴趣的工作。总之不要气馁。

第九章　创业团队

案例导入：俞敏洪创业团队

俞敏洪，1962 年 10 月出生于江苏江阴，1980 年考入北京大学西语系，毕业后留校担任北京大学外语系教师。1991 年 9 月，俞敏洪从北京大学辞职，开始了自己的创业生涯。

1993 年，俞敏洪创办了新东方培训学校。创业伊始，俞敏洪单枪匹马，仅有一个不足十平方米的漏风的办公室；零下十几度的天气，自己拎着浆糊桶到大街上张贴广告，招揽学员。

1994 年，俞敏洪已经投入 20 多万元，新东方也已经有了几千名学员，在北京已经是一个响亮的牌子了，他看到了一个巨大而诱人的教育市场。俞敏洪喜欢教书，他曾经说过：我这辈子什么都可以离开，就是不可以离开讲台。对教师职业的热爱和新东方的发展壮大，让他决定他不仅要做一个教师，一个校长，还要做一个教育家。

一、聚集人才

在新东方创办之前，北京已经有三四所同类学校，参加新东方培训的学员多是以出国留学为目的。新东方能做到的，其他学校也能做到。就当时的大环境而言，随着出国热，以及人们在工作、学习、晋升等方面对英语的多样化要求，国内掀起了学习英语的热潮，越来越多的优秀教师加入到英语培训这个行业。如何先人一步，取得自己的竞争优势，把新东方做大做强，俞敏洪认识到英语培训行业必须要具备一流的师资。

培训学校普遍做不大是有原因的。由于对个别讲师的过分倚重，每个讲师都可以开一个公司，但是每个公司都做得不大。所以，俞敏洪需要找到更多的合作伙伴，帮他把控英语培训各个环节的质量。而这样的人，不仅要有过硬的专业知识和能力，更要和俞敏洪本人有共同的办学理念。他首先想到的是远在美国的王强、加拿大的徐小平等人，实际上这也是俞敏洪思考了很久所做的决定——这些人不仅符合业务扩展的要求，更重要的是，这些人作为自己在北京大学时期的同学、好友，在思维上有着一定的共性，肯定比其他人能更好地理解并认同自己的办学理念，合作也会更坚固和长久。

这时他遇到了一个和他有着共同梦想的惺惺相惜的朋友——杜子华。杜子华像一个漂泊的游侠，研究生毕业后游历了美国、法国和加拿大，凭着对外语的透彻领悟和灵活运用，在国外结交了许多各色朋友，也得到了不少让人羡慕的机会。但是他在国外待的时间越久，接触的人越多，就越是感觉民族素质提高的重要性和迫切性。要提高一个人、一个民族的素质唯有投资教育。

1994年在北京做培训的杜子华接到了俞敏洪的电话。几天后，两个同样钟爱教育并有着共同梦想的“教育家”会面了。谈话中，俞敏洪讲述了新东方的创业和发展、未来的构想、自己的理想、对人才的渴望……这次会面改变了杜子华单打独斗实现教育梦想的生活，杜子华决定在新东方实现自己的追求和梦想。

1995年，俞敏洪来到加拿大温哥华，找到曾在北京大学共事的朋友徐小平。这时的徐小平已经来到温哥华10年之久，生活稳定而富足。俞敏洪不经意地讲述自己创办新东方的经历，文雅而富有激情的徐小平突然激动起来：“敏洪，你真是创造了一个奇迹啊！就冲你那1 000人的大课堂，我也要回国做点事！”

随后，俞敏洪又来到美国，找到当时已经进入贝尔实验室工作的同学王强。1990年，王强凭借自己的教育背景，3年就拿下了计算机硕士学位，并成功进入著名的贝尔实验室，可以说是留学生中成功的典型。白天王强陪着俞敏洪参观普林斯顿大学，让他震惊的是，只要碰上一个黑头发的中国留学生，竟都会向俞敏洪叫一声“俞老师”，这里可是世界著名的大学啊。王强后来谈到这件事时说自己当时很震惊，受到了很大的刺激。俞敏洪说，你不妨回来吧，回国做点自己想做的事情。

就这样，徐小平和王强都站在了新东方的讲台上。1997年，俞敏洪的另一个同学包凡一也从加拿大赶回来加入了新东方。新东方就像一个磁场，凝聚起一个个年轻的梦想。这群在不同土地上为了求学，洗过盘子、贴过广告、做过推销、当过保姆的年轻人，终于找到一个突破口，年轻人身上积蓄的需要爆发的能量在新东方充分得到了释放。

就这样，从1994年到2000年，杜子华、徐小平、王强、胡敏、包凡一、何庆权、钱永强、江博、周成刚等人陆续被俞敏洪网罗到了新东方的门下。

二、构建团队

1995年，俞敏洪逐渐意识到，学生们对于英语培训的需求已经不只限于出国考试。例如，1995年加入新东方的胡敏就应这种需求，开发出了雅思英语考试培训，大受欢迎，胡敏本人也因此被称为“胡雅思”。

徐小平、王强、包凡一、钱永强等人分别在出国咨询、基础英语、出版、网络等领域各尽所能，为新东方搭起了一条顺畅的产品链。徐小平开设的“美国签证哲学”课，把出国留学过程中一个大家关心的重要程序问题，上升到一种人生哲学的高度，让学员在会心大笑中思路大开；王强开创的“美语思维”训练法，突破了一对一的口语训练模式；杜子华的“电影视听培训法”已经成为国内外语教学培训极有影响力的教学方法，新东方的老师很多都根据自己教学中的经验和心得著书立说，并形成了自身独有的特色，让新东方成为一个有思想有创造力的地方。

俞敏洪的成功之处是为新东方组建了一支年轻而又充满激情和智慧的团队，俞敏洪的温厚，王强的爽直，徐小平的激情，杜子华的洒脱，包凡一的稳重，五个人的鲜明个性让新东方总是处在一种不甘平庸的氛围当中。

俞敏洪敢于选择这帮牛人作为创业伙伴，并且真的在一起做成了大事，成就了一个新东方传奇，从这一点来说，他是一个成功的创业团队领导者。他知道新东方人多是性情中人，从来不掩饰自己的情绪，也不愿迎合他人的想法，打交道都是直来直去，有话直说。因此，新东方形成了一种批判和宽容相结合的文化氛围，批判使新东方人敢于互相指责，纠正错误；宽容使新东方人在批判之后能够互相谅解，互相合作。这就是新东方人的特点：大家互相之间不记仇，不记恨，只计较到底谁对、谁错、谁公正。

这种源自北京大学精神的自由文化，是俞敏洪敢用"孙悟空"，而且是敢用多个"孙悟空"的前提条件，这是新东方成功的关键因素之一。而另一个关键因素就是俞敏洪本人所具备的包容性，帮助他带领着一帮比他厉害的"牛人"，不仅将新东方从小做大，还完成了让局外人都为之捏了一把汗的股权改制。最令人意料不到的是，俞敏洪居然还将新东方带到了美国的资本市场，成为了中国第一个在海外成功上市的民营教育机构。这一份成绩虽然还不能定义为最终的胜利，但是仍然有着非同寻常的意义，即它告诉了人们，对于中国教育来说，一切价值正有待重估。

——摘自：百度文库 http://wenku.baidu.com

要点归纳

▸ 扫一扫：1-18 创业第二步

创业第二步的要点如图9-1所示。

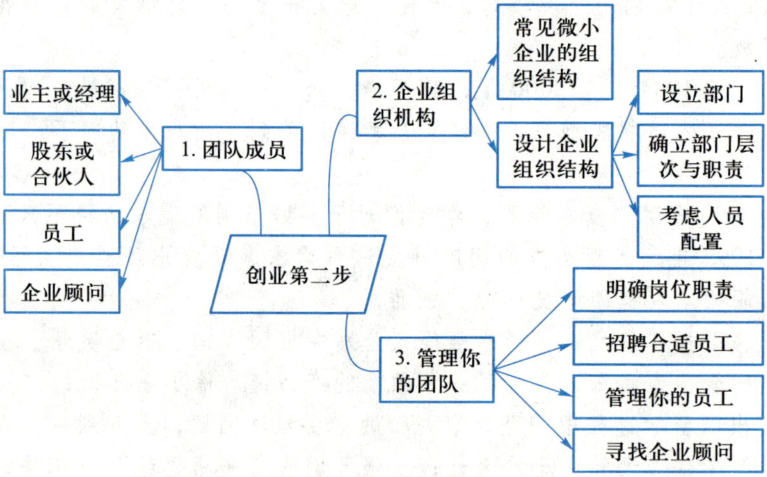

图9-1 创业第二步要点示意图

课内练习

一、设计你的企业组织结构图

请画出你的企业组织结构图（参考图9-2）并说明：

- ◆ 每个岗位的具体职责；
- ◆ 每个岗位需要的人数；
- ◆ 部门之间的层级、隶属关系。

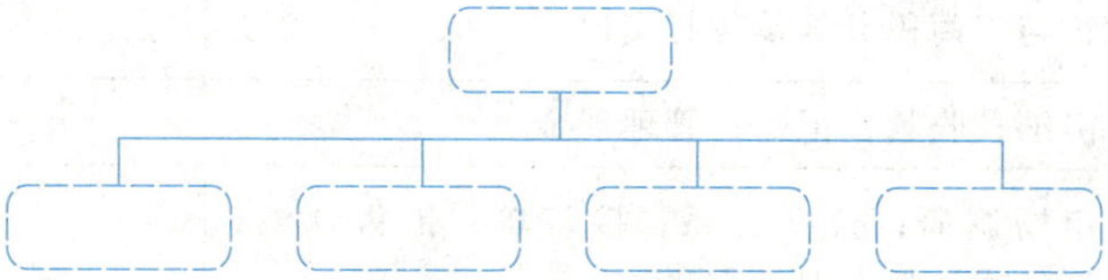

图 9-2　企业组织结构图示例

二、你的企业需要的员工

（1）看一看表 9-1 的第一栏中列出的工作内容，这些是所有企业通常必须做的工作，在这一栏中加上你的企业生产产品或提供服务所必须做的工作。

（2）在第二栏中填写完成这些工作需要的技能、经验和其他要求。

（3）对所有这些工作，你要确定你是否有时间和必需的技能、经验去完成。

（4）如果你没有时间和技能，就应该雇人来完成这些工作。

表 9-1　企业需要的员工及相应的技能与经验

工作内容	完成这项工作需要的技能、经验和其他要求	你（企业主）是否有时间和技能、经验做这项工作		需要的雇员数	预期的雇员工资额
		有	没有		
办公室综合管理					
记账和结账					
市场营销和促销					
企业成本管理					
制订价格					
购买产品、原材料、服务等					
监督生产					
其他工作					

课外拓展

一、岗位说明书

请你和你的同学组成一个小微企业，并参照表 9-2 确定各自的角色和职责。

表 9-2 企业岗位角色和职责

岗位名称	工作说明	素质和技能	谁的任务
经理	做计划；制订目标；监督实施；协调内部关系；与工商税务等单位打交道		
财务	出纳；收款；记账；管理现金		
销售管理	市场调研；公共关系；接订单；销售预测；制订价格；提出促销方法		
生产管理	组织、监督生产；控制质量；管理工具设备和技术资料；维修；制订生产计划		
产品设计与开发	准确把握客户需求；收集客户资料；设计产品		
网络管理	维护和更新公司网站和网店；与网络合作商打交道；接待网络客户		
生产工人	剪裁原料；操作机器；印制图案；包装		
送货员	为客户配送产品		

二、测试你的创业倾向

*本测试摘自《大学生KAB创业基础》，乔治・马努著，高等教育出版社，2007.

*本测试可以帮助你了解你的强项和弱项。请根据你在大多数情况下的反应，选择“很少或从不”，或者“经常或总是”。

	很少或从不	经常或总是
(1) 你会考虑别人对你的看法吗？	______	______
(2) 你是否经常读书？	______	______
(3) 你在承担风险时会感到兴奋吗？	______	______
(4) 你觉得让别人为你做事容易吗？	______	______
(5) 在你的家庭中，有人曾和你谈论过有关创业的经历吗？	______	______
(6) 你认为凡事在开始前就要把相关工作都安排好吗？	______	______
(7) 你经常生病吗？	______	______
(8) 你是否会从那些只为证明自己能力的事情中感受到快乐？	______	______
(9) 你被辞退过吗？	______	______
(10) 你经常能想出新主意吗？	______	______
(11) 在社交活动中你更愿意让朋友来做决定吗？	______	______
(12) 你喜欢上学吗？	______	______

(13) 别人认为你是个好学生吗？ ______ ______
(14) 你在高中或大学时参加过社团活动吗？ ______ ______
(15) 你参加过学校的文体活动吗？ ______ ______
(16) 你经常关注细节吗？ ______ ______
(17) 你是否认为未来的工作应该有保障？ ______ ______
(18) 你会有意寻找一种直接的方式来得到想要的结果吗？ ______ ______
(19) 你是家里的第一个孩子吗？ ______ ______
(20) 你小时候父亲经常在家吗？ ______ ______
(21) 你在 10 岁之前，家里人认为你该帮忙做些家务吗？ ______ ______
(22) 你是否很容易厌烦？ ______ ______
(23) 你是否会时不时地为自己的成就感到骄傲？ ______ ______
(24) 你是否能长时间地集中精力做一件事情？ ______ ______
(25) 你有时候需要别人的鼓励来使自己继续前进吗？ ______ ______
(26) 当你在做自己喜欢的事情时，你会从中发现意外的动力来源吗？ ______ ______
(27) 你是否认为自我满意度不只意味着有足够的钱花在自己身上？ ______ ______
(28) 你曾经故意做过在工作上越过自己职权的事吗？ ______ ______
(29) 你喜欢规则有序的社会吗 ？ ______ ______
(30) 在糟糕的处境中，你会试图寻找它的好处吗？ ______ ______
(31) 当事情进展不顺利的时候，你会归咎于别人吗？ ______ ______
(32) 你喜欢在没有了解所有潜在问题的情况下就去做事吗？ ______ ______
(33) 你会把拒绝（被拒绝）归为个人原因吗？ ______ ______
(34) 从总体上说，你认为自己是因为运气好才成功的吗？ ______ ______
(35) 你愿意为了实现自己的目标而长时间地工作吗？ ______ ______
(36) 你喜欢能够在工作上自己做决定吗？ ______ ______
(37) 你在醒来的时候常常都很快乐吗？ ______ ______
(38) 你能够接受失败而不被击垮吗？ ______ ______
(39) 你是否有自己的存款及其他投资？ ______ ______
(40) 你是否认为创业要承担巨大的风险？ ______ ______
(41) 你认为成功的创业者一定要有大学学历吗？ ______ ______
(42) 你是否会努力从过去的错误中吸取教训？ ______ ______
(43) 你是否更多地以人为导向而不是以目标为导向？ ______ ______
(44) 你是否经常发现问题的答案无处不在？ ______ ______
(45) 你喜欢解决棘手的问题吗？ ______ ______
(46) 你更愿意独自做出最终决定吗？ ______ ______

（47）你在聊天时是否谈论人比谈论事件或地点的时候更多？ ______ ______

（48）尽管受到别人的批评，你是否仍然自我感觉很好？ ______ ______

（49）你是否会尽可能减少睡觉的时间来做事？ ______ ______

（50）当告诉你某件事情不可能做成的时候，你还会坚持吗？ ______ ______

测试你的创业倾向：测试结果说明如表 9-3 所示。RN = 很少或从不，MY = 经常或总是。

表 9-3　测试结果与说明示例

个人背景	生活方式
（5）MY（家庭训练）	（2）RN（没有空闲时间）
（7）RN（态度，精力，健康）	（11）RN（控制，责任心）
（9）MY（生活经历）	（29）RN（以目标为导向，时间管理）
（12）MY（教育）	（35）MY（执着，果断）
（13）RN（绝大多数创业者是普通的）	（39）MY（以利润为导向）
（14）RN（独立）	（43）RN（成就需要）
（15）MY（成就需要）	（46）MY（独立，自信）
（19）MY（责任心）	（47）RN（以创意为导向，创造力）
（20）RN（早期责任）	（48）MY（适应不明确的情境，自信）
（21）MY（早期经历）	（49）MY（时间管理，精力旺盛）
行动方式	
（1）RN（自信，内部驱动力）	（28）MY（自信，决断）
（3）MY（承担风险的能力，内部驱动力）	（30）MY（乐观，灵活）
（4）MY（领导力）	（31）RN（个人责任，解决问题能力）
（6）MY（管理，目标设定）	（32）MY（足智多谋，承担风险）
（8）MY（以成就为导向）	（33）RN（灵活，自信）
（10）MY（创造性，创新）	（34）RN（内因，内部驱动力）
（16）RN（急躁，以风险为导向）	（36）MY（独立，责任心）
（17）RN（内因，内部驱动力）	（37）MY（乐观）
（18）MY（果断，自信）	（38）MY（果断，乐观）
（22）MY（急躁，精力旺盛）	（40）RN（自信，内部驱动力）
（23）MY（自信，独立）	（41）RN（足智多谋，进取心）
（24）MY（坚定不移，果断）	（42）MY（主动，乐观）
（25）RN（自我激励，自控）	（44）MY（深谋远虑，有见解，执着）
（26）MY（精力旺盛，足智多谋）	（45）MY（适应不明确的情境，进取心）
（27）MY（自我中心）	（50）MY（乐观）

基于对以上创业倾向测评工具的回答结果，请思考并回答以下问题：

（1）你发现自己的人格弱点是什么？

____

（2）有这些弱点，你认为你还能够成为创业者吗？

____

（3）你可以怎样做来弥补你的弱项？

____

（4）你的强项是什么？

____

（5）你的强项能够弥补你的弱项吗？

____

（6）你的生活方式与成为创业者的要求相符吗？

____

第十章　创意与企业想法

案例导入：业余爱好成创业动力，女大学生靠“创意泥”发家

2011 年，一个偶然的机会让她接触到创意泥。平日就喜欢做手工的她，敏锐地意识到创意泥背后存在的商机，于是找货源进货销售。起初做实体店销售，利润每月 3000 元。2012 年她又利用网络销售，全年实现纯利润 30 万元。后来，她又引进创意泥生产工艺，准备兴业办厂，厂房占地面积 2000 平方米，可吸纳员工 30 余人；投产后预计年纯收入 200 万元。找准商机，踏实肯干，让她成为集贤县的创业新标杆。

业余爱好转化为创业动力

薛慧宇从小喜欢绘画，在上学期间和参加工作之后，她利用业余时间，报名参加美术班进一步学习，使绘画技能得到提升，这为她今后的创业打下了坚实的基础。

2005 年 6 月，她和其他大学生一样，还未毕业就已奔波于一线城市的各个面试考场之中，先后在哈尔滨、北京、上海等地企业打工。不喜欢墨守成规的她，把工作作为吸取经验、等待时机的过程。

经过几年的打工生涯，薛慧宇终于在 2010 年 10 月辞掉工作，着手创业。

一个很偶然的机会，她接触到了创意泥这种安全、无毒、柔软、颜色鲜艳，做出的作品可以长久定型的玩具泥。有一定美术功底的她萌生了用创意泥背后的商机进行创业的想法。说干就干，她在网上找到货源，自己动手用创意泥制作了一些作品，和妹妹两人筹集了几千元资金，在客流比较集中的集贤县福利镇家乐购超市租了一节柜台，开始了卖创意泥作品的小生意。这时，以前的业余爱好发挥了巨大作用，她用创意泥捏出来的作品颜色亮丽、栩栩如生、非常可爱，顾客都非常喜欢；同时，她还利用特长指导顾客们自己动手制作作品，在制作过程中充分享受着生活的乐趣。

接触创意泥很偶然，但就是这样偶然的机会让薛慧宇找到了自己创业的目标。

勤学肯干，投资网络销售利润可观

创业之初，柜台里鲜艳的创意泥作品吸引了很多年轻朋友围观，大家都对创意泥很感兴趣；很多孩子也都很想得到创意泥，可以自己动手捏个小作品。创意泥一时间成了学校中流行的新玩具。在做柜台销售的同时，她在互联网上进一步了解创意泥的市场空间，发现由于创意泥无毒环保，很多一线城市的幼儿园和小学都开办了创意泥特色班，这表明用环保手塑材料取代传统橡皮泥势在必行。同时，美术培训基地、泥塑活动、玩偶订制等项目，也都在找寻创意泥这样的好产品。通过一系

列的市场考察，明朗的市场空间给了她很大的信心。想要增加营业额，扩大营业面，仅柜台销售是不够的，目前很多行业也都在做从线下到线上的市场转型。身处这样好的大环境下，她知道错过网络就会错过扩大经营的机会，多年以前经营的网店经验这个时候又成了她的优势。

创意泥非常受孩子们欢迎

开展网络销售对于从集贤县起步的薛慧宇来说，是存在劣势的。集贤县是一个县级城市，物流快递业不发达，发货速度慢并且费用高。同时，在网络销售日益红火的同时，竞争也越来越激烈，想要在全国网络市场站住脚跟，就必须降低成本。既然在地理位置上没有的优势，那就一定要在产品和价格上找回来。创业初期，她不服输地说：我就不信咱们这个小县城开不了网店，万事无绝对，一定要做出点成绩给大家做一个榜样。

起初网店销售并不稳定，有时几天才能接到一单生意。她日日熬夜到凌晨，早早起床又开始扑到电脑前，这样不辞辛苦地努力了几个月，月利润可达一万元了。经过一年多的努力，现在网上的销售正在逐步稳定，日均发货二十几件，仅付出的快递费用，每月就达万元以上。现在她的工作室，有固定员工 6 人，每月可创造效益 3～4 万元。

兴业办厂，争做致富带头人

创意泥这个产品的优势，通过销售过程的反馈已经得到确认，这种无毒环保的 DIY 材料是目前市场上很紧俏的产品。不过价格上想要降低，唯一的途径就是自己生产，自己做产品的主人。创意泥的生产基地大多在江浙一带，东北三省还没有生产厂家，新的目标在薛慧宇的心中确立了。

在得到家人的肯定与帮助下，她决定引进技术，自己生产创意泥。引进技术需要人力和资金，这时她听说集贤县妇联正在发放小额贷款，她就拿着执照等相关手续找到了县妇联，希望能申请到 3 万元的贴息贷款。妇联的工作人员了解情况后，很热情地帮她填写资料和办理相关的手续，这样很顺利地就申请到了小额贷款。这 3 万元小额贷款帮她解决了资金周转不灵的困难，她成功地引进了创意泥生产技术，目前正处于研制和试销阶段。

随着销售的日趋成熟，后期的目标是建厂扩大生产。像她这种零起步白手起家，又是引进新型技术办厂兴业的创业者希望能得到更多政策上的支持。

有这样的成绩她很感谢县妇联在关键的时候给予的扶持，也希望自己能扩大规模，为家乡失业的人提供更多就业机会，为家乡的繁荣发展做出自己的贡献。

——摘自：全国大学生创业服务网 http://cy.ncss.org.cn/cydt/274395.shtml

要点归纳

创业第三步的要点如图 10-1 所示。

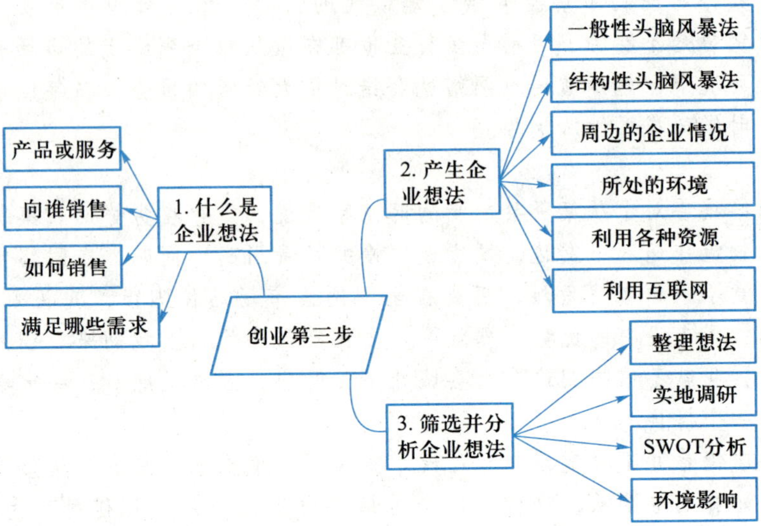

▸ 扫一扫：1-19 创业第三步

图 10-1　创业第三步要点示意图

课内练习

一、创意测试题

回形针另外的 20 种用途是什么？请将你的答案填入表 10-1 中。

表 10-1　回形针的另外 20 种用途

序号	用途	序号	用途	序号	用途	序号	用途

二、企业想法的重要性

沈芳的奶茶店

大学生沈芳对奶茶情有独钟，一直想在学校旁边开一家奶茶店。其实，她就读的学校旁边已经有了一家奶茶店，收益一直非常好。她认为凭着自己的聪明才干和与同学们的关系，自己开一家奶茶店会效益更好。于是，她把这一想法告诉了家人、朋友和同学；尽管有人反对，但是她还是决定开业当老板。她在学校旁租了一间门市房，找朋友帮她做了装修，并购买了相应的设备。沈芳有些积蓄，加上家人的支持，足够进货。她在申请到营业执照之后，就开业了。刚一开业，就遇到了问题。来她店里的学生抱怨奶茶的口味不及邻店的好，营业时间也没有邻店的长，价格也偏高。与此同时，朋友告诉她，邻店的经营状况也不怎么好。

问题：

（1）沈芳的奶茶店为什么会出现问题

（2）在这种情况下，沈芳还能做些什么？

三、完成头脑风暴练习并写出可能的企业想法

（1）从任意一个词语开始，写下跳入你脑海的所有想法；一直写下去，直到你再也想不出任何想法为止。

（2）现在返回去，看一看你写下的这些有关企业想法的词语。想一想，其中哪些企业想法是自己可以去做的？

四、结构性头脑风暴练习

（1）选择一个自己比较了解的产品，既可以是你从培训中学到的东西，也可以是你经历过或有兴趣的东西；还可以是已经考虑好的关于自己企业的想法，或者是你与本地区成功企业主交谈时了解到的一种产品。

（2）使用图 10-2 中的图形，在中间的方框里写出你选择的产品以及有关的企业领域。然后在图形中，按销售线、制造线、副产品线和服务线使用头脑风暴法产生企业想法。

（3）这个练习你做多少次都行，每次换一张带结构性头脑风暴图形的新纸来做，每次都可以从不同的产品开始。

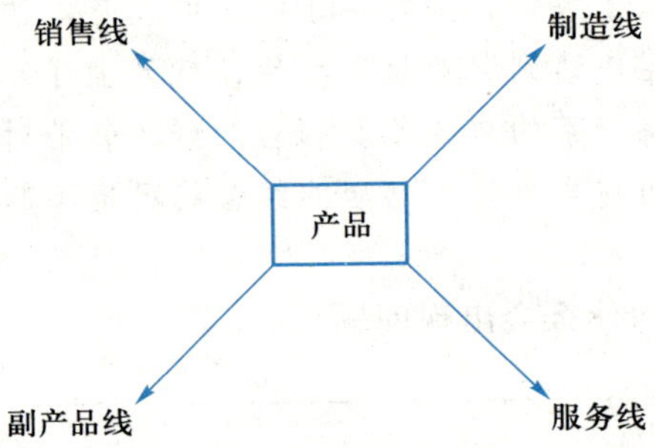

图 10-2 结构性头脑风暴图形

五、利用各种问题，产生更多的企业想法

利用你自己遇到过的问题，如工作和学习中遇到的问题，也可以是其他人遇到的问题，或是你所在社区、生活区缺少什么。思考后，将你的创业思路填入表 10-2 中。

表 10-2 你的创业思路

问题	企业想法

课外拓展

一、工作创意测试

下面是 10 个题目，请在括号中的备选答案中选择一个。

（1）你在接到任务时，是否会问一大堆关于如何完成任务的问题？（肯定 0 分，否定 1 分）

（2）你在完成任务的过程中，是否不善于思考，而习惯于找他人帮忙，或者不断来问别人有关完成任务的问题？（肯定 0 分，否定 1 分）

（3）任务完成得不好时，你是否会找出一大堆理由来证明任务太难？（肯定 0 分，否定 1 分）

（4）对待多数人认为很难的任务，你是否有勇气和信心主动承担？（肯定 1 分，

否定 0 分）

（5）当别人说不可能时，你是否就放弃？（肯定 0 分，否定 1 分）

（6）你完成任务的方法是否与他人不一样？（肯定 1 分，否定 0 分）

（7）在你完成任务时，领导针对任务问一些相关的信息，你是否总能回答上来？（肯定 1 分，否定 0 分）

（8）你是否能够立即行动，并且工作质量总能让领导满意？（肯定 1 分，否定 0 分）

（9）工作完成得好与不好，你是否很在意？（肯定 1 分，否定 0 分）

（10）对于所完成的工作，你能否很有条理地分析成功的原因和不足？（肯定 1 分，否定 0 分）

测评解释

如果受测试者能够得 10 分，就很棒了；能够得 7 分以上则过得去；如果低于 7 分，就不尽如人意了；如是低于 5 分，受测试者就需要努力了。

二、筛选你的企业想法

将你的企业想法填入表 10–3 中。

表 10–3　我的企业想法一览表（一）

企业想法	说明

仔细看一遍你的企业想法一览表（一）并划掉你不再感兴趣的想法。

慢慢地看一遍剩下的想法，然后结合你的调查和分析，并运用你自己的能力、专长和资源，将这些想法的积极和消极方面填入表 10–4 中。

表 10-4　我的企业想法一览表（二）

企业想法	说明

认真思考你做的记录并确定哪些企业想法看起来最适合你，在这些想法旁边画√；然后选择你愿意进一步分析的三个最佳或最喜欢的想法填入表 10-5 中。

表 10-5　我的企业想法一览表（三）

企业想法	说明

第十一章　创业评估

案例导入：从实际案例分析创业前市场调研的重要性

王先生去年7月份开了一家洗衣店，确切地说是别人转给他的，但开业4个月后即停业转让了。事后他找到相关人员帮他分析了失败的原因，主要在于其创业时，没有仔细进行市场调研，太盲目了。

首先在季节上，洗衣行业7~10月份是淡季，在这时期要做好保本甚至亏损的思想准备，而这正是他没有预想到的。洗衣店规模化经营日趋明显，品牌过硬、设备先进的洗衣店不断涌现，竞争极其激烈；而他的洗衣店还延用20世纪90年代中期的店堂格局，一店两人，一台机器，面积30平方米，这样又如何竞争得过别人呢？

由此可见，创业初期的市场调查有着极其重要的作用。在选择好行业后，应该进行详尽的市场调查，这样才能使创业者在经营上迅速和市场潮流相衔接。

创业前还应慎重选择自己企业的经济性质。这里的经济性质是指工商营业执照登记事项中的经济性质，其大致分为以下几种：个人经营（通常所说的个体户）、个人独资、有限责任公司、股份有限公司等。对创业者而言，一般在前三种中进行选择较好，因为不同的经济性质，其开办要求、权利义务、债权债务上各有不同。因此，选择最适合自己企业的经济性质，对于创业者是相当重要的。

但有的创业者觉得在公司名称中使用“公司”两字比较有气派，而不顾及自身的实际情况，申请成立有限责任公司。没有股东的，硬拉个虚假股东凑数，以达到法律规定的股东人数；注册资本不够的，先借了钱等到申请成功后再还，殊不知这样做后患无穷。

首先，有限责任公司成立需具备以下几个条件：①股东符合法定代表人数；②股东出资达到资本最低限额；③股东共同制定公司章程；④有公司名称，建立符合有限责任公司要求的组织机构；⑤有固定的经营场所和必要的生产经营条件。这些法律规定的条件，若虚假为之，一旦查实，得到的将是主管机关严厉的处罚。

其次，在股东人员上，设立假股东凑人数，一旦出现债权债务问题，就会引发纠纷，最终不得不诉诸法律。

适宜于个人经营经济性质的，即使不弄虚作假而是勉为其难成立有限责任公司后，根据规定，有限责任公司必须建账，本来根据自身经营情况，记流水账即可，而这样就必须请一名会计或请人代做账，加重自己负担，得不偿失。

——摘自：谋思网．http://news.imosi.com/news/20110422/16902.shtml

要点归纳

创业第四步的要点如图11-1所示。

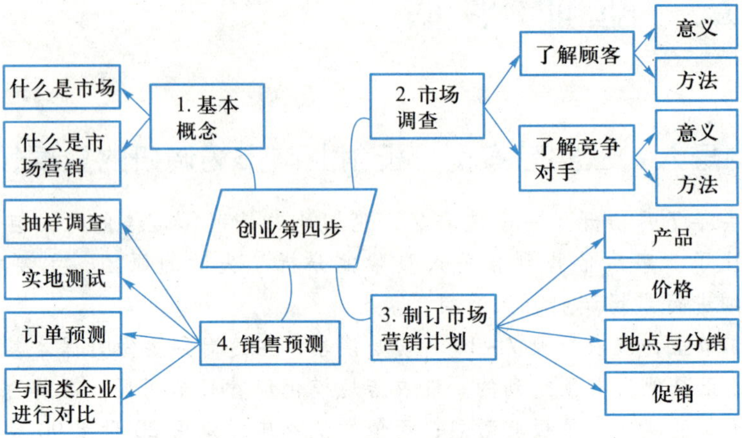

图 11-1　创业第四步要点示意图

▸ 扫一扫：
1-20 创业第四步

课内练习

一、确定你的顾客

让顾客满意，就意味着会给你带来更多的销售额和更高的利润，可按照表 11-1 中的顾客特征与说明确定你的顾客。

表 11-1　顾客的特征与情况说明

顾客特征	情况说明
谁将成为你的顾客（一般性描述）	
年龄	
性别	
地点（他们住在哪里）	
工资水平（具体数字）	
他们什么时候将购买你的产品或服务（每日、每周、每季度、每年一次）	
他们愿意付出多少钱购买你的产品或服务	
他们的购买量有多大	
未来的市场规模和趋势（未来顾客的数量会增加、减少或保持不变）	

二、确定你的竞争对手并做出优劣势分析

按照表 11-2 中所列内容确定你的竞争对手，并对其进行优劣势分析。

表 11-2 竞争对手及其优劣势

比较的内容 / 我和竞争对手 / 项目	我的产品或服务	竞争者甲的产品或服务 姓名： 地址： 电话：	竞争者乙的产品或服务 姓名： 地址： 电话：	竞争者丙的产品或服务 姓名： 地址： 电话：
价格合理性				
质量可靠性				
购买方便性				
顾客满意度				
员工技术水平				
企业知名度				
品牌信誉度				
广告有效性				
交货及时性				
地理位置优越性				
特别销售策略有效性（如赊销、折扣）				
售后服务				
设备				
销售额				

我的产品或服务很特别，特征如下：

____

____

我的产品或服务与竞争对手相比的主要优势体现在以下方面。

与竞争者甲比：

____

____

与竞争者乙比：

____

____

与竞争者丙比：

____

____

三、准备你的市场营销计划——产品

（1）在表 11-3 的顶端列出你的企业将出售的所有产品或服务。如果你的产品或服务超过 5 项，请自行增加列数。

（2）在表 11-3 的第一列中填写产品或服务的特征，并完成表格中的相应内容。你需要考虑产品的不同特征，如质量、颜色、规格、包装、包修，以及服务的态度、效率、质量、安全等。

表 11-3　市场营销计划产品或服务的特征

产品或服务 内容 特征	(1)	(2)	(3)	(4)	(5)
质量					

四、准备你的市场营销计划——价格

（1）在表 11-4 的顶端列出你的企业将出售的所有产品或服务。如果你的产品或服务超过 5 项，请自行增加列数。

（2）在表 11-4 的第一列中补充未列入的你的产品的特征，并完成表格中的相应内容。

（3）最后，你应该先预测你的成本，以后你将学习如何准确地计算成本。

表 11-4 产品或服务的价格特征

内容 \ 产品或服务 \ 特征	（1）	（2）	（3）	（4）	（5）
质量竞争者的平均价格					
我的预测成本					
如此定价的理由					
产品价格手册					
给谁折扣					
向谁赊销					

五、准备你的市场营销计划——地点

（1）企业将设在什么地方？

____

____

（2）选择这个地点的理由：

____

____

（3）销售方式（选一项并在该项前面的口内画“√”）

我将把产品服务销售或提供给：口最终消费者 口零售商 口批发商

选择这种销售方式的理由：

____

____

课外拓展

一、制订你的市场营销计划——促销

促销是一项与顾客沟通并吸引顾客来购买你的产品的活动。促销有多种方式。促销需要花钱，请向新闻界、广告商、印刷厂、商界人士和互联网了解有关促销费用的信息。你要研究你未来的竞争者，看看他们用哪些方式促销。这样你就可以选择一种适合你的企业的促销方式，如表 11-5 所示。

表 11-5　产品促销的方式与费用

什么时候促销，怎样促销	费用/元

二、学习更多的销售预测知识

小陈决定创办一家生产指定安全钢门的企业。他对该行业进行了了解，知道当地同类企业很多。他与城西两家小企业的店主谈了谈，获得了以下信息：

- 竞争者甲（王老板）每个月出售 20 扇门，竞争者乙（张老板）每个月出售 12 扇门。
- 王老板开业时间不长，他生产的门质量不太好。
- 张老板技术很强，但不知为什么，他生产的门三年来销售没有增长。
- 钢门的市场需求正在稳步增加，在以后的 12 个月有可能按每月 10% 的速度增长。

小陈准备按竞争者甲（王老板）和竞争者乙（张老板）的平均价格销售钢门。虽然他是当地最好的焊工之一，但是他知道，至少需要 3 个月时间他的企业才可能创出品牌。

请你为小陈的企业做一项 6～11 个月的销售预测。

第十二章　创 业 资 源

案例导入：没钱也可以开店

张大勇性格开朗，待人热情，头脑灵活，善于社交，有一定的管理能力。他既酷爱电脑又做着电脑的生意，兜里也有一些积蓄，而且身边又结识了众多的电脑爱好者们。由于当今的网络已成为年轻人生活的一部分，张大勇就瞄准了一个挣钱的机会——开一家网吧。但是，自己积蓄的钱又不够。经过仔细分析和市场调研后，在一个交通便利又比较热闹的地段，张大勇和几个朋友一起开了一家规模较大的网吧。一年后，张大勇不仅收回了本钱，自己又开了一家分店。

张大勇的成功归功于他对自己有清醒的认识，对市场需求有充分的了解，同时借助于和朋友的合作，既解决了资金问题，又壮大了个人的实力，将自己的优势有效地与外部条件结合了起来，成为了一位成功的创业者。

对于每一位创业者而言，永远要面对的困难就是资源的匮乏；但是，成功的创业者总是能够利用自己仅有的资源，巧妙地与其他资源整合。张大勇不仅有“勇”，还有“谋”——资源整合的意识。

——摘自：应届毕业生网 http://m.chuangye.yjbys.com

要点归纳

创业第五步的要点如图 12-1 所示。

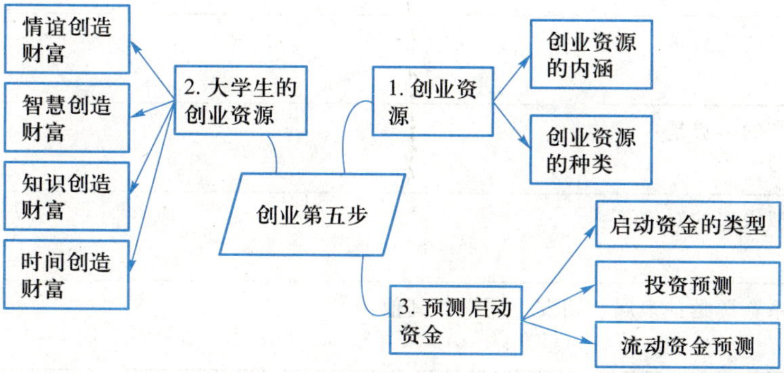

图 12-1　创业第五步要点示意图

► 扫一扫：1-21 创业第五步

课内练习

一、你身边有哪些资源——创业资源自我评估表

创业资源包括的范围极其广泛，如创业者拥有的有形资产、无形资产、性别、年龄、民族、长相、体力、智力、经验、经历、技能、知识、社会关系等，还包括对这些有形和无形资源的整合。只要唤起强烈的创业愿景，点燃头脑中的创业火炬，就会发现“商机满地跑，只要你肯找”，“身上一根草，创业是个宝”。因此，创业者要从创业资源角度对自身进行重新认识、分析和整合。请利用表 12-1 对自身资源进行评估。

表 12-1　创业资源自我评估表

说明：从自主创业的角度，重新评估自己的创业资源
我的有形资产资源是：现金、房屋、设备、材料、运输工具、其他：
我的有形资产的优势是：
我的有形资产的劣势是：
针对创业我拟采取的对策是：
我的无形资产资源是：特殊技能、经营权、秘方、口碑、声誉、其他：
我的无形资产的优势是：
我的无形资产的劣势是：
针对创业我拟采取的对策是：
我的社会关系资源是：亲属、朋友、同学、其他：
我的社会关系的优势是：
我的社会关系的劣势是：

续表

说明：从自主创业的角度，重新评估自己的创业资源
针对创业我拟采取的对策是：
我的人际交往资源是：人缘、交际能力、其他：
我的人际交往的优势是：
我的人际交往的劣势是：
针对创业我拟采取的对策是：
我的体力资源是：力量、速度、耐力、灵活、其他：
我的体力资源的优势是：
我的体力资源的劣势是：
针对创业我拟采取的对策是：
我的脑力资源是：算术、语言、悟性、记忆、其他：
我的脑力资源的优势是：
我的脑力资源的劣势是：
针对创业我拟采取的对策是：
我的技术资源是：经营管理、销售、烹饪、修车、养鱼、品茶、其他：
我的技术资源的优势是：
我的技术资源的劣势是：

续表

说明：从自主创业的角度，重新评估自己的创业资源
针对创业我拟采取的对策是：
我的知识资源是：学历、阅历、社会知识、其他：
我的知识资源的优势是：
我的知识资源的劣势是：
针对创业我拟采取的对策是：
我的学习资源是（能学什么）：手艺、语言、其他：
我的学习资源的优势是：
我的学习资源的劣势是：
针对创业我拟采取的对策是：
我的兴趣资源是：花卉、汽车、其他：
我的兴趣资源的优势是：
我的兴趣资源的劣势是：
针对创业我拟采取的对策是：
我的经历资源是：读书、务农、做工、参军、其他：
我的经历资源的优势是：
我的经历资源的劣势是：

续表

说明：从自主创业的角度，重新评估自己的创业资源
针对创业我拟采取的对策是：
我的经验资源是：销售经验、经商经验、管理经验、其他：
我的经验资源的优势是：
我的经验资源的劣势是：
针对创业我拟采取的对策是：
我的年龄资源是：年轻、中年、老年、其他：
我的年龄资源的优势是：
我的年龄资源的劣势是：
针对创业我拟采取的对策是：
我的民族资源是：少数民族、特殊风俗、其他：
我的民族资源的优势是：
我的民族资源的劣势是：
针对创业我拟采取的对策是：
我的貌相资源是：憨厚、机灵、俊美、其他：
我的貌相资源的优势是：
我的貌相资源的劣势是：

续表

说明：从自主创业的角度，重新评估自己的创业资源	
针对创业我拟采取的对策是：	
我的其他资源是：	
我的优势是：	
我的劣势是：	
按重要性排序，我的优势资源是： (1) (3) (5)	 (2) (4) (6)
按重要性排序，我的劣势资源是： (1) (3) (5)	 (2) (4) (6)
扬长避短，整合自己的创业资源，并转化为创业核心竞争力的战略：	

二、你的启动资金需求

至此，你已经知道了你的产品或服务是有市场的，对此你应该有信心；你也知道了自己作为企业主的职责，以及对员工的要求。

现在，你也已经学习了如何确定开办企业必须购买的物资和必要的开支，并测算了其总费用，这些费用叫作启动资金。你可能会认为小企业投资小，不需要详细计算启动资金，但是有许多小企业在创业初期却因无钱购买原材料等后续流动资金不足而造成创业失败，因此正确预测启动资金需求是企业主开办企业之前必须考虑的问题。

创业者张华和他的合伙人觉得计算需求比较难，涉及的生产设备种类比较多，可选择的设备、原材料及包装材料的品牌、型号、规格也比较复杂；所以他们决定把这项工作分成三步，先将需要购买的东西分类和列表，再由三人共同考察市场，最后具体计算所需资金。

1. 投资

投资主要用于以下方面：

◆ 生产设备；
◆ 办公家具；
◆ 灭火器；
◆ 车间装饰改造；
◆ 开办费（开业前市场调查费、培训费、技术资料费、注册费、营业执照费）。

2. 流动资金

流动资产主要用于以下方面：

◆ 头三个月购买原材料和包装材料的资金；
◆ 头三个月的工资；
◆ 头三个月的房租、保险费、水电费、交通费、电话费、办公用品费、应酬费；
◆ 不可预见的其他费用。

3. 固定资产

（1）工具和设备。根据销售预测和计划生产能力，企业需要的工具和设备如表 12–2所示。

表 12–2　企业需要的工具和设备

名称	数量	单价/元	总费用/元

供应商名称	地址	电话或传真

（2）交通工具。根据运输和营销需求，企业需要的交通工具如表 12–3 所示。

表 12–3　企业需要的交通工具

名称	数量	单价/元	总费用/元

续表

供应商名称	地址	电话或传真

（3）办公家具和设备。企业办公室需要的家具和设备如表 12–4 所示。

表 12–4　企业办公室需要的家具和设备

名称	数量	单价/元	总费用/元

供应商名称	地址	电话或传真

（4）固定资产概要如表 12–5 所示。

表 12–5　企业固定资产概要

项目	价值/元
工具和设备	
交通工具	
办公家具和设备	
店铺	
厂房	
土地	
合计	

4. 流动资金（月）

（1）企业每月所需的原材料和包装费用如表 12–6 所示。

表 12-6 企业每月所需的原材料和包装费用

名称	数量	单价/元	总费用/元
供应商名称	地址		电话或传真

(2) 企业每月所需的其他经营费用（不包括折旧和贷款利息）如表 12-7 所示。

表 12-7 企业每月所需的其他经营费用

项目	价值/元	备注
业主工资		
雇员工资		
租金		
营销费用		
公用事业费		
维修费		
登记注册费		
其他		
总计		

课外拓展：学习更多有关折旧、成本和价格的知识

(1) 小王在大学校园的学生公寓门口开了一家洗染店，已经经营了 6 年。她现在有 3 名员工，4 部功能不同的洗染机，都是 6 年来逐步购置的，价值约 65000 元。

小王很为自己的企业自豪，她靠洗染的经营收入改善了自己的住房条件并有能力报名参加了一个收费非常高的 MBA 培训班。但是，上周店里最重要的干洗机坏了，且无法修理；而她最近又刚买了辆新车，所以一时拿不出钱来更换干洗机。

利用你的折旧知识分析小王做错了什么？她本应该怎样做？

____

____

（2）调查校园内的一家企业的成本项目有哪些？分别是什么成本？定价是否合理？为什么？（可分组进行）

____

____

第十三章　企业法律形态

案例导入：微企政策点燃全民创业激情

全民创业是经济充满活力的体现。作为曾经的劳务输出重地，如今，这种活力已开始在重庆显现。截至2013年12月，重庆市已扶持发展微型企业11.18万户，带动和解决84.73万人就业。

目前，位于大学城的川美大学生文化创意微企园有上百家微企，且存活率达到90%以上。

由于申办微企的人太多，工作人员不得不加班加点帮忙办证

林坤最近很忙。作为四川美术学院的大四学生，她一边上学，一边兼职给工厂做设计图，还自己当起了“老板”——与男朋友麦青广、同学罗亚南一起开了间“重庆第壹级映像服饰生活馆”。

虽然有点累，但她觉得很充实。她说，自己被重庆这块创业热土感染着，似乎“全身的血液都沸腾着激情”。

林坤和男友都是广东湛江人。2013年6月，林坤在川美大学生微企孵化园创业，专门对库存服装“尾单”和顾客衣服进行二次设计，变“废衣”为“美服”。自试运营以来，已挣了5万余元。

“重庆的微企政策让我们感到遍地是黄金，在这里创业非常方便！”林坤说，她准备和男朋友把户口迁到重庆，在这里“扎根”，长期发展。

“现在川美有一个奇怪的现象，毕业生找工作不积极了！”四川美术学院学生处处长、创业站站长贾安东告诉记者。除了知名的大公司，一般的小公司，学生都不愿意去，更多的学生选择自己创业。不仅毕业生如此，在校大学生的创业人数也已经超过20%，如此高的比例，全国少见。“很多学生从大一大二，就开始创业了”。

为此，川美为大学生提供了1.5万平方米创业场地，但依然供不应求，每天都有本校和重庆大学、重庆师范大学的学生来问还有没有场地。

一座身居内陆的“农民工输出型城市”，如今为何成了一片吸引人才的“热土”？这还得归功于重庆在全国先行先试、大力发展微型企业、鼓励全民创业的举措。

全民创业，其实就是让百姓也敢创业、能创业，这无疑是一个地方经济充满活力和社会和谐的体现。事实上，如今世界上大多数国家的新增就业岗位，多数是由微型企业、中小企业提供的，占到就业人数的65%以上。

*微企创业扶持的九类人群有：下岗待业人员、大中专毕业生、返乡农民、退役士兵、"农转非"人员、残疾人、三峡库区移民、文化创意人员、信念技术人员。

2012 年，我市扩大微企扶持对象范围，除了前述九类人群*，在校大学生、劳动模范、先进人物等也纳入其中；同时，提高注册资本上限，提高贴息贷款额度，个体工商户可以转办微企，享受微企的优惠政策。

2013 年 6 月，我市开始在 6 个区县、3 个微企孵化平台试点微企工商登记制度改革，推行"零元注册"、"先照后证"、"住改商"，进一步激发了市民的创业热情。

目前，我市已发放微型企业财政补助资金 32.83 亿元，返还税收 7 745.64 万元，建立市级和区县级微企特色孵化园、创业基地 174 个，开展创业前培训 10.9 万人，后续培训 2.81 万人。

创业激情已经在山城点燃，但要真正做到全民创业，还需再添一把火。

"微型企业有着敏锐的市场嗅觉，同时充满创意，可以弥补许多行业的缺位。"聂刚称。在永川，5 个大学生成立了"天体教育咨询"公司，专门给放学后的小学生辅导家庭作业，同时开办绘画、英语等培训班，如今月收入已近 10 万元。"这群 90 后赚的都是 70 后、80 后的钱。"

位于大学城的川美大学生微企孵化园，这里集纳了"胶囊酒店"、"新媒体舞台"、"服装二次设计"、"动漫制作"等多个行业；但它们都有一个共同点，就是优良的"基因"和无限的"创意"。

"比尔·盖茨就是从微型企业做起的，今天的微型企业，就是明天的中小企业，未来的上市公司。"聂刚说。最大限度地鼓励"全民创业"，将进一步激发重庆市的经济活力。

——摘自：新华网 . http://news.xinhuanet.com

要点归纳

创业第六步的要点如图 13-1 所示。

▸ 扫一扫：1-22 创业第六步

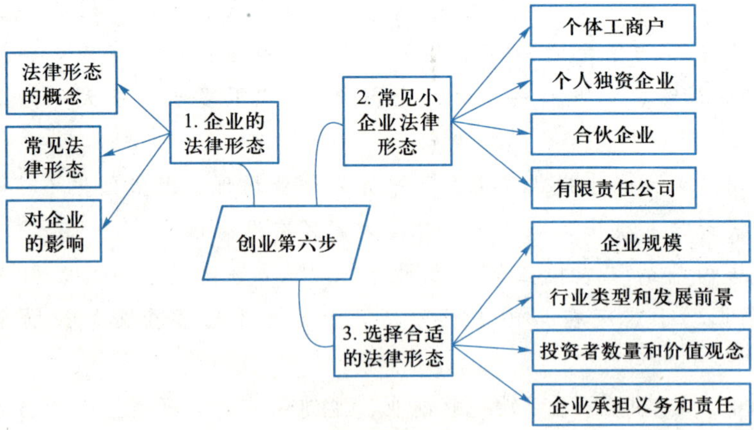

图 13-1 创业第六步要点示意图

课内练习：选择你开办企业的法律形态

（1）你的企业法律形态是什么？

（2）选择这种企业法律形态的原因是什么？

（3）将企业主（或合伙人）的姓名与技能填入表 13-1 中。

表 13-1　企业主（或合伙人）的姓名与技能

姓名	技能名称

（4）登记注册，填表 13-2。

表 13-2　登记注册表

机构	时间	费用/元

（5）将合伙协议（如果是合作伙伴，请填此项，签协议前请参看合伙企业法）的条款与内容填入表 13-3 中。

表 13-3　合伙协议

协议内容 / 合伙人 / 条款				
出资方式				
出资数额与限期				
利润数额与亏损分摊				
经营分工、权限和责任				
合伙人个人应负的责任				
协议变更和终止				
其他条款				

课外拓展：确定企业的法律责任

开办企业最重要的一点是要知道自己的责任。借助咨询和查阅有关法律文件，填写表13-4。

表13-4 企业的法律责任

法律责任		选择或填写	详细内容
税务	增值税		
	营业税		
	企业所得税		
	个人所得税		
	其他税目		
雇员	最低工资		
	工作时间		
	节、假日		
	劳动保护		
证照	营业执照		
	许可证		
保险	财产		
	意外损伤		
	医疗		
	其他保险		
合同	供应、销售商		
	用工		
	股东（合伙人）		
客户	质量保证		
	交货期		
	售后服务		
环境	废气污染		
	废水污染		
	废物污染		

第十四章　利润计划

案例导入：通用电气战略计划的制订与演变

通用电气公司是美国最大的电器公司。该公司拥有职工近40万人，制造、销售和维修的产品约13万种，其中包括飞机引擎、核子反应堆、医疗器械、塑料和家用电器等，业务范围遍及144个国家和地区。1978年，公司的销售额约达200亿美元，利润超过了10亿美元，其中40%来自国际市场。

战略计划的由来

由于通用电气公司的规模越来越大，产品的种类越来越多样化，公司在经营管理上面临着以下几个关键问题：一是冒一定的风险使利润迅速增长，还是使利润持续不断地低速增长？二是需要一个分权式组织机构以保持组织上的灵活性，还是建立一个集权式组织机构以加强对整个公司的控制？三是如何对付环境、技术和国际等方面的新挑战？经过研究，公司选择了利润高速增长的经营战略，这意味着即使在经济下降时期也要使利润持续不断地增长。为了做到这一点，该公司在业务上保持多种经营方式，以抵消经济危机对某些业务的影响。为此需要一个分权式组织机构，以促使下属各单位不断地改进经营管理并使利润增长。但是，怎样管理这样一个机构，并应对来自环境、政治、经济、技术和国际上的各种挑战呢？通用电气公司的答案是需要制订战略性计划。

在20世纪60年代，通用电气公司采用的是一个高度分权的利润中心结构。这种结构共分4层，最下层是事业部，共有175个，每个事业部都有一个利润中心。这些事业部由45个部管辖，45个部又由10个大组管辖，这10个大组形成最高管理层，它们向公司最高办公室报告工作。最下层的部门的销售额，一般不超过5 000万～6 000万美元；如果超过这个限度，这个事业部就分为两个事业部。当时，通用电气公司占统治地位的管理哲学是控制幅度，这个幅度要“小到一个人足以管理的程度”。这套高度分权的利润中心结构，在20世纪60年代曾大大促进了公司的发展。

20世纪90年代的战略管理

通用电气公司在20世纪80年代制订战略计划所取得的成功，促使公司走向20世纪90年代的战略性管理。

为了应付迅速变化的外界环境，公司将保留计划机构和生产组织这种双重机构。为了应付日益扩大的规模，公司建立了一个新的管理层——大部。这个管理层介于公司执行办公室和每个单独的战略计划经营单位之间。全公司共分为6个大部，即消费品和服务大部、工业产品和零件大部、动力系统大部、国际部、技术系统材料大部和犹他国际公司。其中规模最小的犹他国际公司，年销售额约为10亿美元，其他大部有些年销售额已经超过40亿美元。大部的经理人员对下属各战略计划经营单位的经营负责。大部经理人员负有审查下属各战略计划经营单位战略的责任，并负责制订大部战略。大部的战略不仅包括向各战略业务单位分配资源，而且还要在各战略计划经营单位所主管的业务范围之外制订业务发展计划。为了处理更加复杂的情况，公司将原来在一个管理层制订战略性计划的做法，扩大到若干管理层制订战略性计划，甚至在不同的业务之间制订战略性计划。现在公司除有40~50个战略（计划）经营单位的计划外，还有6个大部的战略性计划和1个全公司的战略性计划。这些上层的计划不是下层计划的简单综合。每个管理层的计划都有不同的范畴。例如，如果整个公司的增长指标要快于国民生产总值，那么消费品和服务大部的增长指标就应该快于国民生产总值中的消费品部门，生产电视机的战略计划经营单位的增长指标就应该快于整个电视工业。公司认为，不同范围、新增添的价值和统一的指标，这三者是制订多层次战略性计划的中心思想，也是在统一的指标下进行分权管理的中心思想。

通用电气公司认为，由于这种管理制度的演变，从20世纪70年代的分权管理发展到20世纪80年代的战略性计划的制订，又发展到20世纪90年代的战略性经营管理，适应了公司规模和经营多样化的发展，因而给公司带来了巨大利益。为了管理像通用电气公司这样规模巨大的和多样化的企业，公司还在继续研究新的管理方法。但公司认为，管理程序、管理结构固然重要，但同样重要的是需要有一批经理人员，而这些处于各阶层的经理人员应能够从战略上去思考问题。

——摘自：百度文库

要点归纳

创业第七步的要点如图14-1所示。

▸ 扫一扫：1-23 创业第七步

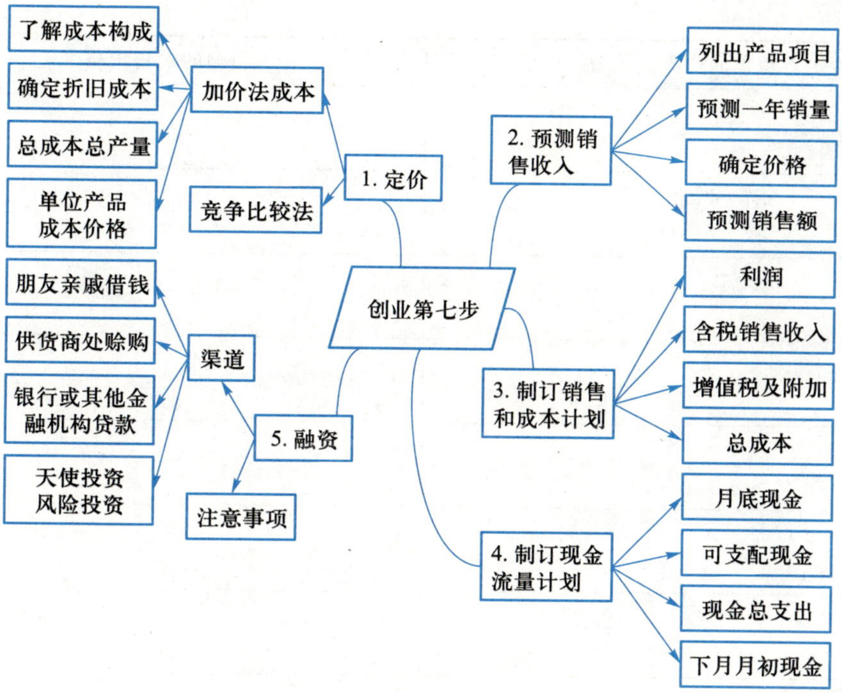

图 14-1　创业第七步要点示意图

课内练习

一、制订你的产品或服务销售价格

（1）通常有两种制定价格的方法：

◆ 成本加价法——这种方法是指将产品或服务的所有成本加起来得到产品或服务的成本价格，然后在成本价格上按比率加上一定的利润就得到销售价格。

◆ 竞争比较法——这种方法是指在了解所在地区产品或服务的市场价格的基础上，再看看你的竞争对手的产品或服务价格。你必须确保你的产品或服务比竞争对手的好，可以满足顾客更高层次的需要。

（2）每家企业都需要为产品或服务制定销售价格。

（3）对销售的每种产品或服务都要预测销售价格，并将销售价格记录在表 14-1中。

表 14-1　预测销售价格

销售的产品或服务	预测的销售价格
（1）	

续表

销售的产品或服务	预测的销售价格
(2)	
(3)	
(4)	
(5)	
(6)	
(7)	
(8)	
(9)	
(10)	

二、预测你的销售收入

将预测的销售收入填入表 14–2 中。

表 14–2　预测销售收入　　（单位：元）

销售的产品＼销售情况＼月份		1	2	3	4	5	6	7	8	9	10	11	12
(1)	销售数量												
	平均价格												
	月销售额												
(2)	销售数量												
	平均价格												
	月销售额												

续表

销售的产品 \ 销售情况 \ 月份		1	2	3	4	5	6	7	8	9	10	11	12
（3）	销售数量												
	平均价格												
	月销售额												
（4）	销售数量												
	平均价格												
	月销售额												
（5）	销售数量												
	平均价格												
	月销售额												
合计	销售总量												
	销售总收入												

三、你的销售和成本计划

将你的销售和成本计划填入表 14-3。

表 14-3　销售和成本计划表

项目 \ 金额/元 \ 月份		1	2	3	4	5	6	7	8	9	10	11	12	合计
销售收入														
成本	原材料													
	（1）													
	（2）													
	（3）													
	销售收入													
	工资													
	营销费用													
	租金													

续表

金额/元　月份 项目		1	2	3	4	5	6	7	8	9	10	11	12	合计
成本	公共事业费													
	维修费													
	折旧费													
	贷款利息													
	保险费													
	登记注册费													
	总成本													
利润														

课外拓展：校园营销实践活动

班级成员自由组合，形成几个小组，利用课余时间在校园内销售一些产品（如各组可采购 100 元文具、小礼品等，然后在校园中销售），看看哪个组在规定的时间里售出的产品最多。各组回到教室中汇报在营销实践活动中关于市场营销的体验。

在活动中请注意安全和环境的要求！

第十五章　创业计划书

案例导入：一份创业计划书，引来500万元投资

大学生创业网讯

不用戴眼镜也可看3D视频。今年29岁的孙德才，在重庆打拼9年，创业几经挫折；在涉足裸眼3D领域后，凭着成功的创业计划书引来500万元风投资金。

曾创业失败血本无归

“我在2005年市长峰会时来到重庆创业。”孙德才说。他的老家在山东，从海口经济学院摄影专业毕业以后，也有过不错的工作和收入。“我在新闻上看到重庆要举办市长峰会，当时就觉得重庆的发展前景非常好，肯定有许多创业的机会，于是毫不犹豫地来到这里。”

孙德才来到重庆后，做过推销员，当过电视编导。在上海举办世博会前，他到上海帮朋友负责一个世博会项目，偶然发现位于街头的打折机很有商机，于是2010年开始在重庆做打折机项目。当年底这种打折机正式在主城商圈内亮相，市民可在自助打折机上打印出自己需要的商家优惠券。“我们在2011年最多时拥有200多台打折机，常常给消费者带来20%～40%的优惠。”

但打折机项目没运作多久即举步维艰，终端机器租金每月达数十万元，再加上员工的开销，从项目面世就没有赢利。这个项目最终失败，孙德才和伙伴们所有投入血本无归。

对于这次创业失败，孙德才总结了两大原因。一是合作伙伴的信任问题，当时一个团队负责场地开发，另一个团队负责商户拓展，结果双方互相指责；第二个原因是合作伙伴的信心问题，看到不能赚钱，大家逐渐失去了信心，导致内部不断地出现问题。

一本计划书成功引资

从打折机项目退出后，孙德才并没有气馁。“我在重新考虑了20个创业项目以后，发现3D行业充满了不少商机。”孙德才和朋友到电影院看3D电影，感觉戴着眼镜看始终不方便，“我当时就想，能不能不戴眼镜看裸眼3D电影呢？能不能把裸眼3D屏幕安装在主城区商圈内做户外节目呢？”

有了这个创业的想法以后，他立即着手技术方面的调研，发现完全可以实现，于是写出了5份详细的计划书。“缺资金怎么办呢？”孙德才说，“我当时就想通过引进风险投资来实现再次创业。”

“后来我找到了天使投资。”孙德才与天使投资的董事长见面后，向对方详细介绍了自己的创业计划，“我当时告诉他最终完成投资，需要300万元资金，前期需要100万元资金”。

这个创业项目引起了天使投资的兴趣。虽然当时项目还停留在创业计划书上，完全没有实际运作，但天使投资方面看中了项目前景，很快便决定注入资金帮助项目启动，第一期100万元资金很快到位。

“天使投资现在已经累计对这个项目投资了500万元，超过了当初我们想要的投资额。天使投资不但给我们带来了资金上的帮助，还给我们带来了资源上的帮助，比如介绍成熟的业态帮助我们迅速增强实力。现在我对项目前景更加充满了信心。”

——摘自：应届毕业生网 http://chuangye.yjbys.com

要点归纳

▸ 扫一扫：1-24 创业第八步

创业第八步的要点如图15-1所示。

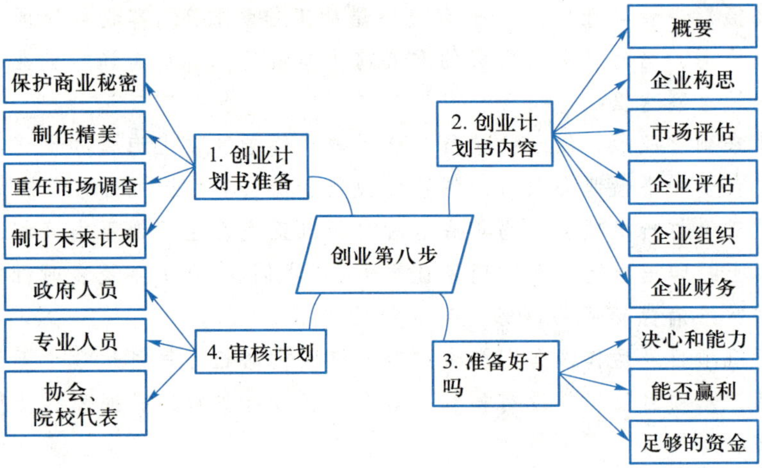

图15-1 创业第八步要点示意图

课内练习

一、调查创业计划书的制作

请利用互联网收集一份创业计划书，利用所学知识分析这份计划书在编制中的优缺点和其项目的可行性，然后将结果填入表15-1中。（可分组进行）

表15-1 创业计划书制作调查表

创业项目：		
内容	该计划的优点	该计划的缺点
概要		
企业构想		
市场评估		

续表

创业项目：		
内容	该计划的优点	该计划的缺点
企业组织		
企业财务		
其他		
可行性分析		

二、为完成创业计划你还需要做什么

请将完成创业计划需采取的行动及由谁实施和时间安排等内容填入表 15-2 中。

表 15-2　完成创业计划需采取的行动与安排

需要采取的行动	由谁实施	时间安排

三、完成你的创业计划书

（可加附页）

课外拓展：　你为创业做好准备了吗

请对表 15-3 中的问题做出你的评价。

表 15-3　创业准备问题与评价

问　　题	你的评价	
	是	否
（1）你决定好出售什么产品或提供什么服务了吗？	□	□
（2）你知道你的顾客是谁吗？	□	□
（3）你了解潜在顾客怎样看待你的产品或服务吗？	□	□
（4）你知道谁是你的主要竞争对手吗？	□	□

续表

问　　题	你的评价	
	是	否
(5) 你知道你的竞争对手的产品或服务的价格吗?	□	□
(6) 你知道你的竞争对手的长处和短处吗?	□	□
(7) 你预测过自己的销售吗?	□	□
(8) 你制定了产品或服务的销售价格了吗?	□	□
(9) 你选择好企业地点了吗?	□	□
(10) 你决定好使用哪种销售方式了吗?	□	□
(11) 你决定使用促销方式吗?	□	□
(12) 你知道自己的促销需要多少资金吗?	□	□
(13) 你已经选定某种企业法律形态了吗?	□	□
(14) 你决定好需要什么样的雇员了吗?	□	□
(15) 你知道雇用员工的法律责任吗?	□	□
(16) 你知道对你的企业的所有法律要求吗?	□	□
(17) 你知道你的企业需要什么样的营业执照和哪些许可证吗?	□	□
(18) 你知道办这些执照和许可证需要多少钱吗?	□	□
(19) 你决定好你的企业所需要的保险品种了吗?	□	□
(20) 你知道办保险需要多少钱吗?	□	□
(21) 你预测了第一年的销售量了吗?	□	□
(22) 你预测了第一年的销售收入了吗?	□	□
(23) 你制订了第一年的销售和成本计划了吗?	□	□
(24) 你的销售和成本计划表明第一年有利润吗?	□	□
(25) 你制订现金流量计划了吗?	□	□
(26) 你的现金流量计划是否表明在你经营企业的前6个月里你不会耗尽资金?	□	□
(27) 你计算过开办企业所需要的启动资金数额吗?	□	□
(28) 你为企业筹集到了所有的启动资金了吗?	□	□
(29) 如果你计划申请贷款，你预测过可用于担保的资产价值吗?	□	□
(30) 你是否对开办自己的企业有足够的信心?	□	□

计算在“你的评价”中有多少个“否”，然后认真考虑表15-4中所给出的反馈意见。

表 15-4　反馈意见表

“否”的数量	给你的反馈意见
0 个	你准备得很好，你可以开办自己的企业。下一步你要做好开办企业的工作计划
1 ~ 10 个	你应该返回创办企业的准备步骤中去，并在需要改进的地方再下些工夫
10 个以上	在目前阶段开办企业的风险太大。如果你仍然很想开办企业，你应该回过头去从创业的最初阶段重新开始准备

参考文献

[1] 乔治·马努．大学生及 AB 创业基础［M］．北京：高等教育出版社，2004.
[2] 夏伯平，朱克勇，闫咏．大学生职业发展与就业指导体验式课程教学手册［M］．北京：现代教育出版社，2013.
[3] 钟谷兰，杨开．大学生职业生涯发展与规划［M］．上海：华东师范大学出版社，2008.
[4] ［美］Reardon，Lenz，Sampson，等．职业生涯发展与规划［M］．北京：高等教育出版社，2005.
[5] 缪劲翔．成长 DIY：大学生职业生涯规划自助手册［M］．北京：现代教育出版社，2012.
[6] 侯慧君，林光彬．大学生创业教育蓝皮书：大学生创业教育实践研究［M］．北京，经济科学出版社，2011.
[7] 中华人民共和国教育部高等教育司．世界主要国家创业教育情况［M］．北京：高等教育出版社，2012.
[8] 中华人民共和国教育部高等教育司．高等学校创业教育经验汇编［M］．北京：高等教育出版社，2011.
[9] 曹胜利，雷家骕．中国大学创新创业教育发展报告（2008）［M］．沈阳：万卷出版公司，2009.
[10] 曹胜利，雷家骕，林苞，等．中国大学创新创业教育发展报告（2010）［M］．沈阳：万卷出版公司，2011.
[11] 共青团中央，中华全国青年联合会，国际劳工组织．大学生 KAB 创业基础（试用本）［M］．北京：高等教育出版社，2007.
[12] 辽宁省教育厅．大学生创新与创业基础［M］．大连：大连理工大学出版社，2010.
[13] 贺尊．创业学概论［M］．北京：中国人民大学出版社，2010.
[14] 中国人力资源和社会保障部职业能力建设司．创办你的企业：大学生版．创业培训手册［M］．北京：中国劳动社会保障出版社，2010.
[15] 丁继安，翁士增，李晓英．大学生创业实践［M］．杭州：浙江大学出版社，2011.
[16] 马良．创业实训通用教程［M］．北京：高等教育出版社，2009.
[17] 马良．创业实训资源手册［M］．北京：中国时代经济出版社，2008.
[18] 全球创业培训工作指导委员会创业实训项目专家办公室，全球模拟公司联合体中国中心．创业实训手册［M］．北京：中国劳动社会保障出版社，2010.
[19] 贺俊英．大学生创业基础与实训教程［M］．北京：高等教育出版社，2010.
[20] 徐俊祥．大学生创业基础知能训练教程［M］．北京：现代教育出版社，2014.
[21] 国家级大学生创新创业训练计划专家工作组．国家级大学生创新创业训练计划工作手册（试行）［M］．南京：东南大学出版社，2013.

网络学习平台使用说明

1. 欢迎各位同学登录本课程的网络学习平台。

网址：http：//abook. hep. com. cn/12487219。

2. 登录方法：请使用本书封底的明码和密码登录。

电子邮箱：Sunlin@ hep. com. cn。